Sophy Roberts
Sibiriens vergessene Klaviere

PIPER

Zu diesem Buch

Sibirien, das ist unerbittliche Kälte und enorme Weite. Sibirien, dieses Gefängnis ohne Dach, ist aber ebenso von verblüffender Schönheit. Welch bedeutende Rolle ausgerechnet hier Klaviere als Symbol europäischer Kultur spielen, zeigt die Britin Sophy Roberts auf ihrer extravaganten Spurensuche. Dabei gelingt es ihr nicht nur, zahlreiche einst berühmte Instrumente zwischen dem Ural und der Insel Sachalin ausfindig zu machen, sondern auch ihre Geschichten zu rekonstruieren: von der Pianomanie der Zarenzeit bis zur Leidenschaft des Lotsen der Aeroflot, von der sowjetischen Manufaktur »Roter Oktober« bis zur jungen mongolischen Pianistin Odgorel, die in ihrer Jurte Bach spielt.

Sophy Roberts studierte unter anderem in Oxford und an der Columbia University, New York, und arbeitete für *Condé Nast Traveller*, *The Economist* und *Financial Times Weekend*. Sie lebt in West Dorset, Großbritannien.

Sophy Roberts

Sibiriens vergessene Klaviere

Auf der Suche nach der Geschichte, die sie erzählen

Aus dem Englischen von Brigitte Hilzensauer

PIPER

Mehr über unsere Autorinnen, Autoren und Bücher:
www.piper.de

Inhalte fremder Webseiten, auf die in diesem Buch hingewiesen wird, macht sich der Verlag nicht zu eigen und übernimmt dafür keine Haftung.

Ungekürzte Taschenbuchausgabe
ISBN 978-3-492-31287-5
April 2022
© Sophy Roberts 2020
Die Originalausgabe erschien unter dem Titel »The Lost Pianos of Siberia«
bei Doubleday, London 2020
© Paul Zsolnay Verlag Ges.m.b.H., Wien 2020
© Piper Verlag GmbH, München 2022
Karten von Lovell John Ltd
Umschlaggestaltung: zero-media.net, München,
nach einem Entwurf von Anzinger und Rasp, München,
unter Verwendung der Gestaltung von Grove Atlantic, New York
Umschlagmotiv: Michael Turek (Klavier),
pf MS Russ 72, Houghton Library, Harvard University (Karte)
Satz: Nadine Clemens, grafisk-design, München
Gesetzt aus der Scala OT
Litho: Lorenz & Zeller, Inning am Ammersee
Druck und Bindung: CPI books GmbH, Leck
Printed in the EU

Für John, Danny und Jack

Hat sich erst einmal eine bestimmte Vorstellung einer Landschaft, eines Mythos, einer Vision an einem tatsächlichen Ort festgesetzt, so hat sie eine eigentümliche Art, die Kategorien zu verwirren, Metaphern realer zu machen als ihre Referenz, wird tatsächlich Teil einer Szenerie.

SIMON SCHAMA,
»DER TRAUM VON DER WILDNIS«

Objekte sind immer herumgetragen, verkauft, getauscht, gestohlen, wiedergefunden und verloren worden. Menschen haben immer Geschenke gemacht. Es geht darum, wie man ihre Geschichte erzählt.

EDMUND DE WAAL,
»DER HASE MIT DEN BERNSTEINAUGEN«

Mein Klavier ist für mich, was dem Seemann seine Fregatte, dem Araber sein Pferd – mehr noch, es war ja bis jetzt mein Ich, meine Sprache, mein Leben – ihm hinterlasse ich alle meine Wünsche, meine Träume, meine Freuden und Leiden. Seine Saiten erbebten unter meinen Leidenschaften, und seine gefügigen Tasten haben jeder Laune gehorcht!

FRANZ LISZT,
AUS »GAZETTE MUSICALE DE PARIS«

Inhalt

TEIL EINS
Pianomanie ◆ 1762 bis 1917

TEIL ZWEI
Zerrissene Saiten ◆ 1917 bis 1991

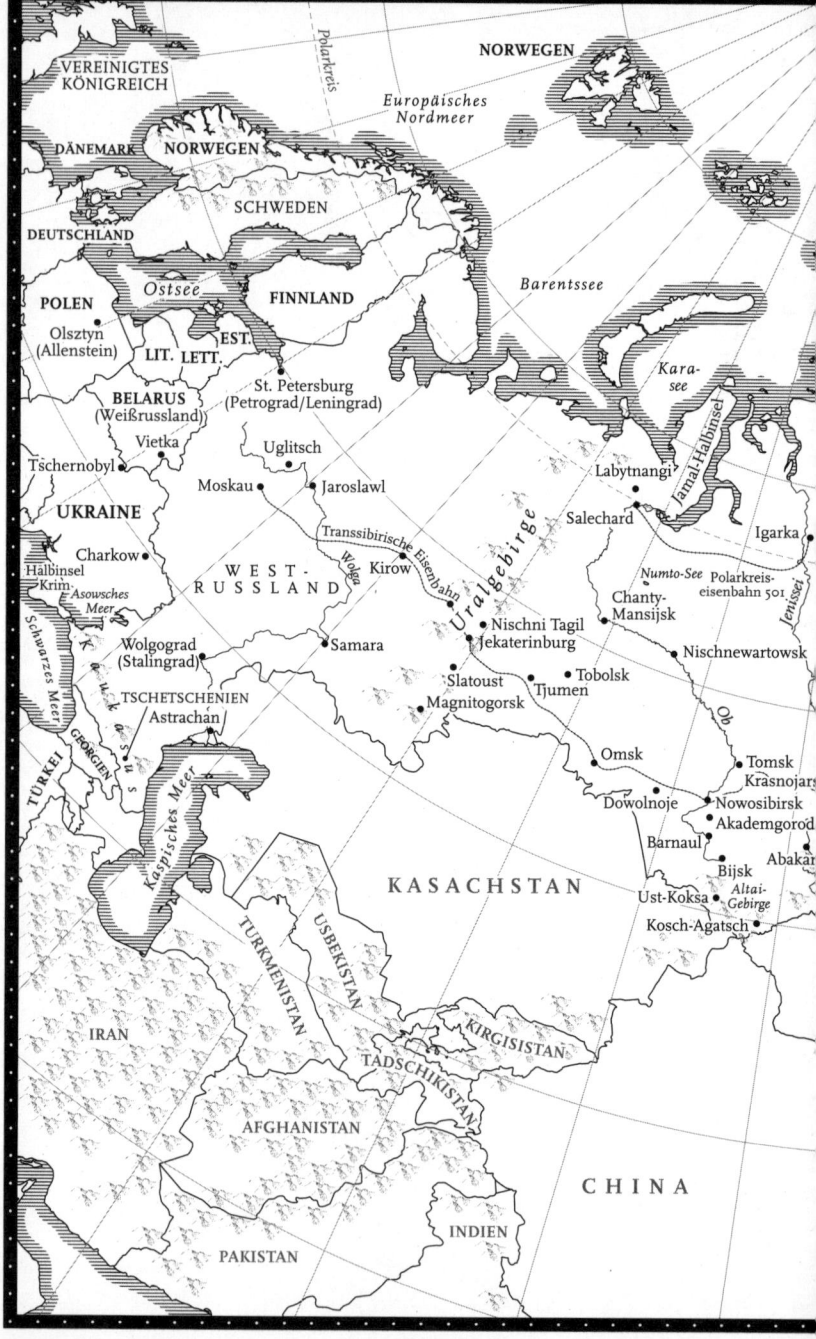

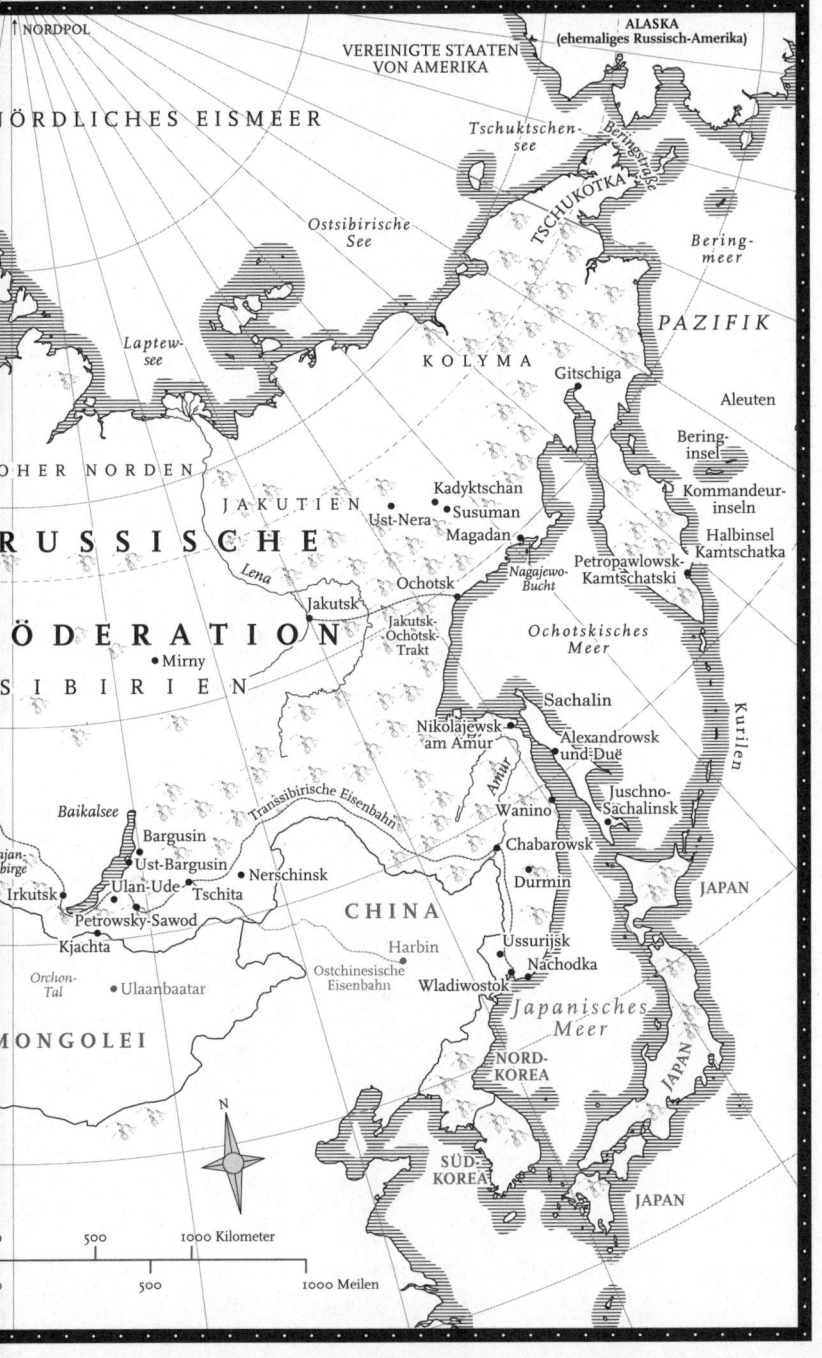

Vorbemerkung

NIMM DEN ZUG von Moskau ostwärts, und das Scheppern von Eisen auf Schienen schlägt den Takt zum Rhythmus deiner Annäherung an das Uralgebirge. Diese Bergkette trennt das westliche Russland von Sibirien, steigt auf in Kasachstan und folgt einer beinahe direkten Linie durch Russland bis an das Nördliche Eismeer. Vorüber fährt der Zug an trägen Spuren von Kaminrauch, goldverzierten Kirchen und Schichten von Schnee, gestapelt wie Seidenballen, und der Rhythmus der Reise – die träge Gangart, die knirschenden Halte an öden Bahnsteigen, in zusammengekuschelten Städtchen – ist etwa so, wie frühe Reisende russische Züge in den damals modischen Eisenbahnskizzen aus Sibirien beschrieben hatten. Heutzutage allerdings sind Mitreisende spärlich; die meisten Russen fliegen nach und von Sibirien, statt die Eisenbahn zu nehmen.

Zur Zeit des letzten Zaren berichteten die Reisenden im symbolträchtigsten Zug des Landes – dem *Train de luxe Siberien*, der in beinahe gerader Linie von Moskau nach Wladiwostok an der russischen Pazifikküste fuhr – von beinahe überschwänglichem Luxus, von Passagierinnen, über und über mit Diamanten behängt, »die einem die Augen schmerzen machten«, von Musik auf einem Bechstein-Klavier. Die sibirische Eisenbahn war schwindelerregend ambitiös: »Von den Küsten des Pazifik und den Gipfeln des Himalaya aus wird Russland nicht nur die Angelegenheiten Asiens beherrschen, sondern auch jene Europas«, erklärte Sergei Witte, der Staatsmann und Ingenieur, unter dessen Ägide Ende des 19. Jahrhunderts die Bahnstrecke angelegt wurde. Neben den noblen Waggons für die Touristen gab es auch noch einen gutbesuchten, mahagonigetäfelten Speisewagen und eine Raucherlounge im chinesischen Stil; dem Zug präsidierte ein stark parfümierter, beleibter Schaffner mit rosaseidenem Taschentuch. Französisch sprechende Kellner eilten hin und her mit Rotwein von der Krim und Beluga-Kaviar, zwängten sich durch mit Spiegeln und Wandmalereien geschmückte Waggons, in denen es eine Bibliothek gab, eine Dunkelkammer, wo die Passagiere ihre Filme entwickeln konnten, und laut Annoncen, die Sibirien den Touristen anpriesen, einen Frisiersalon sowie einen Turnraum mit einem einfachen Zimmerfahrrad. Geträller kam aus dem Speisewagen, als wäre er ein Varieté, und das Klavier diente als Anrichte, auf dem die schmutzigen Teller gestapelt wurden.

Nirgendwo auf dieser langen eurasischen Zugreise fand sich, damals wie heute, ein Schild mit der Aufschrift »Willkommen in Sibirien«. Nur der von den Kartographen eingezeichnete dunkle Fleck, der das Uralgebirge anzeigte – eine Linie, die etwas vage Monumentales heraufbeschwört. In der Realität fühlt sich der Ural eher wie ein geographisches *Hmmpf* an, als wäre das Land irgendwie gelangweilt, die Berge präsentieren sich als Beulen und Höcker und verstreute Kuppen. Es gibt kein dramatisches Vorhangaufziehen am Rand Sibiriens, keine bedeutungsschwangere Schwelle zu einem besonderen Ort, nur schweres Wetter, das über einer abstrakten Vorstellung hängt.

Sibirien ist schwer festzumachen, seine losen Grenzen erlauben es allen Besuchern, ihm jegliche Gestalt zu geben, die ihnen beliebt. Der

Einfachheit halber, um diese undeutlichen Grenzen irgendwie in eine Ordnung zu bringen, folgen hier ein paar Anmerkungen, die meine geographischen Parameter erklären. Die Breite Russlands wurde in den vor den Kapiteln eingefügten Karten zusammengequetscht und -gestaucht, damit das riesige Territorium auf eine Seite passt. Was es noch schwieriger macht, ist der Umstand, dass dieses Land, abgesehen von China, mehr internationale Grenzen hat als jedes andere. Ich liefere auch Erklärungen über Zeitzonen und Terminologie, die in Russland kompliziert sein kann. Falls meine Definitionen irgendwie simplifizierend sind, dann deshalb, weil ich keine Historikerin bin. Falls eurozentrisch, dann, weil ich Britin bin; jede Reise nach Sibirien ist eine, die ich von West nach Ost unternehme – kulturell, physisch, musikalisch. Dieses Buch – für den normalen Leser geschrieben, über eine Jagd, bei der es im sogenannten »Land des endlosen Geredes« manchmal mehr um das Suchen als um das Finden geht – ist ein persönliches, ein literarisches Abenteuer. Eingehendere wissenschaftliche Untersuchungen und weiterführende Literatur sind in den Quellenangaben und in einer Liste ausgewählter Literatur angeführt.

Mein Sibirien umfasst das gesamte Territorium östlich des Uralgebirges bis zum Pazifik; das ist das »Sibirien«, wie es auf den kaiserlich-russischen Landkarten bis in die Sowjetzeit definiert war. Es ist eine äußerst weit gefasste Interpretation Sibiriens, die auch den Hohen Norden und den Fernen Osten Russlands und zudem Gebiete einschließt, die im 18. und 19. Jahrhundert gewonnen und wieder verloren wurden. Ich entschuldige mich deshalb im Voraus in dem Wissen, dass ich mich nicht an die modernen Verwaltungsgrenzen oder an die vorherrschende politische Korrektheit gehalten habe, wer oder was sibirisch ist. Stattdessen folge ich Anton Tschechows Erklärung: »Die sibirische Ebene beginnt, so scheint es, direkt hinter Ekaterinburg und endet der Teufel weiß wo ...«

Es gab drei bedeutende Revolutionen im Russland des frühen 20. Jahrhunderts. Die erste fand im Januar 1905 statt, nachdem Regierungssoldaten am später so genannten »Blutsonntag« das Feuer auf friedliche Demonstranten eröffnet hatten. Wladimir Iljitsch Uljanow, bekannt unter seinem Tarnnamen Lenin, und Leo Trotzki wurden die beiden Hauptarchitekten der zwei sozialistischen Revolutionen 1917 – der Februarrevolution und der Oktober- oder bolschewistischen Revolution. Falls nicht anders angegeben, nenne ich die Ereignisse von 1917 allgemein Russische Revolution.

Da in den letzten paar Jahrzehnten in Archiven Belege aufgetaucht sind, konnten die Historiker mehr belastbares Zahlenmaterial über die Verbannung nach Sibirien in der Zarenzeit und zur Zahl der Gefangenen in den Gulags[1] zusammenstellen. Die verlässlichsten neueren Statistiken[2], um das Ausmaß im Großen und Ganzen ermessen zu können, sehen so aus: Von 1801 bis 1917 wurden mehr als eine Million Untertanen im zaristischen Strafexilsystem nach Sibirien verbannt. Von 1929 bis 1953 starben 2 749 163 Zwangsarbeiter im sowjetischen Gulag.[3] Es gibt noch viel mehr Zahlen und ein unfassbares Ausmaß an Leiden, doch ich werde kaum noch Statistiken über die Todesraten und die Zahl der Gefangenen anführen. Offizielle Angaben sind unverlässlich und andere Zahlenangaben nach wie vor grobe Schätzungen.

Mit dem Wort »Russland« bezeichne ich das Land vor dem Ende des Bürgerkriegs, der von 1918 bis 1922 dauerte, als die »Roten« (die Kommunisten) gegen die »Weißen« (Antikommunisten, einige Fraktionen hegten Sympathie für den Zaren) kämpften. UdSSR bezieht sich auf die Union der Sozialistischen Sowjetrepubliken oder Sowjetunion, gegründet 1922; sie umfasste das Gebiet Russlands und vierzehn Nachbarrepubliken. Nach dem Zusammenbruch der UdSSR in der turbulenten Zeit des ökonomischen Umbaus, der sogenannten Perestroika, änderte Russland seinen Namen. Am 31. Dezember 1991 wurde es zur Russischen Föderation, die ich der Einfachheit halber zu Russland verkürze. Einen Überblick über diese politischen Umstürze sowie über Schlüsselmomente der sibirischen Geschichte bietet die kurze Chronologie am Ende des Buches.

Bis zum 31. Januar 1918 richtete sich die russische Zeitrechnung nach dem Julianischen Kalender (oder Kalender im alten Stil), der dem Gregorianischen Kalender elf bis dreizehn Tage nachhinkte. Ich verwende die alte Datierung für Ereignisse, die innerhalb Russlands vor der Revolution stattfanden, die neue für jene nachher.

Manchmal bin ich selbst asynchron. Obwohl dieses Buch aus Gründen des erzählerischen Zusammenhangs als fortlaufende Reise dargestellt ist, wurden meine diversen Recherchereisen nicht immer in dem zeitlichen Ablauf unternommen, wie er hier erscheint. Manchmal musste ich an einen Ort zurückkehren, um meine Recherchen zu vertiefen. Ich hatte es auch mit unzuverlässigen Hinweisen, schlechtem Wetter und unvorhersehbaren Kontrollen durch den russischen FSB zu tun, dem Inlandsgeheimdienst, direkter Nachfolger des KGB. Ich bereiste Sibirien meist im Winter, nicht im Sommer. Hauptgrund dafür war eine gefährliche allergische Reaktion auf die dortigen Mücken; sie sind so bösartig, wie die sibirische Legende, sie seien aus der Asche eines Kannibalen geboren, vermuten lässt.

Den Begriff »Großer Vaterländischer Krieg« gebrauchen viele Russen für die sowjetische Beteiligung am Zweiten Weltkrieg. Bei bekannten Personen habe ich die verbreitetste westliche Version ihrer Namen verwendet, keine Vatersnamen. Auch die im Russischen übliche weibliche Form des Familiennamens habe ich nicht gebraucht. Nikolaus II. ist der Name, unter dem die meisten Leserinnen und Leser den letzten Zaren kennen werden. Die anderen Nikolais, die ich getroffen habe, auch die Andreis, Marias und Kostjas, habe ich nicht anglisiert. Ich mag den Klang ihres Russentums, obwohl das idiosynkratische Entscheidungen sind. (In der deutschen Übersetzung wurde die Umschrift laut Duden verwendet; Anm. d. Ü.)

Bei allen Interviews habe ich auf die Hilfe von Übersetzerinnen zurückgegriffen, die nach dem Ratschlag des ungarischen Komponisten Franz Liszt über die Transkription von Orchesterwerken für Klavier so nahe wie möglich am Geist des Gesagten geblieben sind: »Was Übertragungen betrifft, so gibt es einige Genauigkeiten, die der Untreue gleichwertig sind.« Viele meiner Interviews wurden digital aufgenommen. Originale direkte Zitate wurden nach den Quellen überprüft und manchmal leicht verändert, um das Gemeinte deutlicher herauszuarbeiten.

Auf eine Übersetzerin habe ich mich mehr gestützt als auf alle anderen: Elena Wojtenko, deren Standhaftigkeit mir durch so manches sibirische schwarze Loch geholfen hat. Auf etlichen Reisen durch Russland wurde ich zudem von dem amerikanischen Fotografen Michael Turek begleitet. Ich nahm die unterschiedlichsten lokalen Führer in Anspruch, von Musiklehrern bis zu Bergrettern. Ich reiste spontan, wo immer mich eine Spur hinführte, per Flugzeug, Eisenbahn, Hubschrauber, Schneemobil, Rentier, Amphibienfahrzeug, Schiff, Tragflügelboot und Taxi. Ich war auch per Anhalter mit Öl- und Gasarbeitern unterwegs. Falsche Hinweise machten ein gewisses Maß an Umwegen nötig, das war ein weiterer Grund für neuerliche Besuche.

Die sibirische Region Altai (Hauptstadt Barnaul) grenzt an die Autonome Republik Altai (Hauptstadt Gorno-Altaisk); Letztere ist abgelegener und gebirgig. Der Einfachheit halber benutze ich den Ausdruck Altai für beide. Ich habe mich an die modernen russischen Ortsnamen gehalten (seit 1991 haben die Städte meist wieder die Namen aus der Zeit vor der Revolution angenommen). Ich beziehe mich auf St. Petersburg mit seinem gegenwärtigen Namen ebenso wie Petrograd (von 1914 bis 1924) und Leningrad (seit Lenins Tod bis zum Ende der Sowjetunion 1991). Auch hier ist meine Entscheidung idiosynkratisch. Die Ereignisse, die sich während der Belagerung von 1941 bis 1944 dort zutrugen, waren so monumental, dass sich der Name schwer von spezifischen historischen Umständen trennen lässt. Für Nowo Nikolajewsk, jetzt als Nowosibirsk bekannt, gilt das weniger. Bevor ich dieses Buch begann, hatte ich weder von dem einen noch von dem anderen gehört.

TEIL EINS

Pianomanie

1762 bis 1917

Liszt. Es ist erst Mittag. Wohin fahren jene glänzenden Kutschen,
die zu dieser ungewöhnlichen Stunde mit solcher Geschwindigkeit aus jeder
Richtung herbeisausen? Vielleicht zu irgendeiner Festlichkeit? Mitnichten.
Doch was ist der Grund für solche Eile? Eine ganz kleine Notiz, kurz und
schlicht. Und das steht darin: Ein Virtuose gibt bekannt, dass er an
einem bestimmten Tage um zwei Uhr im Saal des Gebäudes der
Adelsversammlung auf seinem Klavier spielen wird, ohne Begleitung des
Orchesters, ohne das übliche Gepränge eines Konzerts … fünf oder sechs
Piècen. Als sie diese Nachricht vernahm, herrschte Aufruhr in der ganzen
Stadt. Seht! Eine ungeheure Menge strömt zusammen, die Leute drängen
sich, rempeln einander mit den Ellbogen, treten ein.

»JOURNAL DE ST-PÉTERSBOURG«, AUGUST 1842

I

Musik in einem schlafenden Land:
Sibir

ICH WAR NOCH nicht lange in Sibirien unterwegs gewesen, als mir ein in Kamtschatka, einer abgelegenen Halbinsel, die aus dem östlichen Rand Russlands in den Nebel des Nordpazifik vorstößt, lebender Musiker eine Fotografie schickte. Auf dem Bild ragen Vulkane aus der Ebene, die Buckel und Höhlungen von einem A-förmigen Kegel beherrscht. In kleinen Gruben in der Landschaft hält sich noch Eis. Im Vordergrund steht ein Klavier. Der Fokus liegt auf der Musik, sie hat Publikum angelockt, zehn Personen.

Zu Füßen des Pianisten kauert ein junger Mann in einem amerikanischen Eishockeyshirt. Sein Gesicht ist von der Kamera abgewandt, und so ist es schwer zu sagen, was er denkt, ob er die Musik des Klavierspielers fesselnd findet oder die Seltsamkeit des Ortes, an dem das Instrument aufgetaucht ist. Der junge Mann lauscht, als gehöre er zu einer vertrauten Gruppe, die sich um ein Klavier in einem Salon geschart hat, ein Szene, die wie ein Motiv aus einem russischen Roman des 19. Jahrhunderts aufleuchtet, statt um ein gewöhnliches, in einem Lavafeld in einer der wüstesten Landschaften der Erde gestrandetes Pianino. Es gibt keinen Begleitdialog zu der Fotografie, keine aufblühende Romanze, wie es bei Instrumenten in Tolstois epischen Romanen der Fall ist. Und keine Erklärung dafür, wie oder warum das Klavier überhaupt hier gelandet ist. Das Bild kam ohne Erwähnung dessen, was gespielt wird, Musik, die das Bild ohnehin nicht einfangen kann. Doch alle möglichen Intonationen liegen in dem Wort »Sibirien«, das in der Betreff-Zeile der E-Mail steht.

Sibirien. Das Wort lässt alles, mit dem es in Berührung kommt, auf einer anderen Tonhöhe vibrieren. Die frühen arabischen Händler nannten Sibirien *Ibis-Schibir*, *Sibir-i-Abir* und *Abir-i-Sabir.* Die moderne Etymologie vermutet, die Wurzel liege im tatarischen Wort *sibir*, was »schlafendes Land« bedeutet. Andere vertreten die These, Sibirien stamme vom mythischen Berg *Sumbyr* aus der sibirischen und Turkvölker-Mythologie. *Sumbyr*, wie Schlummer. Oder *Wissibur*, Flüstern, der Name, den der bayerische Reisende Johann Schiltberger diesem rätselhaften leeren Fleck in der Kartographie des 15. Jahrhunderts gab. Wie immer die Herkunft des Wortes sein mag, der Klang ist passend. Sibirien rollt von der Zunge mit einem zischenden Frösteln. Es ist ein Wort voller Poesie und alliterativer Anspielung. Aber durch die Andeutung von Schlaf wird die Etymologie der realen wie imaginierten Kraft Sibiriens nicht gerecht.

Sibirien ist viel bedeutsamer als eine bloße Region auf der Landkarte. Es ist ein Gefühl, das haften bleibt wie eine Klette, eine Temperatur, das Geräusch schläfriger Flocken, die auf Schneekissen sinken, und das Knirschen von hinten kommender unregelmäßiger Schritte. Sibirien ist ein Problem der Garderobe – zu kalt im Winter, zu heiß im Sommer –, mit hölzernen Hütten und Rauchfängen, die leichengrauen Rauch in den weiten weißen Himmel rülpsen. Es ist Melancholie, eine in klaren Mondschein getauchte Kinoromanze, gemächliche Zugfahrten, mit

Sackleinen umwickelte Rohrleitungen und eine an quietschenden Ketten hängende zerbrochene Schaukel. Man kann Sibirien in den großen, weichen Akkorden der russischen Musik hören, die das Schweigen des Waldes heraufbeschwören und die Schneewogen des Winters.

Sibirien, das ein Elftel der Landmasse der Erde bedeckt, wird im Norden vom Nördlichen Eismeer und im Süden von der mongolischen Steppe begrenzt. Der Ural markiert die Westgrenze, der Pazifik die östliche. Es ist das ultimative Land jenseits des »Großen Steins«, wie man den Ural früher genannt hat, ein ungeschriebenes Register der Vermissten und der Entwurzelten, ein Beinahe-Land, in der Wahrnehmung so weit weg von Moskau, dass sich sogar noch nach 1908, als im berühmten »Tunguska-Ereignis« eine Art herabstürzender Stern eine Waldfläche von der doppelten Größe der russischen Hauptstadt zerstörte, zwanzig Jahre lang niemand die Mühe einer Nachforschung machte. Bevor Flugreisen die Entfernungen verkürzten, war Sibirien zu entlegen, als dass irgendjemand Nachschau gehalten hätte.

So erwies sich die sibirische Wildnis also im 17. Jahrhundert als ideal, um Verbrecher, Abweichler und »Unerwünschte« dorthin abzuschieben; damals begannen die Zaren Sibirien in die gefürchtetste Strafkolonie der Welt umzugestalten. Manchen Verbannten wurden die Nasenflügel aufgeschlitzt, um sie als Ausgestoßene zu brandmarken. Anderen schnitt man die Zunge heraus. Die Hälfte ihres Kopfes wurde geschoren, darunter kam glatte, blaugetönte Haut zum Vorschein. Unter ihnen waren gewöhnliche, unschuldige Menschen, die man auf der europäischen Seite des Ural »Sträflinge« nannte, in Sibirien »Unglückliche«. Daher der Brauch bei anderen Verbannten, Brot auf das Fensterbrett zu legen, um heruntergekommenen Neuankömmlingen zu helfen. Empathie, so scheint es, wurde von Anfang an in die sibirische Psyche eingebrannt, und diese kleinen Handlungen der Güte konnten in einem unvorstellbar riesigen Reich den Unterschied bedeuten zwischen Leben und Tod. Die Riesenhaftigkeit Sibiriens ist auch ein Zeugnis für unsere menschliche Fähigkeit zur Gleichgültigkeit. Wir können uns nur schwer mit Orten identifizieren, die zu entlegen sind. Das ist es, was angesichts grenzenloser Dimensionen geschieht. Sie lassen einen schwindeln, bis es schwer ist, Wahrheit von Fakten zu unterscheiden, ob nun Sibirien ein Albtraum ist oder ein Mythos voller undurchdringlicher Wälder und grenzenloser Ebenen, die mörderischen Weiten durchsetzt von knarzenden Ölbohrtürmen und durchhängenden Drähten. Sibirien ist das alles und noch mehr.

Es ist ein modernes Wirtschaftswunder mit natürlichen Öl- und Gasreserven, die heftige Verwerfungen in die Geopolitik des nördlichen Asien und des Eismeers bringen. Es ist der Geschmack wilder Erdbeeren, süß wie Zuckerwürfel, und in Marmelade gedünsteter winziger Fichtenzapfen. Es ist hausgemachte Hecht-Pilz-Pastete, saubere Luft und reine Natur, das scharfe Klatschen der Wellen am Baikalsee, Winterlicht, gesprenkelt mit pulvrigem Eis. Es ist ein Land, durchzogen von Schichten einer reichen Geschichte einheimischer Kultur, in der immer noch eine Art magisches Glaubenssystem vorherrscht. Trotz der weitverbreiteten ökologischen Zerstörung, darunter »schwarzer Schnee« vom Kohleabbau, toxische Seen und Waldbrände, aus denen Rauchwolken aufsteigen, größer als das Gebiet der Europäischen Union, überzeugt einen die üppige sibirische Natur, immer noch an alle möglichen Petroglyphen und in Höhlen geritzte Mysterien zu glauben. Aber die untergründige Geschichte Sibiriens lässt auch erkennen, wie kurz angesichts der rauen tektonischen Dimension der Landschaft unsere Menschengeschichte ist.

In der Mitte Sibiriens verläuft eine geologische Bruchlinie, der Baikal-Graben, senkrecht durch Russland bis hinauf zum Nördlichen Eismeer. Jedes Jahr bewegen sich die Ufer des Baikalsees – des tiefsten Sees der Erde, der ein Fünftel des weltweiten Süßwasservorrats enthält – zwei Zentimeter auseinander; der See birgt die kinetische Energie einer riesigen, kurz vor dem Zerbersten stehenden lebendigen Landschaft. Es ist geduckte Gewalt, eine zunehmende Anspannung, eine Kraft, die direkt unter dem Sichtbaren hockt. Die schwarze Iris des »Heiligen Sees« Russlands weitet sich, der Spalt ist so bedeutend, dass, wenn dieses Auge irgendwann in ferner Zukunft zwinkert, der Baikalsee die Linie markieren könnte, wo sich die eurasische Landmasse in einer kataklysmischen Spaltung in zwei Teile trennt: Europa auf der einen Seite, Asien auf der anderen. Und vor allem unterstreicht die Großartigkeit des Baikalsees die Verwundbarkeit des Menschen. Unter der winterlichen Schneedecke des Sees liegt ein Mosaik von Eistafeln, und jede brüchige Ader dient als Erinnerung daran, dass die Seeoberfläche jeden Moment nachgeben könnte. Sprünge im Eis sehen aus wie die Oberfläche eines zerborstenen Spiegels. Andere Spalten reichen tiefer hinunter, wie im wässrigen Blau hängende Diamanthalsketten. Das Eis täuscht einen mit seiner Festigkeit, wo doch der Baikalsee in Wahrheit tödlich sein kann. Man sehe sich nur an, wie er die Ertrunkenen verschlingt. Im Baikalsee lebt ein winziges Krustentier, kleiner als ein Apfelkern, mit atemberaubendem Appetit. Diese gierigen Kreaturen sind der Grund dafür, warum das Wasser des Sees so klar ist: Sie filtern bis zu dreimal im Jahr die oberste, fünfzig Meter tiefe Schicht – eine weitere sonderbare endemische Abweichung, so wie die glotzäugigen Baikalrobben, geformt wie ein Rugbyball, deren Vorfahren etwa zwei Millionen Jahre zuvor im See festsaßen, als die Kontinentalplatten ihre letzte große Verschiebung erfuhren. Entweder ist das so abgelaufen, oder die Nerpa genannten Robben sind eine Fortentwicklung der Ringelrobben, die von der Arktis in das Flusssystem Sibiriens hinunterschwammen und dann dort festsaßen – wie so viele in Sibirien konnten sie nicht mehr in ihre Heimat zurück und mussten aufs Neue das Überleben lernen.

Denn Sibirien kommt nicht zur Ruhe. Seine Ressourcen stehen unter enormem Druck durch eine gefräßige Ökonomie. Auch der Klimawandel trifft Sibirien hart. Im hohen Norden schmilzt der Permafrost. Mehr als die Hälfte Russlands balanciert auf dieser instabilen Schicht aus gefrorenem Boden, und Sibiriens Labilität zeigt sich in Rissen, die durch verlassene Gebäude schneiden, und riesigen Pfropfen Tundra, die ohne warnendes Ächzen einbrechen. Methanblasen bilden sich, platzen auf und sacken dann wie Soufflés in sich zusammen. Aber niemand nimmt davon Notiz – darunter Russen, die nie hier waren, deren Lebensqualität aber Sibiriens Reichtum etwas verdankt –, denn trotz des modernen Luftverkehrs leben Sibirier in Städten, wo man das europäische Russland immer noch »das Festland« nennt. Genauso gut könnten sie auf Inseln gestrandet sein. Man nehme Kolyma im fernen Nordosten Russlands, am Rand einer eisigen Sackgasse aus Wasser, des Ochotskischen Meers. Diese schaurige Region, wo sich einige der schrecklichsten Zwangsarbeitslager oder Gulags des 20. Jahrhunderts befanden, konnte außer auf dem Luft- oder Wasserweg nicht erreicht werden. Selbst heute noch sind die 1900 Kilometer Autobahn, die Kolyma mit Jakutsk, einer der kältesten Städte der Erde, verbinden, oft unpassierbar. In seinem erbarmungslosen Bericht über die Geschehnisse in den Lagern ist also Alexander Solschenizyns Wortwahl – *Der Archipel Gulag* – auf Fakten begründet, auch wenn die Worte zudem immenses metaphorisches Gewicht besitzen.

Der auf das gesamte Russland, nicht nur auf Sibirien verteilte Gulag unterschied sich vom zaristischen Exilsystem vor der Revolution von 1917, auch wenn die beiden oft verwechselt werden. Unter den Zaren konnten Menschen mit fortwährender Verbannung nach Sibirien, aber auch mit Zwangsarbeit bestraft werden. Im Gulag lag die Betonung auf Zwangsarbeit, verbunden mit eigenartigen Methoden der »Kulturerziehung«. War die Strafe verbüßt (falls man sie überlebte), konnte man normalerweise nachhause zurückkehren, es gab allerdings Ausnahmen. Gemeinsam war den beiden Systemen ein großes Ausmaß an Brutalität, eigenartig, wenn man bedenkt, dass das zaristische Exilsystem Sibirien zu einer gewaltigen Brutstätte für revolutionäres Gedankengut gemacht hatte. Trotzki, Lenin, Stalin, sie alle verbrachten vor der Revolution als aus politischen Gründen Verbannte einige Zeit in Sibirien. Ebenso einige der größten russischen Schriftsteller, etwa Fjodor Dostojewski: Er beschrieb an die Gefängnismauern gekettete Sträflinge, die bis zu zehn Jahre lang nur einen Bewegungsspielraum von etwa zwei Metern hatten. »Hier war eine eigene Welt, die keiner anderen ähnlich sah«, schrieb Dostojewski, »ein Haus für lebende Tote.«

Doch unter dem Zauberbann des Winters verflüchtigen sich auch Erzählungen über die Geschichte der Unterdrückung durch den Staat. Die sommerlichen Sümpfe Sibiriens verwandeln sich in frostige Spitzen-deckchen und Fichtennadeln in Halskrausen aus flämischer Spitze. Der Schnee bestäubt und verhüllt den Erdboden, dreht sich in Dunstwir-beln, wenn der Wind auf die Erdoberfläche trifft, und verbirgt die Kno-chen nicht nur von Russen, sondern auch von Italienern, Franzosen, Spaniern, Polen, Schweden und vielen anderen, die an diesem Ort des Exils zugrunde gingen und in namenlosen Gräbern liegen. In Sibirien fühlt sich alles mehrdeutig an, sogar finster ironisch angesichts der Worte, die verwendet wurden, um seine Extreme zu benennen. Bei den Gefangenen des 19. Jahrhunderts hießen die Fesseln »Musik«, wahr-scheinlich wegen des Kettengeklirrs der Verbannten. In Solschenizyns *Archipel Gulag* bedeutete »Klavierspielen« das Abnehmen der Finger-abdrücke bei der Ankunft im Lager.

Aber Sibirien hat noch eine andere Geschichte zu erzählen. Im gan-zen Land verstreut finden sich Klaviere, wie das bescheidene Pianino aus sowjetischer Produktion auf dem Foto vom Lavafeld in Kamtschat-ka, und ein paar importierte moderne. Es gibt eine Menge schöner Flü-gel in einer bitterkalten Stadt namens Mirny, einer sowjetischen Ansied-lung aus den 1950er Jahren, reich geworden durch den größten Dia-mantentagbau der Welt, und mehr als fünfzig Steinways in einer Schule für begabte Kinder in Chanty-Mansijsk, im Herzen der westsibirischen Ölfelder. Solche Extravaganzen allerdings sind rar. Bemerkenswerter sind die Flügel aus der Zeit der Hochblüte der Pianomanie im 19. Jahr-hundert. Verlorene Symbole der westlichen Kultur in einem asiatischen Reich, kamen diese Instrumente nach Sibirien und trugen die Melodien aus den Musiksalons Europas weit fort vom kulturellen Kontext ihrer Geburt. Wie solche Instrumente überhaupt in diese verschneite Wildnis kamen, das sind Geschichten über die innere Stärke von Gouverneuren, Verbannten und Abenteurern. Dass sie überlebt haben, ist Zeugnis des Bedürfnisses nach Trost im menschlichen Geist. »Es gäbe wahrhaft Grund, verrückt zu werden, gäbe es nicht die Musik«, sagte der russi-sche Pianist und Komponist Pjotr Iljitsch Tschaikowsky.

Die Beziehung Russlands zum Klavier begann unter Katharina der Großen, der im 18. Jahrhundert regierenden Kaiserin mit einer Sammelleidenschaft für neue Technologien, von Musikinstrumenten bis zu einer Automatenuhr, die aus drei lebensgroßen Vögeln bestand: einer Eule, die den Kopf dreht, einem Pfau, der sein Rad schlägt (man kann beinahe sehen, wie sich die Brust unter einem Atemzug hebt), und einem Hahn, der jede Stunde kräht.[1] Katharina hatte auch das am Westen orientierte Vermächtnis Peters des Großen übernommen, dessen Gründung von St. Petersburg im Jahr 1703 »ein Fenster nach Europa« auftat. Sechzehn Jahre nach Peters Tod kam Zarin Elisabeth, eine weitere Modernisiererin, die mit ihrer Liebe zur italienischen Oper ein musikalisches Goldenes Zeitalter einleitete. Elisabeths exorbitante Ausgaben für italienische Tenöre und französische Operntruppen wirkten sich auf den Musikgeschmack der Oberschicht aus, ein Trend, der nach 1762 weiterwirkte, als Katharina Zarin wurde und Elisabeths Einfluss und ihr großzügiges Mäzenatentum noch ausbaute. Die europäische Kultur erlebte in St. Petersburg eine Blüte, auch wenn die zugrunde liegenden Ideen, die im westlichen Europa an die Oberfläche kamen – etwa in den Büchern Jean-Jacques Rousseaus, jenes Philosophen, dessen Theorien über die Suche nach individueller Freiheit und die naturgegebene Gleichheit der Menschen eine ganze Generation von Romantikern inspirierten –, am russischen Hof keinen Platz fanden.

Während sich in Frankreich die Revolution zusammenbraute, blieb Katharina vollkommen taub gegenüber Kritik am russischen Unterdrückungssystem der Leibeigenschaft, das eine solch bedeutende Quelle des kaiserlichen Reichtums war. In Leibeigenschaft geborene russische Männer, Frauen und deren Kinder waren nicht nur Lehensleute, die die Felder bearbeiteten, sondern wurden auch als Sänger und Tänzer ausgebildet, um die Trübsal auf den Landsitzen zu vertreiben. Mit der Entwicklung der Instrumentalmusik wurden Orchester aus Leibeigenen ein genuin russisches Phänomen; ein bekannter Musikfanatiker zu Katharinas Zeiten etwa wies seine gesamte Dienerschaft an, sich nur singend an ihn zu wenden. Andere wurden zum Musikstudium ins Ausland geschickt, eine Mode, die sich bis ins 19. Jahrhundert hinein fortsetzte. Als zwei dieser Leibeigenen-Musiker 1809 zu ihrem Unglück von ihrer Ausbildung in Leipzig nach Russland zurückberufen wurden, nahmen sie Rache. Sie ermordeten ihren Herrn in seinem Schlafzimmer und zerhackten ihn in Stücke. In Leipzig hatten sie nicht nur schöne Musik gehört; sie hatten auch von der Freiheit gekostet.

Die Strafe war Sibirien, wohin unglückselige Leibeigene routinemäßig ohne Prozess schon für weit geringere Vergehen – von Aufmüpfigkeit bis Tabakschnupfen – verbannt wurden. Nachdem der Dissident Alexander Radischtschew in seinem Buch *Reise von St. Petersburg nach Moskau* (1790) die Schrecknisse des russischen Systems feudaler Sklaverei beschrieben hatte, zog Katharina die Daumenschrauben noch fester an.[2] Sie verbannte ihren prominentesten Kritiker in die Strafkolonie Sibirien, deren barbarische Dimension rasch zunahm. Als Österreich, Preußen und Russland Polen und die später sogenannten Westprovinzen – eine Region, die grob gesprochen Litauen, die Ukraine und Weißrussland umfasste – aufzuteilen begannen, sickerten in Sibirien allmählich gebildete polnische Rebellen ein.[3] Über ihr Schicksal als Verbannte wachten Katharinas Gouverneure, von denen einige Tasteninstrumente an die Orte im russischen Hinterland mitnahmen, wohin sie versetzt worden waren.

Es war eine Zeit, als die Technologie des Instruments noch im Entwicklungsstadium war, als sogar die Namen von Tasteninstrumenten ein Identitätsproblem verrieten. Das deutsche Wort »Klavier« bezeichnete manchmal ein Cembalo, ein Spinett, ein Virginal oder ein Clavichord. Das Wort »Clavichord«, korrekt verwendet, meinte ein Instrument, bei dem wie beim Klavier Hämmer Saiten anschlagen (beim Cembalo hingegen zupft ein Plektron die Saiten). Manchmal als »Tasteninstrument des armen Mannes« bezeichnet, war es ein Instrument, das auf die Finger des Spielers reagierte, ihre vibrierenden, einfühlsamen Pausen und gefühlvollen Intentionen: »Kurz gesagt, das Clavichord war das erste Tasteninstrument mit einer Seele.« Verwirrenderweise allerdings bedeutete das Wort »Clavichord« manchmal auch ein

»Fortepiano«, das »Laut-leise«-Instrument, das vom italienischen Instrumentenbauer Bartolomeo Cristofori um die Wende zum 18. Jahrhundert für die Medici entwickelt worden war. Was Cristoforis Erfindung bahnbrechend machte, war nicht nur (anders als bei der Orgel) die relativ leichte Transportierbarkeit: Bessere Dynamik und musikalischer Ausdruck schufen die Illusion, es befinde sich ein ganzes Orchester im Raum.

»Bis um 1770 waren Klaviere mehrdeutige Instrumente, vorläufig in der Konstruktion« und unsicher im Status«, schreibt einer der wichtigsten Historiker des Klaviers im 20. Jahrhundert. Katharinas hochgeschätztes Tafelklavier oder *piano anglais* ist das perfekte Beispiel dieses evolutionären Fortgangs. 1774, als das Klavier allmählich populär zu werden begann, bestellte die Kaiserin dieses neumodische Tasteninstrument aus England, hergestellt vom ersten Klavierbauer Londons, einem deutschen Zuwanderer namens Johann Zumpe. Es war das Instrument *du jour*, das jedermann besaß, von Katharinas großem Freund, dem französischen Philosophen und Lexikographen Denis Diderot, in dessen *Encyclopédie* das Spiel auf einem Tasteninstrument zur maßgeblichen Fertigkeit bei der Erziehung moderner Frauen erklärt wurde, bis zu Angehörigen der englischen Königsfamilie. Binnen zehn Jahren nach seiner Erfindung wurden in England, Frankreich, Deutschland und Amerika Versionen dieses Instruments hergestellt. Laut einem zeitgenössischen britischen Komponisten konnte Zumpe seine Instrumente gar nicht rasch genug produzieren, um den Bedarf zu befriedigen.

Katharinas *piano anglais* von 1774 mit seiner dekorativen Einlegearbeit, so hübsch wie ein Fabergé-Ei, steht heute hinter einer roten Absperrkordel in Pawlowsk, einem zaristischen Lustschloss aus dem 18. Jahrhundert, eines der bedeutendsten Zentren des Musiklebens außerhalb von St. Petersburg. Es ist neben einer Toilettengarnitur aus Sèvres-Porzellan ausgestellt, die der russischen Kaiserfamilie von Marie Antoinette zum Geschenk gemacht wurde. Das Zumpe, damals eine Neuheit, besitzt eine gewisse Lieblichkeit, wenn darauf ein langsames

Adagio gespielt wird, doch es zeigt auch ein älteres, höfischeres Näseln und einen blechernen Tastenanschlag. Erst als die Mechanik der Hämmer einen kraftvolleren Anschlag erlaubte, dickere Saiten stärker gespannt und die Pedale vervollkommnet wurden, um eine noch bessere Differenzierung zwischen laut und leise zu ermöglichen, erweiterte sich das Potenzial zu dem Instrument, wie wir es heute kennen. Diese nächste dramatische Phase in der Klaviertechnologie, die in den ersten drei Jahrzehnten des 19. Jahrhunderts ihre Hochblüte erlebte, brachte das Instrument in Konzertsäle in ganz Europa, da die robustere Mechanik nun besser an das Temperament der Virtuosen angepasst war. 1821 ließ die französische Klavierfabrik Erard die »doppelte Repetition« patentieren, eine Mechanik, die eine schnellere Wiederholung eines Tons erlaubte, ohne dass die Taste losgelassen werden musste. Nun begann sich auch das Klavier weiter zu verbreiten, hinaus aus dem kaiserlichen Hof und in die russische Gesellschaft ganz allgemein, ein Trend, den James Holman miterlebte, ein blinder Engländer, der 1823 Sibirien bereiste, aus keinem anderen Grund, wie es scheint, als um sich mit einer Reihe Anekdoten zu versorgen, die er dann in den Salons wiedergeben konnte. In seinem Bericht schrieb er: »Eine Dame meiner Bekanntschaft hatte an diesen Ort ihr liebstes Piano-forte aus St. Petersburg am Boden ihres Schlittens mitgeführt, und das, ohne dass selbiges auch nur den geringsten Schaden nahm.«

Brutal. Kalt. Aufregend schön. Dass an einem so abgründig rätselhaften Ort wie Sibirien noch immer edle Instrumente existieren, ist bemerkenswert. Es wird nichts weniger als ein Wunder, wenn man erfährt, dass nicht nur Katharinas Zumpe-Tafelklavier von 1774 im 20. Jahrhundert einen kriegsbedingten Aufenthalt in der russischen Terra incognita überlebte, sondern auch andere historische Klaviere in verschlafenen sibirischen Dörfern nach wie vor Musik erzeugen. Wo Holzhäuschen sich der Wärme wegen zusammenzukuscheln scheinen, dort wurden von der Flutlinie der europäischen Romantik des 19. Jahrhunderts Klaviere angeschwemmt und zurückgelassen. Es war eine der wichtigsten

Liszt spielt vor einer hingerissenen Menge in Berlin; die Szene erinnert an ein modernes Rockkonzert. Zeichnung aus dem Jahr 1842.

Zeiten für die Popularisierung des Klaviers, damals, als eine neue Art Virtuose sein überzeugendster Befürworter wurde.

Bald nach seiner Ankunft in Russland im Jahr 1802 konnte der irische Pianist John Field – der Erfinder der Nocturne, eines kurzen, träumerischen Liebeslieds für das Klavier – in den Salons von Moskau und St. Petersburg als ausübender Künstler wie als Lehrer jeden Preis verlangen. Field hat sozusagen den ersten Ton im russischen Klavierkult angeschlagen, doch es war der Ruhm des ungarischen Pianisten Franz Liszt, der in den 1840er Jahren die Liebe der Russen zu diesem Instrument in ein Fieber verwandelte.

Frauen haschten nach Strähnen von Liszts legendärem kinnlang geschnittenen Haar, um sie in Medaillons am Herzen zu tragen. Bewunderer stritten sich um seine seidenen Taschentücher, Kaffeereste (die sie in Ampullen mit sich trugen) und Zigarettenstummel. Mädchen fertigten sich Armbänder aus den Klaviersaiten, die er zum Zerreißen gebracht hatte, und Amulette aus von ihm ausgespuckten Kirschkernen. In Wien, einer der großen Hauptstädte der europäischen Musik, verkauften Konditoren Kekse in Klavierform, auf denen in Zuckerguss sein Name stand. Als Liszt im Frühjahr 1842 aus Berlin nach Russland abreiste, wurde seine Equipage von sechs weißen Pferden gezogen, gefolgt von einer Prozession aus dreißig Kutschen. Und als er im April in St. Petersburg spielte, lockte der berüchtigte »Klavierzertrümmerer« – ein Ruf, den er sich durch die demolierten Instrumente erworben hatte, die er zurückließ – das größte Publikum an, das St. Petersburg bei einem solchen Anlass je erlebt hatte.

Liszt sprang mehr auf die Bühne, als über die Stufen hinaufzusteigen. Er schleuderte seine weißen Ziegenlederhandschuhe zu Boden, verbeugte sich dann tief vor dem Publikum, das von Stillschweigen zu donnerndem Applaus taumelte, der Saal bebte vor Bewunderung, während er zuerst auf einem, dann auf einem anderen, in die Gegenrichtung aufgestellten Klavier spielte. Bei einem Auftritt vor der Zarin in Preußen zwei Jahre zuvor hatte Liszt auf seinem gemarterten Klavier eine Saite nach der anderen zum Zerreißen gebracht. In St. Petersburg war sein Vortrag erfolgreicher, eine spektakuläre Demonstration des Tonumfangs des Instruments, plätschernde Noten in mit wilder Schönheit erfüllte Musik gehämmert. Als John Field ihn spielen hörte, beugte er sich angeblich zu seinem Begleiter und fragte: »Beißt er?« Liszt galt als »Vergangenheit, Gegenwart und Zukunft des Klaviers«, schrieb ein Zeitgenosse, sein Solovortrag vor einer Menge von dreitausend Russen war »etwas Unerhörtes, vollkommen neuartig, sogar irgendwie dreist ... dieser Einfall, in der Mitte des Saals eine Bühne aufbauen zu lassen, wie ein Inselchen inmitten des Ozeans, einen Thron hoch über den Köpfen der Menge«, so ein anderer. Liszts Talent konnte laut Wladimir Stassow, einem russischen Kritiker, der ihn bei seinem Debüt in St. Petersburg spielen hörte, eine musikalische Raserei entzünden. Stassow war mit seinem Freund Alexander Serow, ebenfalls Kritiker, hingegangen, der schrieb:

Wir wechselten bloß einige Worte und eilten dann nachhause, um
einander so rasch wie möglich unsere Eindrücke, unsere Träume,
unsere Ekstasen mitzuteilen ... Zur selbigen Stunde legten wir ein
Gelübde ab, dass dieser Tag, der 8. April 1842, uns heilig sein und wir
keine Sekunde davon vergessen würden bis zum Tag unseres Todes. ...
Nie in unserem Leben hatten wir Derartiges gehört, niemals waren wir
eines solch brillanten, leidenschaftlichen, dämonischen Temperaments
ansichtig geworden, das im einen Augenblick raste wie ein Wirbel-
wind, im anderen Kaskaden von zarter Schönheit und Anmut
hervorquellen ließ.

Liszts Russland-Tournee hatte bedeutende Auswirkungen auf die sich
verändernde Musikkultur des Landes; nicht zuletzt diente sie als An-
schub für die nun aufblühende Klavierbauindustrie, da er in einem
wichtigen Jahr für die Musik auf einem in St. Petersburg gebauten Lichtenthal-Klavier spielte. 1842 fand die Uraufführung von Michail Glinkas
Ruslan und Ludmilla statt, die wegen ihres nationalen Gepräges und ihrer Melodien als erste wahrhaft »russische« Oper galt. Liszt, der eine
große Zuneigung zur russischen Volksmusik entwickelte, fand die
Oper wunderbar.

Glinkas Oper war einflussreich; dennoch waren es nach wie vor das
Klavier und das Glamouröse am Virtuosen, welche die Aristokratie in
ihren Bann zogen, und nun, da die Instrumente keine technische Neuheit mehr waren, gingen sie reißend weg. »Ein Klavier oder irgendeine
Art Kasten mit Tastatur findet man überall«, hieß es in einer Zeitung
um die Mitte des Jahrhunderts. »Befinden sich in einem Gebäude in
St. Petersburg hundert Wohnungen, dann kann man 93 Instrumente
und einen Klavierstimmer erwarten.« Dasselbe galt für ganz Europa.
1842 war der in London beheimatete Klavierhersteller Broadwood &
Sons einer der zwölf größten Arbeitgeber der Stadt. Reisende auf der
Grand Tour – junge Männer der Oberschicht, die beim Übergang zum
Erwachsenwerden Europas Kultur erkundeten – konnten im Ausland
nicht ohne Klavier existieren. Laut einem abgegriffenen Reiseführer,

Eine russische Familie mit ihrem Instrument in den 1840er Jahren, als Klaviere wichtige Prestigeobjekte wurden.

Wie man 1842 Paris genießt, wollten die meisten englischen Familien, die für einen längeren Aufenthalt in die Stadt kamen, ein Klavier mieten oder kaufen. Allein in Großbritannien wurden in den fünf Jahren nach 1842 sechzehn Patente für neue Klaviertechnologien ausgestellt.

Nach jeder Entwicklung in der Funktionsweise des Instruments hatte die zunehmende Ausdruckskapazität des Klaviers einen Schwall neuer Kompositionen zur Folge. Eine sich entwickelnde Kaufmannsschicht, begierig nach neuen Luxuswaren, und staatliche Subventionen hielten die Preise niedrig und förderten damit eine heimische Industrie. Der russische Klavierbau blühte, ein früher Salonflügel aus russischer Produktion kostete nicht viel mehr als ein paar Reihen Sitzplätze bei Liszts Auftritt 1842 in St. Petersburg.

Im Verlauf des Jahrhunderts erfuhr die Klaviertechnologie immer weitere Verbesserungen, Eisenrahmen wurden eingeführt (statt solcher aus Holz), neue Arten des Saitenaufziehens, und es kam zur Entwicklung des Pianinos, das ein Historiker als »bemerkenswertes Bündel an Erfindungen« bezeichnete; sein Format und seine Transportierbarkeit machten es gut geeignet für die Wohnungen der wachsenden Mittelklasse. 1859 ließ Henry Steinway, ein deutscher Klavierbauer, der nach New York ausgewandert war, den ersten Flügel mit kreuzsaitigem Bezug patentieren; Konzertinstrumente erhielten dadurch ein umfangreicheres Volumen. In Russland entwickelte sich ein reich strukturiertes Musikleben, nicht nur im Bereich des Klavierspiels, sondern quer durch alle musikalischen Genres und Institutionen – Oper, Ballett, Symphonieorchester, Konservatorien und Amateur-Musikgesellschaften. Um die Wende des 19. zum 20. Jahrhundert war der Beitrag zur klassischen Musik besonders bedeutend. Tschaikowsky und Nikolai Rimski-Korsakow gesellten sich zu den Spitzenrängen europäischer Komponisten. Zu den Koryphäen unter den russischen Pianisten zählten Anton und Nikolai Rubinstein sowie Sergei Rachmaninow. Es hatte sich ein russischer Nationalstil herausgebildet, der die westliche Welt beeinflusste (und sie sogar übertraf). Bei den Weltausstellungen heimste Russland Anerkennung für seine Instrumentenmacher ein.

Dann zerfetzte das Chaos der Revolution von 1917 das kulturelle Vermächtnis des Landes. Etliche erstklassige Musiker verließen das Land in Richtung Deutschland, Frankreich und Amerika. Während das Zarenregime sich auflöste, rafften der entschwindende Adel und Ausländer auf der Suche nach Gelegenheitskäufen Gobelins, sogar Gemälde von van Dyck zusammen, voller Hast, die Stadt mit allen Schätzen zu verlassen, die sie nur retten konnten. Wertvolle Geigen wurden unter Überziehern hinausgeschmuggelt, Klaviere auf den Dächern von Zügen festgezurrt, die aus Russland durch Sibirien in die Mandschurei und noch weiter flüchteten.

1919 verkaufte ein St. Petersburger Musikkritiker seinen Flügel für ein paar Laibe Brot. In St. Petersburg und Moskau eröffneten »Beuteläden«, in denen mit von den Reichen gestohlenen Kunstobjekten gehandelt wurde. Während des Bürgerkrieges, der bis 1922 dauerte, wurden herrschaftliche Häuser geplündert oder niedergebrannt. Im Gefolge

In St. Petersburg gebaute Becker-Klaviere bei der Pariser Weltausstellung 1878;
der Schah von Persien lauscht einer Vorführung. 1900 erregte der russische Pavillon
mit Werbung für die neue Transsibirische Eisenbahn neuerlich Aufsehen. Ein an
den Fenstern des Vorführwaggons entrolltes gemaltes Panorama kondensierte die
8850 Kilometer lange Strecke durch Sibirien zu einer hübschen Verkaufsmasche.
Die Realität, so manche Reisende, erwies sich nicht immer als ganz so pittoresk.

wurden noch halbwegs intakte Instrumente restauriert und Klaviere aus diversen Bestandteilen zusammengefügt, etwa Bechstein-Tastaturen auf Pleyel-Beinen.

Im Großen Vaterländischen Krieg zwei Jahrzehnte später wurden die bedeutendsten nationalen Kostbarkeiten zur Sicherheit nach Sibirien evakuiert, darunter in Staatseigentum stehende Instrumente aus Moskau und Leningrad sowie Lenins einbalsamierter Leichnam. Nicht lange danach gingen aus Sachsen und Preußen an der Westfront der UdSSR[4] beschlagnahmte Instrumente mit der Roten Armee auf den Weg nach Osten, um manch ein sibirisches Heim zu schmücken. Beim Vormarsch der Nazis flüchteten die Russen aus ihren Städten an der europäischen

Seite des Ural; das Trauma des Krieges trieb die Zivilisten immer tiefer hinein nach Sibirien, und oft hatten sie Instrumente dabei. Andere Klaviere gingen beim Vormarsch der Deutschen verloren oder wurden zu Brennholz zerhackt. Ein Klavier, das heute einer bekannten Musikerin gehört, wurde während der Belagerung Leningrads, als die Deutschen die Stadt aushungerten, eine der düstersten zivilen Katastrophen des Jahrhunderts, zu Verdunkelungszwecken hochkant vor das Fenster gestellt.

Unterdessen änderte sich zusammen mit der Politik auch die althergebrachte Expertise im russischen Klavierbau. »Die Kunst gehört dem Volke«, sagte Lenin 1920. »Sie muss ihre tiefsten Wurzeln in den breiten schaffenden Massen haben. Sie muss von diesen verstanden und geliebt werden. Sie muss sie in ihrem Fühlen, Denken und Wollen verbinden und emporheben.« Die Sowjetregierung unterstützte die Herstellung Tausender Klaviere, die durch das neugebildete Musikschul-Netzwerk in der Provinz verbreitet wurden. In Sibirien entstanden Klavierfabriken. Und für Privatbürger gab es die Möglichkeit, Klaviere zu mieten; so entstand ein florierender Markt für Pianinos, die in die engen sowjetischen Wohnungen passten.

Diese dynamische Musikkultur, deren geographische und soziale Reichweite die entsprechenden Ausbildungssysteme im Westen weit übertraf, zerbrach nach 1991, als Boris Jelzin der erste frei gewählte Führer Russlands seit tausend Jahren wurde. Jelzin machte sich sofort daran, die Sowjetunion aufzulösen, indem er den verschiedenen Teilrepubliken autonomen Status zugestand.

Auf dem Weg zur freien Marktwirtschaft kappte er auch staatliche Subventionen und rief dadurch eine Kettenreaktion aus dramatischer Hyperinflation, Zusammenbruch der Industrie, Korruption, Gangstertum und weitverbreiteter Arbeitslosigkeit hervor. Die Massen rutschten in Armut ab, von der Privatisierung der russischen Industrie profitierten hingegen ein paar Freunde von Freunden in der Regierung, die zu Dumpingpreisen Öl- und Gasgesellschaften kauften. Die berühmte Oligarchenklasse Russlands wurde zur selben Zeit geboren, als der generationenalte kommunistische »Zusammenhalt« über Bord geworfen wurde.

Ob nun die Jelzin-Periode für die Russen gut oder schlecht war, bleibt ein strittiger Punkt. Für die Klaviere jedenfalls war sie eine Katastrophe. Die Musikerziehung litt. Klaviere zu kaufen stand weit unten auf der Prioritätenliste. Als eine Klasse von Neureichen entstand, verdienten sich Klavierstimmer eine goldene Nase damit, alte Klaviere aufzumotzen und als eine Art bourgeoises Statussymbol zu verkaufen. Sie lackierten kaputte Bechsteins weiß, damit sie in die Villa eines Oligarchen passten, verzierten sie mit Blattgold und erfanden hin und wieder Phantasiegeschichten über irgendeine noble Provenienz, die auf einem neuen und naiven Markt den Wert der Klaviere steigern sollten. Es war die Zeit, als Russland wie berauscht war von Chancen und neuen Arten, die Dinge anzupacken. Und es war auch ein vom Versagen des Kommunismus demoralisiertes Land; viele Menschen wollten an eine rosigere Version der Vergangenheit glauben.

Zahlreiche Instrumente ließ man in Sibirien verrotten; sie waren entweder zu groß, um aus den Wohnungen abtransportiert zu werden, oder man vergaß sie in den Kellern der Musikschulen, nachdem deren Finanzierung eingestellt worden war. Oft kann alles, was von der Geschichte eines Klaviers geblieben ist, nur aus der im Inneren des Instruments verborgenen Seriennummer geschlossen werden – Geschichten, die in mehr als zweihundert Jahre russischer Geschichte zurückreichen. Doch es gibt auch Klaviere, die der hinterhältigen Kälte widerstanden haben, welche ständig zwischen ihre Saiten zu kriechen versuchte. Diese Klaviere erzählen nicht nur die Geschichte der Kolonisierung Sibiriens durch Russland, sondern illustrieren auch, wie Menschen die erstaunlichsten Widrigkeiten zu erdulden vermögen. Dieser Glaube an den Trost durch Musik lebt weiter in dumpfen Tönen zerbrochener Hämmer, in wunderschönen Harmonien, die unaussprechliche Dinge beschreiben, an die Worte nicht heranreichen. Er lebt weiter in Klavieren, die zu beschützen ganz normale Menschen alles getan haben.

Im Sommer 2015 stieß ich zum ersten Mal auf die Klaviergeschichte

Russlands. Es war etwas Neues für mich: die mysteriöse, unlogische Macht einer Obsession, während ich in Sibirien für eine brillante mongolische Musikerin ein Klavier zu suchen begann. Ein Teil von mir war immer von Sibirien fasziniert gewesen – eine Neugier, die seit meiner Kindheit bestand, als die weißen Flecken auf dem Globus weiter reichten, als meine Phantasie sich vorzustellen vermochte. Wie Timbuktu oder Ouagadougou klang Sibirien in einer Weise in mir nach, die ich nicht ganz erklären konnte, und mein Bücherschrank berichtete von der Beziehung einer Bibliophilen zu einem Ort, von dem ich nie glaubte, dass ich ihn aufsuchen würde. Als ich es dann doch tat, setzte sich etwas anderes fest – eine Art eigensüchtige Verrücktheit, das zu vollenden, was ich angefangen hatte, während ich gleichzeitig wusste, dass in einem so riesenhaften Land wie Russland dieses Ende nie kommen mochte. Ich unternahm Abstecher in Territorien, von denen ich nicht annahm, dass mich Klaviere dorthin führen würden, reiste von meinem Heim in England aus weiter und weiter auf der Jagd nach einem Instrument, das ich nicht einmal spiele. Es machte nichts aus, wenn die Kausalität brüchig zu werden begann – von A musste ich dann nach C, weil mir B irgendetwas erzählt hatte –, denn ich hatte begonnen, auf Sibiriens Unvorhersehbarkeit zu vertrauen, auf willkürliche Verbindungen und die nicht erzählten Erfahrungen, die in Menschen schlummern, welche einer der großartigsten geschichtenerzählenden Nationen angehören. Mir wurde bald klar, dass einem das, was fehlt, oft mehr über die Geschichte eines Landes berichten kann als das, was bleibt. Ich erfuhr auch, dass Sibirien größer, anziehender und weit komplexer ist, als die Archetypen vermuten lassen – tatsächlich viel größer als all die Annahmen, die ich gehegt hatte, als meine Pläne zu keimen, dann zu sprießen begonnen hatten und ich mich im Schwung des Reisens zu einem hinreißend schönen Ort gefangen fand.

Und all das wegen einer Freundschaft, die im Sommer 2015 entstanden war, einer Freundschaft mit einer jungen mongolischen Frau namens Odgerel Sampilnorow. Odgerel und ich hatten uns bei einem deutschen Freund, Franz-Christoph Giercke, im nahe der Grenze zu Sibirien gelegenen Orchon-Tal in der Mongolei aufgehalten, unweit vom Karakorum, Stätte der historischen Hauptstadt von Dschingis Khans Reich. Gierckes Familie verbrachte die Sommermonate in einer Reihe Jurten (mongolisch *Ger*), den aus Holz und Leinwand errichteten Rundzelten, weit entfernt von dort aufgeschlagen, wo die Straße sich in der zaunlosen Steppe verlief. Odgerel hatte früher Gierckes Tochter und deren mongolischen Cousinen Klavierunterricht gegeben, wobei sie ein altes Instrument benutzten, das Giercke von der modernen Hauptstadt Ulaanbaatar auf einem Lastwagen hatte herbeischaffen lassen.

»Bei unserer ersten Begegnung war Odgerel erst neunzehn, aber als ich sie einmal ein paar Stunden spielen gehört hatte, erlebte ich eine Epiphanie«, erinnerte sich Giercke. »Sie hatte nicht nur ein immenses Gespür für Johann Sebastian Bach und das Deutschland des 17. Jahrhunderts, für Bachs religiöse Hingabe und sein Leiden, sie vermochte auch Gefühle und Erinnerungen hervorzurufen, die mit meiner ostdeutschen Kindheit in Magdeburg und Leipzig zu tun hatten. Sie konnte alle Schlüsselwerke in der Klaviermusik des 18., 19. und 20. Jahrhunderts spielen. Und das alles auswendig, sie brauchte nie Noten. Mozart, Beethoven, Händel, Mendelssohn, Chopin, Liszt, Schumann, Rachmaninow, Tschaikowsky, Skrjabin. Ich hatte noch nie eine Begabung wie sie gehört.«

Unterstützt von Giercke und anderen, studierte Odgerel neun Jahre an einem Konservatorium in Perugia. Als ich sie kennenlernte, spielte sie grandios. Das russische Pianino war verschwunden, sie gab Vorführungen auf Gierckes Yamaha-Stutzflügel; dann folgten Abendessen mit Ziegenbraten, wobei das Tier mit einem Bauch voll heißer Steine von innen nach außen gebraten wurde. Vor der hölzernen Tür der Jurte erstreckte sich eine von Bergen eingefasste weite Ebene, die samtigen Falten der Steppe gespickt von Grabmälern und aufrechten Steinblöcken, die auf die Zeit vor den Skythen zurückgingen. Yaks und Pferde, in der Mongolei zahlreicher als Menschen, grasten unten am Flussufer. In der Jurte hatten sich auch ein Sherpa-Koch eingefunden, ein Schamane aus der Gegend mit dem Spitznamen »Knocheneinrichter« sowie Tsogt, ein in Paris ausgebildeter Opernsänger aus der Inneren Mongolei, zugleich ausgezeichneter Bogenschütze. Der Hals des Baritons war ständig schief, da er sich in den niedrigen Einlass der Jurte bücken musste, um Bach zu lauschen, wenn die tiefen, herzzerreißenden Konflikte der Musik durch eine aus einem bemalten Speichenrad gebildete Öffnung ins Freie drangen.

Eines Nachts schüttelte Giercke frustriert den Kopf. Das Klavier, ein modernes Yamaha, war nicht auf der Höhe. Es war gut gestimmt, aber seiner Meinung nach war der Klang nicht mehr so wie früher. Vielleicht hatte das trockene Steppenklima ihm letztlich doch Schaden zugefügt. Oder Odgerels Stimmer musste früher kommen als geplant. Giercke lehnte sich herüber und flüsterte mir frustriert ins Ohr: »Wir müssen eines der vergessenen Klaviere Sibiriens für sie finden!«

An diesem Abend drückte er mir einen Roman des amerikanischen Autors Daniel Mason in die Hand; er handelte von einem britischen Klavierstimmer, der im gesetzlosen Burma des 19. Jahrhunderts den Saluen-Fluss hinauf gereist war. Er sollte ein seltenes Klavier von 1840 stimmen, das einem beim britischen War Office angestellten rätselhaften Militärarzt gehörte. Das Erard fungierte als Symbol der Kolonisierung Asiens durch die Europäer im 19. Jahrhundert, und viele der Themen im Buch erinnerten an Joseph Conrads Geschichte über Kurtz, den Maler, Musiker und Elfenbeinjäger, der im *Herz der Finsternis* »auswildert«. In Masons Buch brachte die Musik, wann immer sie auf dem Erard gespielt wurde, den sich bekriegenden Stämmen Frieden. Giercke, der ein bisschen was von Kurtz an sich hat, gefiel die Vorstellung, »flussaufwärts« mit einem spektakulären Klavier zu leben; er sah keinen Grund, eine gute Jagd auf ein Klavier als Fiktion darzustellen oder überhaupt in Zweifel zu ziehen, dass es in Sibirien solche gab. »Sophy, wenn Sie ein Klavier auftreiben und hierherbringen würden, wäre unsere Geschichte real.« Giercke war Filmregisseur und in Innerasien weit herumgereist. Er wusste genug über die Geschichte der Region, um zu glauben, dass es dort Instrumente gebe. Ihm gefiel die Vorstellung, dass ein Klavier Freude in seine Wahlheimat bringen und Odgerel ein eigenes Instru-

Odgerel Sampilnorows Familie stammte ursprünglich vom Baikalsee in Sibirien. Im Bild oben sind
ihre burjatischen Vorfahren zu sehen.

ment haben könne, um im Sommer im Orchon-Tal und im Winter zuhause in Ulaanbaatar darauf zu spielen.

In diesem staubigen sibirischen Sommer wurden Odgerel und ich Freundinnen. Wir sprachen über ihre Kindheit, über ihren Vater, der Basketballtrainer, und ihre Mutter, die Turnerin war. Odgerels Familie waren Burjaten, eine einheimische Volksgruppe mit buddhistischen und schamanistischen Wurzeln, sie stammten aus der Gegend um den sibirischen Baikalsee. In den Dreißigern waren ihre Verwandten unter Stalin verfolgt worden, als die nomadische Weidewirtschaft durch Kollektivgüter ersetzt, die buddhistische Religion unterdrückt, Klöster aufgelöst und die gebildete Schicht umgebracht worden waren; Gegenwehr gab es in einer Revolte 1929, wobei um die 35 000 Burjaten umkamen und das Land in kleinere Gebiete aufgeteilt wurde. Einige von Odgerels Verwandten flohen in die Mongolei.

Odgerels Geschichte blieb in mir haften, aber es war ihre Musik, die mich bewegte. Je länger ich ihr beim Spielen zuhörte, desto mehr fragte ich mich, wie anders ein historisches Instrument wohl in der Steppe klingen mochte – ein Instrument, das immer noch einen Nachhall von den sanfteren Tönen des 19. Jahrhunderts in sich trug: der Schwermut in den Nocturnes von John Field, der prickelnden Eleganz von Chopins *Ballades*, der erdigen Textur von Tschaikowskys *Szenen aus dem russischen Leben*. In einem so intimen Raum wie einem mongolischen *Ger* braucht es kein dröhnendes Konzertklavier. Ein interessantes europäisches Instrument mit weicher Stimme würde sich im Duett gut zur klagenden *Morin Khuur*, der mongolischen Pferdekopffiedel, gesellen, die Odgerel in einem einzigartigen eurasischen Stil ebenfalls allmählich meisterte.

Wir unterhielten uns ein wenig über die eventuell vor uns liegenden Schwierigkeiten und unsere unterschiedliche Motivation. Falls ich mich in Sibirien auf die Suche begab, dann wollte ich die Geschichte der Klaviere in der russischen Kultur verstehen und wie und warum diese Instrumente überhaupt nach Osten gekommen waren. Es gibt nichts, was ich lieber tue, als Leuten beim Reden zuhören, auf den Seiten von Büchern oder an einem Tisch beim gemeinsamen Essen. Odgerel wiederum liebt Musik; sie wollte ein Klavier mit einem schönen Klang. Giercke liebt beides, vor allem aber das Abenteuerliche. Er bot sich an, das Unternehmen mitzufinanzieren, und meinte, nur wenn man etwas Schwieriges zu bewältigen versuche, würde sich etwas Interessantes ergeben.

»Unser Plan lautete folgendermaßen: Wenn es uns gelingen würde, wäre das eine feine Sache und eine feine Story obendrein. Und wenn es uns nicht gelingen würde, hätten wir gleichfalls eine Story, nämlich jene, dass es uns nicht gelungen war.« So beschrieb John Steinbeck seine Reise in die Sowjetunion in den Nachwehen des Zweiten Weltkriegs, zusammen mit dem Fotografen Robert Capa. Steinbecks Herangehensweise gefiel mir. Und ebenso die Anton Tschechows, der 1890 in einem Brief an seinen Verleger schrieb: »Meinetwegen ist meine Reise eine Lappalie, Eigensinn, Laune, aber überlegen Sie und sagen Sie mir, was verliere ich, wenn ich fahre? Zeit? Geld? Ich werde Entbehrungen erleiden? Meine Zeit kostet nichts, Geld habe ich sowieso nie ...« In einem Dunst aus Klaviermusik, mongolischem Wodka und nächtlichen Gesprächen unter dem Sternenhimmel schien eine Reise nach Sibirien beinahe unwahrscheinlich aufregend. Dann ging der Sommer in den Herbst über, und zuhause in England verdunkelte sich meine Stimmung so wie die Farbe der Blätter und die jahreszeitliche Malaise. Ich stellte die Idee zurück, mich auf eine sibirische Klavierjagd zu begeben, bis ich acht Monate danach in den russischen Fernen Osten flog. Erst als ich tief in die russischen Wälder reiste, wurde es mir klar, dass ich ebenso wenig, wie ich ohne Mantel in so extreme Kälte vordringen konnte, dass einem die Tränen in den Fältchen um die Augen gefroren, von der Idee der vergessenen Klaviere lassen konnte.

2

Spuren im Schnee:
Chabarowsk

MISST MAN DIE Breite Sibiriens vom Ural im Westen bis zur letzten Landspitze, der Tschukotka-Halbinsel an der russischen Eismeerküste, dann ist Sibirien breiter als Australien und das pazifische Riff nur siebzig Kilometer von Nordamerika im Osten entfernt. In Sibirien gibt es Seen, die den Namen Meer tragen, und einige Gebiete sind so dünn besiedelt, dass Reisende von einst und jetzt Sibirien oft mit dem Mond verglichen.[1] Diese Analogie würde passen, gäbe es nicht die Tierwelt, die in den eisigen Gewölben Sibiriens gedeiht. Einstmals, als Eurasien noch keine so mächtige zusammenhängende Landmasse war, bildete der Ural die Küste eines Randmeeres, das Europa von Asien trennte. Als der Meeresspiegel sank, migrierten Flora und Fauna über das Land, außer einer Spezies, der es gelang, die Grenzen dieser längst vergessenen biogeographischen Spaltung mehr oder minder zu respektieren:

ein beherzter kleiner sibirischer Molch, den man selten westlich des Ural findet. Ein unerschütterlicher Schwimmer und evolutionärer Held, kann der bleistiftlange *Salamandrella keyserlingii* viele Jahre lang im Permafrost bei Temperaturen um die minus fünfzig Grad überleben. Solschenizyn beschreibt im *Archipel Gulag*, wie in Stalins Arbeitslagern erhabenere Gedanken an die Wissenschaft beiseitegeschoben wurden für einen Mundvoll prähistorischen Fleisches. Die Szene, wenn ausgehungerte Sträflinge auf ein solches Wesen stießen, stellte er so dar: Der Triton, wie er bei Solschenizyn heißt, wird in fiebriger Hast auf einem Feuer aufgetaut und dann »mit Genuss« von hungrigen Häftlingen verzehrt, die einander beiseitestoßen.

An einem kalten Wintermorgen im März 2016 landete ich in der Stadt Chabarowsk im russischen Fernen Osten, nach einem achtstündigen Flug von Moskau, und ungefähr einen Tag Autofahrt vom Pazifik entfernt, wo die Küste so vom Eis erstickt ist, dass man auf einen gefrorenen Ozean hinauswandern kann. Es fühlte sich ungefähr so weit weg von zuhause an, wie ich auf diesem Planeten nur kommen konnte. Während die Vorstellung von den vergessenen Klavieren Sibiriens an meinem Gewissen nagte, hatte ich eine Reihe flüchtiger Versuche unternommen, um zu sehen, ob meine Suche überhaupt etwas ergeben würde; doch der wahre Zweck meiner Reise bestand nicht darin, ein Instrument für die mongolische Pianistin zu finden, mit der ich mich angefreundet hatte. Ich war gekommen, etwas weit Selteneres aufzuspüren – ich sollte für eine britische Zeitung über den Sibirischen oder Amur-Tiger berichten. Wenn es eine gute Geschichte zu erzählen gab, würde ich sie an eine britische Zeitung verkaufen. Im Winter, wenn der Wald schneebedeckt ist, sind die Tatzenspuren des Tigers leichter auszumachen.

Panthera tigris altaica, eine Ikone der russischen Wildnis, die unter stärkstem Naturschutz steht, ist höchst gefährdet. Es existieren nur noch etwa geschätzte fünfhundert dieser Geschöpfe in der Wildnis, sie sind beinahe ebenso bedroht wie die paar Schneeleoparden im Altai-Gebirge nahe der Mongolei und der Amur-Leopard, von dem im Grenzgebiet zu

China und Nordkorea an die achtzig Exemplare überlebt haben. Jahrhundertelang kamen die Chinesen, um in diesen östlichen Wäldern nach Ginsengwurzeln zu graben und Tiger zu wildern, die sie für traditionelle Heilmittel brauchten. Ende des 19. Jahrhunderts schossen dann Großwildjäger sie wegen der Felle ab, bis die Tigerjagd 1947 in Russland verboten wurde. Heutzutage können sich berufsmäßige Naturschützer glücklich schätzen, wenn sie mehr als ein oder zwei Mal im Leben einen wild lebenden Tiger zu Gesicht bekommen. Bevor der koreanische Tigerforscher und Filmemacher Sooyong Park 1995 mit seiner Arbeit begann, war weniger als eine Stunde Filmmaterial über Sibirische Tiger in der Wildnis aufgenommen worden.

Ich traf mit der Erwartung in Chabarowsk ein, dass alles tot und kraftlos, unerträglich grausam und bar jedes Reizes sein würde. Sibirien hatte mehr als drei Jahrhunderte lang als Gefängnis gedient. Es war von der Revolution zerfetzt worden, vom Bürgerkrieg, Stalins Terrorregime und den Auswirkungen des Großen Vaterländischen Krieges. 1991, in dem Jahr, als die UdSSR zusammenbrach, war ich achtzehn geworden. 25 Jahre später waren nun zahlreiche postsowjetische Bilder in meiner Vorstellung eingebrannt: hier eine Fabrik, dort ein liegengelassener Panzer, dazu ein wegen der Luftverschmutzung dahinsiechender Wald.

Nicht, dass ich mit meinen Vorurteilen allein gewesen wäre. 1770 beschwerte sich Katharina die Große bei Voltaire, dem Philosophen der Aufklärung: »Wird diese Nation erst einmal in Europa besser bekannt sein, werden sich die Leute von den vielen Irrtümern und Vorurteilen erholen, die sie über Russland hegen.« Nachdem Tschaikowsky 1877 Liszt getroffen hatte, machte er eine Bemerkung über das ekelhaft respektvolle Lächeln Liszts, das durchtränkt war von Herablassung. »Achtet nicht auf die Prahlerei der Russen; sie verwechseln Prunk mit Eleganz, Luxus mit Vornehmheit, Überwachung und Angst mit den Grundfesten der Gesellschaft«, schrieb der Marquis de Custine, ein französischer Reisender, über das Russland, wie er es zu der Zeit vorfand, als Liszt sich in St. Petersburg aufhielt. »Bis heute gaben sie sich, was die Zivilisation anbelangt, mit dem Anschein zufrieden, aber sollten sie sich jemals für ihre wirkliche Unterlegenheit rächen wollen, würden sie uns für unsere Vorzüge vor ihnen teuer bezahlen lassen.« De Custine, der als affektierter, klatschsüchtiger Reiseschriftsteller beschrieben wird, beeinflusste stark die frühe (und andauernde) Sicht des Westens auf das rückständige Russland: »Die Russen sind verfault, ehe sie reif wurden«, schrieb er 1839 und zitierte damit einen bekannten Aphorismus seiner Zeit. Wenn der Westen nach wie vor auf Russland herabblickt, dann ist seine Haltung gegenüber Sibirien noch ausgeprägter – und so war es immer. »Es gibt wenige Orte auf der Oberfläche der Erde, über welche die Mehrheit der Menschen so festgefahrene Meinungen mit so wenig persönlicher Kenntnis hat als Sibirien«, bemerkte ein britischer Ökonom, der 1919 Sibirien bereiste.

Beim ersten Augenschein zeigte sich Chabarowsk in diesen Nebel aus Klischees gehüllt. Es war eine bleierne monochrome Wucherung ohne die brutale Schönheit Moskaus oder die minzgrüne Eleganz St. Petersburgs. Es gab ein Museum über eine Brücke, ein weiteres über Fische, ein drittes über die Geschichte der Gasgewinnung. Der Schnee war schmutzig, wie das mitternächtliche Geflimmer auf einem alten Fernsehkanal. Rauchfahnen aus Schornsteinen streiften den Himmel mit Sorgenfalten. Die Zeichen urbanen Wohlstands waren dünn gesät: ein imitierter europäischer Boulevard mit einem Hauch rosa Anstrich und eine Promenade mit weißem Geländer, die als Hintergrund für Hochzeitsfotos neben dem zugefrorenen Amur diente. Wenigstens war ich nicht im Sommer gekommen, wenn die Wälder der Umgebung sich in Sümpfe verwandeln, schwarz vor Mücken, deren Flügel wie Nieselregen die Oberfläche durchstechen und deren aufgeblähte Körper in jeden Löffel Suppe fallen.

Alexander Batalow, der einheimische Tigerforscher, den ich treffen wollte, redete zunächst nicht viel. Der Mittsechziger war vierschrötig und klein, hatte graue Augen und breite Schultern, zurechtgeformt von den Klimmzügen, die er an einer in der Tür seiner Waldhütte befestigten Stange durchführte. Er trug Filzstiefel, die ihm ein Hauptmann der russischen Armee geschenkt hatte, und einen Tarnanzug, dessen Teile nicht zusammenpassten. In einem zweiten Lieferwagen folgte uns ein Fahrer mit Lebensmittelvorräten und zusätzlichen Decken hinaus in den Wald. Das Gesicht des Fahrers war fahl, gezeichnet vom lebenslangen heftigen Ziehen an Zigaretten, und sein Mangel an Charisma passte zu der Beschreibung, die Wladimir Arsenjew, ein Forscher vom Anfang des 20. Jahrhunderts, über die Einheimischen abgegeben hatte, die ihn auf seinen Expeditionen durch ihr Gebiet begleiteten. »Die Sibirier wurden nicht wegen ihrer Umgangsformen ausgewählt«, schrieb er, »sondern weil sie tatkräftige Burschen waren, gewöhnt an das raue Leben.«

Arsenjew hatte recht. Unser Fahrer war tüchtig, wenn der Motor stotterte und aufgab, doch kein einziges Mal unternahm er den Versuch einer Unterhaltung. Auch der usbekische Koch auf Alexanders Forschungsbasis war nicht sehr gesprächig und ließ mich grübeln, wie Samarkand, die Stadt an der Seidenstraße, und die goldenen Straßen, die einst dorthin führten, eine so katastrophale Krise erlebt haben mussten, dass ein Mann sich hierherwagte, dass er die fleischigen Pfirsiche seines heimatlichen Ferganatals gegen die grätigen Fische Sibiriens getauscht hatte. Für den Usbeken war es unklar, ob Sibirien das Ende der Straße oder einen neuen Anfang bedeutete.

Wir rumpelten hinaus aus Chabarowsk, vorbei an bei den Bushaltestellen versammelten Arbeitern, deren Atem reglos in der Luft ging. Wir passierten ein Einkaufszentrum am Rand der Stadt, in das sich einige Monate zuvor ein Braunbär verirrt hatte. Der Bär wurde erschossen und in den Laderaum eines Lieferwagens gestopft, sein Kopf hing herunter wie bei einem Teddy ohne Füllung. Alexander erzählte von einem Eber, der vor kurzem die Tür eines Hotels in Chabarowsk gerammt hatte. Jede seiner Geschichten ließ vermuten, dass es in Sibirien vor Wildtieren wimmelte, wo doch schon ein Jahrhundert zuvor der einheimische Fallensteller Dersu Usala, der Arsenjews Expedition führte, vor dem Sterben der Umwelt gewarnt hatte: Noch zehn Jahre, dann würden alle Zobel und Eichhörnchen verschwunden sein.

Dersu Usala gehörte zum Stamm der Nanai, nach ihrem Brauch, ge-

Dersu Usala (Fotografie, um 1906) diente als Führer bei
Wladimir Arsenjews Expedition und rettete ihm zweimal das
Leben. 1975 entstand aus der Geschichte der oscarprämierte Film
Usala der Kirgise des japanischen Regisseurs Akira Kurosawa.

trocknete Fischhaut zu Kleidung zu verarbeiten, auch »Fischhaut-Tataren« genannt. Ende des 16. Jahrhunderts umfasste die Bevölkerung Sibiriens beinahe eine Viertelmillion Indigene, die als Nomaden, Fischer,
Jäger und Rentierhirten lebten. Die Nanai waren einer von rund fünfhundert einzigartigen sibirischen Stämmen. Sie hingen schamanistischen und animistischen Glaubensrichtungen an.

Diese Mixtur begann sich Mitte des 17. Jahrhunderts zu verändern.
Religiöse Abweichler, die sich weigerten, Reformen in der russisch-
orthodoxen Kirche zu akzeptieren, flohen nach Sibirien, um der Unterdrückung im europäischen Russland zu entgehen. Sie bildeten »Altgläubigen«-Gemeinden, die noch heute existieren. Der Prozess der kulturellen Assimilation oder Russifizierung nahm unter Katharina der

Großen Fahrt auf, als sich der Handel mit und in Sibirien rasant entwickelte. Durch Zuwanderer eingeschleppte Krankheiten verbreiteten sich auch unter den indigenen Gemeinschaften. Mitte des 17. Jahrhunderts wurden die russischen Neusiedler – im Gegensatz zu den Sträflingen, die immer nur einen geringen Prozentsatz der neuen sibirischen Bevölkerung ausmachten – von den einheimischen Sibiriern drei zu eins übertroffen. Ende des 19. Jahrhunderts hatte sich dieses Verhältnis geändert: fünf Einwohner russischer Abstammung gegen einen einheimischen Sibirier. Durch diese Bevölkerungsverschiebung – die nichts genuin Russisches war, man bedenke, was die Europäer in ihren Übersee-Kolonien anrichteten – kam es bald zu einer Vorherrschaft des orthodoxen Christentums. Die erzwungene Kollektivierung während der Sowjetzeit sowie eine strikte russifizierende Politideologie brachten dann die letzten indigenen sibirischen Sonderfälle auf Linie. Der von Lenin in den 1920er Jahren verbotene Schamanismus ist längst nicht mehr das, was er einmal war. Das alte Blut vermischte sich mit dem neuen, und so findet man slawische Züge in Gesichtern, die ein wenig koreanisch, mongolisch, sogar nach den Ureinwohnern Amerikas anmuten. Die ursprünglich mehr als hundert Sprachen Sibiriens sind am Verschwinden. Die im hohen Norden gesprochene Kerek-Sprache ist beinahe ausgelöscht. In Sibirien sind noch mehr Tiger übrig als Menschen, die Itelmenisch sprechen.

Über Nacht hatte es in Chabarowsk geschneit. Je weiter wir fuhren, desto höher wurden die Schneeverwehungen, und als wir beim Dorf Durmin von der Straße abbogen, war der Weg völlig zugeschneit. Die Sumpfgräser bogen sich unter dem Gewicht, die Fruchtstände baumelten wie silberne Troddeln. In der Einsamkeit war es schwer vorstellbar, wie in der russischen Taiga – dem nach den dürren, entwurzelten Bäumen so benannten »beschwipsten Wald« – überall das Geraschel von Zobeln geherrscht hatte. Diese Verwandten der Marder gediehen einst im bewaldeten Gürtel zwischen den Grassteppen im Süden Russlands und der nördlichen Tundra innerhalb des Polarkreises. Seit der Mitte des 16. Jahrhunderts waren Zobelpelze Russlands »weiches Gold« und

Stich eines einheimischen sibirischen Pelzjägers. Die Indigenen wurden gnadenlos ausgebeutet; so erhielten sie einen Kupferkessel für die Anzahl von Fellen, die sie in diesen Kessel stopfen konnten.

lieferten bis zu zehn Prozent des Staatseinkommens. Die seidigen Pelze, jedes Haar von dunklem Schokoladenbraun mit silberner, wie bereifter Spitze, lockten Banden marodierender Kosakensöldner an. Den Zaren untertan, kolonisierten die Kosaken Sibirien so rasch, dass sie binnen sechzig Jahren, nachdem sie die ersten Vorstöße über den Ural hinweg unternommen hatten, den Pazifik erreichten.

Alexander erspähte eine Feldmaus auf der Straße, der wir gerade noch auswichen. »Gebt nicht auf die Spitzmaus acht, und wir kriegen ein Riesenproblem«, meinte er und erklärte, wie mit jedem Fällen einer Eiche die natürlichen Nahrungsketten durchbrochen werden. Wenn Raubtier und Beute ihren Platz in der Welt verlieren, sind die Tiger gezwungen, in Gebiete auszuwandern, wo sie nicht hingehören. Er sagte mir, ich solle auf Raben lauschen, die sich um ein totes Tier versammelten. Er wollte mir einen Kleiber zeigen, seinen Lieblingsvogel. Zwischen seinen Erzählungen über den Wald sprach Alexander ein wenig über Politik – dass die sozialistische Idee eine gute sei, obwohl andere Nationen das alles nicht so lange hingenommen hätten. Die Russen hätten eine Fähigkeit zum Dulden, meinte er, sie könnten einen Grundgedanken vom Anfang bis zum Ende austesten. Er beschrieb das Vakuum, das entstand, und seine Enttäuschung, als die UdSSR zerfiel. Er sprach über die Hütte am Fluss, in der er in Sibirien aufgewachsen war, umgeben von wogenden Weizenfeldern und Bergen, wo er oft Beeren sammelte, die seine Großmutter in Joghurt rührte. In zwei Stunden hatte man einen großen Korb gefüllt. Auf solchen Ausflügen lernte er das Verhalten der Tiere zu beobachten, Hasen, Vögel, Rotwild, Füchse und Wölfe. Mit fünf Jahren erspähte er eine Gruppe Kraniche, indem er sich in einem Teich versteckte und nur noch Augen und Nase aus dem Wasser sahen. Aber die Kraniche wurden wütend und attackierten ihn.

Stück für Stück begann Alexander seine Motive bloßzulegen, warum er eine Spezies schützte, die sich selber, wie er befürchtete, nicht mehr schützen konnte. Es machte nichts, dass er nur selten auf einen Tiger stieß. Wie Sooyong Park, der so beredt über die Jahre geschrieben hat, in denen er in Tierhäuten schlief und auf Sibirische Tiger wartete, gab er sich damit zufrieden, deren Spuren zu suchen und mit den Holzfällern zu diskutieren, die den Lebensraum beschädigten, auf den nicht nur die Tiger, sondern auch ihre Beutetiere angewiesen waren. Alexander war fasziniert vom Status des Tigers in der russischen Kultur. Er beschrieb alle möglichen Aberglauben, die mit dem Tiger zu tun hatten, etwa jenen über einen Priester, der zur Zarenzeit unter seiner Soutane ein Tigerfell trug, um nicht von den streunenden Hunden in der Stadt gebissen zu werden, sowie schaurige wahre Geschichten. Einige Jahre zuvor hatte ein guter Freund – ein Wildhüter, der am Morgen frische Spuren entdeckt hatte – in seinem Tagebuch eine Sichtung verzeichnet und sich dann zu einer anderen Winterhütte aufgemacht. Unterwegs lauerte ihm dann der Tiger auf.

Dann ergriff Alexander meine Hand, drückte sie fest und hielt den

Lieferwagen an. Auf dem Boden vor uns war eine perfekte Linie Tatzenspuren zu sehen – jeder breite Sohlenabdruck gesäumt von vier runden Zehen. Während ich vorsichtig aus dem Wagen stieg und meine Hand an die Fußspur im Schnee legte, wurde das Größenverhältnis erst deutlich. Die Vordertatze maß an der breitesten Stelle neun Zentimeter. Ein sechsjähriger Tiger, sagte Alexander, wahrscheinlich ein männliches Tier.

Etwa eineinhalb Kilometer lang bildete die Fährte eine gerade Linie, dann bog sie von der Straße ab, wo der Tiger hinübergestrichen war, um an einem Baum weitere Kratzspuren zu hinterlassen. Alexander meinte, wir sollten nicht folgen. Hat ein Tiger sich zum Angriff bereitgemacht, gibt es keine Möglichkeit, rasch zu handeln. Tiger sind schlau, sie haben eine Fähigkeit zur vorbedachten Rache. Sie wandern gerne in unseren Fußspuren, sagte Alexander, weil sie das Gefühl und die Effizienz von zusammengepresstem Schnee vorziehen.

Im Schneckentempo fuhren wir weiter, bis wir zu der Vertiefung kamen, wo der Tiger geschlafen und seinen fassförmigen Bauch in den festgepressten Schnee gedrückt hatte. Goldgelbe Haarsträhnen waren in das Weiß eingebettet. Ein paar Schritte weiter waren scharlachrote Blutflecken zu sehen, die Flecken so frisch, dass die Farbe noch lebendig schimmerte. Das hätte schon genügt – das Blut der Beute eines Sibirischen Tigers zu berühren –, bis wir um eine Wegbiegung kamen. Ungefähr achtzig Meter entfernt schlief der Tiger mitten auf der Straße. Als er den Kopf hob, konnte ich die leuchtenden Streifen sehen, als der kristalle Schnee ihm vom Rücken glitt, die Gespanntheit seines langen Schwanzes, die nichts mit Furcht zu tun hatte.

In dieser Nacht konnte ich nur schwer einschlafen. Als ein Holzscheit knisterte und dann im Feuer zerfiel, dachte ich an den einzigen Biss, den ein Tiger braucht, um den Hals eines Rotwilds zu zermalmen. Aber es war nicht Angst, die mich wach hielt; es war Berauschtheit. Ein Teil von mir wollte Durmin und die Unbequemlichkeiten des sibirischen Alltags verlassen – die bangen Nächte, das im Vorbau aufgehängte gefrorene Fleisch, das darauf wartete, vom usbekischen Koch in grobe

Stücke gehackt zu werden –, aber ein weit größerer Teil von mir wollte bleiben.

Es war etwas Betörendes an der Taiga, nun, da ich mich im Wald befand, etwas, das tiefer reichte als diese glitzernden Einschnitte geschlängelter Wasserläufe, die man aus der Luft sieht, der in eng gefalteten S-Kurven hingekritzelte Wald, als würde das Land irgendwie wispern. Es ist ein insgeheimer Zauber an Sibirien, wie an den Landkarten von Semjon Remesow, der Ende des 17. Jahrhunderts die erste bedeutende kartographische Erfassung der Region schuf, nachdem Peter der Große ihn in die westsibirische Stadt Tobolsk entsandt hatte.[2]

Remesow hatte das Auge eines Kartographen für die Dimensionen des Landes, dazu den Schwung eines Illustrators. Seine Karten sind mit kunstvoll getuschten Burgen geschmückt, mit sichelförmigen Seen und waldigen Hainen. Viele von Remesows Manuskripten sind übersät mit sibirischen Lebewesen – fliegenden Pferden, einem Wolfsrudel, gehörnten Antilopen – und mühelos fließenden Strichzeichnungen prachtvoller Kathedralen, Waffen und Soldaten. Sein Werk ist immer noch die vollkommenste Destillation der Reize Sibiriens, dargeboten in wunderschönen kalligraphischen Schleifen. In wässrigem Blau gemalt, langen die Nebenflüsse über die Seiten wie die Adern des Zarenreiches selbst, jeder Ausläufer so fein hingepinselt wie eine Fischgräte. Remesow zeichnete Sibirien mit einer Zartheit, die dessen wüsten Ruf Lügen strafte, von den ausfransenden Flüssen, die in Seen in der Gestalt von Liebesherzen mündeten, bis zu den von trägen Flüssen auf dem Weg nordwärts zur Arktis ausgehöhlten Wäldern.

Vor meinem inneren Auge begann Sibirien in den Bruchlinien und Falten einer Landschaft voller Risiken und Chancen vor Möglichkeiten zu lodern. Namen begannen aus der Leere heranzurollen: Tschita, Krasnojarsk, der Jenissei, zusammen mit Lena, Amur und Ob einer der vier großen Ströme Sibiriens. Ich war fasziniert davon, wie wundervoll es wäre, in einem Land wie diesem eines der vergessenen Klaviere Sibiriens aufzutreiben. Was, wenn ich in einer Hütte tief im Wald einen Bechstein finden würde? Es gab genug Hinweise in der Musikgeschichte

Sibiriens, dass Instrumente so weit vorgedrungen waren, aber was hatte überlebt?

An meinem letzten Abend im Wald trug ich bei einer dieser dünnen Brühen mit Dill und Fischköpfen mit gekochten weißen Augen Alexander meine Idee vor, nach Sibirien zurückzukehren, um nach einem Instrument zu suchen.

Anfangs sprach Alexander meine Idee gar nicht an. Er redete über seine eigene Geschichte und die Lieder seines Vaters. Der war in Alexanders sibirischem Heimatdorf Musiklehrer und Akkordeonspieler gewesen; man erinnerte sich gut an seine Melodien. Alexander erzählte mir von einem Musiker, der zehn Jahre früher um Hilfe dabei gebeten hatte, ein altes Klavier in sein Haus in Chabarowsk zu transportieren. Er beschrieb, wie sie es zum Wohnblock und dann zahllose Treppen hinaufgeschleppt hatten. Dann ging Alexander wieder, um die Tiger-Bilder seiner Kamerafalle zu inspizieren, und ließ mich mit der Vorstellung zurück, wie ein Klavier aus dem 19. Jahrhundert über eisiges Pflaster geschleift wurde. Es war keine Rede mehr von Musik, bis zum letzten Morgen, als wir uns bereitmachten, den Wald zu verlassen. Alexander erinnerte mich an den Tiger, der uns auf der Straße untergekommen war, und den blutgesprenkelten Schnee. Diese Sichtung werde mein Talisman sein, sagte er.

»Sie müssen das anpacken«, drängte er. »Der Tiger wird Ihnen Glück bringen.«

In meinen letzten Stunden mit Alexander entwickelte sich in meinem Denken ein starkes Gefühl, dass ich in den historischen Spuren der Instrumente in Sibirien ebenso viel Zauber finden würde wie Alexander in den Fußspuren eines seltenen Tieres. Statt nach Tigern würde ich nach Klavieren pirschen. Wenn ich an Türen klopfte und nach Instrumenten suchte, würde ich tiefer in Russland hineingezogen werden und vielleicht in der Musik einen Kontrapunkt nicht nur zur brutalen Geschichte Sibiriens, sondern auch zu den Bildern finden, die sich durch die gegen Putin eingestellten Medien im Westen verfestigt hatten. Beim Verlassen des Waldes kam ich an der Stelle vorbei, wo ich den Tiger gesehen hatte. Wenn die Silberbirken Geisterbäume waren, wie die Nanai glaubten, dann fragte ich mich, ob ich eine flüchtige totemistische Handlung hätte setzen sollen, um Sibirien zu überzeugen, mich zu beschützen.

Nach meiner Rückkehr nach England begann ich nach Hinweisen zu suchen. Ich kontaktierte Pjotr Aidu, einen russischen Konzertpianisten, der in Moskau eine Art Waisenheim für verlassene Instrumente zusammengetragen hatte. In seiner Sammlung befand sich ein englisches Broadwood von 1820 und ein Stürzwage aus russischer Produktion, es trug die Narben von einem Feuerwerkskörper, der unter seinem Deckel explodiert war; eine gute Marke, oft übersehen, ich solle danach Ausschau halten, riet er. Er meinte, es gebe Stimmen, die es sich lohne, in alten Instrumenten aufzuspüren. Seiner Meinung nach klängen restaurierte Klaviere besser als ihre modernen Pendants.

Andere waren nicht dieser Ansicht. Zahlreiche Klavierspezialisten sagten mir, alle Rekonstruktion der Welt könne ein totes Klavier nicht notwendigerweise wieder zum Klingen bringen. Sibirien sei furchtbar für Klaviere, hieß es, besonders wegen der niedrigen Luftfeuchtigkeit im Winter. Und man warnte mich, es gebe strenge Bestimmungen gegen die Ausfuhr mehr als hundert Jahre alter Kunstgegenstände; älter als fünfzig Jahre, und ein Klavier würde zumindest eine Sondergenehmigung benötigen. Ich entschied, mich auf die alten Handelswege Sibiriens zu konzentrieren, darunter die Städte an der Transsibirischen Eisenbahn, die im 19. Jahrhundert zur selben Zeit aufblühten, als die russischen Klaviere Richtung Osten kamen. Ich würde Fernsehwerbung, soziale Medien und lokale Radiosender nutzen, um Leute ausfindig zu machen, die Instrumente besaßen. Ich musste die Klavierstimmer in Sibirien auf meiner Seite haben. Die würden am besten wissen, wo in Privathäusern noch Geschichte zu finden war. Das war für mich der bei weitem wichtigste Aspekt: die Geschichten zu sammeln und dann zu sehen, wo sie hinführten.

Während ich auf meiner Landkarte Anmerkungen machte, wurde es mir allmählich klarer, wie die Expansion der Zaren und die Etablierung des Verbannungssystems zeitlich mit den Bemühungen des Staates zusammenfielen, die europäische Klavierbaukunst nach Russland zu bringen. Im Verlauf dreier Jahrhunderte waren Klaviere in diese Ödnis eingesickert und hatten zu den Wellen der Russifizierung quer durch das alte Sibirien beigetragen, während alte Kulturen verlorengingen. Ein Teil von mir hoffte, dass das Klavier, ein so wunderbares Symbol europäischer Kultur, noch nicht in einem Nomadenzelt gelandet war. Jedes Klavier, das ich fand, würde ein Erfolg sein; aber ich wollte auch jene Winkel Sibiriens aufsuchen, die noch unberührt waren – jene Teile, die nicht einmal Katharina die Große während eines Regimes, das so viel getan hatte, Russland zu einer europäischen Musiknation und Sibirien zu einem Synonym für Furcht und Schrecken zu machen, auf Linie hatte bringen können. Ich musste nicht nur in die Musikgeschichte des 19. und 20. Jahrhunderts eintauchen, sondern mir auch die Dominanz des Klaviers ansehen, seine wechselnden Reichweiten und seine gesellschaftliche Rolle. Erst dann würde ich den Wert von etwas Kostbarem an den physischen Peripherien Russlands zu einer Zeit verstehen, als Klaviermusik nur live erlebt wurde, bevor das Radio oder aufgenommene Musik die Welt schrumpften. Wenn ich dem Weg eines Objekts folgte, würde ich dem Verständnis des Ortes näher kommen. Ich würde lernen, dass ein Ding nie nur ein Ding ist – dass jedes Klavier anders singt, wegen der Menschen, die darauf gespielt und sein hölzernes Gehäuse poliert haben.

Die Karte zeigt Orte wie St. Petersburg, Moskau, Tjumen, Tobolsk, Tomsk, Irkutsk, Wladiwostok sowie den Baikalsee, die Transsibirische Eisenbahn, Sibirien, Kasachstan, Mongolei, China und Japan.

3
Sibirien wird »zivilisiert«:
von St. Petersburg bis zum Pazifik

ALS ICH ZUM ersten Mal nach Tobolsk kam, herrschte ein Schneesturm. Das Wetter machte alles weicher – meine Stimmung, meine Erwartungen. Diese kleine Stadt in Westsibirien mit ihrer imposanten weißen Zitadelle, den runden Wachtürmen und fensterlosen Mauern war auf einer durchfurchten Anhöhe erbaut. Tobolsks Silhouette mit den zwiebelförmigen golden-türkisfarbenen Kuppeln der russischen Orthodoxie schien den Seiten eines russischen Märchenbuches entsprungen. Neben der Kirche stand ein Priesterseminar, das älteste in Sibirien, von dem aus im 19. Jahrhundert Missionare ins ganze Zarenreich entsandt wurden, selbst ins russische Amerika, damals, als die kolonialen Besitzungen der Zaren sich auf Alaska und Teile des heutigen Kaliforniens erstreckten.[1] Es war magisch, hier im Herzen dieser alten sibirischen Hauptstadt zu stehen. Ich war nahe dem Ort, wo 1580 eine wichtige

Schlacht stattgefunden hatte, wo sich der Kosaken-Abenteurer Jermak Timofejewitsch mit einer Armee von weniger als tausend Mann über den Ural wagte, um den letzten sibirischen Khan zu besiegen – eine Leistung, die der Zar mit einem neuen Kettenhemd belohnte. Zum Unglück für Jermak hatte das Gewicht dieser modischen neuen Rüstung zur Folge, dass er ertrank, als er in einen nahen Fluss stürzte.

Jermaks Geschichte, grandios und lächerlich zugleich, bezeichnete den Beginn der Kolonisation Sibiriens, in deren Verlauf das russische Kaiserreich um mehr als das Hundertfache wuchs. Doch war Tobolsk nicht nur Symbol für die Glorie des kaiserlichen Russland, sondern auch für die züchtigende Tyrannei des Zarenregimes. Vor dem Aufstieg der ostsibirischen Stadt Irkutsk unter Katharina der Großen war Tobolsk die wichtigste Verteilerstelle für die in Sibirien eintreffenden Verbannten. Unter ihnen waren Kriegsgefangene, darunter ein großes schwedisches Kontingent, das bei der Schlacht von Poltawa 1709 gefangen genommen worden war, einem Sieg über das schwedische Reich, der das Machtgleichgewicht in Nordosteuropa für immer veränderte – zu Russlands Vorteil. Die Schweden lieferten nicht nur die benötigte Arbeitskraft, um die Flüsse zu regulieren, die sich unterhalb Tobolsks durch die Landschaft schlängeln; sie brachten auch einen bedeutenden zivilisatorischen Einfluss. 1720 notierte der schottische Reisende John Bell die Auswirkungen der Schweden auf die Kultur in Tobolsk. Er drückte seine Überraschung darüber aus, eine solche Menge an Musikinstrumenten vorzufinden; die Schweden seien es gewesen, die diverse nützliche, vor ihrer Ankunft »beinahe unbekannte« Künste eingeführt hätten. Bell wohnte mehreren Konzerten mit diesen schwedischen Offizieren bei, die auch als Lehrer für die Russen dienten.

Die Schweden wurden in das von Peter dem Großen im späten 17. Jahrhundert eingeführte Strafarbeitssystem, die *Katorga*, eingegliedert: Verbannte Männer und Frauen – ihre Besitzungen wurden beschlagnahmt, ihre Ehen annulliert – schickte man zur Zwangsarbeit nach Sibirien ins Exil. Manchmal wurde hochrangigen politischen Gefangenen eine Amnestie gewährt, für gewöhnlich, wenn ein neuer

Zar den Thron bestieg, sonst aber galten solche gekennzeichnete Verbannte – den schlimmsten Verbrechern wurden die Nasenflügel aufgeschlitzt, sie waren gebrandmarkt und narbenübersät von der Knute, einer Art knotenbestückter Peitsche – vor dem Gesetz als »offiziell tot«. Einmal verbannt, gab es keine Rückkehr, eine äußerst wirksame Methode, nicht nur Menschen zu bestrafen, sondern auch die Neuerwerbungen Russlands zu kolonisieren. Da ein solches Exilsystem verwaltet werden musste, zog Tobolsk seinen entsprechenden Anteil an Bürokratie an – Gouverneure, Lehrer und ihre Frauen, und unvermeidlicherweise auch Klaviere. Ich hatte die Spuren von einigen verfolgt und sie aufgespürt, etwa einen schönen französischen Erard aus dem 19. Jahrhundert mit der Seriennummer 75796, der erst 1988 durch ein geplatztes Heißwasserrohr irreparabel beschädigt worden war. Es gab um die zwanzig vor der Revolution in Russland gebaute Flügel, aber in schlechtem Zustand. Der Bürgerkrieg hatte Tobolsk heftig zugesetzt, meinte ein gesprächiger, energischer ehemaliger Priester namens Alexej Wakulik, der sich anbot, mir bei meiner Suche zu helfen – eine zufällige Begegnung, aus der ein ganzer Tag der Suche wurde, nachdem er seine Pläne umgeworfen hatte, um einer Fremden zu helfen.

Alexej war groß, elegant gekleidet in dunklem Anzug; seine charismatische Ausstrahlung, flüsterte meine Übersetzerin, erinnere sie an die Bilder, die sie von Peter dem Großen im Kopf habe. Er hatte hellblaue Augen und eine noch hellere Stimme, welche die Luft anders in Schwingung zu versetzen schien, wenn er sprach. Beide waren wir ein wenig verliebt in ihn, glaube ich. Unter anderem deshalb, weil Alexej all das war, was ich nicht von der russischen Orthodoxie erwartet hatte, witzig, ohne den langen gravitätischen Bart, den ich mit seiner Religion in Verbindung brachte, und von so überbordender Fröhlichkeit, dass ich bald nicht mehr an die Tragödie des abgesoffenen Erard und die anderen nur halb klingenden Instrumente von Tobolsk dachte. Während seiner Ausbildungszeit im Seminar in Tobolsk war es Alexejs Lieblingsvergnügung gewesen, in seiner langen schwarzen Soutane den Abhang unterhalb der Kathedrale hinab Purzelbäume zu schlagen. Dann kollerte er vom Rand der Böschung auf einen Haufen Holzhäuser zu, die wie ein schmutziger Streifen schmelzenden Schnees vom Abhang hinunterzufließen schienen.

Im Windschatten dieses Felsvorsprungs geleitete mich Alexej in die Unterstadt, wo einmal die bessere Gesellschaft gewohnt hatte, darunter Katharinas Gouverneur Alexander Aljabjew, ein großer Förderer der musikalischen Künste und bedeutendes Symbol für Katharinas wachsenden kulturellen Einfluss. Sein Sohn, ebenfalls Alexander Aljabjew genannt, wurde ein angesehener Pianist und Komponist, ausgebildet in St. Petersburg. Nachdem er seinem Land in den Napoleonischen Kriegen gedient hatte, wurde Aljabjew wegen seiner angeblichen Verwicklung in einen mit Spielschulden zusammenhängenden Mord wieder nach Tobolsk verbannt; sein populärstes Lied, *Die Nachtigall*, komponierte er bei seinem Gefängnisaufenthalt in Tobolsk auf einem Klavier, das eine Barmherzige Schwester in seine Zelle hatte bringen lassen. So lautet zumindest die Legende – eine von vielen Geschichten, die sich um diesen alten Teil der Stadt ranken. Aljabjews Musik allerdings wird übertroffen von der weit bedeutenderen Geschichte, die sich zwischen den aus dem 19. Jahrhundert stammenden Boulevards von Tobolsk verbirgt. Im ehemaligen Haus des Gouverneurs hielten die Bolschewiken den letzten Zaren und seine Familie 1917 unter Hausarrest, bevor sie nach Jekaterinburg gebracht und dort schließlich ermordet wurden. Der deutsche Musiklehrer der Zarenfamilie war mit ihnen von St. Petersburg nach Tobolsk gekommen. Da sie kein Klavier mitführten, mussten die Gefängniswärter der Romanows also, ebenso wie andere Möbel, ein Instrument von in der Nähe lebenden Kaufleuten besorgen. Es war ein Klavier, auf dem die Zarin oft spielte, wenn sie allein war und auf Nachrichten wartete, was ihnen bevorstand, während der Bürgerkrieg immer heftiger tobte.

Alexej erzählte, dass die Archivare von Tobolsk auf der Suche nach dem Instrument der Zarin seien, einstweilen aber ohne Erfolg. Er geleitete mich die wackeligen Stufen der Villa hinauf, die eben von Arbeitern renoviert wurde; das Haus sollte ein Museum werden. Sie zeigten mir handgeschriebene Notizen vom Ende des 19. und Anfang des 20. Jahrhunderts, die sie zwischen den Dielen gefunden hatten. Dass in Spalten wie diesen noch immer Bruchstücke der Geschichte liegen mochten, wirkte irgendwie beruhigend. Als wir dann Feierabend machen wollten, schlug Alexej vor, einige seiner Freunde aus dem Priesterseminar zu treffen. Er führte mich in die Kantine der Priester, einen kahlen weißen Raum, wo sich bereits neun Männer versammelt hatten, drei davon bärtig, vier in langen schwarzen Soutanen, die anderen in schwarzen Anzügen mit hohem Kragen und Messingknöpfen.

Sie benahmen sich schrecklich ernsthaft. Zwanzig Minuten hätten sie, hieß es, bevor man ihre Abwesenheit bemerke. Einer fummelte wie ein verlegener Teenager an dem schweren Kruzifix um seinen Hals herum. Ein anderer richtete sich gerade auf wie von einer Marionettenschnur gezogen. Ohne Zeremonie, ohne Konzertsaal oder Kirche begannen sie zu singen, dirigiert von einem breitbrüstigen Chorleiter. In den nächsten zehn, fünfzehn Minuten hielten sie kaum inne in ihren klagenden Gesängen, ihre nackten Stimmen ließen mir die Härchen an den Armen emporstehen. Irgendetwas an diesen Leuten fühlte sich von Grund auf richtig an, in ihrer eindringlichen Hingabe an ihre Kunst und ihrem leidenschaftlichen Glauben an eine Gottheit, die größer war als sie selbst. Ich war beruhigt, weil ich in einem mit Angst und Schrecken in Verbindung gebrachten Teil der Welt nun unter Sibiriern war, denen Musik so viel bedeutete wie Luft.

Ich bin keine Musikerin, aber Musik bewegt mich. Katharina die Große hingegen behauptete, ihr Ohr sei, was Musik betreffe, taub wie ein Zaunpfahl. »Für mich ist das nur Geräusch«, schrieb sie sarkastisch in einem Brief an einen Freund; einmal heißt es, sie habe ihre Höflinge angewiesen, ihr zu bedeuten, wann sie Beifall spenden solle. Immerhin genügten ihre Fähigkeiten, um eine Bemerkung über die noch geringere Begabung ihres Mannes zu machen, als sie sich darüber beklagte, wie Peter, Enkel Peters des Großen und Erbe der Romanow-Dynastie, wenn er nicht gerade mit Spielzeugsoldaten spielte, im kaiserlichen Boudoir auf der Geige herumkratzte. Bei den jede Woche stattfindenden fünfstündigen Konzerten bei Hofe pflegte Peter zum Unmut seiner Gemahlin die erste Geige zu spielen. Es gebe kein unglücklicheres Wesen als sie, behauptete sie mit dem kaustischen Witz, den sie in ihren Briefen zeigte, außer Peters Spaniels, die er dauernd züchtigte.

Katharinas Bemerkungen darf man nicht ganz wörtlich nehmen. Die geistreiche Großfürstin und spätere Zarin, eine gebürtige Deutsche, mag das Fehlen einer jeglichen natürlichen Begabung für Musik beteuert haben, doch deren Fortschritte unter ihrer Regierung waren bedeutend, bedenkt man, wie sehr das Land in seiner Entwicklung Westeuropa hinterherhinkte, als sie 1744 nach Russland kam. Auf dem Land trampelten die Bauern zum Gezupfe der Balalaika herum, einer traditionellen dreisaitigen Gitarre. Abseits vom Hof der Romanows hörte man vor allem Volkslieder. Ein französischer Reisender, der sich im Jahr von Katharinas Krönung nach Tobolsk wagte, beschrieb einen beklagenswerten Zustand: Die Musik in den zivilisiertesten sibirischen Städten klinge nach schlechten Geigen, wenig mehr als Stücke ausgehöhlten Holzes. Die russisch-orthodoxe Kirche verließ sich auf liturgische Gesänge, Instrumentalmusik war verboten. 1762, nachdem Katharinas unfähiger Ehemann unter dubiosen Umständen ums Leben gekommen war – vielleicht durch Erwürgen, vielleicht durch Gift, obwohl die offizielle Version von einer »Haemorrhoidal-Kolik« sprach –, begann sie das Reich für immer zu verändern, indem sie das Territorium ebenso konsolidierte wie Russlands Status als imposante kulturelle Großmacht.

Katharina war eine begierige Leserin. Sie kaufte Diderots gesamte Bibliothek, dann jene Voltaires, und bewilligte die erste private Druckerpresse Russlands. Ihr Instinkt als Kunstsammlerin war erstklassig, sie bewunderte englische Gärten und schottische Architekten. Wie die riesige Kunstsammlung, die sie zusammentrug, war auch die Musik ein Mittel, Macht und Prestige aufzubauen, vor allem, Russland näher an Europa heranzuführen. Sie liebte die Oper und ließ in der Eremitage eine Bühne dafür errichten. Daraus entstand eine nationale Tradition, die später die Opernstile und die Ästhetik in anderen europäischen Ländern, darunter Italien, beeinflusste. In ihrer Regierungszeit – die längste in der Geschichte der russischen Zaren – wurde auch die Infrastruktur für die russische Klaviertradition aufgebaut, da Katharina den Ausschlag dafür gab, dass sich europäische Sitten in Russland durchsetzten.

Bis 1812, als Napoleon in Russland einmarschierte und Frankreich in Ungnade fiel, sprach der russische Adel Französisch statt seine Muttersprache. Russen rasierten ihre Bärte ab, um europäischer auszusehen. Russinnen trugen Schuhe mit roten Absätzen, wie es die neueste französische Mode vorsah, schnürten sich in Fischbeinkorsetts und legten Schönheitspflästerchen à la Marie Antoinette auf. Sogar Krankheiten waren modisch französisch, so *la grippe*, »damals ein neues Wort, das erst wenige benutzten«, wie Tolstoi in *Krieg und Frieden* bemerkte. Während Katharinas Regierungszeit reiste die russische Aristokratie ins Ausland. Zurück brachte sie eine Vorliebe für Oper, Kammermusik und die neuen Orchesterfassungen aus Paris, Leipzig und Wien, ebenso eine zunehmende Neugier auf das neue Instrument, das man liebevoll »das mit den Hämmerchen« nannte.

Als Katharinas Botschafter ausländische Musiklehrer engagierten und neue Kompositionen in Auftrag gaben, begannen Clavichorde am Hof aufzutauchen. Im Haus von Katharinas Freundin Jekaterina Daschkowa, einer begabten Cembalistin, standen viele dieser neuen Tasteninstrumente, eine Reaktion auf die aufgeklärten Ideen der Kaiserin und eine Aneignung europäischer Errungenschaften. Der deutsche Cembalist Hermann Raupach förderte Privatkonzerte und unterrichtete zudem das Spiel auf Tasteninstrumenten an der Petersburger Kaiserlichen Akademie der Schönen Künste.

Jahr für Jahr entwickelte sich die russische Musikkultur weiter. 1776 überzeugte man Katharina davon, den italienischen Komponisten Giovanni Paisiello als Hofdirigenten zu engagieren – der erste Musiker, wie sie schrieb, der ihr übellauniges Ohr zu bezaubern vermöge. Weniger klar ist, ob es das ansprechende Äußere des Dirigenten war, das sie anziehend fand, oder sein musikalisches Talent. Ein anderer ihrer Liebhaber, Grigori Orlow, ein attraktiver, musikliebender Offizier, machte eine Bemerkung in diesem Sinn, als er beobachtete, wie Katharina ei-

Katharina die Große hört Giovanni Paisiello beim Spielen zu.
Während seines siebenjährigen Aufenthalts in Russland
komponierte Paisiello zahlreiche Stücke und erteilte Klavierunterricht. Zeichnung von Edoardo Matania, 1881.

nen Pelzmantel um die Schultern des hinreißend aussehenden, dunkel-
haarigen Italieners legte, während dieser am Cembalo saß und spielte.

Was immer an Paisiello es auch war, das Katharina so gefiel, es reichte jedenfalls, dass er die nächsten sieben Jahre in Russland blieb und
zahlreiche Musikstücke für Tasteninstrumente – Präludien, Capriccios,
Rondos, ein paar Sonaten – für adelige Damen schrieb. Katharina engagierte ihn als Klavierlehrer ihres Sohnes, des zukünftigen Zaren Paul I.,
und seiner Frau, der wissbegierigen, musikalisch begabten Maria Fjodorowna. Nach Paisiello kam Giuseppe Sarti, ein italienischer Komponist und Dirigent und Favorit von Katharinas einflussreichstem Liebhaber, Fürst Grigori Potemkin – ein politisches Genie, dessen Leiden-

schaft für Musik ebenso intensiv war wie seine Fähigkeiten in der Liebe berühmt. Potemkin war Katharinas wahrer Gefährte in einer Abfolge von Bettgenossen; seine Besessenheit von Musik reichte so tief, dass er seinen Kurier nach Mailand sandte, um Noten für ein bestimmtes Musikstück zu besorgen. Sein Chor musste immer an seiner Seite sein, musste beim Frühstück, Mittag- und Abendessen singen. Auch auf das Schlachtfeld hatte er ihn zu begleiten.

Mit Potemkin an ihrer Seite wurde Katharina zur bedeutenden Mäzenin der musikalischen Künste. Andere vornehme Damen nahmen Stunden in den Bildungsinstituten in St. Petersburg, die Katharina förderte. Ausländische Lehrer bedienten einen aufnahmefreudigen Markt. Im September 1791 setzte sich der musikbegeisterte russische Botschafter in Wien bei Potemkin dafür ein, Mozart, der nicht abgeneigt war, zu engagieren. Zum Unglück für Russland waren am Ende des Jahres Potemkin wie Mozart tot.

Mozart hatte, bevor er ins Grab sank, nur mit Mühe seine Arztrechnungen bezahlen und nicht einmal Brennholz kaufen können. Russland indessen hatte seine Spitzenmusiker so gut bezahlt, dass Potemkins Lieblingskomponist ein ganzes Dorf in der Ukraine erhielt. Zugleich waren in der glamourösen Petersburger Musikszene mit dem wachsenden Einfluss von Katharinas Schwiegertochter Maria Fjodorowna tiefgreifende Umwälzungen im Gange. Marias Förderung der russischen Kultur und ihre Unterstützung für ausführende Künstler und Bildungseinrichtungen machten sie zum hervorragenden Katalysator für den nun entstehenden russischen Klavierbau. Zehn Jahre, bevor Potemkin ein Engagement Mozarts überlegt hatte, war Maria Fjodorowna nach Wien gereist, in das »Klavierland«, wie Mozart es nannte, und hatte dem Klavierduell des Jahrhunderts beigewohnt: Muzio Clementi gegen Wolfgang Amadeus Mozart. Das Ereignis, bei dem viel Prominenz zugegen war, ließ die beiden Musiker in einer Art Boxring des 18. Jahrhunderts gegeneinander antreten.

Mozart war die Begegnung nur eine flüchtige Bemerkung wert: »(Clementis) force sind die terzen Paßagen – übrigens hat er um keinen kreuzer gefühl oder geschmack. mit einem Wort ein blosser Mechanicus«, bemerkte er in einem Brief an seinen Vater. Für Clementi hingegen bot das Ereignis eine neue Chance; er beeilte sich, sich auf vertrauten Fuß mit dem russischen Botschafter zu stellen, um seinen Einfluss in der russischen Gesellschaft auszubauen und sich einen Namen zu machen. Er begann seine englischen Klaviere nach Moskau zu exportieren, wobei er seinen Kollegen den Rat gab, die Gunst der Stunde zu nutzen; die Entwicklung des Klaviers und die Publikation von Noten machten große Fortschritte. Zur selben Zeit begannen Konzertveranstalter in St. Petersburg Säle in Privatbesitz für öffentliche Aufführungen zu vermieten. Clementi allerdings konnte sich nicht enthalten, eine gewisse Verachtung gegenüber seinen russischen Kunden erkennen zu lassen. Er beschwerte sich, sie seien »gerissen«, wenn es ums Bezahlen gehe, »verflucht knauserig« und hätten zwar »ein gutes Ohr für Klang, aber kein Gefühl für Vernunft und Stil«. Was den Kaiser angehe, so vermöge »nichts weniger als eine Trompete sein stumpfes Trommelfell« zu durchdringen. Die Instrumente litten ständig unter dem Klima – »lasst sie eine Zeitlang in einem sehr warmen Zimmer stehen und gebt Acht, dass das Holz sich nicht verzieht oder irgendein anderes Missgeschick geschieht«, riet Clementi seinem Londoner Büro. Trotz solcher Hürden kamen genügend Aufträge herein, von Bankiers, Generälen und der kaiserlichen Familie. Auf den russischen Markt drängten auch, wie der geldgierige Clementi bemerkte, der französische Klavierbauer Sébastien Érard und der Engländer John Broadwood. Um dieser ausländischen Invasion etwas entgegenzusetzen, begann sich in Moskau und St. Petersburg eine einheimische Klavierindustrie zu etablieren, die mittels vom Staat gewährter Steuererleichterungen Handwerker aus Westeuropa (besonders den deutschsprachigen Ländern) anlockte, damit sie innerhalb der russischen Grenzen Unternehmen eröffneten. Diese Emigranten konnten auf lukrative Verkäufe rechnen, ebenso auf Zuschüsse, wenn sie Klaviere nach Sibirien transportieren wollten.

Clementi hatte in diesem Wettkampf einen Startvorteil. Durch seinen Schüler und Handelsvertreter in Russland, den irischen Komponisten und Pianisten John Field, konnte Clementi die Möglichkeiten seines Klaviers den russischen Abnehmern vorführen. Gnadenlos ausgenutzt, fungierte Field – den Clementi einen »faulen Hund« nannte – als eine Art musikalische Marionette Clementis. Als erster Virtuose zeigte Field im März 1804 bei seinem ersten öffentlichen Auftritt in St. Petersburg den Russen die wahre emotionale Tiefe des Klaviers. Sein Auftritt hatte stehende Ovationen zur Folge. Zeitungen und Zeitschriften überhäuften den Iren mit Lobeshymnen. »Field nicht gehört zu haben«, schrieb ein mit ihm befreundeter Schauspieler, »galt als Sünde gegen Kunst und guten Geschmack.« Und St. Petersburg erhielt durch einen Musikkritiker wegen seiner Obsession für das Instrument den Namen »Pianopolis«.

Fields Unterricht – unter seinen Schülern befanden sich Aljabjew, der *Die Nachtigall* komponierte, sowie Michail Glinka, der beschrieb, wie die Finger des Pianisten »wie Regentropfen, die in schillernde Perlen zersprangen«, auf die Tasten fielen – brachte ihm so viel Geld ein, dass er einmal mit einer Hundert-Rubel-Note seine Zigarre anzündete. Ein anderes Mal hingegen zerfetzten seine Hunde die Einkünfte eines Konzerts, und er besaß den spitzbübischen Charme, darüber zu lachen. Es war ein ahnungsvolles Symbol für das manchmal luxuriöse, oft turbulente Leben, das Field in den nächsten dreißig Jahren in Russland führte, für sein exzentrisches Wesen; so trug er zum Beispiel seine Strümpfe mit der Innenseite nach außen, seine weiße Halsbinde verrutscht und seine Weste schief zugeknöpft. Unmäßig und angebetet, befand sich Field 1815 bereits in einer so stabilen Position, dass er die Einladung, russischer Hofpianist zu werden, ablehnen konnte. Ab 1823 wurde diese Stellung von einer grandiosen Virtuosin eingenommen, die St. Petersburg im Sturm erobert hatte: der gebürtigen Polin Maria Szymanowska.

Als Russland seine Tore für die wachsende Truppe europäischer Interpretinnen und Interpreten öffnete, fungierten diese als brillante Befürworter eines Instruments, das inzwischen Russlands Herz erobert hatte. 1838 übersiedelte der deutsche Pianist Adolf Henselt – der Mann mit den »Samtpfoten«, so beschrieb Liszt seinen Anschlag – nach St. Petersburg. 1839 hatte der Schweizer Virtuose Sigismund Thalberg in Russland seinen rauschenden Auftritt, auch Marie Pleyel, das hübsche, als »weiblicher Liszt« bekannte Wunderkind. Zur gleichen Zeit in St. Petersburg wie Thalberg, trat Pleyel in einem pianistischen Wettkampf gegen ihn an (und gewann). »Alles ist voller Feuer, voller Kraft; das Klavier spricht unter ihren brillanten Fingern. Es hat eine Seele«, schrieb ein Rezensent für das *Journal de St-Petersbourg*. Als Clara Schumann 1844 im Winterpalast für den Zaren spielte, beschrieb sie es als Szene aus *Tausendundeiner Nacht*. Die Wahrheit war wahrscheinlich profaner. »Der russische Rubel hatte in deutschen Ohren einen sehr guten Klang«, schrieb Wladimir Stassow, der bedeutendste Musikkritiker Russlands zu jener Zeit.

Ich stieß auf ein Buch einer amerikanischen Musikhistorikerin[2], die sich tief in die Archive der russischen Klavierbaukunst gegraben hatte. Ihre Beschreibung, wie sich diese Industrie verbreitet hatte und die Instrumente immer weiter nach Osten vorgedrungen waren, gab mir schon früh die Zuversicht, dass meine Feldarbeit bei der Klaviersuche Ergebnisse bringen konnte. 1810 hatten sechs Unternehmer aus dem Westen Klavierbauunternehmen in Russland eingerichtet, darunter eine Fabrik in St. Petersburg, gegründet von dem in Bayern geborenen Jacob Becker. Allein diese Werkstatt baute bis zum Ende des Jahrhunderts mehr als 11 000 Klaviere. Bestellungen für Instrumente häuften sich, auch aus Sibirien, wohin Klaviere bereits in der ersten Hälfte des Jahrhunderts gekommen waren. Östlich des Ural konnten Klavierlehrer das Zwei- bis Dreifache an Gehalt verlangen wie in Westrussland. In diesen neuen Städten des sich ausdehnenden Kaiserreichs spielte das Klavier eine noch bedeutendere gesellschaftliche Rolle als in einem Moskauer Salon. Ein Klavier sei ein »hoch angesehenes Möbelstück«, so ein britischer Musikwissenschaftler des 19. Jahrhunderts, das einem die europäische Bildung bestätigte.

In den 1870er Jahren eröffnete die Kaiserlich-Russische Musikgesellschaft Zweigstellen in den westsibirischen Städten Omsk, Tomsk und

Tobolsk, in denen Publikum wie Musiker weitergebildet wurden. Buchhandlungen, die Noten mit populärer Musik führten, schossen aus dem Boden. Auch Klaviergeschäfte eröffneten, um die Verbreitung der Instrumente Richtung Osten zu erleichtern. Im Verlauf des Jahrhunderts schafften es nur einige im Ausland gebaute Bechsteins und hin und wieder ein Blüthner aus deutscher Produktion durch die russischen Zollschranken. Dadurch hatten Leute wie Becker mit ihren im Inland gebauten Klavieren freie Bahn, den ständig wachsenden Inlandsmarkt zu beherrschen.

Dann aber drehte sich das Rad des Schicksals. Nach der Revolution von 1917 wurde die Fabrik Becker verstaatlicht und in Roter Oktober umbenannt. Eine Zeitlang hielt das sowjetische System der Musikerziehung, das bis tief in die Provinzen hineinreichte, die Nachfrage nach billigen, in der Sowjetunion erzeugten Instrumenten aufrecht. Zehntausende Pianinos wurden in Kleinstädte transportiert, Klavierfabriken eröffneten sogar in Sibirien, so in Tjumen und Wladiwostok. Doch nach der Perestroika ging die alte Kunst des Klavierbaus verloren. Um die Jahrtausendwende war diese Industrie beinahe ausgestorben. 2004 schloss die Fabrik Roter Oktober. Ein Klavierbauer in Kasan sattelte auf Sargtischlerei um, bevor er in Konkurs ging. Im selben Monat, in dem ich den Amur-Tiger sah, kam die Nachricht, dass die letzte Klavierfabrik Russlands zugesperrt hatte.

So groß war die Tragödie, dass sich nun einflussreiche Männer fanden, die den Trend umzukehren versuchten. Als ich mich an diese Geschichte andockte, führte der in Irkutsk geborene klassische Pianist Denis Mazujew – einer der großen Virtuosen des 21. Jahrhunderts – eine Kampagne an, um die verlorene Kunst des russischen Klavierbaus wiederzubeleben. Als wir uns später in Moskau trafen, sprach er über die erstklassige Musikausbildung der Russen und dass er immer noch das erste sowjetische Klavier seiner Familie besitze: ein Tjumen-Pianino, das in einer der größeren Städte an der Transsibirischen Eisenbahn gebaut worden war. Das Netzwerk an Musikschulen hatte in der gesamten Sowjetzeit außerordentliche Karrieren hervorgebracht und dazu noch eine einzigartige Kultur des Musikverständnisses. Das russische Publikum sei völlig anders als das in der Carnegie Hall in New York, erklärte Mazujew. Aber die Sibirier überträfen sie alle: »Sie verstehen alles. Sie sind mein Publikum Nummer eins«, sagte er und beschrieb die vollkommen aufmerksame, »verdächtige Stille«, die er östlich des Ural erlebe. Das würde ich bald genug verstehen, meinte er, wenn ich mehr Zeit in Sibirien verbracht hätte.

Aber würde ich das? Ein Teil von mir befürchtete, dass ich auf Musik nur so reagieren könne wie auf die singenden Priester – mit einem Gefühl, nicht zu wissen, was geschah oder warum das überhaupt wichtig war, außer dass es so war in dem Moment, in dem es erlebt wurde. Anders als viele Russen, die vom sowjetischen Bildungssystem profitiert hatten, besitze ich keine formale musikalische Bildung. Wenn ich Instinkt vor Intellekt und Vertrauen vor Vorurteil setzte, bestand natürlich das Risiko, dass irgendein Gauner mir ein Bein stellte und ich dastand mit einer teuren saitenbestückten Kiste, nicht besser als das dröhnende Pianino, das Giercke zunächst für Odgerel gekauft hatte. Andererseits aber hatten die singenden Priester von Tobolsk mir auch Zuversicht gegeben. Sie hatten mich überzeugt, einen Augenblick innezuhalten und an Menschen zu glauben, die sich alle Zeit der Welt nehmen, um einer unangekündigt aufgetauchten Fremden zu helfen. Und sie hatten meinen eigenen Defiziten den Spiegel vorgehalten. In Sibirien führt die Zeit ein Eigenleben. Sie hat eine Tiefe und eine Dimension, die einen fühlen lässt, dass man nicht durch die Tage hetzen sollte – das Gegenteil davon, wie im Westen die Zeit konstruiert ist. Als also der Priester, mit dem ich mich angefreundet hatte, vorschlug, ich solle noch ein wenig länger bleiben, bevor ich den letzten Zug zurück nahm, wollte ich das mehr als alles andere. Aber das ist das Ärgerliche an Sibirien: Immerzu lockt einen die Landkarte mit dem Hinweis, wie viel Gebiet noch abzugrasen ist.

4
Das Paris von Sibirien:
Irkutsk

IM STAATLICHEN RUSSISCHEN Marinearchiv in St. Petersburg liegt eine aufschlussreiche Sammlung von Zollpapieren, die die Mühen eines kleinen Clavichords nachzeichnen – der früheste Hinweis auf ein solches Instrument, das es quer durch Sibirien geschafft hatte. Es gehörte einer gesellschaftlichen Aufsteigerin, der Frau eines Seemanns, sie hieß Anna Bering, die in den 1730er Jahren das kostbare Instrument von St. Petersburg ans Ochotskische Meer und dann noch einmal 9600 Kilometer zurück nachhause brachte, auf einer phantastischen transkontinentalen Entdeckungsreise, bei der nur Schlitten, Boote und Pferde zum Einsatz kamen. Anna war mit Vitus Bering verheiratet, einem in Dänemark geborenen und im Dienst Peters des Großen stehenden Kapitän. Bering, der sogenannte »russische Kolumbus«, sollte einen Postweg quer durch Sibirien erschließen, an der russischen Pazifikküste Schiffe bauen lassen und dann in den amerikanischen Nordwesten vordringen. Anna begleitete ihn, und mit ihr das Clavichord.

Falls schon die Größe Sibiriens sprachlos macht, dann gilt das noch mehr, wenn man auf der Landkarte die Spuren von Instrumenten wie jenem Annas verfolgt, die sich durch das Kaiserreich ihren Weg bahnten, bevor es noch halbwegs vernünftige Reisemöglichkeiten gab. Sie waren entlang der neu entstehenden sibirischen Handelsrouten unterwegs, meist im Winter, wenn der Boden für Schlitten befahrbar war, statt im Sommer, wenn sich die Erde in eine von Mücken übersäte Schlammwüste verwandelte. Die sibirischen Flüsse waren ein weiteres Hindernis für Reisende: Anstatt sich von West nach Ost oder vice versa durch das Reich zu schlängeln, flossen alle großen Wasserstraßen von Süd nach Nord, bevor sie sich in das zugefrorene Arktische Meer ergossen.

Überlandreisen wurden einfacher, als während der Regierungszeit Katharinas der Großen der Sibirische Trakt eingerichtet wurde. Es war die wichtigste Poststraße, die vom Rand Sibiriens im Uralgebirge bis nach Irkutsk nahe am Baikalsee verlief. Die Reise war fürchterlich, es ging über eine holprige, mit losen Holzbalken bedeckte Straße. Die Unannehmlichkeiten, sie per Schlitten zu befahren, erinnerten an das Gefühl, mit dem Finger über alle Tasten eines Klaviers zu fahren, auch die schwarzen, bemerkte ein Reisender im 19. Jahrhundert. »Es ist schwierig zu fahren«, bemerkte Anton Tschechow 1890, »aber es wird noch schwieriger, wenn man daran denkt, dass dieser scheußliche, wie von schwarzen Pocken blatternarbige Erdstreifen die einzige Verkehrsader bildet, die Europa mit Sibirien verbindet! Und durch diese Ader strömt, so sagt man, die Zivilisation nach Sibirien!«

Tschechow hatte geglaubt, für diese Reise von Moskau durch Sibirien bis zur zaristischen Strafkolonie auf der Insel Sachalin gut gerüstet zu sein, wo er einen wichtigen journalistischen Beitrag über die Brutalität des Verbannungssystems verfasste. Sein Fehler war es, die falsche Jahreszeit gewählt zu haben. Tschechow unternahm seine Reise im Frühling, während der *Rasputiza*, ein sprechendes Wort, so klebrig wie Erdklumpen; es bezeichnet den dicken Schlamm, der mit dem Tauwetter

Diverse Methoden, um in Sibirien auf Eis unterwegs
zu sein, beschrieben vom Jesuitenpater und Forscher
Philippe Avril in seinem 1692 erschienenen Buch
Voyages en divers états d'Europe et d'Asie.

kommt. Tschechow verwendete einen *Tarantas*, ein ungefedertes, von
Pferden gezogenes und halb mit einem Verdeck überdachtes Gefährt
mit Rädern, die man bei Frost gegen Kufen austauschen konnte. Tschechow hatte eine Schaffelljacke, hohe Stiefel und einen wasserfesten Of-
fiziers-Ledermantel eingepackt, dazu ein großes Messer – für die Tigerjagd, scherzte er. »Ich bin bis an die Zähne bewaffnet«, schrieb er an
seinen Verleger. Er fuhr an Sträflingskolonnen in Ketten vorüber. Seine Gesellschaft waren arme Leute. Die Kutscher waren wie Wölfe. Die
Frauen, die nicht singen konnten, waren farblos, kalt und fühlten sich

grob an. Unvermeidlicherweise blieb er im Sumpf stecken, sein *Tarantas* saß fest wie »die Fliegen im dicken Warenje«.

Die Reisenden fanden sich mit diesen Anstrengungen ab, weil der Große Sibirische Trakt bis zum Bau der Transsibirischen Eisenbahn Ende des 19. Jahrhunderts die einzige bedeutende Straße war, die Sibirien mit frischem Blut aus dem europäischen Russland versorgte – zumindest mit jenem, das die Reise durch die malariaverseuchte Barabasteppe überlebt hatte. Was die Verlockungen von Irkutsk anbelangte, mochten die sich nicht ganz mit jenen von St. Petersburg messen lassen – alles in Sibirien hinke hundert Jahre hinter dem restlichen Russland her, bemerkte ein früher Besucher –, aber sein relativer Kosmopolitismus bot doch den Reisenden ein wenig Erholung. Als Tschechow hierherkam, bemerkte er, Sibirien sei eine Gegend, wo man selten ein Akkordeon höre, und er sah den Grund, dass es an Kunst und Musik fehle, im brutalen Kampf mit der Natur, als schlössen Kultur und Überleben einander aus. Doch Irkutsk, Paris des Ostens genannt, war eine Ausnahme. Tschechow fand es eine sehr schöne Stadt, lebendig mit Musik und Theater, dazu auch »höllisch teuer« und mit einer »hervorragenden« Konditorei.

Für eine Provinzstadt war Irkutsk elegant, eine aufstrebende Stadt, in der es für die gebildeten Schichten wichtig war, alle Fäden der Verbindung mit der europäischen Zivilisation zu ergreifen, die Katharinas Regierung gefördert hatte. 1782 sandte die Kaiserliche Akademie der Wissenschaften in St. Petersburg 1300 Bücher nach Irkutsk. Eine öffentliche Bibliothek wurde eingerichtet, gestaltet im modischen europäisch-russischen Stil, der in der Hauptstadt vorherrschte. Man gründete ein Orchester und eine Schule, in der nicht weniger als fünf Fremdsprachen gelehrt wurden. In Katharinas Todesjahr 1796 war Irkutsk ein bedeutsamer Knotenpunkt an den zwei wichtigsten transsibirischen Routen geworden.

Die südliche Route von Irkutsk aus verlief Richtung Osten über den Baikalsee; das Wasser überquerte man entweder im Schlitten im Winter oder mit der Fähre im Sommer. Die Straße verlief dann in Richtung

Den Tarantas, eine sibirische Kutsche (hier beim Überqueren eines Zuflusses zum Baikalsee abgebildet), beschrieb eine englische Russland-Reisende 1804 als »hölzerne Maschine, einer Wiege vollkommen gleich, worein die Leute ihre Betten legen und die winterliche Reise verschlafen« (*The Russian Journals of Martha and Catherine Wilmot*, London 1935).

Kjachta, der staubigen Grenzstadt zu China und ein wichtiger Zwischenstopp an der eurasischen Teestraße. Die nordöstliche Passage von Irkutsk zur sibirischen Pazifikküste war unwirtlicher: eine Dreißig-Tage-Winterreise mit Hunde- oder Rentierschlitten und Pferdekarren östlich entlang des Jakutsk-Ochotsk-Trakts bis zur Werft von Ochotsk. Ein Fünftel der Seide, die nach Westeuropa kam, passierte Irkutsk, dazu kamen Rhabarber – eine kostbare Handelsware, die als Wundermittel gegen zahlreiche Leiden galt – und ein großer Anteil an chinesischem Tee. Für jede einflussreiche Person, die durch das Zarenreich reiste, war Irkutsk ein ökonomischer und geopolitischer Schmelztiegel im Herzen Eurasiens – eine Bedeutung, die durch den eleganten Glockenturm auf der Kirche der Kreuzerhöhung symbolisiert wird, welche immer noch eine kleine Anhöhe im Stadtzentrum beherrscht. Hier läutet Arthur Psarjow, ein Veteran aus dem sowjetischen Afghanistan-Krieg[1], seit drei Jahrzehnten die Kirchenglocken.

Wir hatten einander im ersten Winter meiner Suche kennengelernt, als Arthur mich durch das Kirchenschiff geführt hatte, vorbei an einem hochgewachsenen Priester, der dastand wie eine Schachfigur, den Hals steif in einer starren goldfarbenen Soutane. Vom Altar her drang aus einer an einer Kette schwingenden Kugel Weihrauch, das Hin und Her des Balls setzte den gemessenen Takt für die Anrufungen des Priesters. Im Glockenturm wusste Arthur, welche Sprossen der Leiter nachgaben, wo das Holz schwammig, die alten Nägel unzuverlässig waren vor Rost. Wenn er einen Schritt ausließ, tat ich dasselbe und setzte meine Füße in die knittrigen Abdrücke, die er in der dünnen Eismembran hinterlassen hatte, welche den Hals des Turmes bedeckte, jeder Stützpunkt im Nervengeflecht der schmalen Stufen trügerischer als der nächste.

Oben auf dem an den Seiten offenen Glockenturm verschluckte der Schnee das Gebrabbel des Gottesdienstes, der unten im Gange war: den Gesang des Priesters, die Babuschkas, die mit ihren gefüllten Einkaufswägelchen herbeikamen, das Krachen und Scheppern der schweren Türen. Die achteckige Plattform war von einer Steinkuppel überwölbt, die Unterseite von Streben durchzogen, manche in schlechtem Zustand. Den Glockenturm umgab ein Balkon mit eisbeperltem Geländer. Arthur warnte mich, nicht zu nahe an den Rand zu treten. Drei der hölzernen Balustraden fehlten. Andere hielten sich kaum noch am Platz, hingen lose wie lockere Zähne.

Unter mir lagen die breiten Boulevards der Stadt. An einer flachen Böschung standen historische Holzhäuser, noch ein paar Glockentürme durchbohrten den Himmel, die Kuppeln mit grüner, goldener, pfauenblauer Haut überzogen. Da der Schnee nicht auf ihrer Wölbung haften blieb, reflektierten die Kuppeln die Sonne, die gefälligen Formen waren genauso, wie sie Jules Verne beschrieben hatte: wie bauchige chinesische Krüge.

Ich suchte nach den Eisenbahngleisen, um mich zu orientieren, und dem Fluss, der durch Irkutsk verläuft, der Zugriff des Winters hielt ihn in frostiger Starre. In der Stille bewegten sich zwei Figuren in Schwarz durch das Weiß unten. Ein Mann schaufelte Schnee vom Friedhofsweg.

Ein zweiter fegte hinter ihm und machte die Gräber frei. Ich betrachtete sie und fragte mich, wie sie hierhergekommen waren. Stammte der eine, der den Fuß nachzog, von einem Mörder ab, einem Teehändler, einem aus politischen Gründen Verbannten oder einem Neusiedler? Oder waren es Altsibirier, abstammend von den frühesten russischen Bauern, die sich mit den Indigenen vermischt hatten? Die Anziehungskraft privater Geschichten ist in Sibirien immer gegenwärtig. Jedes Gesicht spricht von der enigmatischen Textur eines Ortes, an dem das Vermächtnis des Exils noch spürbar ist, wie der Geruch nach Weihrauch oder das schwache Glimmen der Verkehrsampeln. Die Komplexität von Russlands Identität, die Mischung aus Europa und Asien, war nicht nur in der zusammengewürfelten Architektur der sibirischen Barockkirche spürbar, auf deren Spitze ich in einem winterlichen Schneewehen stand, sondern in den Routen, die von allen Seiten nach außen führten.

Arthur nahm mich am Ellbogen und führte mich zum Rand des Glockenturms. Er wollte mir die aus dem 19. Jahrhundert stammende Glocke zeigen, hergestellt in Berlin. Die anderen sieben Glocken im Turm kamen aus den Gießereistädten, welche die Wolga säumten – eine tausendjährige russische Tradition, die durch das atheistische Sowjetregime im 20. Jahrhundert brüsk unterbrochen worden war. In Irkutsk hatten die Sowjets die älteste Kirche in eine Schusterwerkstatt umgewandelt, eine andere in ein Filmstudio. Die Bogojawlenski-Kathedrale diente als Bäckerei, und im Glockenturm wurde Salz gelagert. Aber alles besser als das Schicksal, das die Moskauer Christ-Erlöser-Kathedrale zu erleiden hatte. Obwohl heute wiederaufgebaut, wurde sie auf Befehl Stalins abgerissen und an ihrer Stelle das größte Freiluftschwimmbecken Russlands errichtet.

Arthur begann zu läuten – leise zuerst, der Nachhall ließ den Schnee auf der schmalen Balustrade des Glockenturms erzittern, als der Klöppel den kupfernen Rock der Glocke berührte. Dann begannen sich die Muster aufzubauen, bis alle acht Glocken erklangen. Arthur zog die Glockenseile mit den Händen und gab wieder nach, während seine Füße Pedale traten, um die größten Glocken anzuschlagen, das Tempo war eine berauschende Destillation aus der Macht der Musik, aus zugleich melodisch vertrauten und fremdartigen Akkorden.

Fünf, sechs Minuten lang hielt Arthur die Stadt in seinem Bann, Schweiß rann ihm die Schläfen hinab, sein Körper bewegte sich mit der Leichtigkeit eines Tänzers, nicht eines Riesenkerls in derben Schuhen. Die Abfolgen wurden immer rascher, bis die tiefste Glocke drei Bassnoten anschlug. Während der Klang über Irkutsk in Wirbeln verhallte, stellte ich mir vor, wie die Stadtbewohner aufblickten. Würden sie jemals wissen, wer es war, die an einem so unwahrscheinlichen Ort solch intensive Befriedigung fand? Als die letzte Note zu verklingen begann, wandte sich Arthur mir zu und wischte sich den Schweiß ab.

»Ich kann das meiste spielen außer Rock 'n' Roll«, sagte er, ein breites Lächeln zog sich über sein Gesicht.

1591 war eine Glocke unter den ersten Verbannten in Sibirien; sie hatte das Gewicht eines Pferdes und wurde vom Glockenturm in Uglitsch abgenommen, einer Stadt an einer Wolgaschlinge im europäischen Russland. Die Glocke hatte das Verbrechen begangen, zu einem kleinen, verwegenen und tollkühnen Aufstand der Bürger aufzurufen. Als Reaktion darauf und um seine Legitimität zu festigen, ließ der Regent zweihundert der Stadtbewohner von Uglitsch hinrichten. In einer letzten sadistischen Volte wurden die nach Sibirien Verbannten gezwungen, die Stadtglocke, die selbst öffentlich ausgepeitscht worden war, mehr als zweitausend Kilometer weit über den Ural nach Tobolsk zu schleppen. Wie man den Männern, die das Instrument auf seiner Reise trugen, die Zungen herausgeschnitten hatte, so war auch die Glocke stumm gemacht und der Klöppel entfernt worden. Es war ein erschreckender symbolischer Akt: So wie es die Musik im Glockenturm zum Verstummen brachte, so zeigte das Regime auch den erschreckenden Zugriff auf jede Facette russischen Lebens.

Auch nach der Revolution ließ der Schrecken nicht nach, als das zaristische Verbannungssystem effektiv als sowjetischer Gulag neu erstand. Die Opfer waren in Viehwaggons per Eisenbahn zu den sibirischen Bergwerken und Häfen unterwegs. Dann fuhren die für Kolyma bestimmten Häftlinge mit den Sträflingsschiffen Stalins in die finstersten Winkel Sowjetrusslands und bevölkerten das durch das Regime errichtete Netzwerk aus Zwangsarbeitslagern mit politischen Abweichlern und *urkas* (Gefängnisjargon für »legitime Diebe«, Mörder und sonstige Kriminelle). Für manche ließ sich diese Erfahrung mit den einfachsten Überlebensstrategien aushalten. Fjodor Dostojewski – der vier Jahre als Gefangener in Sibirien durchstand, unter Decken lebte, von denen es heruntertropfte, mit durchgefaulten Böden, zentimeterdickem Dreck und wie Heringe in einem Fass zusammengepferchten Häftlingen – bekam von der Frau eines Verbannten ein Neues Testament geschenkt und lehrte einen Mithäftling das Lesen. Alexej Batalow, der Tiger-Schützer, erzählte von einem Freund, der dreißig Jahre in einem stalinistischen Arbeitslager verbracht hatte; er meinte, die Studien, die sein Freund an den Zugvögeln rund um das Lager betrieben habe, hätten ihn davor bewahrt, den Verstand zu verlieren. Warlam Schalamow, der Dichter, der siebzehn Jahre in einem Gulag in Kolyma verbrachte, fand keinen solchen Trost. Er schrieb über den Schrecken der Gleichgültigkeit, darüber, »wie der Frost, der die Spucke in der Luft gefrieren ließ, auch die menschliche Seele ergriff«.

Nach Irkutsk war ich auf der Suche nach einem Klavier gekommen, welches das Gegenteil von Schalamows Tränen verkörperte: dem Instrument, das Maria Wolkonski gehört hatte, der Frau eines der prominentesten politischen Exilanten des 19. Jahrhunderts. Es fungierte als Dreh- und Angelpunkt in der Klaviergeschichte Sibiriens und bezeichnete den Moment, in dem klassische Musik in dieser Gefängniswüste mit einem ausgeprägten Gefühl für europäische Identität und mit Stolz aufgeladen wurde. Die sibirische Geschichte des Klaviers begann mit einer schlecht geplanten Rebellion in St. Petersburg am 14. Dezember 1825. Es war der Tag der Wintersonnenwende, ein Datum, das herkömmlicherweise mit allen möglichen Vorstellungen von Geburt, Tod und Wandel verbunden war. Bevor der Morgen graute, begann sich eine Gruppe Männer auf dem Senatsplatz der Stadt zu versammeln; sie hatten die Absicht, das Zarenregime abzusetzen. Unter den Dezembristen oder Dekabristen,

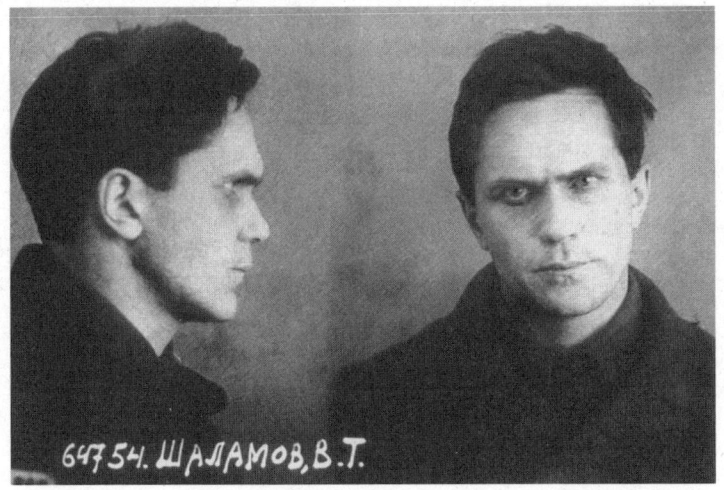

Warlam Schalamow nach seiner Festnahme im Januar 1937 wegen konterrevolutionärer Aktivitäten; Aufnahme der Geheimpolizei NKWD.

wie die Rebellen später genannt wurden, befanden sich Adelige, vornehme Männer und Soldaten – darunter Maria Wolkonskis Ehemann Sergei. Während sie in den Napoleonischen Kriegen neben Bauern gekämpft hatten, begannen die Angehörigen der russischen Elite den Stoizismus ihrer Landsleute zu bewundern. Die Dekabristen, allesamt liberale Idealisten, wollten nicht nur die Emanzipation der ausgepowerten russischen Bauern; sie wollten auch das politische System des Landes durch eine konstitutionelle Monarchie oder sogar eine republikanische Regierungsform ersetzen – eine Reaktion auf den Despotismus der Romanows, der die lange Abstammungsreihe der Dynastie seit 1613 begleitete.

Nach dem Tod Katharinas der Großen war die Unzufriedenheit gewachsen. Ihr Sohn, Zar Paul I., hatte sich einer kurzen Zeit tyrannischer Herrschaft erfreut, bevor er 1801 von Attentätern mit einer Schärpe erdrosselt wurde. Der Mord an Paul wirkte sich möglicherweise positiv für die Musik aus. Misstrauisch bis zur Paranoia gegenüber westlichen Ideen, hatte Paul mit Katharinas Liebäugeln mit der Aufklärung brutal gebrochen. Er verhängte ein Einfuhrverbot für alle im Ausland gedruckten Bücher oder Flugschriften, inklusive Noten.

Der Nächste in der Erbfolge, Zar Alexander I., war reformerisch gesinnt. Er lockerte die staatliche Zensur, es gelang ihm aber nicht, die Emanzipation wesentlich voranzutreiben. Nach dem Trauma der französischen Invasion 1812, als Moskau beinahe bis auf den Grund niedergebrannt wurde, regierte Alexander mit beinahe schizophrener Wankelmütigkeit. Einerseits suchte er das Deportationssystem zu verbessern und neue Rechte für Häftlinge einzuführen; andererseits geriet Alexander unter den Einfluss des dämonischen russischen Generals Alexej Araktschejew, der besessen davon war, aus Russland einen Militärstaat zu machen. Alexander ergriff zunehmend drakonische Maßnahmen gegen liberale ausländische Einflüsse. 1823 erließ er ein Verbot für russische Studenten, deutsche Universitäten zu besuchen, damit sie nicht mit hochverräterischen Gedanken in Berührung kämen. Nachdem Alexander 1825 kinderlos gestorben war und sein Land bankrott hinterlassen hatte, konnte sich keiner seiner Brüder zunächst entschließen, den Thron zu besteigen. Die Zarenkrone, spötteIten zeitgenössische Chronisten, werde in der Familie herumgereicht wie eine Tasse Tee, die niemand trinken wolle. Konstantin, der Ältere der Geschwister, war bereits nach Polen durchgebrannt, wo er sich in eine katholische Pianistin verliebt hatte (nachdem er Chopin als zehnjähriges Wunderkind spielen gehört hatte, bat Konstantins Frau ihn oft, in ihrer Residenz für ihren Ehemann zu spielen, überzeugt, dass seine Musik dessen reizbare Nerven beruhige). Auch Alexanders jüngerer Bruder Nikolaus zögerte; er musste vorsichtig sein, damit seine Avancen nicht als Staatsstreich ausgelegt wurden. Für die Dekabristen bildete dieses chaotische zweiwöchige Interregnum deshalb die perfekte Gelegenheit, ihre Pläne für eine Revolte voranzutreiben.

Die Motive der Dekabristen waren feurig, weniger jedoch ihre Regimenter. Als sich die Männer auf dem Senatsplatz zu versammeln begannen, tauchte eine kleinere Abordnung rebellierender Soldaten auf, als die Dekabristen erwartet hatten. Zudem desertierte noch einer der wichtigsten Anführer. Trotz dieser Rückschläge weigerten die Dekabristen sich, auseinanderzugehen, und so befahl Nikolaus einer Kavallerieabteilung, den Auflauf zu zerstreuen. Erst als Kanonendonner ertönte, zogen sich die Männer in Richtung der zugefrorenen Newa zurück, wo die Soldaten Nikolaus' das Eis mit Artillerie beschossen. Bei Einbruch der Nacht war die Revolte niedergeschlagen. Die Schuldigen wurden zusammengetrieben. Am selben Tag, dem Tag der gescheiterten Dekabristen-Revolte, manchmal als erste Russische Revolution bezeichnet, erklärte sich Nikolaus I. zum Zaren.

An die sechshundert Verdächtigen wurde der Prozess gemacht. Fünf Männer wurden gehängt, darunter der Dichter und Verleger Kondrati Rylejew, der mit einem Buch Byrons in der Hand hingerichtet wurde. Als der Strick beim ersten Mal riss, spöttelte angeblich einer der Gefangenen: »Was für ein erbärmliches Land! Man kann hier nicht einmal ordentlich gehenkt werden.« Einem anderen Verurteilten wurde die Bemerkung zugeschrieben, was für ein Privileg es sei, nicht ein-, sondern zweimal für sein Land zu sterben. Ob irgendeiner dieser Aussprüche authentisch ist, sei dahingestellt: Jedenfalls schlug der Mythos des Martyriums der Dekabristen Wurzeln, als Zar Nikolaus I. anordnete, die Hinrichtung fortzusetzen, und man einen neuen Strick am Galgen befestigte.

Nachdem die Hinrichtungen vollstreckt waren, machte man einen harten Kern von mehr als hundert Männern als Rädelsführer des Aufstandes aus und schickte sie zur Zwangsarbeit nach Sibirien, manche lebenslänglich.[2] Man entledigte sie ihres Besitzes und ihrer Privilegien. Da sie den vornehmsten Familien Russlands angehörten, war dies der große gesellschaftliche Skandal jener Zeit. In ganz Europa wurde darüber gesprochen, und die harte Reaktion Nikolaus' änderte auch die Einstellung der Russen zur Verbannung für immer. Vor 1825 hatte es wenig Mitgefühl für die nach Sibirien deportierten Männer, Frauen und Kinder gegeben; nach 1825 betrachtete man politische Exilanten mit weit

Die fünf am Galgen hängenden Dekabristen; Skizze aus Puschkins
Notizbuch. Puschkin hatte enge Verbindungen zur Revolte, er war
mit einigen führenden Dekabristen zur Schule gegangen. Sein 1817
entstandenes Gedicht *Ode an die Freiheit* wurde von einigen Ver-
schwörern als Inspiration angeführt. Infolgedessen wurde Puschkin
vor den Zaren zitiert, seine Bewegungs- und Ausdrucksfreiheit
wurden eingeschränkt.

größerer Sympathie. Und die elf Frauen, die ihren am Dekabristenauf-stand beteiligten Männern und Geliebten ins Exil folgten, wurden als le-bende Heilige verehrt. Nach den gesetzlichen Bestimmungen zur Ver-bannung mussten die Frauen ihre Kinder im europäischen Russland zurücklassen. Im Exil gezeugte Kinder durften weder Titel noch Güter ihrer Familie erben. Einer der prominentesten Dekabristen, der zu le-benslanger Verbannung verurteilt wurde, war Fürst Sergei Wolkonski. Er war in seiner Kindheit Spielgefährte des Zaren gewesen, seine Mut-ter Hofdame bei der Zarenwitwe. Sergeis Frau Maria stammte aus ei-ner ebenso hochrangigen Familie. Ihr Vater, General Rajewski, war ei-ner der Helden des Sieges gegen Napoleon 1812. Mit ihren Kenntnissen in Literatur, Musik und Fremdsprachen war Maria ein Abkömmling von Katharinas aufgeklärtem Russland. Außerdem war sie eine berühmte Schönheit, ihre üppigen schwarzen Locken und olivfarbene Haut tru-gen ihr den Spitznamen »La fille du Ganges« ein.[3]

Maria entschloss sich, ihren privilegierten Kreis zu verlassen – und ih-ren kleinen Sohn, der mit zwei Jahren sterben sollte –, um ihrem Mann ins Exil zu folgen. Es wurde eine der meistbesprochenen Tragödien ei-nes fiebrig-romantischen Jahrhunderts. »Ihr ganzes Leben war nichts als das unbewusste Einflechten unsichtbarer Rosen in das Leben aller Menschen, denen sie begegnete«, so beschrieb Tolstoi die Maria nach-empfundene Heldin in seinem Mitte des 19. Jahrhunderts entstandenen unvollendeten Roman *Die Dekabristen*. Marias Handlungen inspirierten Gemälde, Musik, Puschkins Dichtung ebenso wie die Liebe zum Klavier auf der anderen Seite des Ural, da sie ein Clavichord etwa 6500 Kilo-meter weit mitgenommen hatte, als sie ihrem Gemahl tief hinein in die Taiga folgte.

Das Instrument, das sich während Marias Exil immer in ihrer Nähe befand, war ein Geschenk ihrer Schwägerin Sinaida Wolkonski, einer begeisterten Förderin der Virtuosen, welche einen der angesehensten Salons jener Zeit führte. Als Sinaida vor Marias Reise nach Sibirien in Moskau eine Abschiedsgesellschaft gegeben hatte, saß Maria dicht ne-ben Sinaidas Klavier und Puschkin neben Maria. Maria wollte, dass ihre

Freunde sangen, damit sie deren Stimmen im Exil nicht vergäße. Bald danach machte sie sich nach Sibirien auf, Sinaidas Clavichord auf dem Schlitten festgezurrt. Es war eine bemerkenswerte Reise; das Instrument war von Moskau den ganzen Weg bis zum östlichen Ufer des Baikalsees unterwegs. Was die Burjaten von der russischen Fürstin dachten, als sie ihrer Überfahrt vom Ufer aus zusahen, ist schwer vorstellbar. Die Burjaten hielten die Milchstraße für einen »gestickten Saum« und die Sterne für Löcher im Himmel. Wenn Sternschnuppen fielen, dachten die indigenen Stämme Sibiriens, dass die Götter »die Decke des Himmels zurückschlugen, um zu sehen, was auf der Erde geschah«. Der Anblick der in ihre Hermelinpelze gehüllten Maria muss etwas Außerweltliches für sie gewesen sein, wie ein Besuch von einem anderen Planeten.

Die ersten Monate ihres Exils verbrachte Maria in der Stadt Nertschinsk nahe der mongolischen Grenze; sie wohnte in einer kleinen Kosakenhütte. Zweimal die Woche durfte sie Sergei in seiner Zelle besuchen. Die Männer durften zunächst keine Pakete von Verwandten im europäischen Russland erhalten, also begannen die Frauen durch geheime Kanäle Geld nach Sibirien zu schmuggeln, um den Gefangenen Extraprivilegien zu erkaufen. Als eine in Frankreich geborene Modistin auf der Suche nach ihrem Geliebten, einem Dekabristen, nach Nertschinsk kam, hatte sie Hunderte Rubel in ihre Kleidung eingenäht. Sie hatte auch italienische Partituren für Maria eingeschmuggelt. Die Frauen waren penetrant, hartnäckig und findig. Der Gefängnisdirektor der Dekabristen merkte bald, welche Fähigkeiten sie hatten, und meinte, er habe es lieber »mit hundert politischen Exilanten zu tun als mit einem Dutzend ihrer Frauen«.

Ein Jahr später wurden die Männer in ein Gefängnis in Tschita verlegt, ebenfalls östlich des Baikalsees. Später schaffte man die Dekabristen in ein neues Gefängnis in Petrowsky Sawod in einem nahegelegenen Tal, wo die Frauen sich mit ihren Männern ein Zimmer teilen durften. Marias Clavichord kam mit in das fensterlose Gefängnis, weit düsterer als jenes in Tschita. Im Lauf der Jahre wurden Kinder gezeugt. Maria

Die Wolkonskis in ihrer Zelle in Petrowsky Sawod. Aquarell des Dekabristen
Nikolai Bestuschew, 1832.

lernte Russisch sprechen, nicht mehr das Französisch ihrer aristokrati-
schen Kindheit. Sie gebar ein kleines Mädchen, das nach nur zwei Tagen
starb. Ihre nächsten beiden Kinder, ein Sohn und eine Tochter, überlebten.[4]

Die Familie mochte für einige der Dekabristen Trost bieten, aber es
war die Kultur – für viele vor allem die Musik –, mittels derer sie eine
Art Verbindung zu dem Leben aufrechterhielten, das sie hinter sich gelassen hatten, und Hilfe kam auch durch Verwandte, die von zuhause
Bücher, Bilder und hohe Geldsummen schickten. »Welch bemerkenswerte Kämpfer sie waren, welche Persönlichkeiten, welche *Menschen*!«,
schrieb Alexander Herzen, ein russischer Journalist des 19. Jahrhunderts, über die adeligen Revolutionäre. Die Dekabristen verkörperten alles Tapfere und Humane, das Zar Nikolaus' I. finsterem Regime fehlte.
»Man sagte mir – ob es wahr ist, weiß ich nicht –, dass wo immer sie auch

in den Bergwerken Sibiriens arbeiteten, oder wie es auch genannt wird, die Sträflinge, die mit ihnen waren, sich durch ihre Anwesenheit besserten«, schrieb Tolstoi.

Die Dekabristen taten sich zusammen, um im Exil eine kleine Akademie ins Leben zu rufen. Sie gründeten Zimmermanns-, Schmiede- und Buchbindereiwerkstätten und hielten Vorträge über Themen von Seefahrt bis Anatomie, Physik und Steuertheorie. Sie richteten eine Bibliothek ein mit Tausenden Büchern, die ihre Verwandten geschickt hatten (laut einer Darstellung umfasste sie beinahe eine halbe Million Bücher). Ein weiteres Gebäude wurde als Musiksaal für Klavier, Flöte und Harfe adaptiert. Einheimische kamen, um sich unterrichten zu lassen und um den Konzerten und musikalischen Abendgesellschaften der Dekabristen zu lauschen. Die Häftlinge erträumten sich imaginäre Länder, erfanden Seemannsgeschichten über ferne Meere und fanden Trost in den bescheidensten Reizen der Natur. So stellten etwa die Brüder Borissow eine riesige Sammlung der Insekten Sibiriens zusammen. Und unterdessen förderte die von den Dekabristen in ihrem Gefängnis in Tschita eingerichtete Schule Hunderte sibirische Bauernkinder.

Nachdem Sergei Wolkonskis zehn Jahre währende Zwangsarbeit vorüber war, besaßen die Wolkonskis mehr Freiheit, die sibirische Kultur zu beeinflussen, besonders in und um Irkutsk, wo sie ihren Wohnsitz im Exil nehmen mussten. Man wies ihnen ein Grundstück in der sumpfigen Taiga zu. Dort lernten die zwei überlebenden Kinder Marias den einheimischen sibirischen Dialekt. 1844 kauften sie dann ein Haus in Irkutsk.

Unter einem wohlwollenden neuen Gouverneur, der ihren Musiksalon besuchte, gewann Maria Jahr für Jahr an Selbstvertrauen. Sie ließ das Waisenhaus von Irkutsk ausbauen, setzte sich für Musikerziehung in den Schulen ein und sammelte Geld, um den ersten, speziell für diesen Zweck gebauten Konzertsaal der Stadt errichten zu lassen – Bürgerpflichten, die ihr den Beinamen »Fürstin von Sibirien« eintrugen. Als ein Pianist aus Tobolsk in Irkutsk auftrat, verletzte Maria das Protokoll für die Frau eines Verbannten: Sie besuchte das Konzert und erhielt ste-

Die Villa der Wolkonskis in Irkutsk.

hende Ovationen. Sergei führte ein schlichteres Leben: Er hatte sich einen langen Bart wachsen lassen und ging, eine Gans unter dem Arm, auf den Markt. Sein Spitzname lautete »der Bauernfürst«; er war einfach und unprätentiös, hochangesehen bei den Sibiriern, die seine Hilfe suchten. Er machte sich viele Freunde unter den Einheimischen, mit denen er sich über Landwirtschaft und die liberale Strömung der politischen Philosophie austauschte. Anderswo in Europa sah es inzwischen so aus, als würde Sergei Wolkonskis lebenslange Suche nach einer gerechteren Regierung endlich Früchte tragen. Während des Völkerfrühlings von 1848 wurden absolutistische Regime gestürzt, und eine reformierte Presse gewann an Bedeutung. Preußische Liberale erhielten ihre Verfassung und Wahlversammlungen. Und in Ungarn wurde endlich die Leibeigenschaft abgeschafft.

Als ich das einstöckige Haus der Wolkonskis in Irkutsk, heute ein Museum, besuchte, hatte der Frost Stickmuster auf die Fensterscheiben gezeichnet und den Schein der Lampen drinnen getrübt. Im ersten Stock stand ein Pyramidenklavier, ein Instrument von eigenartiger Form und

Höhe, wie ein hochkant an die Wand gestellter Flügel. Die Museumsangestellten meinten, dass es möglicherweise dem florentinischen Musiklehrer der Familie gehört habe, der in einem der Nebengebäude gewohnt hatte. Im Erdgeschoß stand ein schöner, in Russland gebauter Lichtenthal-Flügel, den Marias Bruder aus St. Petersburg herbeigeschafft hatte. Der Lichtenthal, gefertigt von einem Klavierbauer, der nach der Revolution in Belgien 1830 nach Russland gezogen war, war das prächtigste Instrument, das Maria besessen hatte. Es war auch das stärkste Symbol für ihre Liebe zur Musik, da ihr ursprüngliches Clavichord, das auf ihrem Schlitten von Moskau nach Sibirien gereist war, verschwunden war – wann oder wohin, das wusste niemand genau.

Was den Lichtenthal-Flügel anging, so verhielt sich das Instrument tapsig, nachdem ein Museumsmitarbeiter versucht hatte, den Deckel mittels Stütze offen zu halten. Die Tasten waren klebrig, wie bei einer von Farbe verschmierten alten Schreibmaschine. Er schlug sie mehrmals an, bis die weich gewordenen Töne – durch eine Staubschicht oder durch den in der Feuchtigkeit aufgequollenen Filz gedämpft – hörbar wurden. Zuerst war der Klang fadendünn, kaum lauter als das Schnippen eines Fingernagels gegen eine Glocke. Im Inneren des Klaviers glänzte das bernsteinfarbene Holz noch, die fragile Spannung der Saiten wurde durch ganz sachte Drehungen an den goldenen, rundköpfigen Stimmwirbeln aufrechterhalten. Der Lichtenthal-Flügel, sagte der Museumsmitarbeiter, sei voller Launen, was ihn schwer zu stimmen mache. In Sibirien können starke Schwankungen in Feuchtigkeit und Wärme das Holz schrumpfen lassen. Der Resonanzboden, eine große, dünne Holzplatte, die Schwingungen in Musiktöne überträgt, kann leicht Risse bekommen. Verschiedene Klavierbauer erfanden unterschiedliche Lösungen für dieses Problem. Mozarts bevorzugter Klavierbauer zum Beispiel fügte dem Resonanzboden absichtlich Risse zu, indem er ihn Regen und Sonne aussetzte, dann setzte er Späne ein und leimte ihn wieder zusammen, sodass er nie wieder splittern konnte.

Ich trieb den Restaurateur des Lichtenthal auf, der unlängst die vergilbten Elfenbeinauflagen von den Tasten entfernt hatte, um sie zu reinigen, der die Basssaiten neu aufgezogen und die Lackierung ausgebessert hatte.[5] Ich wollte auch mit den derzeitigen Besitzern des Klaviers sprechen, um zu erfahren, ob sie mir andere edle Instrumente seines Typs nennen könnten. Eines führte zum anderen, und so kam ich über diverse städtische Einrichtungen in Kontakt mit einem Klavierstimmer aus Irkutsk, der die Schlüssel zu meiner Suche zu besitzen schien. Elegant wirkend, einen Stimmhammer in seiner ledernen Aktentasche, erzählte er, er besitze eine private Sammlung von vierzig historischen Instrumenten. Sein wertvollstes Klavier war ein seltener Flügel aus dem Jahr 1813, den er zu Beginn der 1990er Jahre für ein paar Kopeken einem Armeegeneral abgekauft hatte. Es war ein Klavier von Andreas Marschall, Seriennummer 5, und ging auf einen sehr frühen dänischen Klavierbauer zurück. Es sei in fürchterlich schlechtem Zustand gewesen, bloß eine Kiste mit Saiten, aber eines Tages wollte er es herrichten.

Ich vereinbarte für ein paar Monate danach einen Besuch in der Werkstatt des Stimmers in Sibirien, aber als ich wieder in Irkutsk war, tauchte er nicht auf wie abgemacht. Nachdem ich die Telefonnummern von anderen Klavierstimmern, die in Irkutsk arbeiteten, herausgefunden hatte, schienen sie nicht reden zu wollen. Ich fühlte die Kälte, die mir, einer Außenseiterin in Sibirien, entgegenschlug, konnte aber schließlich einen von ihnen überreden, als mein bezahlter Führer zu fungieren. Wir fuhren hinaus zu einer kleinen Wohnung, wo er einen Bechstein-Flügel restaurierte, Seriennummer 16862. Er habe, so sagte er, ursprünglich einem Kulturaktivisten aus der Gegend gehört, der das Klavier in den 1930er Jahren aus Moskau nach Irkutsk gebracht hatte. Das Klavier war in sämtliche Teile zerlegt, der Resonanzboden hingestreckt wie ein alter Trinker, der auf den Tod wartet. Er lag zum Austrocknen vor einem Elektroofen, auf dem Boden bildeten die Tasten und Saiten ein wüstes Gewirr. Eines Tages würde er die Restaurierung fertigstellen, meinte er; es gebe einen Markt für diese Flügel in Russland. Er zeigte mir noch ein anderes Instrument bei sich zuhause: ein Schmidt-und-Wegener-Pianino, Seriennummer 8917, das, wie er Grund hatte zu glauben, der Frau von Michail Frunse gehört hatte, einem Kommandanten der Roten

Armee im Bürgerkrieg. Der Stimmer öffnete das Klavier, um mir zu zeigen, wo er drei mit 1898 datierte und mit dem Antlitz von Zar Nikolaus II. versehene Goldmünzen gefunden hatte. Während der Perestroika hatte er die Münzen verkauft, um sich durchschlagen zu können.

Solcherart Geheimnisse würde ich noch viel mehr finden, sagte mir eine einheimische Musikwissenschaftlerin; die sibirischen Klaviere seien voll von verborgenen Schätzen, so wie der Flügel, der ihrer Lehrerin gehört hatte. Sie hatte ihren gesamten Schmuck in der Mechanik versteckt. Das Klavier war der Familiensafe der Lehrerin. Doch sie mahnte mich zur Vorsicht, denn in Russland könne es, was einen Provenienznachweis angehe, zu allen möglichen Komplikationen kommen. Ich wusste, dass es auch Geschichten geben würde, die die Leute nicht erzählt haben wollten. Es bestand das Risiko, dass meine Nachforschungen den ursprünglichen, rechtmäßigen Besitzer eines Klaviers ausfindig machten, und das konnte einen ganzen Hexenkessel an Restitutionsforderungen öffnen. Es würde andere geben, die nicht über die Vergangenheit sprechen wollten – über keinen Teil davon. »Über manche Sachen kann ich nicht reden«, sagte ein Klavierexperte, den ich in Westsibirien traf. »Wir beneiden Länder, in denen man leicht herausfinden kann, was mit den Verwandten passiert ist, aber hier ist das anders. Der Zugang zu den Archiven ist nicht einfach. Es gibt keinen öffentlich zugänglichen Quellcode. Und er ist teuer. Meine Generation, das sind die Kriegskinder. Wir haben einen Elternteil verloren oder beide und sind seitdem immer auf der Suche nach der Wahrheit.« Wir alle tun, was wir können, um zu überleben, warnte ein anderer Klavierstimmer; die Geschichten ändern sich, je nachdem, wie wir sie brauchen. Er sagte, es gebe Klaviere mit auf dem Resonanzboden aufgemalten Seriennummern und solche mit in den gusseisernen Rahmen eingestanzten. Einen Resonanzboden kann man neu streichen, meinte er, aber eine in Metall gegossene Nummer nicht ändern.

Dies sollte immer meine größte Herausforderung sein – nach einer verlässlichen Wahrheit zu suchen. Ich war nicht auf ein apartes Möbelstück aus, mit dem man in dem, was in der Mongolei als Wohnzimmer gilt, prahlen konnte. Nichts war mir in Wahrheit gleichgültiger als das Aussehen eines Klaviers. Ich war nicht gekommen, um an einer Seriennummer herumzufummeln oder frisch lackierten alten Klavieren nachzustellen. Außerdem wäre solch ein Instrument unpassend gewesen für eine Musikerin wie Odgerel, die reinen Klang brauchte, verstärkt durch eine nachvollziehbare innere Geschichte. Odgerels Musikauffassung war so authentisch, sie konnte Bachs Chaconne[6] mit außerordentlicher Emotion wiedergeben. Sie vermochte den unhinterfragten Glauben des Komponisten an das Göttliche zu vermitteln. Mehr als alles andere verstand Odgerel, wie Mühsal den Akt der musikalischen Schöpfung mit der Überzeugung einer durchlebten Erfahrung erfüllen kann.

»Bach spricht zu uns in einer musikalischen Sprache von Tragik und Schmerz. Wenn ich vom Triumph der Auferstehung lese, empfinde ich nicht sehr viel, aber wenn ich die Chaconne spiele«, so sagte mir Odgerel, »wird diese Geschichte lebendig. Bach hat mich atmen gelehrt.«

War das für Maria Wolkonski auch so gewesen? Was bedeutete ihr das Klavier in ihrem Exil? Gestattete ihr Sibirien ein intensiveres Leben, als sie es in der feinen Gesellschaft zuhause je hätte haben können? War es im Russland des 19. Jahrhunderts ein Labsal, abgeschnitten zu sein von den erstickenden Vorschriften und Ansprüchen jener Zeit, die ihr Geschlecht und ihre Gesellschaftsschicht betrafen? Trotz der Entbehrungen ihres Exils betrachteten die Dekabristen Sibirien nicht nur als Ort der *Katorga*. »Je tiefer hinein wir nach Sibirien kamen, desto besser wurde es in meinen Augen«, bemerkte der Dekabrist Nikolai Basargin. »Das gemeine Volk schien mir freier, klüger, sogar besser gebildet als unsere russischen Bauern, vor allem mehr als die Leibeigenen auf unseren Gütern. Sie hatten einen höheren Begriff von Menschenwürde und legten mehr Wert auf ihre Rechte.« Sibirien hatte nämlich nie eine Geschichte der Leibeigenschaft. Es gab die Deportierten, die als Staatsgefangene kamen, es gab aber auch viele, viele andere, die sich des Geschmacks der Freiheit wegen nach Sibirien wagten – um weit, weit weg von der Reichweite des Zaren und den moralischen Maßregelungen der orthodoxen Kirche zu leben.

5
Klaviere in einem Venedig des Sandes:
Kjachta

ALS MARIA WOLKONSKI 1856 zum letzten Mal den Baikalsee aufsuchte, beschrieb sie, wie die Tiere des Waldes zum Trinken kamen, als sei Sibirien ein Garten Eden statt ihres Gefängnisses in den letzten dreißig Jahren. Sie verließ Sibirien. Zar Alexander II. hatte den etwa zwanzig noch lebenden Dekabristen Amnestie gewährt. Einige der Männer hatten Selbstmord begangen, bevor die Amnestie wirksam wurde. Andere hatten den Verstand verloren. Ein paar schlugen sich mit Unterrichtsstunden durch, mit der Zucht von Wassermelonen oder sogar mit dem Zeichnen von Schmetterlingen für deutsche Museen. Unter jenen, die nach der Amnestie freiwillig blieben, befand sich Michael Küchelbecker, der durch eine unglückliche Liebesgeschichte mit einer Einheimischen an Sibirien gebunden blieb. Sein Grabstein steht am östlichen Ufer des Baikalsees.

Ich verbrachte während dreier verschiedener Aufenthalte beinahe drei Wochen damit, rund um den See herumzustöbern. Aber wie sehnsüchtig ich es mir auch wünschen mochte, die verführerischen Lockungen des Baikalsees – das winterliche Eis, die von Heuschrecken knisternde sommerliche Grasnarbe, die aus den Klippen ragenden rotrindigen Zedern – förderten nicht jene Klavierentdeckungen zutage, die ich brauchte. Die Ortschaften waren zu dünn besiedelt. Mehr für mich zu finden gab es in Kjachta, der Teehändlerstadt aus dem 19. Jahrhundert an der mongolisch-russischen Grenze zwischen dem Baikalsee und der Wüste Gobi, die Karl Marx und Friedrich Engels als eine der wichtigsten Zentren des Welthandels im 19. Jahrhundert beschrieben hatten. In Kjachta sollte ein seltener Bechstein-Flügel sein, das hatte ich erfahren. Den Tipp hatte mir der mongolische Opernsänger Tsogt gegeben, der gerne an der Tür der Jurte im Orchon-Tal stand und sich in die enge Öffnung zu zwängen versuchte, um Odgerel spielen zu hören. Er war Burjate, Buddhist, seine Familie war wie jene Odgerels in den Dreißigern aus der Gegend am Baikalsee geflüchtet. Sie landeten in der Inneren Mongolei, heute ein Teil Chinas. Er hatte in Peking Musik studiert und eine Zeitlang in Ulan-Ude gelebt, der Hauptstadt Burjatiens, einer der autonomen russischen Republiken, einen halben Tag Autofahrt vom Baikalsee entfernt. Tsogt, ein Bär von einem Mann, trug Lederstiefel mit nach oben gebogenen Spitzen, mit denen man leicht auf Schnee gehen konnte, und einen traditionellen gefilzten Mantel, einen *Deel*, unterhalb der Taille gegürtet, sodass sein Bauch wie ein Bierfass wirkte. 2001 waren wir gemeinsam durch die westliche Mongolei gereist. Über die Jahre hatte ich Tsogt ins Herz geschlossen. Ich mochte es, wenn seine raue Fassade vor der Musik von Bach dahinschmolz. Und so hatte ich ihn schon bald engagiert, um mir bei der Klaviersuche behilflich zu sein.

Eine Zeitlang hörte ich nichts. Dann kam eine kurze und verlockende Mail: »Bin zurück aus Sibirien. Ich finde nur einen Flügel. C. Bechstein Seriennummer 7050. Jahr ist 1874. Aus ganz kleinem Ort. Sonst niemand ein Klavier haben.«

Angesichts des Baujahrs des Bechstein – es lag vor der Zeit, als die Eisenbahn einen Bogen südwärts des Sees beschrieb – konnte das Klavier verschiedene Wege genommen haben. Es mochte über die holprige Straße entlang der felsigen Südküste des Baikalsees gekommen sein. Es konnte auch im Sommer den See per Schiff oder im Winter per Schlitten überquert haben, oder auf der *Baikal*, einem in England gebauten Eisbrecher. Das Schiff, dessen Teile stückweise nach Russland gebracht worden waren, brauchte im Winter manchmal eine Woche für die Überquerung – von Hafen zu Hafen weniger als siebzig Kilometer –, wobei auf dem extra dafür gebauten Deck 25 Waggons der Transsibirischen Eisenbahn transportiert wurden. Am Ufer wurden die Waggons dann abgekoppelt und auf die an Bord angebrachten Schienen verschoben. Mitten im Winter 1904, als das Eis so dick war, dass nicht einmal das Schiff es brechen konnte, legte man stattdessen provisorische Gleise über die gefrorene Oberfläche des Baikalsees. Die erste Lokomotive brach prompt durch das Eis – eine leere weiße Leinwand, heutzutage durchschnitten von den einsamen Bewegungen der paar Fischer, die noch an den Ufern des Baikal leben. Die zugefrorene Fläche des Sees ist durchfurcht von Schneemobilspuren und schwarzen Punkten, wo die Fischer Löcher ins Eis gehackt haben. Die Schwünge und Bögen sehen aus wie ein Gemälde von Wassily Kandinsky, dem avantgardistischen Maler der Jahrhundertwende. Kandinsky war besessen von russischer Ethnographie, besonders vom »doppelten Glauben«, der Heidentum und Christentum verband, sowie von der Beziehung zwischen Musik und Malerei, zwischen Klängen, Punkten, Linien und Flächen.

Kandinskys Großmutter behauptete, burjatisch-mongolisches Blut zu haben. Sein Vater war Teekaufmann aus Kjachta. Ein Zweig der Familie Kandinsky, die im Lauf des 19. Jahrhunderts märchenhaft reich geworden war, stammte von Kirchenräubern und Wegelagerern ab, so lautet zumindest die Legende. Vor Kandinskys Zeit, als seine Verwandten in einem Dorf in der Taiga östlich des Baikalsees lebten, erhielten sie Besuche von Dekabristen, darunter Sergei Wolkonski, und man unterhielt sie mit Musik auf einigen Klavieren, die den Kandinskys gehörten.

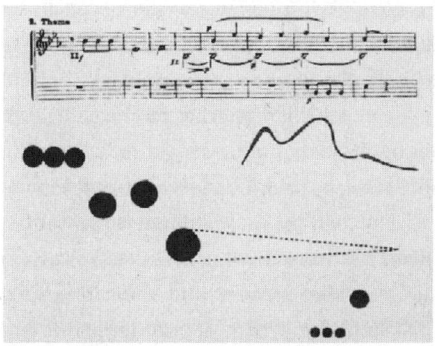

Wassily Kandinskys Theorie von der Beziehung
zwischen Musik und bildender Kunst, aus seinem
Buch *Punkt und Linie zu Fläche*, 1926.

Wenn die Kandinsky-Geschichte Kjachta einen Hauch Glamour verlieh, dann gab der Snobismus der Reisenden des 19. Jahrhunderts, die
früher hierhergekommen waren, ihm eine etwas andere Reputation.
»Man sah keine Dame ohne großen Hut, geschmückt mit einer Art Blumenbeet«, bemerkte Elisabeth von Wrangell, Frau des Gouverneurs von
Russisch-Alaska, die sich über die Frauen der einheimischen Kaufleute
mokierte, als sie auf ihrer über 19 000 Kilometer langen Reise von St. Petersburg ins russische Amerika in Kjachta haltmachte. »Trotz allem,
was sie von ihren westlichen Nachbarn geborgt haben, sind und bleiben die Russen im Grunde Barbaren«, bemerkte Alexander Michie, ein
Schotte, der 1863 auf einer Reise von Peking durch Sibirien in Kjachta
verweilte. »Dass sie in großen Häusern wohnen und teure Weine trinken, dient bloß dazu, in noch grelleren Farben die angeborene Barbarei
jenes Stamms aufzuzeigen, auf den diese Zweige einer höheren Lebensart aufgepfropft wurden.«

Ich stieß auf eine vollkommen desolate Szenerie. Holzhäuser standen kreuz und quer auf einem sandigeren Boden, als ich ihn bisher in
Sibirien angetroffen hatte. In dieser kargen Steppenlandschaft schien

der Schnee sich nicht zu festigen wie weiter nördlich, sondern hing in der Luft wie Rauch. Die Kirchen in Kjachta waren fensterlos, manchmal auch ohne Turm, die Straßen so von Schlaglöchern übersät, dass es leichter war zu gehen, als mit dem Auto zu fahren. Die ehemals prachtvollen Fassaden der hölzernen Häuser waren mit Graffiti beschmiert, auf dem Friedhof stank es nach Urin. Es herrschte eine beunruhigende Stagnation in Kjachta, wo im 19. Jahrhundert die Kaufleute ihre Wohnungen und Niederlassungen hatten, und Troizkosawsk, dem Nachbarort, wo ehemals Geschäfte, Schulen und Verwaltungsgebäude angesiedelt waren. Die Stadt fühlte sich an, als würde sie nur knapp überleben, die Ränder waren durch einen dünnen Streifen von Lastwagen markiert, die ein paar müßige Stunden lang verweilten, während sie darauf warteten, die Grenze zwischen Russland und der Mongolei überqueren zu können.

Doch Kjachta war einmal so lebendig gewesen. In seiner großen Zeit vor der Revolution veranstaltete der städtische Klub Bälle und Musikaufführungen. Konzerte europäischer Pianisten, die in Kjachta Station machten, wurden in Irkutsk, Tomsk und Tschita annonciert. Irgendwann einmal gab es in der Stadt genügend gute Klaviere, dass es sich auszahlte, einen Klavierstimmer den weiten Weg aus Kiew hierherkommen zu lassen.

In einer Beschreibung aus dem 19. Jahrhundert wurde die Stadt das asiatische »Venedig des Sandes« genannt. Mit Tee beladene Kamelkarawanen kamen aus der Mongolei, sie sahen aus wie die Schiffe, die einst in die maritime Metropole Italiens eingesegelt waren. Bis zu hundert Pferde füllten den Hof eines Kaufmannshauses in Kjachta. An den Villen glitzerten Wintergärten. Die Frauen der Kaufleute bestellten ihre Kleider beim Couturier Worth in Paris und bestückten ihre Keller mit seltenen Weinen. Die Kaufleute besaßen auch Sommerhäuser, Datschas, mit Schwimmbecken und Bootsteichen. Die Kinder bekamen Esel mit Miniaturkutschen geschenkt, polnische Exilanten erteilten ihnen Klavierunterricht. Zu Weihnachten bog sich die Tafel unter Champagnerflaschen. In Masken und festlichen Kostümen paradierten die

Alexej Luschnikow, seine Frau Klawdia und ihre Kinder in ihrem Landhaus etwa dreißig Kilometer außerhalb von Kjachta; Foto vom Ende des 19. Jahrhunderts.

besten Familien von Kjachta durch die Straßen, zusammen mit einem kleinen Orchester und einem einheimischen Komponisten. Das Fest setzte sich die ganze Nacht hindurch in den Häusern anderer Kaufleute fort, wo man Quadrille und Walzer tanzte.

Der Grund für diesen Reichtum war einzigartig für Russland: Für jede Teeladung, die diese Grenze passierte, kassierten die Kaufleute von Kjachta eine beträchtliche Lokalsteuer, die zum Teil in philanthropische Projekte investiert wurde. Das funktionierte prächtig bis nach 1869, als der Seeweg durch den Suezkanal das Geschäft von den eurasischen Kamelkarawanen abzog. Nachdem die Transsibirische Eisenbahn viele Kilometer nordwestlich erbaut worden war, begann Kjachta noch mehr an Bedeutung zu verlieren. Im ersten Jahrzehnt des 20. Jahrhunderts wimmelte es auf Sibiriens reichstem Handelsplatz nicht mehr von Chinesen oder Kisten mit Tee, zu Pyramiden aufgestapelt, die höher waren als die Häuser der Kaufleute. Aber Kjachta war immer noch sehr, sehr wohlhabend. Bis zur Revolution blieb es ein Ort, wo auf den Klavieren – darunter der Bechstein-Flügel, den Tsogt für mich gefunden hatte – Mazurkas und andere polnische Tänze geklimpert wurden. Der Bechstein habe angeblich der Kaufmannsfamilie Luschnikow gehört, sagte der Mann, der mich im wunderbaren städtischen Museum herumführte, als ich das erste Mal hinkam.

Ich suchte die Villa der Luschnikows, in der das Klavier einmal gestanden war, das Haus unweit der Auferstehungskathedrale, die einst Säulen aus Kristall besaß. Auf einem kleinen Hügel, von dem aus man weit in die Mongolei sah, fand ich das Haus, wo die Luschnikows Wissenschaftler und Entdecker bewirteten, von denen viele auf ihren Reisen nach Innerasien, ob sie dort nun nach neuen Spezies oder nach den heiligen Mysterien Tibets suchten, hier haltmachten. In Kjachta war es auch, wo Grigori Potanin seine Frau begrub, die brillante russische Forscherin Alexandra Potanina, eine der ersten Frauen, die mit einer Goldmedaille der Kaiserlich-Russischen Geographischen Gesellschaft ausgezeichnet wurde. Bei ihrem Begräbnis wimmelte es im Haus Luschnikows von Trauergästen. Ihr Ehemann war einer der freimütigsten Befürworter eines unabhängigen Sibirien und der Aufhebung der Verbannungsstrafe. Als der amerikanische Journalist George Kennan in den 1880er Jahren auf seiner epischen Reise durch Sibirien, von wo er über das zaristische Exilsystem berichtete, nach Kjachta kam, besuchte auch er das Haus der Luschnikows und bemerkte anschließend: »Wir waren sehr oft überrascht, in diesen derart abgelegenen Teilen der Erdkugel durch so viele Personen und Gesellschaften mit der zivilisierten Welt verbunden zu sein.«

Die Luschnikows waren in der Tat ein gutes Beispiel dafür, wie weit der Einfluss der Dekabristen reichte, und die Lebensläufe der Familienmitglieder geben Zeugnis von einem außerordentlichen Moment in der sibirischen Geschichte. Die Matriarchin Klawdia Luschnikowa – eine Cousine Kandinskys – wurde in Irkutsk in einem Institut für adelige Fräulein erzogen. Sie stand im Zentrum der Intelligenzija von Kjachta, war eine begabte Pianistin, trug den Spitznamen »Luschnikowa die Li-

Der amerikanische Journalist George Kennan neben seinem sibirischen Tarantas; um 1885.

berale« und war bekannt für ihre Musiksalons. Zweimal die Woche versammelte Klawdia Frauen zu Vorträgen über Literatur, Politik und Wirtschaft. Sie hatte den millionenschweren Teehändler Alexej Luschnikow geheiratet, einen in eine bescheidene Familie im nahegelegenen Selenga-Tal hineingeborenen gebildeten Mann. Seit seinem achten Lebensjahr war Alexej von Michail und Nikolai Bestuschew erzogen worden, zwei Dekabristen, die im Exil eindrucksvolle Leistungen in Landwirtschaft und Unterricht in der Region erbracht hatten, nachdem ihre Strafen zu Zwangsarbeit abgebüßt waren. Von Alexej Luschnikows Kindern studierte eine Tochter bei Rodin in Paris Bildhauerei, eine andere war Sängerin am Opernhaus von Tiflis.

Beide Bestuschews besaßen gute Voraussetzungen, um als Lehrer zu wirken, besonders Nikolai, dessen Geschichte voller Zauber und Standhaftigkeit ist. Er war Musiker, Wissenschaftler und Maler, und von ihm stammen die meisten der noch existierenden Porträts der anderen Dekabristen in Sibirien. Während seines Exils verwendete er Farben, die Maria Wolkonskis Schwägerin Sinaida geschickt hatte; sie sandte auch

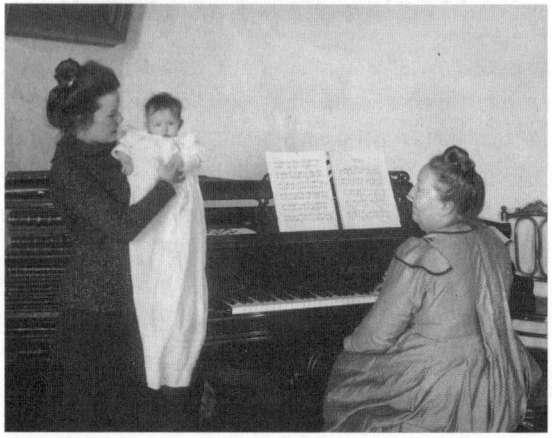

Alexej Luschnikows Töchter Vera, Polina und Klawdia in den 1870er Jahren; unten Familienmitglieder an einem Becker-Klavier aus russischer Produktion.

Samen für die Gemüsegärten der Dekabristen. Die sanften Züge auf Nikolais Selbstporträt sind schwer mit dem Bild eines brachialen Revolutionärs zu vereinbaren, der den angehenden Zarenattentäter am Vorabend des Dekabristenaufstands einwies. Nikolai unternahm seine Reise nach Sibirien mit einem Band des *Rambler* im Gepäck, einer englischen Zeitschrift voller hochfliegender Prosa und humanistischer Ideen, die sich für größeren sozialen Ausgleich unter den Klassen einsetzte.

Nikolai neigte dazu, das Leben der Dekabristen in rosigeren Farben zu malen, als es der schmutzigen Realität entsprach; dennoch vermittelte er in bewegender Tiefe die Melancholie des Exils. Er zeichnete seine Genossen beim Lesen, Reden, Malen, oft einsam in Gedanken versunken. Er malte ihr Gefängnis, als wäre es eine englische Landschaft, und die Kinder der Dekabristen beim Drachensteigen. Er malte auch das berühmte Bild von Maria Wolkonski in der Zelle, den schmalen Rücken dem Künstler zugewandt, die rechte Hand auf dem Klavier. Das Bild ist eine Erinnerung daran, wie fragil Beethoven in diesem Teil der Welt geklungen haben muss, auf Marias Clavichord in zitternden Melodien dargeboten – geisterhafte Klänge aus den Salons Europas, gespielt auf diesem schwachen und unvollkommenen Instrument, zusammengebaut vom Sträfling mit den »goldenen Fingern«. Nikolai war auch handwerklich begabt. Er stellte Hüte her, Schmuck aus den alten Fesseln der Dekabristen (modebewusste Damen in Kjachta und Irkutsk trugen sie als Ringe), Wiegen und Särge. Er war ein fachkundiger Uhrmacher. Viele Jahre nach seiner Entlassung hatte Nikolai seine Chronometer-Entwürfe, die er im Gefängnis entwickelt hatte, vervollkommnet. Er schuf eine Uhr, die in seinem Haus bei Kjachta die Zeit anzeigte: »Trotz des Frosts bei minus 25 Grad ging sie ganz genau«, sagte ein anderer Dekabrist, Baron Rosen.

Mit den Bestuschews als Lehrern erhielt Alexej Luschnikow also eine der ungewöhnlichsten Ausbildungen im Sibirien des 19. Jahrhunderts für ein Kind solch schlichter Herkunft. Als er mit fünfzehn Jahren in den Dienst eines Kaufmanns in Kjachta trat, konnte er seitenweise

Puschkin auswendig rezitieren. Nachdem er sein Vermögen gemacht hatte, eröffnete er die erste Druckerei in Kjachta und gründete die erste Zeitung, *Die Kjachta-Seite*, eine der vielen, die Ende des 19. Jahrhunderts florierten, als sich in Sibirien ein lebendiger Journalismus entwickelte, eigene Universitäten und eine einheimische gebildete Schicht. Luschnikow abonnierte die verschiedensten politisch fortschrittlichen Zeitschriften und Zeitungen, darunter *Die Glocke*, in London herausgegeben vom russischen Emigranten Alexander Herzen, der Russlands erster unabhängiger politischer Verleger war. *Die Glocke* wurde zwar von der zaristischen Regierung verboten, aber über die Handelskarawanen verbreitet, und die Kaufleute von Kjachta boten anderen Mitgliedern von Herzens Kreis eine sichere Unterkunft und Finanzierung.

Diese demokratischen Werte, die sich von Luschnikows Haus aus verbreiteten – wie viele andere Kaufleute in Kjachta spendete er großzügig für die Stadtbücherei, für Museum, Waisenhaus und Schulen –, wurden durch die lebenslange Freundschaft seiner Familie mit beiden Bestuschews aufrechterhalten. Nikolai besuchte häufig die Luschnikows, um Dutzende Porträts der Elite von Kjachta zu malen. Vor seinem Tod vertraute er viele seiner Gemälde Luschnikow an, laut einem Bericht eine Sammlung, die in den 1870ern »auf der Post« verlorenging. Es gab auch eine Truhe, die erst 25 Jahre nach seinem Tod geöffnet werden sollte. Luschnikow trug den Schlüssel dazu an einer Kette mit einem Kruzifix um den Hals. Schlüssel und Truhe verschwanden wahrscheinlich im Chaos des Russischen Bürgerkriegs.

Deswegen fühlte sich der Bechstein so bemerkenswert an, auch wenn er traurig und heruntergekommen war, die glatzigen Hämmer und schlaffen Saiten beinahe unfähig, einen Ton hervorzubringen. Er stand in einem der kalten Winkel des Museums, und seine Knochen waren durchgefroren von einem Luftzug, der sich durch die Fenster stahl. Ich drängte auf mehr Informationen, tätigte Anrufe und kam zwei Jahre später ein zweites Mal nach Kjachta. Einheimische, die mir in der Stadt behilflich waren, sprachen ebenfalls von der Verbindung zu Luschnikow. Eine der Archivarinnen in Kjachta, die ich noch gar nicht näher kennengelernt hatte, sagte, sie werde weiter nachforschen. »Ich habe den Verdacht, das ist eine Legende«, meinte sie später. »Die Leute sagen, der Flügel habe den Luschnikows gehört, aber solche Dinge sind schwer zu beweisen.«

Bevor ich ein letztes Mal aus Kjachta abreiste, suchte ich noch einmal die Villa der Luschnikows auf. Ich ging nach hinten und versuchte durch die Fenster zu spähen. Schließlich kam ein Mann an die Tür. Er ließ mich in das einzige Zimmer, das noch bewohnt war. Im Erdgeschoß war gerade genug Platz für einen Herd und ein Bett, das sich der Mann mit seinem vierjährigen Sohn teilte. Er konnte sich nicht erinnern, wie lange er schon hier wohnte, aber es musste ungefähr seit der Zeit gewesen sein, als er in den 1990ern Vater Oleg geholfen hatte, die Kirche von Kjachta aufzuräumen. Damals hatte eine zweite Familie im zweiten Stock des Hauses gewohnt, aber sonst war seit 25 Jahren niemand hier gewesen. Das verrottende Holz war zu gefährlich, das Dach eingebrochen. Während wir uns unterhielten, zogen die Hunde draußen wieder ihre Kreise. Im Hof des Stalles stürzte ein Mann, der mir seine Hilfe angeboten hatte, in einem epileptischen Anfall zu Boden.

An meinem letzten Abend in Kjachta stahl ich mich durch ein Loch in einem Metallgitter an der Hinterseite in die Dreifaltigkeitskathedrale, die größte nicht mehr benutzte Kirche der Stadt vis-à-vis den alten Handelshäusern. Das Kirchenschiff ohne seine Kuppel sah aus wie ein Schädel, der für eine Post-mortem-Sektion geöffnet worden war. Das Gebälk war lose, auf dem Boden wuchs Gebüsch und lagen Glasscherben.

Ich wusste nicht, was ich zu finden erwartet hatte, besonders da es dunkel war, aber sobald ich jenseits des Kordons war, schien es, als wäre hier etwas Schlimmes geschehen, als ginge ich auf ruhelosem Boden. Ich hatte über Kjachta während des Bürgerkriegs nachgelesen; die Massaker seien so brutal gewesen, dass man die Aufzeichnungen darüber im Museum bewusst vernichtet habe. Als der Feind sich näherte, brachte die Weiße Armee etwa 1600 Rote in Kjachta in einer kaltblütigen Orgie mittels Bajonetten und Gift um.

Die Tee-Millionäre zerstreuten sich. Viele wurden ermordet, andere

Baron von Ungern-Sternberg, aufgenommen in der
Mongolei Anfang der 1920er Jahre.

flohen mit den transsibirischen Zügen in die Hafenstädte am Pazifik.
Kjachta lag im Chaos, nicht nur aufgrund der Auswirkungen des Russischen Bürgerkriegs, sondern auch durch die 1921 jenseits der Grenze
tobende mongolische Revolution. Das Heer der mongolischen Aufständischen führte ein Verrückter mit einer Identitätskrise: ein in Österreich
geborener deutscher Warlord, Baron von Ungern-Sternberg, bekannt
als Blutiger Weißer Baron, der ursprünglich im kaiserlichen Russland
als Offizier des Zaren gedient hatte und dann auf eigene Faust Krieg
führte. Er hielt sich für eine Reinkarnation von Dschingis Khan und
wollte in der Mongolei die alte buddhistische Theokratie wiedereinsetzen. Zu diesem Zweck errichtete er ein Schreckensregime gegen die
Bolschewiken, das ihn schließlich wieder in die russisch-mongolische
Grenzregion führte. In der an Kjachta angrenzenden Stadt kam ein als

Der Bechstein-Flügel aus Kjachta im Stadtmuseum, 2016.

»Roter« Verdächtigter in einem Backofen zu Tode. In Kjachta wurden die Feinde des Barons in einem Raum eingesperrt, dann goss man kaltes Wasser über ihre nackten Körper. Man ließ sie erfrieren, statt sie zu erschießen, um Munition zu sparen. Ungern-Sternbergs Mordlust war angeblich so grenzenlos, dass er ständig neue Tötungsarten erfand. Eine seiner Methoden bestand darin, sein Opfer an zwei zu Boden gebogene Bäume binden zu lassen; wenn man sie losließ, wurde der Körper auseinandergerissen.

Die Strömungen der Geschichte waberten zwischen den Ruinen der Kathedrale – die Geschichte von den Zeichnungen Bestuschews, die in der Post verlorengingen, die Truhe voller Dekabristen-Geheimnisse, die Klaviere der Kaufleute, zu denen der Stimmer aus Kiew kam, um sie herzurichten. Wäre das alles nicht geschehen – keine Revolution von 1917, kein Weißer Baron, kein Russischer Bürgerkrieg –, was wäre dann aus Kjachta geworden? Wäre Sibirien auf andere Weise aufgeblüht? Hätte sich Sibirien jemals abgespalten und wäre ein unabhängiger Staat geworden, wie Potanin es einmal befürwortet hatte?

Wie hatte der Bechstein das Chaos überlebt, fragte ich mich, wo es doch so wenigen anderen Instrumenten gelungen war? Wenn alle Annahmen zutrafen, war dies ein Klavier gewesen, das die musikalischen Ambitionen einer reichen Kaufmannsfamilie in sich getragen hatte. Es war auch ein direktes Verbindungsglied zur Vision jener brillanten Exilanten von 1825, die ihre europäische Kultur in einer Region verbreitet hatten, welche sich immer noch grundlegend asiatisch anfühlt – ein uneingezäuntes Steppenland, durchtränkt von buddhistischer Geschichte, wo es so viele Kirchen gibt wie burjatische Geisterbeschwörungen, erkennbar in den an die Bäume gebundenen gelben und blauen Bändern. Der Bechstein war ein mit so viel Sehnsucht belastetes Instrument, dass ich bereit war, alles zu glauben, je mehr mich Sibiriens Geschichte fesselte. »Eigentlich beginnt vom Baikal an die sibirische Poesie«, schrieb Tschechow an einen Freund; »bis zum Baikal war es Prosa.«

6
Der Klang von Chopins Polen:
Tomsk

IN EINEM KLEINEN Dorf östlich des Baikalsees suchte ich in einer winzigen, hinter einer Bonbonfabrik aus der Sowjetzeit versteckten Kirche den Priester Sergei Palij auf, von dem man mir erzählt hatte, er besitze ein gutes Klavier. Sein struppiger Bart, der sich im Wind gabelte, reichte ihm bis zum Nabel. Seine lange schwarze Soutane hatte eine ernsthafte Gewichtigkeit an sich und war über den Knöcheln etwas zu kurz. Er war ein Altgläubiger, gehörte einer traditionalistischen Gruppe der russisch-orthodoxen Kirche an, die sich Mitte des 17. Jahrhunderts abgespalten hatte, weil sie sich weigerte, die liturgischen Reformen Moskaus zu befolgen. Etwa 20 000 Altgläubige entschlossen sich, lieber Selbstmord zu begehen, als sich anzupassen.

Viele der Altgläubigen, Geistliche wie Pfarrkinder, gingen aus Russland in das polnisch-litauische Großreich an der Westgrenze des Reichs.

Zahlreiche gingen nach Sibirien – einige freiwillig, andere gezwungen. Der berühmteste nach Sibirien verbannte Altgläubige war Erzpriester Awwakum, der Einzige der vier wichtigsten Abtrünnigen, dem nicht die Zunge herausgeschnitten wurde.[1]

Zum Selbstschutz schotteten sich die Altgläubigen immer mehr von Außenstehenden ab, eine Gewohnheit, die bis heute andauert. Eine Familie zog sich 1945 so weit in die Taiga zurück, dass sie im westlichen Sajangebirge in vollkommener Isolation lebte, bis ein sowjetischer Journalist ihre Entdeckung durch eine Gruppe Geologen Ende der 1970er Jahre dokumentierte. An der Familie war der Tod Stalins ebenso vorübergegangen wie die Mondlandung, an die sie ohnehin nicht glaubten. Zellophan hielten sie für zerknittertes Glas, eine Zitrone hatten sie nie gesehen. Sie gingen entweder barfuß oder in Galoschen aus Birkenrinde und Kleidern aus Rupfen. Sie besaßen ein Spinnrad und eine Bibel, sonst aber unterhielten sie einander, indem sie sich ihre Träume erzählten. Die Zeit maßen sie mit Methoden, die aus der Zeit vor Peter dem Großen stammten. Instrumentalmusik gab es keine. Und Tanzen war die Kunst des Teufels.

Diverse Splittergruppen dieser Altgläubigen-Gemeinden existieren nach wie vor in Sibirien, und ihre Traditionen verkörpern einige der stärksten Beispiele der slawischen Zivilisation vor den verwestlichenden Reformen des 18. Jahrhunderts. Ich traf auf Opportunisten, die in knalliger Gewandung für Touristen posierten, und auf andere, die ihren geheimen Ritualen noch so verpflichtet waren, dass sie nicht reden wollten. Ich traf einen Klavierstimmer, der von der Religion seiner Eltern abgefallen war; er versorgte mich großzügig mit Essen, das er sich vom Mund absparen musste, aber das einzige Messer am Tisch teilte er nicht. Sogar heute noch kann man die Altgläubigen an Geschirr und Besteck erkennen, die ausschließlich von ihnen benützt werden dürfen – ein Vermächtnis der Furcht vor Ansteckung außerhalb ihres eigenen geschlossenen Zirkels.

Der Priester vom Baikalsee war das genaue Gegenteil: ein guter Redner und großer Sammler von sibirischen Paraphernalien, darunter ein

Becker-Pianino, das einmal einem einheimischen Lehrer gehört hatte. Wie sich herausstellte, lag seine interessantere Geschichte verborgen innerhalb der Kirche; dort schlug Sergei ein dreihundert Jahre altes *Buch der Apokalypse* auf. Es hatte den Vorvätern der Gemeinde gehört; achtzehn Monate lang waren sie ab 1765 von Vietka, einer Stadt im damaligen polnisch-litauischen Großreich, nach Sibirien gewandert. Die düsteren Bilder des Buches waren eine ironiegeschwängerte Vorahnung gewesen angesichts dessen, was geschehen sollte, als das Großreich allein während Katharinas Regierungszeit drei Teilungen erleben sollte. Das Territorium wurde zwischen Russland, Preußen und Österreich aufgeteilt. Was Polens Verlust war, bildete allerdings Sibiriens Gewinn: Es kam zur erzwungenen Migration zahlreicher musikalisch gebildeter polnischer Rebellen, darunter einer bedeutenden jüdischen Population.

Durch die dramatischste der drei Teilungen verlor Polen 1795 seine staatliche Souveränität. Sogar der Name des Landes wurde ausgelöscht, als Katharina die Westprovinzen annektierte, grob gesagt Litauen, die Ukraine und Weißrussland. Kulturelle Repression trug zum Zusammenbruch bei; Katharinas Militär beschlagnahmte bedeutende historische Besitztümer, darunter prachtvolle Bibliotheken. Während der Napoleonischen Kriege genoss Polen einen kurzen Augenblick der Halbautonomie, aber die verschwand, als sich die Polen aktiv an der französischen Invasion in Russland beteiligten und Zar Alexander I. entschied, dass sie bestraft werden müssten. Beim Wiener Kongress 1814/15 wurden die europäischen Grenzen wieder einmal neu gezogen, und der Bruder des Zaren – derjenige, der Chopin zur Beruhigung der Nerven brauchte – wurde als De-facto-Vizekönig eingesetzt.

Es war nicht so, dass die Polen generell etwas gegen die Russen gehabt hätten. Einerseits identifizierten sie sich mit einer imaginierten nationalen polnischen Gemeinschaft; andererseits aber hatten sie sich einige Zeitlang auch in der kaiserlich russischen Gesellschaft engagiert, hatten ihr Leben an den sich ständig verschiebenden Grenzen des Reiches verbracht. Über die Jahre hatten viele russifizierte Polen einflussreiche Stellungen in Russland errungen, etwa der Kommandant des Gefängnisses der Dekabristen, der das Aufblühen ihrer sibirischen Akademie zugelassen hatte. Aber nach dem Wiener Kongress richtete sich das dominante nationale Gefühl in Polen stärker gegen das orthodoxe Reich im Osten. Die Pressezensur wurde strikter. Geheimgesellschaften wie etwa die Freimaurer wurden verboten.

Mit ihrer Erfahrung von Reformation und Aufklärung hatten die Polen sich seit langem als Grenzlinie zwischen zwei einander diametral entgegengesetzten Weltbildern betrachtet, zwischen der Verteidigung der Menschenrechte durch eine demokratische Regierung und dem autokratischen Gegenteil. Aber es war ein nichtiger Traum, wenn man dachte, Polen werde das russische Joch abschütteln können. Als die Polen im November 1830 den Aufstand wagten, wurde dieser binnen acht Monaten niedergeschlagen. Die Universität wurde geschlossen, Warschau effektiv in eine Kaserne für russische Soldaten verwandelt. Es war eine Zeit, als ein Pole, wie der Romancier Joseph Conrad bemerkte, »Angehöriger einer nicht so sehr lebenden als überlebenden Nation (war), die in ihrem von Millionen Bajonetten umfriedeten und mit den Siegeln dreier großer Reiche dreifach versiegelten Grab unbeirrbar fortfuhr zu denken, zu atmen, zu sprechen, zu hoffen und zu leiden«.[2]

Dieser Mythos vom edlen Märtyrertum der Polen, in ganz Europa verbreitet, wurde bestärkt vom, wie zu erwarten gewesen war, rachsüchtigen Umgang Zar Nikolaus' I. mit den Aufständischen von 1830. Immer noch verletzt durch den von den Dekabristen begangenen Verrat vier Jahre zuvor, befahl Nikolaus, dass einer der führenden Aufständischen, Fürst Roman Sanguszko, zu Fuß in die sibirische Verbannung gehen musste – eine brutale und demütigende Wanderung, wofür der Fürst ein Jahr brauchte. Es gibt tatsächlich zahlreiche Parallelen zwischen der Geschichte der polnischen Aufständischen von 1830 und jener der Dekabristen. In verschiedenen Gefängnissen und Bergwerken in Ostsibirien organisierten polnische Häftlinge Vorträge, bildeten Orchester und legten eine großartige Bibliothek in polnischer Sprache an.

Die polnische Romantik – eine nostalgische Suche nach Freiheit, die natürlich die Verfolgung von Russen innerhalb Polens ignorierte – fand unterdessen starke Unterstützung im politisch fortschrittlichen Paris, wohin etwa fünftausend der höchstrangigen polnischen Rebellen geflohen waren, um der Verhaftung durch die Russen zu entgehen. Dies war auch die Stadt, wohin ein 22-jähriger Pole namens Frédéric Chopin, selbst kein politischer Flüchtling, 1831 aus Warschau – mit einem Zwischenspiel von acht Monaten in Wien – zog.[3] Er gesellte sich zu einigen anderen berühmten Persönlichkeiten der polnischen romantischen Bewegung, die sich in Frankreich zusammengefunden hatten, darunter der Dichter Adam Mickiewicz, Freund und Vertrauter mehrerer Dekabristen, der später die Tochter der Klaviervirtuosin Maria Szymanowska heiratete.

Einige der von den Russen gefangen genommenen Polen wurden als Soldaten eingesetzt, um die Garnisonen in Sibirien aufzufüllen. Zehntausende wurden der Zwangsarbeit unterworfen und in Städte wie Tomsk, Omsk, Tobolsk und Irkutsk[4] verbannt – eine Tragödie, die Chopin in seiner düsteren *Sibirischen* oder *Revolutions-Polonaise* festzuhalten versuchte.[5] Sie beginnt sehr ruhig, in einem tiefen, dunklen Register, das eben erfundene Dämpferpedal erlaubt hinreißende Variationen in Stimmung und Struktur. Dann explodiert die Musik – *con forzo! agitato! molto crescendo!* –, bevor sie zurückfällt in ein Gefühl hoffnungsloser Niederlage; der finstere Schluss der Polonaise evoziert die Kälte und Feuchtigkeit sibirischer Bergwerke. Laut Robert Schumann waren nicht nur diese Polonaise, sondern alle Werke Chopins in dieser polnischen Tanzform Ausdruck eines ritterlichen und unterdrückten Volkes – »unter Blumen eingesenkte Kanonen«.

In Paris konnten die Polen frei protestieren, aber zuhause wurden die Reihen in Ketten Richtung Sibirien wankender polnischer Aufständischer immer länger, wobei beinahe zwei Drittel der in den 1830er Jahren aus politischen Gründen verbannten Polen einer gebildeten Adelsschicht angehörten. Nach dem nächsten Aufstand im Januar 1863 – zunächst eine schlecht ausgerüstete Erhebung mit Scharmützeln und Bauernrevolten, die sich dann zu einem regelrechten Krieg auswuchs – verbannte Russland etwa viertausend Mitglieder der gebildeten Oberschicht in die sibirische Einöde. Während die Russen Warschau plünderten und Chopins Klavier, wie in der berühmten Szene geschildert, auf dem Stadtplatz auf einen Scheiterhaufen warfen, wurde in den wachsenden sibirischen Städten ein helles Licht angezündet.

Als Maria Wolkonskis Tochter Elena nach der Amnestie für die Dekabristen nach St. Petersburg zurückkehrte, machte ihr die Frau des neuen Zaren Komplimente für ihr ausgezeichnetes Französisch. Für ein »à la Rousseau« erzogenes Kind, wie ihre Mutter Elenas frühe Jahre beschrieb, als diese in der sibirischen Taiga herumgetollt war, wirkte Elenas Kultiviertheit als Überraschung am Hof der Romanows. Elena antwortete, sie sei von einem nach Sibirien verbannten polnischen politischen Häftling unterrichtet worden. Elena Wolkonskis sibirische Erziehung war ungewöhnlich, aber nicht einzigartig. Wenn die besten Familien in Kjachta Klavierlehrer für ihre Kinder suchten, griffen sie auf die polnische Diaspora zurück. Und als man in Omsk ein Orchester brauchte, waren es die Polen, die Klarinette, Streichinstrumente und Trompete spielten.

Der amerikanische Journalist Thomas Knox, der 1866 Sibirien bereiste, bemerkte über diese gebildete Präsenz: »Sibirien hat in der Gestalt der politischen Exilanten zahlreiche Persönlichkeiten von hoher Kultur aufgenommen. Männer von liberaler Erziehung, mit regem Intellekt und vornehmen Manieren sind unter den verbannten Polen in hoher Zahl vertreten«, beobachtete er. »Der Einfluss dieser Verbannten auf die Intelligenz, die Gebräuche und Sitten der Sibirier hat einen unauslöschlichen Eindruck hinterlassen.«

Knox mag die elende Realität des Lebens der Verbannten geschönt haben, aber seine Begegnungen mit polnischen Exilanten legten doch Zeugnis von ihrem Einfluss ab. Er schrieb über einen Polen, der die Geographische Gesellschaft Ostsibiriens leitete; in Krakau war er ein bekannter Dichter gewesen. Es gab auch Verbannte, die als erfolgreiche Ärzte praktizierten. Er berichtete zudem von der öffentlichen Hinrichtung eines gutaussehenden dreißigjährigen polnischen Pianisten und politischen Häftlings, Gustaw Szaramowicz.

Als Szaramowicz während des polnischen Aufstands 1863 durch eine verirrte Kugel einen Finger verlor, soll er auf seine verletzte Hand geblickt und gemeint haben: »Chopins Mazurken sind verloren.« Die Strafe festigte Szaramowiczs Entschlossenheit nur noch. Während er im knietiefen Schnee Sibiriens als Zwangsarbeiter schuftete, führte er 1866 eine weitere Revolte an, dieses Mal eine von siebenhundert polnischen Gefangenen, welche die Straße südlich des Baikalsees bauen sollten. Angeblich warf Szaramowicz vor dem Hinrichtungskommando in Irkutsk seinen Hut in die Luft und rief »Vive la Pologne!«, als er den Schießbefehl hörte.

In großen Räumen verläuft Musik sich leicht, ebenso wie Menschen. Die meisten polnischen Künstler und Intellektuellen gingen in Sibirien zugrunde, ohne dass es auch nur ein offizielles Dokument über ihre Ankunft oder ihren Tod gegeben hätte, ob es nun Selbstmord war, der sie dahinraffte, die typhusverseuchten Zwischenstationen unterwegs oder die vergitterten Kähne, auf denen die Verbannten stromaufwärts geschafft wurden. Ihre Geschichten wurden von einem Strafsystem zum Schweigen gebracht, das mehr Menschen das Leben kostete, als sich Sibirien jemals erinnerte. Das Vergessen war auch eine Überlebensstrategie. Es gibt Berichte von Verbannten, die in die Taiga entkamen und dann ihren Namen auf »Iwan Ichhabsvergessen« änderten, wenn die Behörden sie aufgriffen.[6]

Die deportierten Polen mögen keine Instrumente im Gepäck gehabt haben (obwohl einige Dienstgrade mittels Karren und mit den Besitztümern, die sie mitnehmen wollten, reisen durften), doch muss der Klang von Musik eine starke Verbindung zum ehemaligen Heimatland der Polen hergestellt haben. Der verbannte Adelige Rufin Piotrowski – einer der berühmtesten politischen Gefangenen, denen es gelang, aus Sibirien zu entfliehen, er hatte sich aus Ziegenhaar selbst eine Perücke gefertigt – schrieb 1846, die einzige Musik, die er in dreizehn Jahren gehört habe, sei die polnische Hymne gewesen, die über der Steppe erklang: »Ich vergaß meine Ketten, vergaß mein vergangenes Leben, mein zukünftiges Geschick, vergaß alles.«

Entkommene Sträflinge in Sibirien; einer trägt
ein selbstgebasteltes Moskitonetz. Aufnahme
vom Ende des 19. Jahrhunderts.

Ganz sicher wäre eines da gewesen: der Klang des Klaviers im Kopf eines polnischen Exilanten des 19. Jahrhunderts. In Warschau Mitte des 19. Jahrhunderts »herrschte das Klavier in den Salons wie ein Despot«, berichtete eine polnische Zeitung. »Es gibt beinahe kein Haus, wo nicht das Dröhnen des Klaviers zu hören ist«, behauptete der *Warschauer Kurier*. »Wir haben Klaviere im Erdgeschoß, im ersten, zweiten und dritten Stock. Junge Damen spielen Klavier, Mütter spielen Klavier, Kinder spielen Klavier. Das Klavier ist ein Familienmöbel geworden, der Prüfstein für das Talent einer Familie.« Diese gesellschaftlichen Gebräuche wanderten im Verlauf des Jahrhunderts nach Sibirien, als polnische Exilanten andere Verbannte oder Einheimische heirateten. Einige Exilanten erhielten Grundstücke zugewiesen, um sie für immer an das Land zu binden.

Die Verbindung zu Polen, die im 19. Jahrhundert so fundamental gewesen war, tauchte auf und verschwand wieder, während ich durch Sibirien reiste: in dem Dorf östlich des Baikal, wo ich den Altgläubigen-Priester mit seiner *Apokalypse* traf; in Irkutsk, wo viele der Leute, die ich befragte, eine direkte polnische Abstammung für sich reklamierten, und in der westsibirischen Stadt Tomsk, Standort der ersten 1888 gegründeten Universität Sibiriens, wo zwei der acht Gründer unter den Fakultätsmitgliedern Polen waren. In Tomsk wurde 1989 im ehemaligen Stadtgefängnis auch Russlands erstes Museum der Unterdrückung eröffnet. In diesem fensterlosen Gewölbe versammelte der Direktor die Geschichten nicht nur von Zehntausenden von Stalins Geheimpolizei verhafteten Personen, sondern auch jene von Verbannten aus dem 19. Jahrhundert. Er stammte direkt von Polen ab. In den 1860er Jahren war die Hälfte seiner Familie nach Amerika ausgewandert, die andere aus Weißrussland nach Sibirien, auf der Suche nach einem besseren Leben. »Es gibt das Stereotyp, dass Polen, die man in Sibirien antrifft, alle Sträflinge und Verbannte seien«, meinte er. »Doch es gab auch freie Siedler, und unter ihnen viele Polen, die die sibirische Musikkultur beeinflussten.«

Ich kam im Februar an. Der Schnee war so dicht gefallen, dass in älteren Vierteln ein paar Häuser unter der Last Sprünge bekommen hatten. Vor dem Haus der Wissenschaft aus dem 19. Jahrhundert – gegründet als Fundament der sibirischen Aufklärung, eine Institution, die freie Bildung anbot, unabhängig von Glaube oder Herkunft eines Bürgers – stand ein Holzapfelbaum mit rubinroten Früchten, wie Blutstropfen. Als ich durch die Straßen wanderte, stellte ich mir Tomsk in dem Jahr vor, als Chopins Klavier in Warschau auf das Feuer geworfen worden war. »Das Geräusch dieses Falles bleibt haften«, schrieb Chopins Zeitgenosse, der romantische Dichter Cyprian Kamil Norwid. »Seht ihr nur her, wie edles Denken / Zertrampelt wird durch Menschenwut.«

In Tomsk kamen und gingen die Amnestien. Viele Polen kehrten zurück in eine Art Heimat im europäischen Russland. Andere blieben, so der Großvater des sowjetischen Komponisten Dmitri Schostakowitsch, der nach dem Aufstand im Januar 1863 nach Tomsk verbannt worden war. Jahr für Jahr stiegen Polen in den Rängen der sibirischen Industrie, geologischen Forschung und Verwaltung auf, eine Bevölkerungsschicht in sibirischen Gefängnisstädten, von der ein polnischer Gefangener sagte, sie besitze beinahe all die luxuriöse Ausstattung der westlichen Zivilisation.

Beinahe. Tomsk war immer noch Sibirien, zu weit weg von den europäischen Musikzentren, um sich mit den hochgestochenen Debatten zu befassen, die im Westen im Gang waren, wo sich die Kritiker an Musikrevolutionären wie Wagner und Liszt abarbeiteten. Bei Anbruch der 1860er Jahre machte Russland seine eigene, etwas verzögerte Kulturrevolution durch, als die Musik unter der Ägide der Kaiserlich-Russischen Musikgesellschaft endlich professionalisiert wurde. Diese außerordentlich ambitionierte Organisation, protegiert von ganz oben, vom Hof der Romanows, wurde 1859 durch Anton Rubinstein in St. Petersburg gegründet, um im gesamten Zarenreich Musikgeschmack und Talent zu fördern. Was die Kaiserlich-Russische Musikgesellschaft symbolisierte, war noch mehr als die Summe ihrer Teile in den Provinzen: Sie war ein Schlüsselfaktor in Rubinsteins weit ausgreifendem Plan, russische Musiker von ihrer Rolle als bloße Unterhalter zu emanzipieren. Er versuchte den Musikern jene Art Anerkennung zu verschaffen, die ihnen als freien Künstlern in Westeuropa schon lange zustand, ihnen jenen erhabenen Status zu verleihen, auf dem Liszt in den 1840ern in St. Petersburg bestanden hatte, als Zar Nikolaus I. ihn spielen hörte. Während einer Pause plauderte der Zar, und Liszt weigerte sich, weiterzuspielen, als verdienten Adel und Kunst, auf gleicher Stufe zu stehen.

Rubinsteins Einfluss war bemerkenswert. 1862 konnte er in St. Petersburg das erste Konservatorium des Landes eröffnen; unter den ersten Zugängen befand sich Tschaikowsky. In den 1860er Jahren schuf das sogenannte »Mächtige Häuflein« russischer Komponisten – es bestand aus Nikolai Rimski-Korsakow, César Cui, Modest Mussorgski, Alexander Borodin und Mili Balakirew – eine neue, von tiefer Ernsthaftigkeit geprägte nationale Identität für die russische Musik. Alle waren Autodidakten, zu einer Zeit, da es kein einziges auf Russisch geschriebenes Buch über Musiktheorie gab.

Unterdessen erfreute man sich in Tomsk an der Musik, wann immer es ging; Amateurlehrer versuchten ein Auskommen zu finden, während die Stadt sich vergrößerte, die Kaufmannsschicht wuchs und immer mehr Beamte kamen. Es war die Zeit, als eine russische Version des *Bummtschacktschack* – ein bezaubernd suggestives Wort, das deutsche Kritiker im 19. Jahrhundert verwendeten, um einen derben Rhythmus anzudeuten, der Volkslieder begleitete – in den sibirischen Holzhäusern häufiger gewesen war als Wagner. Aber Tomsk war auch eine wachsende Provinzstadt, hungrig auf städtische Kultur. 1885 zählte es 31 000 Einwohner, 26 Schulen, 29 Kirchen, drei Synagogen und eine Moschee; die Eröffnung der Universität allerdings wurde von Mal zu Mal verschoben, weil die kaiserliche Regierung auf Verdächtigungen über liberale Tendenzen in der Stadt reagierte.

»Eine von Natur aus geschäftstüchtige und vielversprechende Kolonie«, so beschrieb der amerikanische Journalist George Kennan Tomsk; er verbrachte den September 1885 in der Stadt, zusammen mit einem verbannten Schriftsteller, dessen Frau, eine ausgezeichnete Musikerin, ihren Lebensunterhalt mit Musikstunden verdiente. Kennan berichtete über die politischen Gefangenen. Er dokumentierte auch die erstickende Zensur in der Stadt, erbärmliches menschliches Leid und die Überfüllung der Gefängnisse. Er sagte für Tomsk eine gute Zukunft voraus, wenn nur die Regierung den Griff lockern würde, den sie um die Hälse der Leute gelegt hatte.

Armes Tomsk – es versuchte seine Würde zu finden, nur damit Tschechow, der fünf Jahre danach hier war, dessen Ruf zu einem nationsweiten Scherz machte. »Bemerkenswert ist die Stadt darin, dass in ihr die Gouverneure sterben«, schrieb Tschechow in einem Brief an seinen Verleger. In derselben giftigen Stimmung erstellte er für eine Petersburger Literaturzeitschrift eine Bibliographie; unter den Büchern, die er zitierte, waren Anleitungen zur Igelzucht für Handschuhmacher, ein

Sechzig-Kopeken-Taschenbuch über das Thema, wie man das Universum auf einer Nadelspitze aufspießen könne, sowie einen Reiseführer für Sibirien und Umgebung, in dem die besten Restaurants, Schneider, Kutschenbauer und Friseure sowie die Namen und Adressen »gewisser Damen« aufgelistet waren.

In Tomsk unternahm Tschechow mit dem Polizeichef der Stadt eine Zechtour durch die Freudenhäuser. Musik erwähnt er nicht – weder ukrainische Melodien, französische *Chansonettes*, Amateur-*Bummtschak-tschak* noch Zigeunerromanzen. Und doch veränderte sich der musikalische Fokus in Tomsk, mochte Tschechow es noch so sehr als langweilig hinstellen. Im Jahr vor seiner Ankunft wurde in der Stadt das erste Kapitel der Kaiserlich-Russischen Musikgesellschaft aufgeschlagen; der Flügel war von niemand Geringerem als von Anton Rubinsteins jüngerem Bruder, dem Pianisten und Komponisten Nikolai Rubinstein, ausgesucht worden. Unter den Direktoren der Gesellschaft befand sich Grigori Tomaschinski, ein polnischer Emigrant in Sibirien, zusammen mit seiner Frau Kamila einer der einflussreichsten Musikmäzene der Stadt, der zahlreiche Wohltätigkeitskonzerte veranstaltete. Kamila unterrichtete Klavier, das musikalische Programm beruhte auf den Gründungsprinzipien einer besonderen, ebenfalls von einem Polen geführten Musikschule in Irkutsk, aus der etliche Schülerinnen und Schüler dann an die Konservatorien in Moskau und St. Petersburg wechselten.

Tomsk mochte keine Klaviermanie solchen Ausmaßes erlebt haben, wie Liszt sie in St. Petersburg ausgelöst hatte, aber die Lust auf das Instrument« wuchs in Westsibirien mehr und mehr. Um 1880 annoncierten Klavierbauer aus St. Petersburg eifrig in Tomsk. Dazu entwickelte sich auch das Klavierstimmen als konzessionierter Beruf, da einige der wohlhabenderen Familien in Tomsk nicht nur ein, sondern zwei Klaviere zuhause stehen hatten. Die Stimmer kamen sogar aus Warschau, da das Geschäft in Tomsk so gut lief, und 1880 eröffnete dort Sibiriens erstes Klaviergeschäft. Besitzer war Pjotr Makuschin, ein in der Nähe von Perm im Ural geborener russischer Theologiestudent, der sich kurz nach dem polnischen Aufstand von 1863 in Tomsk niedergelassen hatte.

Anders als die Wolkonskis kam Makuschin ohne finanzielle Mittel nach Tomsk. Stattdessen aber mit der tiefen Überzeugung, dass Alphabetisierung der Schlüssel zur Zukunft Sibiriens sei, obwohl ein Bischof aus der Gegend ihn zu warnen versucht hatte. Tomsk sei nicht das Land der unbegrenzten Möglichkeiten wie Amerika, sondern ein hinterwäldlerisches sibirisches Kaff. Makuschin blieb hartnäckig. Als begieriger Leser begann er mit einem Marktstand in Tomsk. Dann kaufte er ein Pferd samt Kutsche und stellte einen Kutscher an, um seine Waren an die Dörfler zu bringen. 1873 eröffnete er seine erste Buchhandlung, elf Jahre später dann die erste kostenlose öffentliche Bücherei Sibiriens – vier Monate, bevor es Vergleichbares in Moskau gab. Er gründete ein Waisenhaus, eine Druckerei, ein Museum zur Geschichte Sibiriens, zwei sibirische Zeitungen, das Haus der Wissenschaft und ein Theater. In den Strafkolonien hielt er Vorträge. In den musikalischen Kreisen der Stadt entwickelte sich eine stabile Wirtschaft, da die Nachfrage der Klavierklassen nach Noten stieg, die nicht nur in Makuschins Buchhandlung – bald konnte sie sich mit denen in der Hauptstadt messen – verkauft wurden, sondern auch in einem zweiten Laden in Irkutsk. Was Klaviere anbelangt, so verkaufte Makuschins bahnbrechendes Geschäft in zwanzig Jahren mehr als fünfhundert Instrumente, darunter Beckers und Mühlbachs; neunzig Prozent gingen an Bürger von Tomsk.

Immer mehr Leute besaßen Klaviere, und auch Musiktalente begannen hervorzutreten. Unter den in der Stadt sehr beliebten Pianistinnen jener Zeit war Jadwiga Zaleskaja, eine junge polnische Absolventin des Warschauer Konservatoriums, die dann 1893 von Tomsk in die russische Hauptstadt ging. Sieben Jahre später nannte *Le Figaro* Zaleskaja eine der Großen von St. Petersburg. Mitte der 1890er Jahre hatte sie Russland verlassen und trat in ganz Europa auf; ihre enorme Beliebtheit versinnbildlichte ein Auftritt in Paris 1900, wo sie angeblich von einem ausverkauften Konzertsaal gleich zweimal frenetisch gefeiert wurde. Später führte ihr Talent sie noch weiter weg, bis Singapur und Indonesien, bevor sie in ihre Heimat Polen zurückkehrte, wo sie 1944 von SS-Leuten ermordet wurde.

Pjotr Makuschin mit seiner Familie, um 1923.

Einer der wichtigsten Klavierstimmer der Stadt, Anatoli Salajew, erklärte sich bereit, mich zu treffen. Er war eine Autorität in der Klaviergeschichte von Tomsk und freigebig mit Informationen. Es war Salajew, der mir von der Musikschule erzählte, in der sich noch immer Makuschins Instrument befand, unbenützt im ersten Stock. Das Klavier – ein Diederichs-Flügel von 1898, Seriennummer 6583 – stand ursprünglich im Tomsker Haus der Wissenschaft.

Ich ging ihn suchen. Unter dem Deckel befanden sich acht mit nassem Seidenstoff bedeckte leere Buttertöpfe – ein hausgemachtes Befeuchtungssystem für den Winter. Zwei Saiten fehlten, sagte Elena Fefelowa, die im selben Raum Klavierunterricht gab, als ich unangekündigt auftauchte. Laut Elena, die ab 1959 in Tomsk studiert und dann dort gearbeitet hatte, hatte der Diederichs-Flügel der Schule gehört, so lange sie sich erinnerte. Er funktionierte nicht so, wie er sollte, meinte sie; die Pedale ruckelten beim Spielen. Dann zeigte sie mir, wo man auf dem Gehäuse in Blattgold Makuschins Namen eingeprägt hatte.

Während unserer Unterhaltung erfuhr ich von einer anderen Absolventin der Musikschule in Tomsk, einer Pianistin und Klavierlehrerin namens Olga Leonidowna, die ich treffen müsse. Olga lebte in der Nähe im Dorf Bogaschewo. Sie hatte bei mehreren Anlässen auf Makuschins Diederichs gespielt, als Studentin wie als Lehrerin. Auch Olga besaß ein besonderes Klavier, einen Bechstein von 1896. Makuschins Instrument besaß landesweite Bedeutung, doch das von Olga war Privatbesitz mit einer einzigartigen Geschichte. Während des Großen Vaterländischen Kriegs waren zwei Frauen mit dem Zug aus Leningrad gekommen, das Klavier im Schlepptau, und hatten es einem Einheimischen für einen Sack Kartoffeln verkauft. 1973 legten etwa dreißig Leute in Olgas Gemeinde – Freunde und Nachbarn ihrer Eltern – zusammen, damit die Familie das Instrument kaufen konnte. Also ging ich hin und fand Olgas Bechstein-Stutzflügel in ihrem Holzhaus, einem typisch sibirischen Landhaus mit Blockwänden, der Weg zur Eingangstür in meterhohen Schnee eingegraben. Im Wohnzimmer wirkte das Klavier prächtig, obwohl es mit Kinderspielsachen aus Plastik überhäuft war. Nur elf Saiten im Bechstein seien je ersetzt worden, sagte sie. Zwei waren schadhaft, doch das Klavier spielte sich noch immer gut genug, behauptete Olga, und die Feuchtigkeit wurde geregelt, indem man in der Hütte nasse Leintücher aufhängte.

Bei einem herrlichen Mahl aus Waldpilzen, Obst und gedämpfter Zunge beschrieb Olga ihren ersten Mentor, einen Moskauer Schuhmacher mit absolutem Gehör, der den Bechstein für sie aufgetrieben hatte. Er hatte Olgas Eltern überredet, in ihr schon früh erkennbares Talent zu investieren; unter seiner Anleitung hatten sie gespart und das Instrument gekauft. Wann immer der Schuster zum Stimmen kam, zog er seine Jacke aus, beugte sich über das Instrument, und das war es dann – er war verloren in dessen Musik. Er liebte den Bechstein, sagte Olga. Und auch die Kinder im Dorf, die sich versammelten, um ihm bei der Arbeit zuzusehen.

»Der Bechstein ist edel, gütig und anspruchsvoll. Er besitzt eine Art Magie«, sagte Olga und holte eine Puppe aus ihrem Bett aus Klaviersai-

Olga Leonidowna mit ihrem Bechstein-Flügel von 1896, aufgenommen in ihrem Haus in Bogaschewo bei Tomsk.

ten, während sie redete. »Jeden Morgen gehe ich zum Bild meiner Mutter. Ich spreche mit ihr und küsse das Klavier.«

Olga sagte, dass der Bechstein derzeit ein wenig mitgenommen sei, aber er habe eine stolze Geschichte. Sie spielte ein Gestöber aus Noten, jeder Klang verhallte im Zimmer, als seufze das Instrument und singe dann voller Erleichterung. 45 Jahre lang hatte der Bechstein das sibirische Dorf unterhalten, wo Olgas Vater das Landwirtschaftskollektiv geleitet hatte. Es trug die Opfer von Freunden in sich. Es repräsentierte die Gemeinschaftsethik der sowjetischen Gesellschaft in ihrem besten Licht. Aus diesem Grund war sie froh, dass ich die Geschichte des Instruments schrieb – des besten Klaviers in Sibirien, behauptete sie und küsste es noch einmal –, aber ihr geliebter Bechstein sei nicht zu verkaufen und werde es niemals sein.

Auf der Karte: Polarkreis · Nördliches Eismeer · TSCHUKOTKA · Pazifik · KOLYMA · St. Petersburg · Moskau · Ural · Lena · Jenissei · SIBIRIEN · Ob · Ochotskisches Meer · Sachalin · Transsibirische Eisenbahn · Baikalsee · Nikolajewsk am Amur · Alexandrowsk und Duë · Amur · Juschno-Sachalinsk · Wladiwostok · JAPAN

7
Erst in hundert Jahren zuhause:
die Insel Sachalin

ALS ANTON TSCHECHOW sich entschloss, beinahe 6500 Kilometer auf dem Landweg von Moskau in die Strafkolonie auf der Insel Sachalin zu fahren, wusste er, dass er nicht viel zu verlieren hatte. Schon vor seiner Abreise wies er die untrüglichen Anzeichen der Tuberkulose auf, die ihn binnen wenigen Jahren nach seiner Rückkehr hinwegraffen sollte. Er scheint sich auch nicht viel um die Bedrohung durch die Zensur gekümmert zu haben und war aufgebrochen, um einen schonungslosen Bericht über die Schrecknisse des zaristischen Systems der Verbannung zu liefern – »ein Ort unerträglicher Leiden, deren nur der freie und der abhängige Mensch fähig sind«.

Die Insel Sachalin, etwa zweimal so groß wie Belgien, liegt acht Kilometer vor der russischen Pazifikküste und berührt beinahe die Spitze Japans – ein Territorium, um das sich die beiden Länder seit Jahrhunderten streiten. Als Tschechow dorthin reiste, stand die gesamte Insel unter russischer Kontrolle, und das dauerte so lange, bis der Zar infolge des Russisch-Japanischen Kriegs von 1905 die südliche Hälfte an Japan verlor. Erst nach Japans dramatischer Niederlage im Zweiten Weltkrieg konnte Stalin die Rückgabe der Insel verlangen.

Bei meinem Besuch pulsierte die Hauptstadt Juschno-Sachalinsk vor Neon und dem Erdöl verdanktem Reichtum. Die Restaurants waren voll und die Karaoke-Bars laut, die Musik in den Bars hatte viel mit der Beschreibung gemeinsam, die Benjamin Howard, ein britischer Reisender nach Sachalin, um 1900 geliefert hatte: Mit Ausnahme des Klaviers, das der Gouverneur besaß, bekam Howard nur eine »hässliche kleine Kreatur« von Leierkasten zu Gesicht, etwa so groß wie eine Nähmaschine: »Als die knarrende hölzerne Kurbel gedreht wurde, schreckte er Ratten, Katzen und Hündchen auf.« Trotz des Trubels fühlte sich das moderne Hauen und Stechen in Juschno-Sachalinsk an wie das Nervenzentrum eines neuen Universums – in Wahrheit das genaue Gegenteil jenes Sachalin, das Tschechow nach seiner langen Passage Richtung Osten vorgefunden hatte.

Bei der Beschreibung der letzten Etappen seiner Reise auf die Insel klagte Tschechow über eine sich auflösende Identität, einen Verlust des Russischseins, bis sich das Land seiner Geburt so unvertraut anfühlte wie Patagonien. Dieser östliche Rand Sibiriens war ein Ort, der für Tschechow so weit weg war von Moskau, dass er »erst in hundert Jahren zuhause« sein würde. Sein letzter Haltepunkt auf dem russischen Festland, bevor er sich nach Sachalin einschiffte, war die Stadt Nikolajewsk (heute Nikolajewsk am Amur). In den 1850er Jahren hatte ein Journalist der *New York Times* hier haltgemacht und die Szenerie als ziemlich zivilisiert empfunden: »großartige Diners«, Tranlampen, Kohle aus Pennsylvania, die auf den Rosten glühte, Zeitungen, die nur sechs Monate alt waren, und ein geselliger Klub, wo jeden Donnerstagabend zum Klang eines exzellenten englischen Klaviers getanzt wurde. Tschechow bestätigte dieses kurze Aufflackern einer feineren Gesellschaft: »Anscheinend fand die Stadt auch menschliches Interesse, denn es passierte sogar, dass ein durchreisender Gelehrter es für notwendig und möglich hielt, im hiesigen Klub einen öffentlichen Vortrag zu halten«, schrieb er.

Zur Zeit von Tschechows Aufenthalt hatte Nikolajewsk das Glück verlassen. Die Städter hatten sich angewöhnt, auf chinesische Landstreicher zu schießen und »Bucklige« zu jagen – ein lokaler Ausdruck für entkommene Häftlinge, geprägt wegen ihrer Ranzen. Hier am Rand Sibiriens, so Tschechow, hätten die Einheimischen keine Ahnung von russischer Geschichte, von Puschkin und Gogol. Jede noch bestehende Verbindung mit Moskau, die Tschechow gespürt haben mochte, wurde in einer heißen Woche im Juli 1891 gekappt, als er den Tatarensund zur Insel Sachalin überquerte. Tschechow beschrieb die sauberen, engen Kabinen des Dampfers, die chinesische Mannschaft mit ihren Zöpfen und ein Pianino. Auch eine Baronesse war an Bord und ein von seiner fünfjährigen Tochter begleiteter Gefangener, die sich an seine Fesseln klammerte, während er die Leiter hochkletterte.

Tschechows Ausschiffhafen auf Sachalin war die Strafkolonie Alexandrowsk an der Nordwestküste der Insel; Ende des 19. Jahrhunderts galt sie als die schrecklichste Ausprägung des gesamten zaristischen Deportationssystems. Ich kam am Südende der Insel an, ebenfalls per Schiff, und musste mich also inselaufwärts bewegen, um Tschechows Spuren zu folgen. Ich fuhr mit einem Nachtzug von Juschno-Sachalinsk und schlief neben Ölarbeitern. Es waren die Leute, von denen es in Russland hieß, sie »säßen auf ihren Koffern«; sie kamen, um Geld zu verdienen, und ihre Taschen waren immer fertiggepackt für die Heimreise. Meine Kabinengefährtin war überrascht, als ich in Tymowsk ausstieg, einem staubverwehten Kaff im hinterletzten Winkel, wo ich vom Lokalhistoriker Grigori Smekalow abgeholt wurde. Er fuhr mich nach Alexandrowsk, vorbei an der Gedenkstätte für einen Gulag. Der Sockel erinnerte an das Massengrab von ungefähr achttausend Gefangenen, die auf dem Marsch durch die berüchtigten Sümpfe Sachalins umgekommen waren. Als wir in die Stadt einfuhren, kam mir Alexandrowsk angesichts seines düsteren Rufs sehr klein vor, das hatte ich nicht erwartet. Die Siedlung verlief sich auf ansteigendem Grund an einem langen Strand.

Dmitri Girew, Fotografie von 1912. In Russland legte
Girew mit dem Hundegespann seiner Familie oft lange
Strecken zurück, um zu jagen und zu fischen.

Auf dem geriffelten Sand saßen verlassene Schiffe fest, die eisernen Kadaver von den Wellen ausgehöhlt. Auf dem Stadtplatz machte sich ein
schütteres Häuflein Einheimischer bereit, den Russlandtag zu feiern.
Als seltene Fremde wurde ich beobachtet, wo immer ich hinging.

In einem der Cafés der Stadt, welches das ganze Jahr über geöffnet
hatte, erzählte Grigori mir von seiner Arbeit, die sein eigenes tiefes
Gefühl für moralische Gerechtigkeit erkennbar werden ließ. Sein Vater
hatte ein Arbeitslager in Tschukotka nördlich von Kolyma überstanden.
Grigori ging es darum, Reputationen wiederherzustellen – nicht nur
jene vergessener Individuen, die unter politischer Unterdrückung gelit-
ten hatten, sondern auch jene von Orten, die von historischen Ereignissen besudelt waren. Er meinte, er wolle, dass Sachalin wegen mehr als

Tschechows vernichtendem Bericht bekannt sei. »Es ist wesentlich, die Geschichte Sachalins zu restaurieren, zu zeigen, dass es Helden gab«, sagte er. Er und ich hatten vereinbart, Forschungsergebnisse auszutauschen. Als Dank für Hilfe bei der Suche nach Klavieren in dieser ehemaligen Gefängniskolonie wollte ich mich in das Archiv des Scott-Polarinstituts in England vertiefen. Grigori forschte über Robert Scotts Hundeführer Dmitri Girew, der in Alexandrowsk geboren war und beim Versuch des englischen Entdeckers, 1911 den Südpol zu erreichen, dabei gewesen war.

Girew war der Sohn einer Gefangenen. Er war ein großartiger Hundeführer, ein Talent, das Scotts rechter Hand, Cecil Meares, auffiel, als dieser nach Sibirien kam, um Hunde zu kaufen, die stark genug waren, die britische Expedition über das Eis der Antarktis zu ziehen. Hätte Scott bloß der Zähigkeit eines Sachaliners vertraut, wie man die härtesten Bedingungen überlebt, die dem Menschen bekannt sind! Ein paar Hundert Kilometer vor dem Südpol schickte Scott Girew und die Hunde zurück ins Basislager. Girew überlebte, so wie einige der sibirischen Huskys.[1]

Niemand wisse etwas über Girews Geschichte auf Sachalin, sagte Grigori, auch nicht über die Rolle, welche die Hunde von der Insel in einer der ikonenhaftesten Polarexpeditionen des 20. Jahrhunderts spielten. Man kenne nur Tschechows Version der Geschichte Sachalins, in der es von eisernen Fußfesseln klirrt. Aus den offenen Fenstern seiner Unterkunft ist der einzige Klang von Musik, den er beschreibt, das unermüdliche Zwitschern von Kanarienvögeln und Musikanten unter den Soldaten, die Flöte, Fagott und Posaune üben. Die Soldaten probten für eine Parade zur Begrüßung des Generalgouverneurs.

»Im Garten des Generals spielte Musik, und es ertönte Gesang«, schrieb Tschechow. »Man schoss sogar mit einer Kanone, und die Kanone zersprang dabei. Und trotzdem, trotz dieser Fröhlichkeit war es auf den Straßen öde. Es gab keine Lieder, keine Ziehharmonika, keinen einzigen Betrunkenen Die Katorga beibt auch bei bengalischer Beleuchtung Katorga, und die Musik erweckt, wenn sie ein Mensch, der niemals

Chris, einer der Schlittenhunde Captain Scotts, lauscht einem auf dem Eis stehenden Grammophon, um 1911. Insgesamt waren 33 Hunde auf der Expedition dabei, die meisten wurden auf Sachalin und am Amur mit Geld gekauft, das englische Schulkinder gespendet hatten.

mehr in die Heimat zurückkehren wird, von weitem hört, nur Todesangst. «

Tschechows Leser wollten Drama – gelbhäutige Wahnsinnige, Geschichten von korrupten Beamten, Dostojewski und Gogol. Sie wollten die grausigen Geschichten hören vom in der Bäckerei ermordeten Gouverneur, der in den Trog gefallen war und den Teig mit seinem Blut befleckt hatte. Sie wollten, dass ihre Schriftsteller blutrünstige Geschichten von Leuten erzählten, die einander auffraßen und sich von faulenden Holzstücken ernährten. Tschechow lieferte viele grelle Details – die von Blutergüssen scharlachroten Körper, die klappernden Zähne eines Gefangenen, der krampfhaft in seinen Glasbecher biss, wenn ihm seine Medizin verabreicht wurde – und sammelte zugleich Biographien der berühmtesten Gefangenen, von denen er einige in seinen Werken in fiktive Charaktere verwandelte.

Tschechows Fotografie der notorischen Diebin Sonka »Goldhändchen«, die von ihren Wärtern auf Sachalin in Ketten gelegt wird. Fotografie, 1890. Sonka – ihr richtiger Name lautete Sofja Bljuwschtein – war eine legendäre Betrügerin, die wohlhabende Männer bezirzte, ihr riesige Geldsummen anzuvertrauen. Ein 1914 produzierter Episodenfilm über ihre Husarenstücke fand großes öffentliches Interesse.

Trotz des Appetits der zeitgenössischen Öffentlichkeit auf sensationelle Details mangelte es Tschechows Porträt von Sachalin nicht ganz an »zivilisierter« Gesellschaft. So beschrieb er einen Arzt in einer Gefängniskolonie, der während seines zehnjährigen Aufenthalts eine »beachtliche zoologische Kollektion« zusammengetragen hatte; nach Tschechows Meinung hätten die eleganten Exemplare des Arztes die Basis für ein hervorragendes Museum bilden können. Für gewöhnlich aber waren Tschechows Bemerkungen beißender. Bei einer anderen Siedlung beschrieb er, wie die Frau eines Gouverneurs mit ihren Töchtern im Garten herumschlendert, »majestätisch wie eine Marquise«, die Töchter »wie Engelchen angezogen«. Sie unterhielten sich in leisen Worten und sanftem Tonfall, während sie ihre Wassermelonen betrachteten, die ein Sträfling untertänig bewachte.

Was Alexandrowsk betraf, so beschrieb Tschechow die Stadt als Zentrum der Zivilisation auf Sachalin; dort lebten nicht nur Sträflinge, sondern auch Ingenieure, Buchhalter, freie Siedler und Militärpersonal. Die Damen konnten modische Sommerhüte kaufen, dazu Sterne für Epauletten und Lokum. Es gab Juweliere, Tapezierer und Uhrmacher, und jeder Beamte konnte sich von den Sträflingen so viele als Bedienstete nehmen, wie er wollte.

Laut Grigori wurde ein ehemaliger Mörder, der nach Verbüßung seiner Strafe sein Glück machte, im Baugewerbe so erfolgreich, dass er es sich leisten konnte, das erste Auto der Marke Ford aus Amerika nach Sachalin zu importieren, ein Statussymbol, das binnen kurzer Zeit ein deutlicherer Hinweis auf Erfolg war als ein Klavier im Wohnzimmer. Es gab Kaufleute, die zu den Neureichen auf Sachalin gehörten; diese hätten höchstwahrscheinlich ein Instrument besessen, meinte Grigori, der mir einige der vergessenen Lebensläufe aus Alexandrowsk schilderte. Leider ist nur wenig von dieser Welt geblieben. In einer einzigen Woche der Anarchie, 1905 während des Russisch-Japanischen Kriegs, brannten die Gefangenen die zwei Gefängnisse der Kolonie ebenso nieder wie die Residenz des Gouverneurs. Schwer zu sagen, wie viele Instrumente ein Raub der Flammen wurden, noch schwerer, jene zu finden, die überlebt haben, sagte Grigori. Aber es gab Musik in der Gefängniskolonie, Musik von unerwarteter Art.

Die Szene wird von Wlas Doroschewitsch beschrieben, einem der berühmtesten Journalisten des zaristischen Russland, der 1897 Tschechow auf dem Fuß folgte. »Die Frau des Strafarbeiters E.« war eine »winzig kleine Frau, beinahe ein Kind«, und ihrem Freier freiwillig ins Exil gefolgt, nachdem er wegen des Mordes an einem Freund zu zwanzig Jahren Zwangsarbeit verurteilt worden war. Als sie in Alexandrowsk getraut wurden, feierte man das zehnminütige Hochzeitsfest mit Tee im Haus des Arztes, wo E.s Frau wohnte. Dann wurde ihr Mann wieder in Ketten gelegt und ins Gefängnis zurückgebracht. Als man herausfand, dass sie am Konservatorium in St. Petersburg studiert hatte, wurde ihr Leben unerträglich. Lokale Beamte in Alexandrowsk zerrten sie aus dem Haus, damit sie bei Abendgesellschaften deren Gesang auf dem Klavier begleite. Die Familie des Arztes, die sich Sorgen wegen ihrer Erschöpfung machte, versuchte sie davon abzuhalten, aber die Frau fürchtete, die Beamten würden sich revanchieren und den Gefängnisaufenthalt ihres Mannes noch härter machen, falls sie nicht ihren Forderungen nachkam und spielte.

»Das Herz der armen Frau war besessen von dieser einzigen Vorstellung. Sie spielte weiter«, schrieb Doroschewitsch.

Die feinen Familien der Verwaltungsbeamten hielten es für sittenwidrig, der »Frau eines Häftlings« die Hand zu reichen, und so kam sie abends, um »liebenswürdigerweise« zu spielen, knickste vor allen und setzte sich langsam ans Klavier, um Anweisungen zu erwarten. »Spiel!« Eine unerbittlich muntere Person quälte sie besonders – der Oberbuchhalter der Kanzlei, damals bereits geisteskrank und bald im Irrenhaus. »Hör darauf, wie du spielst!«, sagte er mit typischer düsterer Aufgeblasenheit. »Du spielst nicht richtig! Nicht so schnell! Spiel langsamer. Jetzt fröhlicher! Der Teufel soll wissen, was du spielst!« Sie weinte und spielte, spielte tief über die Tasten gebeugt, damit niemand ihre Tränen bemerkte.

Frau E.s Schicksal wendete sich, als ein einflussreiches Mitglied der St. Petersburger Gesellschaft nach Alexandrowsk kam. Der Beamte erkannte sie, als sie neben dem Klavier stand, von einer früheren Begegnung her und küsste ihr die Hand. Die Frauen, die sie geschnitten hatten, wurden umgehend beflissen. Ihr Ehemann wurde freigelassen und bekam die Aufsicht über die Meteorologische Station übertragen. In ihrer Wohnung stand ein »prachtvolles Klavier«, das ihre Verwandten aus Russland geschickt hatten; wo es geblieben ist, weiß man nicht. Es stand nahe bei einem girlandengeschmückten Porträt ihres Lehrers Anton Rubinstein: »Musik – das ist alles, was ihrem Leben an den langen, langen Sachaliner Winterabenden Schönheit gibt«, schrieb Doroschewitsch, »wenn draußen ein Schneesturm wirbelt und jault und ihr unglücklicher Mann dasitzt und zeichnet oder Gedichte schreibt. Disziplinierte klassische Musik ist ihr einziges Glück, nach ihrem Kind – und sie spielt sie, wie es vielleicht sonst niemand kann. Nur sehr unselige Menschen können sehr gut spielen. Da ist so viel Leiden, Trauer, Qual und Tränen.«

Ich nahm die Straße von Alexandrowsk ins nahegelegene Duë, wo die Kohlengruben gewesen waren. Ich passierte den hohen Felsvorsprung, wo Tschechow gerne spazieren gegangen war, und sah vom alten Leuchtturm hinüber zum Fleck des russischen Festlandes, nahe genug, um es zu erkennen. Dann fuhr ich vorbei an der Schlucht von Wojewodsk, einer eingesunkenen Kohlengrube neben der Küstenstraße. In der Zarenzeit war die Kohlengrube in einen Gefängnishof umgewandelt worden, der auch als eine Art scheußlicher Unterhaltungsort fungierte, wo Gefangene hingerichtet wurden, ein Schauspiel, dem Sträflinge und verbannte Siedler von allen Seiten aus zusahen. »Der Verurteilte wird in Ketten herbeigeschafft«, schrieb Doroschewitsch. »In Ketten lauscht er seinem Urteil. Dann nehmen sie sie ihm ab, ziehen ihm das Totenhemd an und legen die mit Talg gefettete Schlinge über das Hemd.« Der Galgen stand neben einem Loch, wo einige der »Schubkarrenmänner« arbeiteten. Diese Wiederholungstäter – Weggelaufene und Mörder – waren für den Rest ihrer Strafzeit mit Händen und Füßen an ihre Schubkarren gefesselt. Sogar beim Schlafen waren sie mit Handschellen daran befestigt, ihre Folterinstrumente waren in speziellen Kojen unter ihnen platziert. Im seltenen Fall, dass ein »Schubkarrenmann« von seiner Last befreit wurde, war er körperlich so gebrochen, schrieb Tschechow, dass er keine Tasse mehr halten konnte, ohne Tee zu verschütten.

Wo einst die Exekutionen stattgefunden hatten, stand nun ein bananengelbes Auto in einer angrenzenden Parkbucht, und es roch nach dem Rauch verkohlter Kebabs. Auf dem Strand weiter unten hielt ein Paar Händchen, während es, auf dem Rücken liegend, die Sommersonne genoss. Es war ein strahlender Juninachmittag. Der Himmel war wolkenlos, was aber nichts dazu beitrug, der Küste ihren Grauschleier zu nehmen. Der Strand war durchharkt mit Treibholz in einer Flutlinie voller Strandgut, die sich etwa zweieinhalb Kilometer weit hinzog und

Die »Schubkarrenmänner« von Sachalin, aufgenommen 1903.

den Rand eines Ozeans markierte, der so tot war wie das Wasser in einem Spülbecken.

»Von Alexandrowsk weiter nach Süden gibt es auf dem westlichen Ufer nur einen besiedelten Platz – Duë, einen schrecklichen, hässlichen und in jeder Beziehung elenden Ort, an dem gutwillig nur Heilige oder ganz verdorbene Menschen leben können«, schrieb Tschechow. »Vielleicht das abscheulichste Loch, das auf Erden existiert«, meinte Doroschewitsch. Um die Jahrhundertwende, als ein britischer Anthropologe namens Charles Hawes Duë besuchte, schrieb er, es gebe kein Mädchen über neun, das noch Jungfrau sei. Duë verkörperte die äußerste Verkommenheit des zaristischen Regimes, das gegen Ende des 19. Jahrhunderts unter dramatisch steigendem Druck stand. Exilierte Liberale, das verarmte Bauerntum und eine ausgebeutete Arbeiterschaft bildeten den Nachschub für die Basis eines organisierten Radikalismus. Die Unruhen, darunter Streiks und öffentliche Proteste, kulminierten im Januar 1905 in St. Petersburg. Der »Blutsonntag« kostete 130 friedlichen Demonstranten das Leben – eine gewaltsame Reaktion des Zaren, die weitere Unruhe in den Provinzen auslöste.

Selbst das Musikleben Russlands wurde in den wirtschaftlichen und politischen Umbruch verstrickt. 1905 unterzeichnete der Komponist Nikolai Rimski-Korsakow eine von führenden Moskauer Musikern verfasste Resolution, die politische Reformen verlangte. »Wir sind keine freien Künstler«, erklärten sie, »sondern wie alle anderen russischen Bürger die entrechteten Opfer der heutigen abnormen sozialen Bedingungen.« Aufführungen von Rimski-Korsakows Werken wurden zu politischen Kundgebungen. »Nieder mit der Autokratie!«, schrie bei einer seiner Premieren jemand von den hinteren Rängen des Auditoriums. Nach dem »Blutsonntag« zerfiel die Legitimität des unbarmherzigen Zarenregimes. Es war unter diesen Umständen – die Architekten der Revolution von 1917, Leo Trotzki und Wladimir Iljitsch Lenin, waren nun politisch aktiv, jeder hatte etliche Jahre Verbannung in Sibirien hinter sich –, dass der Bolschewismus so rasch an Boden gewinnen konnte.

Der Weg zum Vorposten Duë war nicht vielversprechend. Die Straße, welche das Küstenvorland von einem steilen, baumlosen Abhang trennte, war immer noch genarbt von den Gleisen der Kohlenbahn, die von den Bergwerken in Duë genutzt worden war. Im Geröll glänzten keine Kohlenstücke mehr wie damals während Tschechows Aufenthalt. Jedes Bröckchen Heizmaterial war aufgebraucht worden. Alles, was übrig blieb, war gesäuberte Erde. Libellen mit spröden, durchsichtigen Flügeln schwirrten um blühendes Unkraut. Alle anderen Insekten an Zahl übertrafen hungrige Stechmücken.

In Duë selbst markierten der Kadaver eines alten Kohlenlagers und eine Landebrücke das Ende des Strandes, wo eine Gruppe betrunkener junger Männer herumlungerte. Rund um mich standen die geschundenen Fundamente windschiefer, von den Stürmen erdrückter Gebäude. Den Maschinen hatte man seit langem alles abgeräumt, was irgendwie verwertbar war. Verschwunden waren die »weißen, blitzsauberen Häuschen«, die dem Gefängnisgouverneur, Priestern und Beamten gehört hatten und von früheren Besuchern beschrieben worden waren. Die hölzernen Häuser waren eingesackt, die Gerüste wackelig und verwirrt wie Teenager, die sich mit Alkohol vollaufen ließen. Je weiter entlang ich mich auf der einzigen Straße von Duë wagte, desto trübseliger fühlte es sich an. Den Boden beschnüffelten Hunde, die Schwänze zwischen die Beine geklemmt. Zwei Kinder liefen in schlappenden Schuhen über die Straße. Auf Betongebäuden waren sogar die Graffitischichten vom Feuer angesengt. An dem Stück Weg, wo die Straße sich endgültig verlief, standen ein paar zweistöckige Wohnblocks. An ihren Wänden waren büschelweise Satellitenschüsseln angebracht, an der Ecke versanken ein paar jüngst weiß angestrichene Autoreifen in der Erde, sie markierten einen Platz zum Hinsetzen. Das war der Geselligkeitsverein von Duë.

Ich stöberte herum nach einem Lebenszeichen – der letzte Halt an meinem letzten Tag in der gefürchtetsten zaristischen Strafkolonie Russlands. Eine Frau sah mich an, schloss dann ihre Tür, ohne ihr Starren zu unterbrechen. Ich beobachtete, wie ein alter Mann seinen Kopf aus einem Fenster im oberen Stock steckte und es dann wieder zumachte, wie nach einer schlecht durchgeführten Regieanweisung. Als ich einen ungeschlachten Fischer mit Fasswampe sah, der hinter einer Garage voller verstreuter Autoteile seine Netze ordnete, fragte ich ihn, ob hier jemand ein Klavier habe. Der Mann grunzte so etwas wie eine Antwort und deutete auf den Wohnblock hinter sich.

An der Ecke versorgte eine Frau mit kurzgeschnittenen blonden Haaren in zwei alte Autoreifen gepflanzte Blumen. Meine Übersetzerin und sie kamen ins Gespräch. Die Frau – dicklich, lächelnd, in Leggings aus Kunstleder und einem Oberteil mit Leopardenmuster – sagte, es gebe jemanden in Duë, der mir helfen könne. Und so folgten wir ihr vorbei an einer schlapp herabhängenden russischen Flagge in einen der Wohnblocks. Die Eingangstür zum Treppenhaus wurde durch einen Kinderschlitten offen gehalten. Die Frau stöckelte die unbeleuchteten Stufen hinauf, vorbei an Türen, die aussahen, als wären sie eine ganze Weile nicht geöffnet worden, die Luft war schwer von Zigarettenrauch. Sie führte uns in die Wohnung ihrer Mutter. Es gab drei Räume: ein Bade-

zimmer, ein Wohnzimmer und eine winzige Küche mit einem Eisen-
herd, drei Zinnschüsseln und zwei Zinnbechern, einem Kessel und einer elektrischen Kochplatte. Auf der Anrichte lag Brot, an der Wand hing
ein Netz mit sechs Zwiebeln. Das Wohnzimmer war spärlich eingerichtet: zwei Betten, die tagsüber als Sofa dienten, ein Kabinettschrank, eine
Kommode mit Schubladen und zwei Stühle. In der Ecke lief ein Fernseher. An der Wand hingen ein Teppich, ein orthodoxes Kreuz und eine Ta-
schenlampe. Der Tisch, an dem kaum zwei Personen Platz fanden, war
vor ein mit einem Netzstore drapiertes Fenster gerückt. Auf dem Tisch
lagen und standen ein Fernsehprogramm, ein Aschenbecher, diverse
Medikamente und ein einfaches Glas mit Zweigen violetten Flieders. In
der Mitte dieses bescheidenen Blumenarrangements steckte der kräfti-
ge Stängel einer frischen Narzisse.

Die Dame hieß Lidija, eine vogelzarte Frau, ihre Jogginghose hing lo-
cker von schmalen Hüften. Zunächst flackerten ihre Rosinenaugen zwischen Aufmerksamkeit und Ängstlichkeit hin und her. Nervös bewegte
sie sich durch das Zimmer, verloren wie ein Geist, als wolle sie sich an
etwas erinnern und habe es dann wieder vergessen. Sie stellte eine Ikone auf dem Kabinettschrank anders hin. Sie drehte den Fernseher ab –
das Geräusch einer russischen Gameshow wich dem Summen einer
schläfrigen Fliege – und setzte sich dann auf den Rand des Sofas. Sie bewegte sich rastlos, wiegte sich vor und zurück. Ihr Rücken war gebogen,
der ganze Körper über ihren Brustkorb gekrümmt, wie um sie vor zu
viel Atmen zu bewahren. Nachdem wir den Grund meines Besuchs erklärt hatten, rückte sie etwas näher. Nach und nach begann sie zu sprechen – fließend, intelligent, ohne auf meine Fragen zu achten. Sie fuhr
sich mit der mageren Hand durch die Haare, als könne sie dadurch ihre
Erinnerungen ordnen, bis sich Stück für Stück etwas in ihr zu entfalten
begann.

Lidija erzählte, dass sie mit einem ihrer unverheirateten Söhne hier
in dieser Wohnung lebe, dass ihre Wurzeln aber in der Ukraine lägen.
Ihr Großvater war ein reicher ukrainischer Bauer gewesen, ein Kulak. Er
hatte nach Sibirien auswandern wollen, doch seine Frau wollte nicht,

und so stieß er sie von einem Glockenturm. Lidija wusste nicht, in welcher Stadt. Sie hielt inne und begann sich noch nervöser hin und her zu wiegen. Sie wischte jeden Versuch, sie zu beruhigen, beiseite, begann dann von neuem und redete noch schneller als bisher.

Ihr Großvater verschwand – sie wusste nicht, ob er das Gefängnis, Sibirien oder auch nur die Reise hierher überlebt hatte –, aber er hinterließ einen 1908 geborenen Sohn, den eine Frau aufnahm, die selbst keine Kinder hatte.

»Das war mein Vater«, sagte Lidija. »In den Dreißigern verließ er die Ukraine und kam als freier Siedler auf Arbeitssuche nach Duë. Als Holzfäller.«

Ihr Vater spielte alle möglichen Instrumente, erzählte sie. Er war Autodidakt auf der Mandoline, dirigierte eine Blaskapelle, ein Streichorchester sowie einen Männer- und einen Frauenchor. Eine jüngere Version von Lidija kam zum Vorschein, ihr freudiges Erzählen stockte in feuchten tiefen Atemzügen. An ein Klavier erinnerte sie sich nicht; stattdessen sprach sie über die Instrumente, die ihr Vater angefertigt hatte, als er in Westrussland lebte. Nachts holte er sich Haare aus Pferdeschwänzen und spannte sie dann auf Holzrahmen. In Sachalin wurde er Direktor des Klubs in Duë, der sich früher in einem hölzernen Gebäude am Strand befand, nahe der Eisenbahn, welche die Kohle abtransportierte. Bald organisierte er alle Amateuraufführungen. Wie wunderbar die waren, meinte Lidija. Sie erinnerte sich an eine, bei der die Musikerinnen und Musiker verschiedene Kostüme trugen, für die verschiedenen Republiken der UdSSR. Lebhaft beschrieb sie die hinter der Bühne aufgereihten bunten Kostüme, als würden sie immer noch dort hängen.

Wenn daheim das Radio lief und Musik kam, sagte der Vater den Kindern, sie sollten still sein. Dann spielte er mit der Mandoline die Musik nach, die sie eben gehört hatten, wiederholte sie nach dem Gehör. Oft reparierte und stimmte er die Instrumente, die der lokalen Militärstation gehörten. Jeder im Dorf kannte und respektierte ihren Vater, meinte sie.

Damals, vor der Schließung der Kohlengrube, lebten fünftausend

Menschen in Duë. Nun waren 38 Familien geblieben. Den alten Klub gab es nicht mehr, auch das Haus nicht, in dem Lidija aufgewachsen war, ein von den Japanern vor dem Krieg erbautes Holzhaus. Im Flur hatten Tapeten mit Blumen und schönen Mädchen in Kimonos geklebt.

»Wir haben das Papier heruntergerissen, die Bilder ausgeschnitten und aufgehoben«, sagte sie. »Uns gefielen die japanischen Bilder so gut und die Glastüren, die ich nicht öffnen konnte, weil sie zu schwer waren.«

Es war eine glückliche Kindheit. Lidijas Mutter arbeitete im Kohlenschuppen. Das Meer versorgte die Familie mit Fisch. Ihr Vater fing mit dem Netz Heringe, die sie in von ihrer Mutter genähten Baumwollsäcken transportierten. Den Überschuss verkauften sie, ebenso wie die Krabben, die sie bei Ebbe sammelten. Wenn es heftig stürmte, warf das Meer Haie ans Ufer. Sie nahmen sich die Leber, erzählte sie; sie erinnerte sich, wie gut es ihnen ging, wenn sie das Fischöl tranken. Sie ging zum Kabinettschrank und zog einen Plastikbeutel mit Fotos hervor. Unter ihnen befand sich eine zerknitterte Schwarzweißaufnahme ihres Vaters von 1953. Er posierte mit fünf anderen Angestellten des Klubs. Sein Lächeln war breit, zeichnete Falten in seine Wangen. Er schielte auch leicht wegen eines Glasauges.

»Mein Vater hatte viel Sinn für Humor«, sagte sie. »Das hat er uns mitgegeben. Wir singen gerne. Wir feiern gerne.«

Lidija war 53, als ihr Vater starb. Er wurde im Friedhof oberhalb des Dorfes begraben. Dann hörte sie zu reden auf und wiegte sich wieder hin und her, die Hände am Kopf, das Gesicht leicht gerötet. Meine Übersetzerin stellte keine Fragen mehr. Ich ließ die Stille verstreichen, um die Geschichte aus einem dunklen Zimmer mit Erinnerungen hinauszuleiten, einem Zimmer, in das nur Ex-Sowjets gehen können.

Etliche Japaner, die auf Sachalin lebten, entschlossen sich, nach 1945 zu bleiben.[2] Lidija erzählte von einem Mann, der ihnen beigebracht hatte, Krustentiere aus einer Unterwassergrotte zu holen, eine in Russland unbekannte Delikatesse, und einen essbaren grünen Farn aus dem Wald. Der Japaner sprach schlechtes Russisch und wohnte in Duë. Er war freundlich, sanft, höflich. Lidijas Vater gab ihm von seinem Fisch ab.

Angestellte im Haus der Kultur von Duë, eine Art sowjetischer Klub, beschrieben als »Symbol für den Versuch des Staates, ›Aufklärung‹ und ›Bildung‹ zu verbreiten«; 1953.

Lidija wiegte sich immer noch hin und her. Sie schien gestresst, vielleicht von der Erinnerung an jene, die sie geliebt und verloren hatte, und die nun im Zimmer wieder an die Oberfläche kam. Ich fragte mich, ob der Japaner ein Geheimnis war, ein blinder Passagier im Dorf. Aber so war es nicht. Sie war einfach deswegen traurig, weil ihre glücklichere Zeit vorüber war, weil ihr Kummer noch tiefer reichte, Kummer vielleicht, weil es Russlandtag war – ein in Nostalgie getränkter Feiertag und eine Erinnerung an den Fall der Sowjetunion, an dem das ganze Land seiner Nation den Tribut entrichtete. Sie sagte, der Japaner liege auf dem alten Friedhof von Duë in einem namenlosen Grab. In der Nähe ihres Vaters und ihres geliebten Ehemanns. Dann sackte ihr Körper in sich zusammen, wie bei einem untröstlichen Kind, der Abstand zwischen ihrer Erfahrung und meiner so riesig wie die Zeile aus Solschenizyn: »Ein Mensch, dem warm ist, kann keinen Menschen verstehen, der friert.«

Lidija erklärte sich bereit, mir den Weg zum alten Friedhof von Duë zu zeigen. Wir fuhren vorbei am ausgebrannten Haus, das zu verlassen ihr Mann sich geweigert hatte. Er war vier Jahre zuvor an einem Herzinfarkt gestorben, als die meisten der in Duë Verbliebenen die Gemeinde ganz verlassen oder sich in die neueren Wohnblocks zurückgezogen hatten. Dann bogen wir in einen steinigen Weg ein, der sich durch die Taiga hinter dem Meer wand. Das war der Ort, wo in Tschechows Zeiten Frauen ihre Körper verkauft hatten, wo entlaufene Sträflinge Tölpeln auflauerten. Nun kamen nur mehr wenige hier vorbei. Das Unterholz war zu dicht, der Weg voller Spurrillen und tückisch.

Am Friedhof führte mich Lidija zu den Gräbern ihres Vaters und ihres Ehemannes, erkennbar durch die frischen Narzissen, die mir schon bei ihr zuhause aufgefallen waren. Beide Gräber waren sauber, anders als die verlassenen Grabsteine zu beiden Seiten oder die Gruben und Aufschüttungen, die Doroschewitsch beschrieben hatte – Gräber der Unbekannten, markiert durch unbeschriftete Holzstäbe.

Lidija wies auf einen stattlichen Baum, der wie ein Farn aus dem Boden barst. Irgendwo unter seiner Krone lagen die Gebeine des Japaners, der ihr Freund gewesen war, verwurzelt in dem Boden, der seine Heimat geworden war, wo er unter den Nachkommen der Verbannten und kommunistischen Gläubigen in einem gottverlassenen Ort am Rand eines schlickverkrusteten Meeres gelebt hatte. Ich war nach Sachalin gekommen und hatte Frau E.s Becker finden wollen, oder zumindest etwas, das von Tschechows Zeit erzählte, als quer durch das Kaiserreich die russische Klavierkultur blühte. Stattdessen hatte ich Liebe und Menschlichkeit gefunden – im letzten Haus am Ende der letzten Straße an einer Sackgasse Russlands, wo an einem Punkt der Geschichte das Töten in seiner finstersten Ausprägung geherrscht hatte. Ich verließ Sachalin mit schlimmen Beschwerden von scheußlichen Mückenstichen. Und sagte Grigori Smekalow Lebewohl, der mir bei meiner Rückfahrt zum Bahnhof erzählte, man habe Leute gesehen, die mir durch die Stadt gefolgt seien. Doch trotz all des Unheimlichen um Sachalin fühlte ich eine tiefe Zuneigung zum Bild einer Fiedel, gefertigt mit gestohlenem Rosshaar, und zu Lidijas kostbarer Narzisse, die dastand in einem Strahl sibirischen Lichts.

TEIL ZWEI

Zerrissene Saiten

1917 bis 1991

*Die Wirklichkeit ist unbegreiflich und abstoßend, doch es besteht immer
die Hoffnung, dass sie nichts ist als eine schmutzige Hülle, hinter der
ein hohes Mysterium liegt. Vielleicht sind die gelegentlichen flüchtigen Blicke
auf die Schönheit in Natur, Menschheit und Kunst bloß geheimnisvolle
Hinweise auf etwas, das in einer anderen Sphäre auf ewig besteht und
den Menschen zu sich selber lockt, ihn mit Hoffnung erfüllt?*

ANATOLI LUNATSCHARSKI, »ÜBER LITERATUR UND KUNST«, 1932

*Ich bin mir nicht sicher, ob sich diese Dinge in der Welt, in der wir leben,
und mit dem wissenschaftlichen Denken, dem wir folgen müssen,
genauso wiedergewinnen lassen, als seien sie nie verlorengegangen.
Wir können jedoch versuchen, uns ihrer Existenz
und ihrer Bedeutung bewusst zu werden.*

CLAUDE LÉVI-STRAUSS, »MYTHOS UND BEDEUTUNG«

*Und irgendwann im kommenden Jahrhundert werden dieses Inselreich,
seine Luft und die Gebeine seiner Bewohner, in einer Eislinse eingefroren,
als unglaubwürdiger Triton erscheinen.*

ALEXANDER SOLSCHENIZYN, »DER ARCHIPEL GULAG«

St. Petersburg
Moskau
Ural
Jekaterinburg
Tobolsk
Ob
Jenissei
SIBIRIEN
Transsibirische Eisenbahn
Baikalsee
Lena
Amur
Polarkreis
Nördliches Eismeer
Pazifik
Ochotskisches Meer
Wladiwostok

8

Das Klavier des letzten Zaren:
der Ural

IM ERSTEN WINTER meiner Recherche hatte ich mich in St. Petersburg auf die Suche nach einem Bild aus dem 19. Jahrhundert gemacht, einem Ölgemälde von Georg Wilhelm Timm aus dem Jahr 1853, das den Dekabristenaufstand von 1825 darstellt. Es wurde in der Regierungszeit von Zar Nikolaus I. vollendet, um an die loyalen Regimenter zu erinnern, und wurde im Archiv der Eremitage in einem Vorort aufbewahrt, unter den riesigen Überschüssen der staatlichen Sammlungen. Ich ging durch langweilige graue Gänge mit Alarmanlagen und Kameras und trat in Raum B5, wo das Gemälde an der Wand stand, umringt von Bildern wohlgenährter Spießbürger, Windhunde und glänzender Vollblüter.

Auf dem Bild konnte man die wüste Kälte spüren. Der Himmel war von einem brütenden Grau. Zum Senat galoppierende Pferde schleuderten Schnee in die Höhe, Leute drängten sich, um etwas zu sehen, darunter ein Mann in Pelzmütze, aus dessen Mantel eine Geige ragte. Die Gewalt allerdings spielte sich hinter der Bühne ab. Timms Bild zeichnete das Romanow-Regime als majestätisch, elegant und vor allem legitim, und die Leute zogen patriotisch ihre Hüte vor den Beschützern des Zaren.

Auf meinem Weg hinaus führte mich der Kurator in sein Büro, wo Bilder aufgestapelt waren. Auf dem Boden lag ein lebensgroßes Porträt Zar Alexanders II. Es war während der Ausschreitungen der Oktoberrevolution von 1917 mutwillig zerstört und niemals restauriert worden. Ich zählte die Bajonetteinstiche in der Leinwand: einer im rechten Auge, drei in der Stirn und ein aufgeschlitzter Hals. Die Gewalt war viszeral und gut konserviert, jeder Stoß mit einer zugleich absolut undurchschaubaren und zutiefst gegenwärtigen Absicht geführt, eine Erinnerung, dass Russland seiner Vergangenheit ebenso wenig entkommen konnte wie ich dem Starren des Opfers.

Das Ende des russischen Kaiserreichs kam schneller, als jemand in einem Land hätte vorhersagen können, das unter dem Druck wirtschaftlichen, militärischen und politischen Zusammenbruchs ächzte. Der Russisch-Japanische Krieg von 1905 war Russland teuer zu stehen gekommen. Pogrome – organisierte Morde an Juden in Russland und Osteuropa – gerieten im Ansiedlungsrayon außer Kontrolle, einem gigantischen Getto in den westlichen Provinzen Russlands, wo Juden seit Katharina der Großen unter diskriminierenden Gesetzen leben mussten. Russlands »Väterchen«, wie Zar Nikolaus II. bei den Frommen genannt wurde, hatte sich einen neuen Spitznamen verdient, »Nikolaus der Blutige«, eine Reaktion auf seine gewaltsame Unterdrückung friedlicher Proteste im Januar 1905, die Unruhen in einem vorher nicht gekannten Ausmaß hervorrief. Infolgedessen trat erstmals der Sowjet, der Rat, auf den Plan, um die Rechte der Arbeiter zu vertreten. Ein Jahr später sah sich Nikolaus gezwungen, Zugeständnisse zu machen und Russlands erste gewählte Volksvertretung einzuberufen, die Staatsduma, auch wenn sich das eher als Beschwichtigungsmanöver erwies denn als eine wirklich bedeutende Machtverschiebung.

Ausschnitt aus dem verstümmelten Porträt
Alexanders II., Großvater des letzten Zaren.
Staatliches Museum Eremitage, St. Petersburg.

Die Popularität des politisch unbedarften Zaren schwand noch mehr, je mehr sich seine Familie dem sibirischen »Heiligen« und Wunderheiler Grigori Rasputin annäherte, dem verhassten Vertrauten der Romanows, der durch eine unheimliche Fähigkeit, die Beschwerden des Thronerben, des Zarewitsch Alexej, zu mildern, eine Machtstellung erlangt hatte. Alexejs Hämophilie beeinträchtigte ihn so sehr, dass sogar eine Kutschfahrt eine gefährliche Blutung hervorrufen konnte. Rasputin hatte einen solch immens betörenden Effekt auf die Zarin Alexandra, dass die Leute in ganz Russland seinen sinistren Einfluss fürchteten. Doch die Romanows, immer noch in ihrer vergoldeten Blase lebend, hatten mit Rasputin vertrauteren Umgang als mit den neugewählten Ministern, bis er im Dezember 1916 ermordet wurde.[1]

Zwei Monate später, am 23. Februar 1917, brachen in der Hauptstadt weitere Massenproteste aus, ein von drastischer Nahrungsmittel- und Heizstoffknappheit aufgrund Russlands Beteiligung am Ersten Welt-

Die letzten Romanows, Fotografie aus dem Jahr 1913.

krieg angestachelter Volksaufstand. Am 2. März 1917 wurde Nikolaus zum Abdanken gezwungen. Die Zarenfamilie wurde zuerst in ihrem Schloss außerhalb der Hauptstadt festgehalten, bis die Provisorische Regierung und ihr Rivale im Ringen um die Macht, der Petrograder Sowjet, die beide um die ungewisse Zukunft des Landes rivalisierten, die Entscheidung trafen, die Familie aus dem revolutionären Gärungsprozess zu entfernen. Am Morgen des 1. August 1917 begannen Nikolaus, seine Frau, seine vier Töchter, der kränkliche Zarewitsch und 45 Angehörige des Hofstaats ihre Reise nach Sibirien. Sie reisten in einem Erste-Klasse-Waggon derselben Gesellschaft, die die luxuriösen Touristenzüge der Transsibirischen Eisenbahn betrieb, um den Herbst und Winter 1917 im Haus des Gouverneurs in Tobolsk in Hausarrest zu verbringen.

Der Zar saß in Sibirien fest und wurde deshalb nicht Zeuge der Oktoberrevolution, auch nicht der Machtablöse der Provisorischen Regierung durch Lenin und die Bolschewiken. Die Familie beschäftigte sich indessen in ihrem immer enger werdenden häuslichen Umkreis. Die

Die Zarenfamilie, fotografiert während ihrer Internierung im Gouverneurshaus in Tobolsk.

Zarin spielte Klavier. Der Zar hackte im Garten Holz. Wenn sie frische Luft schnappen wollten, saßen die Kinder draußen auf dem Dach ihres Gefängnisses.

Mit zunehmender Macht der Bolschewiken wurden der Familie die wenigen noch verbliebenen Privilegien entzogen. Aus Petrograd geschickte Kisten mit Weinflaschen wurden von Wachen in den Fluss unterhalb Tobolsks geleert. Der Zar und sein Sohn durften ihre Epauletten nicht mehr tragen. Kirchenbesuche wurden verboten. Als der Winter mit dem alljährlichen Frost Tobolsk einzuschließen begann, inszenierten die Kinder Schauspiele, träumten sich erfundene Welten, während die Nachrichten von draußen unter dem sich verdunkelnden Himmel im gewaltsamen Zerfall eines Landes spärlicher und spärlicher wurden.

In Petrograd beschrieb der amerikanische Journalist John Reed die

Kernschmelze der bürgerlichen Gesellschaft. Er schrieb über Stromknappheit, Raubüberfälle, Schlangen vor den Bäckereien und Probleme mit dem Dienstpersonal. Kellner, die sich dem Klassenkampf angeschlossen hatten, weigerten sich, Trinkgeld anzunehmen. Die Revolution war keine Zeit, um auswärts essen zu gehen. Und auch keine für Musik. »Ich kenne nichts Schöneres als die *Appassionata* und könnte sie jeden Tag hören«, schrieb Lenin an den Schriftsteller Maxim Gorki. »Eine wunderbare, nicht mehr menschliche Musik Aber allzu oft kann ich Musik doch nicht hören. Sie wirkt auf die Nerven, man möchte lieber Dummheiten reden und Menschen den Kopf streicheln, die in einer schmutzigen Hölle leben und trotzdem solche Schönheit schaffen können.«

Während sich das politische Chaos von der Hauptstadt aus verbreitete, wurden Instrumente aus Privatbesitz gestohlen, an Ausländer verkauft oder als Feuerholz benutzt. Adelsfamilien sparten, wo sie konnten, scharten sich um ihre paar verbliebenen Besitztümer, darunter Instrumente, die zu groß für den Transport waren. Flügel wurden auf Lastautos gehoben und durch die Stadt gefahren, um live vor den Massen Propagandazwecken zu dienen. »Auf die Straße raus schleppt Klaviere«, eiferte der Dichter Wladimir Majakowski. »Vom Fenster runter soll die Trommel knarrn.«

Die Klavierfabriken aus dem 19. Jahrhundert, die bereits aufgrund eines dramatischen Nachfragerückgangs im Ersten Weltkrieg in Schwierigkeiten geraten waren, standen still. Becker stellte die Produktion ein. Die Firma Diederichs wurde auf eine Belegschaft von zehn reduziert, eine Folge des von den europäischen Staaten während des Bürgerkriegs beschlossenen Handelsembargos, wodurch die Produktion ins Bodenlose fiel. Aus Angst vor den sich verändernden gesellschaftlichen Umständen flohen Musiker aus Russland. Sergei Rachmaninow, der angesehenste Komponist des Landes, ging im Dezember 1917 in die Vereinigten Staaten, Sergei Prokofjew emigrierte im Mai des folgenden Jahres nach Amerika.[2] Weil ihnen nichts anderes übrigblieb, traten einige Musiker nun vor einem neuen Publikum auf, vor Arbeitern und Beamten. Viele andere schwiegen. »Wir sind alle entweder aufgezehrt von pausenloser Tätigkeit oder wir ziehen uns in uns selbst zurück, um ein inneres Gleichgewicht zu finden, das es uns ermöglicht, in all der Verwirrung rund um uns fest zu stehen«, schrieb der Musikverleger Mitrofan Beljajew.

Erstaunlich, dass in diesen dunklen Tagen der Revolution nicht alles zerstört wurde; nicht zuletzt aufgrund der sofortigen vorausblickenden Aktionen, die Lenin setzte, um den enormen kulturellen Reichtum des Landes zu retten. Am dritten Tag der Oktoberrevolution hatte Lenin den Kritiker und Dramatiker Anatoli Lunatscharski zum Kommissar für Volksaufklärung ernannt – ein nach Orwell klingender Titel für einen empfindsamen und kunstsinnigen Mann, dessen zahlreiche Aufgaben als Chef des sowjetischen Kunstministeriums auch die Einhegung der kulturellen Schätze des Landes umfassten. Lunatscharski musste den Abfluss der Instrumente aus Russland eindämmen; wie bei den Klavierfabriken musste er sie verstaatlichen und aus Privat- in Staatsbesitz überführen.

Bald schloss sich ein junger Cellist namens Viktor Kubazki als enthusiastischer Helfer Lunatscharski an; er suchte Häuser auf, um die besten Instrumente in Privatbesitz zusammenzutragen. Kubazki bekam seinen eigenen Zug und Soldaten, die ihm helfen sollten, seine Befehle durchzusetzen. Bei einer Sammelaktion konfiszierte er auch ein von Nicolò Amati gebautes Cello, das in einem heruntergekommenen Herrenhaus auf der Krim entdeckt wurde, sowie vier Stradivaris von einem alten Grafen; sie wurden ihm erst ausgehändigt, nachdem der Graf, gekleidet in seine zeremonielle Militäruniform, ein letztes melancholisches Abschiedssolo gespielt hatte. Diese verstaatlichten Schätze bilden nun einen bedeutenden Teil der zwei wichtigsten Musiksammlungen Russlands. Bemerkenswerterweise ist kein einziges Instrument in beiden Sammlungen seitdem verlorengegangen, nicht einmal während der Belagerung Leningrads durch die deutsche Wehrmacht, bei der die Opferzahl unter der Zivilbevölkerung viermal höher war als jene bei den Atombombenabwürfen von Hiroshima und Nagasaki zusammengenommen – eine so erbarmungslose Einkesselung, dass nicht einmal die Katzen überlebten.[3]

Für die in Sibirien schmachtenden Romanows war es schwer abzuschätzen, was mit ihnen geschehen würde, während das Land von ihrem alten Regime hin zu dessen extremem Gegenteil schlingerte. Da der Bürgerkrieg sich verschärfte, hatten die Bolschewiken – nach der Oktoberrevolution die dominante politische Kraft in Petrograd – zunehmend Sorge, dass Fraktionen innerhalb der proroyalistischen Weißen im Zaren, solange die kaiserliche Familie noch am Leben war, eine Galionsfigur besaßen, um die Unterstützung des Volkes zu gewinnen. Am 26. April 1918 wurden Nikolaus, seine Frau und ihre dritte Tochter, die achtzehnjährige Großfürstin Maria, von Tobolsk nach Jekaterinburg im Ural eskortiert und in einem neuerlichen Hausarrest weitaus strikteren Bedingungen unterworfen. Weil der Zarewitsch zu krank war, um mit seinen Eltern zu reisen, folgte er drei Wochen später mit den anderen Geschwistern und ein paar noch verbliebenen loyalen Vasallen. Dieses Mal wurden die Bewacher der Familie vom eine harte Linie vertretenden Jekaterinburger Sowjet gestellt, und diese waren weit weniger wohlwollend als die Gefängniswärter in Tobolsk.

Die Familie wurde im Haus der Ipatjews im Stadtzentrum von Jekaterinburg unter Arrest gestellt. Bevor es von den bolschewistischen Häschern der Romanows in »Haus zur besonderen Verwendung« umbenannt wurde, hatte früher hier Pjotr Davidow gewohnt, Dramatischer Tenor und Absolvent des Petersburger Konservatoriums. Danach erwarb es Nikolai Ipatjew, ein sehr wohlhabender Eisenbahnunternehmer. Der Familie wurden vier Zimmer zugewiesen. Das restliche Haus war von ihren Wächtern besetzt. Vor den Fenstern hatte man schwere Eisengitter befestigt, die Fensterscheiben waren weiß gestrichen, sodass die Gefangenen nichts sehen konnten, nicht einmal einen Vogel im Flug. Eine Stunde oder weniger pro Tag durften die Romanows im kleinen Garten an der Rückseite, der von einem hohen, hastig errichteten Zaun umgeben war, frische Luft schnappen. Das Essen war karg: schwarzes Brot zum Frühstück, während die Zarin bloß Makkaroni aß.

Zumindest gab es einen Flügel, ein in einem am 27. April 1918 kurz vor dem Eintreffen der Zarenfamilie von einem sowjetischen Beamten angefertigten Inventar erwähntes Ebenholz-Instrument. Das Klavier stand im Wohnzimmer, später wurde es dann in den ersten Stock ins Zimmer des Kommandanten gebracht. Laut einem Bericht von Nikolai Sokolow, dem Ermittler der Weißen, der die Ermordung der Romanows und die Beweisstücke untersuchte, nachdem die Mörder aus Jekaterinburg geflohen waren, stand es noch immer da, nachdem der Zar und seine Familie umgebracht worden waren. Er notierte, dass ein Schröder-Klavier aus russischer Produktion in die rechte Ecke des Zimmers geschoben war. Auf dem Klavier standen und lagen etliche Schachteln, ein Parfümfläschchen, Nähgarn und ein liniertes Kontobuch. Unten in einem engen Keller markierten noch Einschusslöcher die Wände – Narben, welche wenig von der Dimension des Ereignisses verrieten, mit dem dreihundert Jahre Romanow-Herrschaft zu ihrem katastrophalen Ende gekommen waren.

Es geschah bald nach Mitternacht am 17. Juli 1918. Zar Nikolaus II., seine Frau Alexandra, ihre fünf Kinder und vier verbliebene Angehörige des Personals, darunter der Hausarzt und eine Zofe, wurden in den Keller getrieben. Ihnen standen drei Henker und sieben Wachen gegenüber. Der Zarewitsch, der krank war, und seine Mutter, die sich beklagte, erhielten Stühle. Die Bolschewiken erschossen zuerst den Zaren, den sie in die Brust trafen, und ließen dann eine Salve los, die den Raum mit Rauch erfüllte. Einer der Mörder übergab sich. Ein anderer wurde von einer abprallenden Kugel am Arm verwundet. Die Henker warteten, bis der Rauch sich verzogen hatte, und erschossen dann den Zarewitsch. Der Junge sackte von seinem Stuhl auf den Boden, schwer verletzt, aber noch atmend. Als die Kugeln, wie es schien, die Körper der anderen Kinder nicht durchschlugen, griffen die Mörder auf Messer und Bajonette zurück, wobei sie in dem Raum voller Blutlachen ausrutschten. Es brauchte ganze zwanzig Minuten, sie alle umzubringen. Die jüngste Tochter, Anastasia, starb als Letzte der Romanows, ihr Schädel wurde von Gewehrkolben zertrümmert.

Die Henker hatten nicht gewusst, dass in den Korsetten der Mädchen seit ihrer Abfahrt aus Petrograd Edelsteine eingenäht gewesen waren. Die Diamanten hatten sie wie kugelsichere Westen geschützt; Fragmente des Schmucks fand man später verstreut in einer Bergwerksgrube im Ural, ein paar Kilometer nordwestlich der Stadt, wo man die Leichen zunächst verscharrt hatte. Edelsteine und Perlen, zerborsten und vom Feuer versehrt, waren in den Boden getrampelt worden, ebenso wie Glassplitter von der Brille der Zarin, das falsche Gebiss des Arztes und Eierschalen von der Brotzeit der Mörder. Der Einzige aus der Entourage der Romanows, der diese Nacht überlebte, war Joy, der Spaniel des Zarewitsch. Der Hund tauchte ein paar Tage nach der Hinrichtung auf. Halbverhungert stand er im Hof des Ipatjew-Hauses. Dem anderen Schoßhund der Familie hatte man mit einem Gewehr den Schädel zertrümmert, genau wie Anastasia, und ihn in dieselbe stillgelegte Grube tief im Wald des Ural geworfen wie die Familie.

Nach der Schlächterei versuchten die Bolschewiken, die Beweise zu vernichten, bevor sie vor den Weißen, die rasch an Boden gewannen, aus Jekaterinburg flohen. Der Bericht Sokolows beschrieb die Szene. Das Ipatjew-Haus war geplündert worden, in den Kaminen lag alles herum, was des Stehlens für unwert befunden worden war. Papiere, Teller, sogar die kostbaren Epauletten des Zaren, die er während seiner Gefangenschaft nicht hatte tragen dürfen, wurden in die Flammen geworfen. Aber weder das Seifenstück noch die Leintücher mit dem kaiserlichen Monogramm wurden zerstört – und ebenso wenig das letzte Klavier, auf dem die Romanows gespielt hatten.

Deshalb kam ich nach Jekaterinburg – um zu erkunden, ob ich dieses Instrument ausfindig machen konnte, hatte es doch zur Zeit der Morde, als das russische Kaiserreich starb und der Sowjetstaat geboren wurde, eine besondere Bedeutung besessen. Diese Stadt an der Schwelle zwischen Europa und Asien fühlte sich zu bedeutend an, um im Zug passiert zu werden, sie war ein zu maßgeblicher geographischer und historischer Angelpunkt. Dann betrat ich die Cafeteria am Bahnhof und war so enerviert von der Begegnung mit einem bärtigen Priester, dass ich

Touristen und Amtsträger besuchen den Keller des Ipatjew-Hauses, 1927.

gleich wieder abreisen wollte. Jedes Mal, wenn er meinen Blick erhasch-
te, bekreuzigte er sich. Er roch nach Moder und hatte eine stille Frau mit
schwarzem Kopftuch und bodenlangem Gewand im Schlepptau. Sie
hatte die fahlste Haut, die ich je an einem lebendigen Menschenwesen
sah. Wann immer er etwas zu ihr sagte, verkrampfte sie sich und zog
sich wie eine Schnecke in ihr Haus zurück.

Es war, als wäre die Stadt kontaminiert: die räudigen Hunde mit rib-
beligem Fell, die Parkplätze, wo nicht einmal das Unkraut Triebe auszubilden schien, der Hotellift, wo sich die Luft zu stickig anfühlte, um sie
mit einem Trupp russischer Gewichtheber zu teilen. Ich urteilte vielleicht zu schnell, aber auch meine Dolmetscherin zögerte zu kommen.
Sie hatte ihre Kindheit in Jekaterinburg verbracht. Während der Perestroika verkaufte ihre Mutter, eine Laborassistentin, stückweise Zigaretten in einem Kiosk an der Straßenbahnhaltestelle. Es waren dumpfe,
freudlose Jahre, in denen sich das Heroin in ihrer Gemeinde festsetzte.

Der Keller des Ipatjew-Hauses nach den Hinrichtungen.

Proben für eine Aufführung von *Bernarda Albas Haus* im Keller des Ipatjew-Hauses, fotografiert 1977 von Witali Schitow, einem Fotoreporter, der vierzig Jahre lang die Geschichte des Hauses recherchierte.

Sie beschrieb die glasigen Augen und das Schlurfen auf ihrem Weg zur und von der Schule. Und sie redete davon, wie die Leben fadenscheinig geworden waren durch eine Stadt, die sie für angeboren grausam hielt. Es ergab vollkommen Sinn, dass Jekaterinburg der Ort der Romanow-Morde war, meinte sie; der Geist des Ortes hatte sie immer bedrückt. Es gab allerdings Zeiten, als man hier auf die Morde an der Kaiserfamilie stolz war. Binnen eines Jahrzehnts danach wurde das Ipatjew-Haus in ein Museum der Revolution umgewandelt, wo man die bolschewistische Version vom Sterben der Romanows erzählte.

1977, damals besetzte eine Kultureinrichtung die Hälfte des Gebäudes, führte eine lokale Theatergruppe im Keller des Ipatjew-Hauses ein Stück auf. Es war eine für Verwandte und Freunde gedachte Privatvorstellung von *Bernarda Albas Haus* des spanischen Dramatikers und Lyrikers Federico García Lorca; darin lebt eine ganze Familie im Schatten einer dominanten Mutter, bis eine der Töchter sich erhängt. In einem 1977 aufgenommenen Gruppenporträt posieren die elf Schauspieler neben einer henkerschlingenähnlichen Vorrichtung.

Obwohl man den Raum, wo das Blut vergossen worden war, nicht benutzte, ruft die Betrachtung der Bilder angesichts dessen, was den Romanows zugestoßen ist, eine heftige Reaktion hervor: Über der Komposition des Fotos schwebt das Bild des Kellers als Hinrichtungsraum – eine Geschichte, über die die Sowjetbehörden zunächst frohlockten, als sie das Ipatjew-Haus in eine Art Schrein verwandelten und es in »Haus des Volksaufstandes« umbenannten. Später, als die Russen die Kaiserfamilie allmählich betrauerten, taten die Sowjets alles nur Erdenkliche, um die Ereignisse aus dem nationalen Gedächtnis zu löschen, sie strichen die Morde sogar aus den Schulbüchern. Doch Königsmord ist nicht leicht zu vergessen. Als das Ipatjew-Haus aus Propagandagründen von antisowjetischen Kreisen im Westen als Ort der Romanow-Morde benannt wurde, ordneten die Behörden 1977 dessen Abriss an.

Auch wenn das Haus verschwunden war, hoffte ich nach wie vor, dass das Klavier der Ipatjews sich noch irgendwo in der Stadt befand, dass seine Tasten noch etwas von den letzten Melodien der Romanows bewahr-

Abriss des Ipatjew-Hauses im September 1977, aufgenommen von Witali Schitow. Außer Beamten war er der Einzige innerhalb der Absperrung, von wo aus er die Demolierung fotografierte. Er benutzte eine versteckte Kamera und machte seine Aufnahmen aus etwa zwanzig Metern Entfernung aus einem Bus heraus.

ten, wie sie die Wachen beschrieben hatten, die sich an Kirchenlieder und singende Frauenstimmen erinnerten. Und auch an weltliche Stücke, die waren immer melancholisch. Im Kommandantenzimmer ertönte andere Musik, dort hämmerten die betrunkenen Wachen mit Höllenkrach auf das Instrument ein (laut Nikolaus' Tagebuch wurde das Klavier aus dem Vorzimmer dorthin geschafft). Die Wächter wählten Musik, die bewusst verletzend war, etwa *Du fielst als Opfer im Kampf* oder *Lasst uns die alte Welt vergessen*. Fürst Lwow, der erste Ministerpräsident nach der Abdankung des Zaren, war zur selben Zeit wie die Romanows in Jekaterinburg. Er ist zwar kein zuverlässiger Zeuge, berichtete aber von einem noch unheimlicheren Gerücht: dass am Abend die Wachen die Töchter des Zaren zwangen, Klavier zu spielen. Diese Behauptung wurde später von einer Bäuerin bestätigt, die mit einem der Soldaten zusammenlebte.

Aber was war mit dem Instrument, auf dem sie gespielt hatten? Meine vielversprechendste Spur war ein Klavierstimmer aus der Gegend; er hatte versucht, genügend Geld zu verdienen, um das Klavier zu restaurieren, das sich, wie er glaubte, zur Zeit der Morde im Ipatjew-Haus befunden hatte: ein Bechstein-Flügel, den ich in seinem staubigen Lager in Jekaterinburg an die Hinterwand gerückt sah. Gemeinsam machten wir ein Datum auf dem Tastaturrahmen ausfindig – 8. April 1921 – und die Signatur eines damals in der Stadt sehr bekannten Klavierstimmers. Die Worte »Haus der Revolution« waren mit schwarzer Tinte aufgeschrieben.

Nahe bei der an der Stelle des Ipatjew-Hauses neu errichteten Kirche vom Blut Christi fand ich im Konferenzsaal des benachbarten Museums einen Becker-Flügel, Seriennummer 15177. Im offiziellen Museumsführer hieß es, der Becker-Flügel sei mit den Romanows den ganzen Weg aus St. Petersburg nach Sibirien gekommen; ein Mitglied des österreichischen Kaiserhauses habe ihn dem Zaren geschenkt. Er landete in der sibirischen Stadt Tobolsk, wo die Romanows festgehalten wurden, bevor ihn ein Tierarzt an die Kirche verkaufte. Die Geschichte war spannend, ich konnte sie aber nicht verifizieren. Es gab keinen Nachweis, dass ein Klavier im Zug des Kaisers St. Petersburg verlassen hatte – tatsächlich keinen Hauch von Musik außer einem tragbaren Grammophon und dem Klavier, das Nikolaus II. in einem Tagebucheintrag erwähnte. Es gehörte auf den Dampfer, den die Familie für den letzten Teil ihrer Fahrt nach Tobolsk nahm.

Als ich die Behauptung des Führers einem Stadtarchivar gegenüber wiederholte, höhnte er: »Unsere offizielle Kirche liebt schöne Legenden.« Und als ich sie einem Spezialisten für Antiquitäten in Jekaterinburg erzählte, lehnte er sich in seinem Stuhl zurück und seufzte. Er könne mich nicht zu dem definitiven Klavier führen – Möglichkeiten gebe es immerhin –, aber er könne mir einen von den Vorfahren einer Putzfrau gekauften Teller zeigen; sie hatten während der Gefangenschaft der Romanows im Ipatjew-Haus dort gearbeitet. Der Mann der Putzfrau, ein Sympathisant der Bolschewiken, hatte das Geschirr zertrümmern wollen. Heute würde das nicht mehr vorkommen, meinte er. Die Romanows waren wieder in Mode. Es gab einige praktische Prinzipien in der kaiserlichen Geschichte Russlands, die der gegenwärtigen politischen Kultur zupasskamen. »Revolution. Bürgerkrieg. Der Große Vaterländische Krieg. Bevölkerungsverschiebungen. Überraschend, dass wir nach all dieser Geschichte noch ein einziges Atom retten können«, meinte er, »aber Ideen haben überlebt.«

»Ich kann Ihnen viele, viele Klaviere aus dem Ipatjew-Haus auftreiben«, sagte einer der Museumsdirektoren. »Das Einzige, was aus dem Haus gerettet wurde, als man es abriss, war der Kamin und ein Treppengeländer.«

Und Ziegel, meinte einer seiner Kollegen. Jemand, der beim Abriss der Villa zugegen war, nahm sich einen Ziegel, schnitt ihn in kleine Stücke und verkaufte sie als Reliquien.

Der Direktor mahnte mich, skeptisch zu sein. »In Pompeji nehmen Touristen Steine als Andenken mit«, sagte er. »Ich habe irgendwo gelesen, dass die Italiener diese Steine auf Lastwagen hinbringen und verstreuen, um die echten Überbleibsel zu schützen.«

Nicht lange nach dieser Unterhaltung, als ich Jekaterinburg schon aufgeben wollte, erhielt ich die Nachricht, dass der Mann, der als Erster die Überreste der Romanows im Wald vor der Stadt entdeckt hatte, sich bereiterklärt hatte, mich zu treffen. Er hieß Alexander Awdonin. Man hatte mir gesagt, er wisse mehr über das Ende der Romanows als jeder andere – eine Expertise, der ich anfänglich in der Hoffnung nachgegangen war, sie könne sich auch auf das vergessene Klavier erstrecken. Er war Geologe und Mineraloge und lebte recht zurückgezogen. Meine Übersetzerin, die sich sehr um das Zusammentreffen bemüht hatte, nahm an, Musik mochte ihm als relativ neutrales Thema geschienen haben.

Alexander Awdonin wohnte in einem hübschen Holzhäuschen neben einem Fluss, unweit der Vorstadt. Man merkte, dass das Haus einem Geologen gehörte. In der Küche, adrett aufgeräumt wie die Kajüte in einem Segelboot, fanden sich eine Sammlung Bergkristalle, Malachitbrocken und eine Schale mit himmelfarbenen, zu Eiform geschliffenen Marmorsteinen. Alexanders Frau Galina wies mir meinen Platz am Küchentisch an. Während sie eine große Kanne Tee kochte, erklärte ich, dass ich nach einem bestimmten Klavier suchte: dem Ipatjew-Flügel.

Galina sagte, sie habe ein Klavier gehabt, ein Instrument sowjetischer Bauart aus der Fabrik Roter Oktober, Seriennummer 48, falls sie sich richtig erinnere, aber das habe sie vor ein paar Jahren weggegeben.

Aber was wisse sie über Instrumente aus der Zeit vor der Revolution?

Die alten Klaviere seien fast alle nicht mehr vorhanden, meinte sie, während sie Schinken in dicke Scheiben schnitt, kleine Gebäckstücke auf einem papierenen Tortendeckchen arrangierte und Alexander ins Zimmer trat. Er trug einen beigen Rollkragenpullover und eine weiße Adidas-Trainingsjacke. Er hatte weißes, schütter werdendes Haar und war offensichtlich erschöpft. Er sei kürzlich krank gewesen, sagte seine Frau. Wir aßen löffelweise Beeren aus den Wäldern, wie die Walderdbeeren, die Alexander in seiner Jugend vor dem Frühstück gesammelt hatte. Er liebte den Ural, sagte er; in dieser Gegend war er 1932 geboren worden. Er stammte aus einer armen fünfköpfigen Familie. Als er ein Kind war, wohnten sie in einer Eisenbahnerbaracke nahe dem Bahnhof in Jekaterinburg, wo die Romanows nach ihrer letzten Reise ausgestiegen waren – eine sanfte und zärtliche Familie, so beschrieben sie die Leute, die Zeugen ihrer Ankunft in der Stadt waren. Alexander interessierte sich für diese Geschichte, aber da von offizieller Seite über die Romanow-Morde geschwiegen wurde, behielt er seine Neugier für sich.

Als ich Alexander fragte, ob er wisse, wo das Ipatjew-Klavier gelandet sein konnte, schweifte die Unterhaltung ab. Er sah aus dem Fenster, während das Licht einen goldenen Schimmer über den Tisch auf die Schüssel mit Marmelade warf. Alle Flüsse im Ural flössen nach Osten, sagte er. Aber nicht derjenige, der neben ihrem Haus fließe. Im März sei der Fluss zugefroren. Erst nach der Schneeschmelze fließe der Fluss heftig und rasch nach Westen. Es gab etwas an diesem Umstand, das ihm gefiel, daran, dass er auf der großen eurasischen Wasserscheide lebte. Er sprach über Magnitogorsk, eine andere Stadt im südlichen Ural.

Als er noch jünger war, gingen sie in Europa ins Kino und aßen in Asien zu Abend. Er wandte sich an seine Frau.

»Du erinnerst dich daran?«, fragte er.

Alexander sagte, er habe das Ipatjew-Haus vor dessen Zerstörung aufgesucht. Als Jugendlicher hatte er Leute gekannt und befragt, die kurz nach den Exekutionen in Jekaterinburg gewesen waren. Er hatte mit einem Einheimischen gesprochen, der als Fünfzehnjähriger an der Suche nach Spuren der Zarenfamilie beteiligt gewesen war, die unter der Ägide des Jekaterinburger Distriktsgerichts stattfand, nachdem die Weißen die Stadt eingenommen hatten.

Alexander hatte auch ein Buch gelesen, das dem Netz des Zensors entgangen war, eine bibliographische Rarität namens *Die letzten Tage der Romanows*, geschrieben 1926 (später wurde es zurückgezogen und vernichtet) vom Vorsitzenden des Jekaterinburger Sowjets während der Revolution. Obwohl der Vorsitzende nicht direkt daran beteiligt gewesen war, war anzunehmen, dass er über die Umstände des Massakers gut unterrichtet gewesen war. Es hieß darin, die Sokolow-Untersuchung habe das Grab der Romanows nicht finden können, weil die sterblichen Überreste, die nicht verbrannt worden waren, an einem Ort verscharrt seien, den die Ermittler nicht ausgehoben hatten. Dann gab es da ein Gedicht von Majakowski, das den wahren Ort, wo die Leichen lagen, andeutete: »neun Werst«, neuneinhalb Kilometer, nach den Minen und Klippen von Iset. Majakowski war anscheinend der Ort von einem Mitglied des örtlichen Exekutivkomitees gezeigt worden, das 1928 als Fremdenführer des Dichters fungiert hatte.

Diese Spuren gaben einen Hinweis darauf, dass Sokolows ursprünglicher Bericht eventuell falsch gewesen war, in dem er zum ersten Mal den Ort beschrieb, an dem, wie man annahm, die Leichen verscharrt worden waren – ein Grubenschacht in Ganina Jama[4], fast fünfzehn Kilometer außerhalb der Stadt. Unter anderen Fragmenten hatte Sokolow das smaragdene Kreuz der Zarin gefunden, zwei Hautfetzen und einen abgetrennten Finger, aber keine substanziellen Reste. Sokolow schloss, dass man die Leichen an Ort und Stelle zerstückelt, verbrannt und in

Pjotr Ermakow, einer der Mörder, steht auf Eisenbahnschwellen in dem Wald, in dem die Romanows verscharrt wurden. Fotografie aus den zwanziger Jahren, wer sie aufgenommen hat, ist nicht bekannt. Auf der Rückseite stehen die Worte: »Stelle, wo die Romanows verbrannt wurden«.

Schwefelsäure aufgelöst hatte, um alle Beweisstücke zu vernichten. Er hatte, wie sich herausstellte, seine ursprüngliche Schlussfolgerung auf einer Reihe von Mutmaßungen begründet. Die Leichen waren in der Nacht der Morde zuerst in die Bergwerksgrube in Ganina Jama geworfen worden, wie es Sokolow ungefähr beschrieben hatte, aber das Loch war weniger tief, als die Mörder gedacht hatten. Zwei Tage später schafften sie die Leichen fünf Kilometer nach Westen auf eine sumpfige Wiese, auch als Schweinewiese bekannt, nahe der Eisenbahnkreuzung 184 an der alten Straße nach Koptjaki. Hier versuchten die Mörder eine zweite Kremation und verwendeten Schwefelsäure, um die Beweise zu vernichten. Was noch übrig war, darunter die Schädel, wurde in einem flachen Grab unter den Eisenbahnschwellen verscharrt. Und so lautet die alternative Version der Geschehnisse, eine Version, enthüllt durch eine Reihe an Entdeckungen, die sich in den 1970ern zutrugen.

Es begann mit einem Treffen im Sommer 1976 in Jekaterinburg mit einem landesweit bekannten Drehbuchautor, Geli Rjabow, der auch Presseoffizier im Innenministerium war. Laut Alexander schlug Rjabow vor, nach den Überresten der Romanows zu suchen. Alexander war jemand, auf den man sich verlassen konnte, seine Arbeit als Geologe bedeutete, dass er sehr vertraut mit diesen Wäldern im Ural war. Diskretion allerdings war höchst wichtig. Die Empfindlichkeiten bei der Romanow-Geschichte kochten hoch. Nur ein Jahr nach dem Treffen wurde das Ipatjew-Haus dem Erdboden gleichgemacht. Wenn die Partei es so eilig hatte, Hinweise auf den Ort der Ermordung des Zaren zu zerstören, dann würde es noch mehr Ärger geben, falls man eine andere Begräbnisstätte ausfindig machte.

Am 1. Juni 1979 begann der geheime Suchtrupp in der Schweinewiese zu graben. Sie entfernten die Eisenbahnschwellen und gruben drei Schädel aus. Während Alexander erzählte, musste ich ständig daran denken, wie es sich für ihn angefühlt haben mochte, mit dieser Geschichte in Berührung zu kommen; danach musste es für immer so gewesen sein, als schliefe man in der Anwesenheit ruheloser Geister. Ihr Ehemann sei durch die Entdeckung so mitgenommen gewesen, sagte Galina, dass er ein paar Monate lang verstummte. Zwei Schädel wurden von Rjabow nach Moskau gebracht, um von Experten untersucht zu werden. Einer blieb in Jekaterinburg. Die Untersuchung war hochgeheim, umwabert von allen möglichen Gefühlen, die ich in der Unterhaltung nur schwer einordnen konnte angesichts der Schichten an Bedeutung, die ein zu großes Tabu waren, um von einer Außenseiterin verstanden zu werden. Ein Jahr später, im Juli 1980, wurden dann alle Überreste wieder in ihrem sumpfigen Grab versenkt. Das Geheimnis wurde erneut verschlossen, mit dem Gewicht dessen, was sie gefunden hatten, und das weitere neun Jahre schwer auf ihrem Gewissen lastete. Gelegentlich pflegte Alexander an der Schweinewiese vorbeizugehen, um nachzusehen, ob noch jemand gegraben hatte. Niemand sollte darüber sprechen: Es war immer noch zu riskant. Seine Notizen wagte er nicht zuhause aufzubewahren, und so brachte er sie ins Haus eines verlässlichen Freundes, um sie dort in Sicherheit zu wissen – ein Detail, das er in seinem später verfassten Buch enthüllte, worin jeder Abschnitt seiner Suche dokumentiert war. Es ist ein bedeutendes Dokument angesichts der Kontroverse, die 1989 aufzuflackern begann, als die Entdeckung in der Schweinewiese an eine russische Zeitung durchsickerte. Diese dramatischen neuen Angaben zur Begräbnisstätte hatten Querschläger in allen Schichten der politischen, zivilen und religiösen Gesellschaft des Landes zur Folge.

Die Nachrichten schienen alle zu entzweien: orthodoxe Gläubige, Royalisten, Journalisten und Wissenschaftler, welche dieses unvollendete Kapitel in der gewalttätigen Geschichte Russlands zu verstehen versuchten. Boris Jelzin, in der Nähe von Jekaterinburg geboren und damals Mitglied des Politbüros, der Regierung Russlands, sprach sich für die Rehabilitierung der Romanows aus. Spezialisten für forensische DNS-Untersuchungen, ob Ausländer oder Russen, wurden involviert. Man führte weitere Untersuchungen durch, sie brachten zahlreiche neue Funde und noch mehr Überreste der Familie zutage. 1991 fand dann eine offizielle Exhumierung auf der Fundstelle in der Schweinewiese statt. Die russisch-orthodoxe Kirche allerdings mochte nicht zustimmen, dass die Entdeckungen schlüssig seien. Es gab Auseinandersetzungen über den Heiligsprechungsstatus der Romanows und darüber, wie man an die Toten erinnern und sie verehren sollte. Bücher wurden geschrieben. Dokumentationen wurden gedreht. Jeder hatte eine Meinung – das ist nach wie vor so.[5] 2001 ließ die Kirche in Ganina Jama ein großes Kloster und eine Pilgerstätte errichten, eine offenkundige Zustimmung zur simpleren Version der Ereignisse, wie sie im Sokolow-Bericht dargestellt war, und bekräftigte damit, dass es Ganina Jama gewesen war, wo die Körper sich im Erdreich aufgelöst hatten.

Galina stand vom Tisch auf und holte Alexanders Buch aus einem Regal. Und sie reichte mir eine handgeschriebene Karte, aus einer Teebeutelschachtel ausgeschnitten, auf der ein einfacher Satz stand: »Ein Wissenschaftler verteidigt seine Erfindung, wenn er sich absolut sicher oder der Richtigkeit seiner Forschung gewiss ist.«

»Der Rest«, sagte sie, »ist pseudowissenschaftlicher Unsinn.«

Ich war in den Ural gekommen, um das letzte Klavier des Zaren zu finden. Stattdessen sah ich mich versucht, einen bizarren Knoten in der Beziehung der Nation zu ihrer Vergangenheit zu verstehen. Ich wollte Alexander zuhören, einem vornehmen, gelehrten Mann, der sagte, er habe seine Untersuchung nicht aus einem Verlangen nach Ruhm, Reichtum oder politischem Einfluss unternommen. Ich merkte, dass ich seine Motivation verstehen wollte.

»Die Wahrheit war eine Last, die ich seit der Kindheit spürte«, sagte Alexander. »Die historische Wahrheit ist nicht definiert worden, und das muss vollendet werden.«

Bei einer weiteren Tasse Tee erzählte ich Alexander, dass ich drei Instrumente mit möglichen Bezügen zum Ipatjew-Haus gefunden hätte. Ich beschrieb den Bechstein, der die Signatur des bekannten Jekaterinburger Klavierstimmers trug und die Worte »Haus der Revolution« auf dem Resonanzboden. Alexander schüttelte den Kopf. Er sagte, das Klavier, das ich gefunden hatte, sei interessant, gehöre aber zu einem anderen Ort, wie er glaube. Er begann wieder darüber zu sprechen, dass der Wald ein Ort der Trauer sei. Und er war erschöpft. Als ich sah, wie Galina seine Hand nahm, wurde mir klar, dass wir alle ihn letztlich brauchen. Einen Angelpunkt. Den festen Punkt, von dem ein Mechanismus abhängt. Die Person oder das Ding, an der oder dem jemand hängt. Wie bei einem Klavier hängt die Bewegung von der Stabilität der festen Bestandteile ab. Wenn eine Taste eines Flügels niedergedrückt wird, setzt sie einen Drehzapfen in Bewegung, der stößt einen mit Filz überzogenen Hammer nach oben, welcher wiederum eine oder mehrere Saiten anschlägt. Nur mit einem stabilen Drehzapfen kann die Musik jemals erklingen.

Vor meiner Abreise aus Jekaterinburg am nächsten Tag besuchte ich Ganina Jama, zusammen mit Nikolai Neuimin, dem Leiter der Romanow-Gedenkabteilung in einem Zweig des regionalen Historischen Museums. Neuimin war bei einer weiteren Ausgrabung auf der Schweinewiese im Jahr 2007 zugegen gewesen, als man etwa siebzig Meter von Alexanders ursprünglichem Fundort entfernt die Überreste zweier der noch fehlenden Kinder fand, des Zarewitschs und seiner Schwester Maria. Am Eingang zum Komplex von Ganina Jama lehnten wir einen offiziellen Führer ab und spazierten stattdessen zwischen den im Wald verstreuten Kapellen herum, deren grüne Dächer und goldene Kreuze durch die Bäume schimmerten. Gerüste waren rund um neue Zubauten aufgestellt, es gab eine Bronzeskulptur der fünf Romanow-Kinder mit Kronen auf dem Kopf. Gruppen von Besuchern kamen und gingen, darunter Familien auf von Priestern geführten Ausflügen. Sie standen neben dem Erdtrichter, wo die Leichen der Zarenfamilie zuerst hineingeworfen worden waren, die schneebedeckte Oberfläche der Senke war von Wasser getüpfelt, das von den Zweigen tropfte. Die Frommen bekreuzigten sich und beteten mit einem Ausdruck religiöser Überzeugung, die mein Begleiter Nikolai nicht teilte. Während er sich von einer der Ausflugsgruppen wegbewegte, begann Nikolai über die Schweinewiese zu sprechen.

Doch jemand hatte zugehört. Nikolai wurde auf die Seite gezogen. Ein Kirchenbeamter warnte ihn, nicht von dem zweiten Grab zu sprechen.

Wir fuhren zur nahegelegenen Ausgrabungsstätte an der Schweinewiese. Am Ende des Weges, der zu den Gräbern angelegt worden war, zog Nikolai einen Packen Fotos aus seiner Tasche, darunter ein Schwarzweißbild der Überreste, wie sie bei ihrer Auffindung gewesen waren. Wir standen neben dem schlichten Metallkreuz über den Bahnschwellen, daran hing ein weiß-rot-rosa Plastikkranz. An der Basis des Kreuzes hatte jemand eine kleine Bronzeplakette befestigt: »Die Kinder. Gute Nacht. Gott segne euch.«

Im Schnee konnte ich die Farbe von Alexander Awdonins Haar erkennen; Galina hatte gesagt, es sei zwei Tage nach der Entdeckung der Schädel schneeweiß geworden. Im erschaudernden Wald hörte ich die Schreie der Mörder und der Opfer. Unter der schwarzen Erde des Ural vernahm ich die tief im russischen Bewusstsein nachhallenden Fragen, wie die letzte noch funktionierende Taste auf dem Klavier der Ipatjews, die auf einen zerbrochenen Zapfen traf und keinen Ton hervorbrachte.

Auch mein Gewissen druckste herum. Etwas in mir fand es unglaublich aufregend, dem Ende des russischen Imperiums so nahe gekommen zu sein; jeder Hinweis auf ein vergessenes Klavier bestärkte meine Ambitionen, als würden die historischen Instrumente mit einer staatlichen Geschichte irgendwie ein intensiveres Timbre haben. Zudem aber fühlte ich mich beschämt, als hätte ich mich der Schar der frühen Kiebitze zugesellt, der »Amateur-Sherlocks oder Aufdringlinge«, so die Bezeichnung des britischen Journalisten Wilton in seinem kurz nach den Ereignissen geschriebenen umstrittenen Bericht für die Leute, die gierig nach Informationen über die Morde waren. Wie Galina bei unserer Begegnung gemeint hatte, war meine Suche nach einem Klavier anders als jene Art Forschung, die ein Wissenschaftler unternimmt. Ich war gekommen, um nach einem bestimmten Instrument zu suchen, ich war aber auch an den symbolischen Konnotationen in meiner Suche interessiert. Nun, als ich neben dem Kreuz stand, überkam mich ein überwältigendes Gefühl der Trauer. Auch wenn ich das letzte Instrument des Zaren gefunden hätte: Wie hätte solch ein Klavier je wieder singen können? Es war zu viel Tragik darin. Ich wusste, dass ich dem Unmöglichen nachjagte, wenn ich ein Klavier mit einer unbestrittenen Herkunft suchte in einem Land, in dem man um das Geschirr der Ipatjews kämpft, es kauft und verkauft, wo trotz einer Überfülle an Fakten nicht einmal die wirkliche Lage oder die Echtheit der Überreste der Romanows eine allgemein anerkannte Tatsache sind. Finde einfach ein Klavier mit einem reinen Klang, sagte ich mir, etwas Bescheidenes, Menschliches, Geliebtes.

9
Das Ende von allem:
das Altai-Gebirge

AN EINEM DER südlichsten Punkte Sibiriens, dort, wo sich die Grenze am großen Gebirgsgürtel Innerasiens zusammenfaltet, stoßen vier Länder aneinander: Russland, China, die Mongolei und Kasachstan, nahe an einem Plateau, das die Einheimischen das »Ende von allem« nennen. An irgendeinem Punkt meiner Suche musste ich mir eine Route aus Russland in die Mongolei ansehen. Wenn meine Klaviersuche erfolgreich verlief, mochte das Altai-Gebirge eine mögliche Ausreiseroute bedeuten. Außer dem Grenzübergang bei Kjachta war dies die einzige weitere für Ausländer offene Route in die Mongolei.

Ich war optimistisch gestimmt. Nicht nur hatten meine Aktivitäten bei lokalen Radiostationen und Aufrufe im Fernsehen Möglichkeiten aufgezeigt, andere Recherchen hatten auch vielversprechende Spuren europäischer Klavierkultur zutage gefördert, die bis hierher vorgedrungen war. 1848 reiste ein englisches Ehepaar, Lucy und Thomas Atkinson, durch den Altai. In ihren charmanten Schilderungen eingefrorener Farben von Winsor & Newton und Begegnungen mit Dekabristen hieß es auch, dass es in der Stadt Barnaul von Klavieren wimmle. Die Instrumente gehörten den neuen Industriellen, die von den im 19. Jahrhundert entstandenen Silberbergwerken im Altai profitierten.

Die Geschichte zeigte, dass diese Berge immer schon gute Jagdgründe für Menschen gewesen waren, die genauer hinzusehen bereit waren. 1825 wagte sich der bedeutende deutsche Biologe Carl Friedrich von Ledebour, ein schmalgesichtiger, leicht krummrückiger Pflanzensammler, in den Altai und holte von dort eindrucksvolle Ausbeute: 42 Kisten mit Pflanzen und Samen sowie fünfhundert Insekten. Auch Henry J. Elwes, ein britischer Naturforscher, an dessen dröhnende Stimme man sich erinnerte, machte bedeutende Funde. Er sammelte an die tausend Schmetterlinge, wenn die Sonne schien, und wenn es regnete, jagte er stattdessen das in der Gegend vorkommende *Ovis ammon ammon*, das Argali-Schaf. Doch es war der russische Fürst Elim Pawlowitsch Demidoff – der reichste Mann der Welt –, der die wahrscheinlich fetteste Beute machte, nachdem er im Geschäft eines Londoner Tierpräparators einige der verlockendsten Beutestücke aus dem Altai entdeckt hatte. 1898 sackte er 32 der größten Wildschafe auf dem Planeten ein, jedes Tier wog mehr als zwei große Männer, und ein einziges Horn hätte entrollt beinahe zwei Meter gemessen.

Angesichts seiner rauen Abgeschiedenheit genossen die Menschen im Altai-Gebirge den Ruf, selbstbewusst und autark zu sein. Es gab einiges gutes Ackerland, und die Gegend hatte lange Zeit zähe Zuwanderer mit an ihre Karren gebundenen fassbäuchigen Pferden und Kühen angelockt. Günstig war die Gegend auch für Russen, um dort Zuflucht vor der schlimmsten Zeit des Bürgerkriegs zu finden, der das Land seit ungefähr der Zeit der Hinrichtung des Zaren bis 1922 heimsuchte. Ich überlegte also, dass ein Klavier, das es bis hierher geschafft hatte, mit höherer Wahrscheinlichkeit nicht kaputtgegangen war, hier, wo dieser ruhige Grenzergeist immer noch andauerte. Das galt für die Ränder

Clement St. George Royds Littledale, ein Mitglied von Demidoffs Jagdgesellschaft im Altai, probiert einen Yak als Reittier.

der Region im Schatten des Ukok-Plateaus, in dem einige der tiefsten, den Archäologen bekannten Schichten der sibirischen Menschheitsgeschichte verborgen sind. Ich wollte näher an diesen Winkel der Berge, nahe am Südrand des Altai, besonders in ein Dorf namens Ust-Koksa, ein paar Hundert Kilometer von Ukok. Hier lebte ein ehemaliger Navigator der Aeroflot, der 41 Klaviere gesammelt und unter den in den Bergdörfern lebenden Kindern verteilt hatte. Wie die Dekabristen wollte er im sibirischen Hinterland Kultur und Bildung verbreiten.

Der Sammler war ein exzentrischer Bibliophiler namens Leonid Kaloschin. Mir schien es heroisch, dass er nicht nur Zehntausende Bücher, sondern auch Klaviere aus Moskau herbeigeschafft hatte – alles auf eigene Kosten. Hierher gezogen hatte ihn die esoterische Philosophie des russischen Autors Nicholas Roerich und seiner Frau Helena. Die Roerichs hatten während einer vierjährigen Mal- und Forschungsexpedition den Sommer 1926 im Ural verbracht, zu einer Zeit, als die Gräber der roten Kommissare noch frisch waren von den Verwerfungen des Bürgerkriegs.

Nicholas Roerich, geboren 1874 in St. Petersburg, war einer der großen Universalgelehrten Russlands im 20. Jahrhundert. Prominent wurde er zunächst als Archäologe, dann als Bühnenbildner für den Komponisten Igor Strawinsky und für Sergei Djagilew, Impresario und Gründer der *Ballets Russes*.[1] Roerich war ein exzellenter Maler. Seine Frau Helena war eine begabte Pianistin (ihr Onkel war der russische Komponist Modest Mussorgski). Die Roerichs waren zudem äußerst unkonventionell. Als sie sich nach Sibirien wagten und in das Altai-Gebirge gingen, begleitet von Wagner-Musik und einem tragbaren Grammophon, suchten sie nach dem mythischen Königreich Schambala, im tibetischen Buddhismus das irdische Paradies. Die Schriften des Ehepaares locken, nahezu ein Jahrhundert später, heute noch Anhänger hierher, Leute, die nicht nur den Glauben der Roerichs an die Existenz von Schambala teilen, sondern auch, wie die Dekabristen, denken, dass nur mithilfe der außerhalb der elitären städtischen Theater, Konzertsäle und Galerien verbreiteten Hochkultur die Humanität gedeihen wird. In den 1990ern, als die Russen eine Glaubenskrise durchmachten, begannen Leute aus dem ganzen Land in den Altai zu pilgern, in der Überzeugung, dass die Roerichs recht gehabt hatten – dass diese Gegend eine Art Shangri-La oder Verheißenes Land sei.

Das Paradies allerdings war noch nie leicht zu erreichen. Ust-Koksa, wo der Aeroflot-Pilot lebte, war eine Dreitagesreise von Nowosibirsk entfernt, eine Reise durch imposante Gegenden mit schmalen Bergsatteln, gemeißelten Klippen und riskanten Straßen. Der Altai war zudem ein geopolitischer Hotspot. Die Russen bauten eine neue Gasleitung durch die Berge, die Westsibirien mit China verband. Unter Ökologen und Einheimischen wuchs die Nervosität, sie wollten unbedingt sicherstellen, dass Bauprojekte geheiligten Boden unberührt ließen. Naturschützer wurden von den russischen Behörden unter Beobachtung gestellt. Eine englische Schriftstellerin, die in dieser Gegend nach Klavieren herumstöberte, mochte verdächtig wirken. So ließ ich mir also in Bijsk, einer Stadt auf der Mitte meiner Strecke im Altai, einen Rat geben und besorgte mir eine »Security«.

Der Name der »Security« war Onkel Witja – ein Geologe mit Freunden in nützlichen Positionen, der viel über Roerich wusste. Onkel Witja kannte auch den Aeroflot-Navigator. Und die Kriminellen, die einst in den Bergdörfern Amok liefen. In den 1990ern hatte er einen Angriff überlebt, Banditen hatten ihn mit Messern attackiert. Ich war im Januar unterwegs, ein Monat mit tiefem Schnee und Straßensperren. Ich brauchte jemanden, der sich auskannte.

Ich mochte ihn sofort. Onkel Witja trug eine wollene Zwergenmütze, der ständig seine dicken Locken entquollen. Er watschelte eher, statt zu gehen, und trug eine massive Brille. Wenn er im Auto saß, quoll sein Bauch so weit zur Seite, dass der Ganghebel nur schwer zu bedienen war. Es war etwas Beruhigendes an ihm – ein unbekümmerter Bär von einem Mann mit einem großzügigen Doppelkinn und Wangen, die beim Lachen schwabbelten. Onkel Witja wurde wichtig für meine Reisen in Sibirien, wie eine Art Glücksbringer. Wenn er bei mir war, fühlte ich mich sicher. Was immer Onkel Witja sagte, ich vertraute ihm. Er war warmherzig und witzig, in seinen Geschichten vermengten sich Mythen, Sowjetgeschichte und diverse zufällige metallurgische Beobachtungen.

Hin und wieder hielten wir an, um den Geistern Opfer darzubringen – in der Nähe von Quellen, hohen Pässen und geheiligten Steinmalen; Onkel Witjas einlullende Stimme war das Einzige, das ich über die weit hingebreiteten Ebenen hinweg hören konnte, wo die Straßen in der Entfernung verschwanden. Wir sprachen über verstreute Sojus-Raketen, und wie in der vollkommenen Weiße des Winters Sibirien ein perfekter Jagdgrund sein mochte, um Meteoriten zu finden. Wenn Steine auf der Schneedecke lagen, konnten sie ja nur aus dem Weltraum gefallen sein. Onkel Witja hatte lange Zeit als Geologe bei Feldforschungen zugebracht, und damals hatte er auch seinen ersten Yeti gesehen. Nun lebte er in einem Wohnblock in Bijsk, der Stadt, in der einst Raketentreibstoff für das russische Kosmodrom in Kasachstan gleich jenseits der Grenze produziert worden war.

Abgelegene Orte im Altai sind gesprenkelt mit Metallstücken, abgeworfen von sowjetischen Raumfahrzeugen. Es gibt ein solches Stück, aufgenommen im Jahr 2000 in der Republik Altai, es steht aufrecht in einem grünen Feld wie der Turm auf einem Schachbrett. Das Bild zeigt zwei Männer auf einer Krone aus zerknittertem Metall, aufgenommen im selben Moment, da ein Schwarm Schmetterlinge sich zusammenballt. Die Tiere schwärmen in einer dicken Wolke aus flatternden Flügeln, die Schmetterlinge sind weiß wie Schnee. Das Bild erzittert vor Vibrationen in der Luft, ein sausendes Schwirren vor dem grünen Grasschwall des Altai-Sommers. Das Bild fühlt sich an wie eine Art Paradies, ein Rückblick auf einen ungezähmten Planeten – roh, gesund und unbewohnt.

Je weiter wir in die Berge vordrangen, desto eindringlicher wurde das Gefühl von der Fülle der Natur. Die Landschaft besaß eine summende, überbordende Energie, während wir Richtung Belucha fuhren, einem der höchsten Gipfel Sibiriens. In Boris Pasternaks Autobiographie beschrieb der Verfasser des *Doktor Schiwago* den russischen Komponisten Alexander Skrjabin am Klavier und »eine unerhörte Verschmelzung von Tönen« – Musik, die auch die Auswirkung des Altai beschreiben könnte und das Gefühl, unvertrautes Terrain zu betreten. Die Schneekruste knarzte, als ich in Wehen hineinwatete, so hoch wie meine Schenkel. Wir passierten schmale Brücken, an denen Schneetroddeln von Drahtschlingen baumelten. Über den Waldbändern, welche die Berge drapierten, verfärbte sich der Himmel von Weiß zu Rosa. Als Schnee zu fallen begann, sahen die Flocken aus wie Diamantstaub, dann wie Splitter aus vibrierendem Gold. Der Altai ist ein wilder und verschlossener Ort, sagte Onkel Witja. Er sprach über eine Gruppe Freimaurer, von denen das Gerücht ging, sie hätten in den Bergen »Mondstädte« gebaut, und davon, dass auch er den Keller seiner Datscha bis zur Decke mit Kartoffeln füllte, um die Apokalypse überleben zu können. Er sprach wieder von Roerich, für den der Altai eine Art Schmelztiegel der Völker gewesen war.

Der russische Hang zum Mystizismus kann einem manchmal zusetzen, besonders am Rand Sibiriens, wo unter jedem Felsblock Aberglau-

Weltraumschrott im Altai, aufgenommen vom norwegischen Fotografen Jonas Bendiksen im Jahr 2000. Die Männer auf dem Bild sammeln Abfallmetall aus dem zertrümmerten Raumfahrzeug. Die weißen Flecken sind Schmetterlinge.

ben zu lauern scheint. *Ein Klavier, ein Klavier!,* sagte ich mir dauernd; ich musste zuerst das Objekt im Auge behalten, nicht die Symbole, die Russen in jede Erfahrung hineinlesen können und die auch mich ebenso leicht in Bann zogen wie Onkel Witjas Geschichten. Wenn ein Fotograf im Altai im selben Moment, in dem ein Schmetterlingsschwarm zu tanzen begann, ein Stück Weltraumschrott zu Gesicht bekam, dann würde ich ganz sicher auch ein Instrument für Odgerel finden.

»Natürlich werden Sie Erfolg haben«, nickte Onkel Witja, vollkommen überzeugt. »Sie werden im Altai nicht nur Musik finden«, meinte er ermutigend, »sondern auch ein Universum außerhalb aller Wahrnehmung.«

Wir kamen in ein in Winter gehülltes Tal, eine schlummernde, von einem Fluss durchzogene Landschaft. Wenn Kristalle von den gefiederten Zweigen fielen, fühlte es sich an, als wandere man durch einen Wolkenbruch. Wir überquerten Hochebenen und fuhren im Zickzack Serpentinen hinunter, im Russischen tragen sie den Spitznamen »Schwiegermuttterzunge«. Wir passierten uralte aufrecht stehende Steine, die unseren Übertritt aus dem modernen Russland markierten. Vertraute Ortsnamen wichen anderen Klängen, als wir uns einer älteren, turksprachigen Etymologie näherten, mit Wörtern, die die außerordentlichen Schichten der ethnischen Geschichte im Altai enthüllten, wo sich etwa vor dreitausend Jahren eine bronzezeitliche Zivilisation entwickelte und sich mit der Zähmung des Pferdes für den Dienst am Menschen auszubreiten begann.

Die Wurzeln der Altai-Kultur reichen bis zu den Pasyriken zurück, einem skythischen Stamm, der den Sattel erfand, sagte Onkel Witja, ebenso wie die Hunnen, Uiguren und Mongolen. In diesen Bergen gibt es eine Geschichte menschlicher Prähistorie, die den Altai zu einer weiteren Wiege der Menschheit macht. In wie Honigwaben ausgehöhlten Grotten haben Wissenschaftler eine hunderttausend Jahre alte Subspezies des Menschen entdeckt. Hier ein Fingerknöchelchen, dort ein Milchzahn. Insgesamt sind nur vier winzige Bruchstücke des »Denisova-Menschen« gefunden worden.

Dass diese Relikt-DNS nicht nur in Knochenfragmenten aus dem Altai zu finden ist, sondern auch im heutigen Ozeanien, ist ein spektakulärer Beweis für die Reichweite der homininen Wanderungsbewegungen und für den Umstand, dass sich verschiedene Subspezies prähistorischer Menschen wahrscheinlich vermischten. Die Entdeckungen unterstreichen auch die Vorteile der Abgeschiedenheit Sibiriens und lassen vermuten, dass noch viel zu entdecken ist. Dazu kommt der schützende sibirische Permafrost. Das Land fungiert als eine Art Trocken-Gefrierschrank und hat die Mumien früher Nomadenstämme konserviert, welche die Wissenschaftler aus den Kurganen oder unterirdischen Grabkammern im Altai ausgraben. Diese Kammern, gefüllt mit Gegenständen, die den Verstorbenen bei ihrer nächsten Wanderung helfen sollten, sind Schatzkästen voller Geschichten. Die beste ist jene der Prinzessin von Ukok, eine skythische Mumie, begraben vor etwa 2500 Jahren in der Überzeugung, dass ihr Tod eine Fortsetzung ihres Lebens sei. Über ihrer Grabkammer fand man Überreste von sechs Pferden. Neben ihrem

Kopf stand ein Schaffleischgericht, das noch nach den beim Kochen austretenden Säften roch. Die Prinzessin von Ukok – sie lag auf der Seite, »wie ein schlafendes Kind« – war mit einem Beutel mit Kosmetika, einem gelbseidenen, braun eingefassten Oberkleid und Goldplättchen auf die Reise geschickt worden. Sie hätte nicht aufgestört werden dürfen, sagten einheimische Schwarzmaler; das sei ein profanes Eingreifen in Welten, die wir nicht verstünden. Die Mumien des Altai gehören noch in diese Welt, und deshalb scheinen jedes Mal, wenn ein eisversiegeltes Grab geöffnet werde, Erdbeben zu folgen. Wir mischen uns ein in eine verlorene Mythologie, eingeschrieben in die Tätowierungen dieses uralten Volkes; jeder ausgemergelte Leichnam verfügt über eine Präsenz, die weit hinausgeht über Haut und Knochen, die diese Welt und das Nachleben ineinander verwirkt. Die Muster kräuseln und winden sich über sehnige Körper von der Farbe eingeweichten Leders: hier ein Rentier, dort der Flügel eines Vogels; ein Tiger mit Klauen und Streifen, ausgeschnitten wie eine Puppe im Schattenspiel; und die Frauen, wunderschön in seidenen Federn, Frauen, die lebten und kämpften wie Männer.

Dann eine weitere Dosis der harten sibirischen Realität. Auf unserem Weg zum Aeroflot-Navigator hielten wir an, um einen Klavierstimmer zu treffen, nebenbei auch noch autodidaktischer Rockmusiker. Er besaß einen Becker-Salonflügel aus den 1890er Jahren, Seriennummer 10511, den er nach einer Überschwemmung in einer Musikschule in der Gegend gefunden hatte. Er stammte von Altgläubigen ab und reparierte den Flügel, um ihn dann zu verkaufen. Bei Brot und Essiggemüse in einem Zimmer mit zu wenigen Sitzgelegenheiten unterhielten wir uns über Freddie Mercury. Er sprach über die Led-Zeppelin-Platten, die ihn ursprünglich auf die Musik gebracht hatten. Als in der Sowjetzeit schwer an amerikanische Rockmusik heranzukommen war, *hörten wir sie insgeheimst*, sagte er.

Insgeheimst. Das Wort schien das Herz des Altai zu beschreiben, wie die Vibrationen im Schmetterlingsschwarm oder das, was der englische Dichter Shelley als »Ahnung einer fern'ren Welt« beschrieb. *Insgeheimst* war eine Art zu leben in diesen Bergen, sagte Onkel Witja. Es war das, warum Leonid Kaloschin, der Aeroflot-Navigator, hier in einer Hütte auf einer Anhöhe über dem Dorf Ust-Koksa wohnte.

Leonid schien erfreut, mich zu sehen, als er die Stufen zur Tür herunterstürmte. Er war stämmig, trug ein schmales Stirnband, das seine wirren Haare aus seinem kraftvollen Gesicht hielt. Sein Händedruck war fest und sachlich, seine Augen zwinkerten grau. Er war charismatisch, über siebzig Jahre alt, wirkte aber wie fünfzig, als er seine wackelige Treppe wieder hinaufsprang, um uns den Kaninchenbau aus Gängen und Zimmern in seinem Haus zu zeigen.

Zwischen Bücherstapel waren eine schmale Küche und ein Bett gezwängt. Regale wanden sich aus dem Wohnbereich vorbei an einem kleinen Ofen in ein Hinterzimmer mit engen Laufgängen. Romane, Lyrik, Geschichtsbücher, eine Ausgabe von 1837 mit dem Titel *Taten Peters des Großen und Weisen*; eine Ausgabe von Byrons Gedichten aus dem Jahr 1902; eine bebilderte Ausgabe der Märchen von Oscar Wilde. Zwischen den Regalen stand ein Bild eines Passagierflugzeugs, eine hölzerne Skulptur von Helena Roerich im Lotussitz und ein Porträt von Ernest Hemingway. Auf der Fensterbank verströmten Geranienblätter den süßen, öligen Geruch des Sommers. In den Zimmern allerdings war es eiskalt. Leonid sagte, ihm sei das Geld ausgegangen, um Heizmaterial zu kaufen, er habe seinen Vorrat nicht auffüllen können. Wenn es knapp wurde, holte er sich Holz aus dem Wald, wobei er einen rostigen UAZ-Lieferwagen – ein sowjetischer Klassiker in Geschützgrau – benutzte, der neben seinem Haus geparkt war.

Zwanzig Jahre lang, von 1969 bis 1989, hatte Leonid als Flugnavigator auf Passagierflugzeugen der Aeroflot gearbeitet. In seiner Berufszeit war er beinahe elftausend Stunden geflogen, kreuz und quer durch die UdSSR. Dann ging er 1984 eines Tages zu einer Ausstellung der Bilder von Nicholas Roerich in Moskau. Leonid war verzaubert. Seit damals hatte er sich der Idee verschrieben, dass der Altai das spirituelle Herz Russlands sei.

»Ich habe meinen Job aufgegeben, um an einen Ort zu ziehen, wo ich nie gewesen war«, sagte Leonid. »Ich fand Arbeit bei der Flugüber-

Leonid Kaloschin, aufgenommen in seiner Bibliothek im Dorf Ust-Koksa, 2017.

wachung in Ust-Koksa, das habe ich gemacht bis zur Perestroika. Ich habe meine Bücher mitgenommen. Habe sie meinen Nachbarn geliehen. Habe begonnen, sie zu katalogisieren. Ich wollte eine Gemeindebücherei aufmachen.«

Ein Teil von mir dachte, es sei seltsam, dass dieser Mann die Sicherheit einer erfolgreichen Sowjetkarriere wegen der Versprechung einer Art sibirischen Schambalas aufgegeben hatte. Ein anderer Teil wusste, dass das sinnvoll war, dachte man an den Blick auf einige der schönsten Berge der Erde aus dem Fenster von Leonids Bibliothek. Was Leonids Interesse an Musik betraf: Dieses kam später, als er im Dorf Uymon einen kleinen Jungen kennenlernte, demselben Dorf, in dem die Roerichs wohnten, als sie durch den Altai reisten und bei einer Familie von Altgläubigen wohnten. Das Kind, das Leonids Klaviersuche inspirierte, versuchte auf einem Holztisch zu spielen, auf den eine Tastatur aufgemalt war.

»Als ich sah, wie sehr er sich wünschte, Musik zu hören, fuhr ich

Der erste Passagierflug von Moskau nach Nowosibirsk im Juli 1957 führte Sibirien näher an das europäische Russland heran als die Transsibirische Eisenbahn ein halbes Jahrhundert zuvor. Die Abbildung zeigt den Warteraum in einem sibirischen Flughafen, Januar 1964.

nach Moskau und kaufte ihm ein Instrument«, sagte Leonid. »Nichts Besonderes; es war eines von vier Klavieren, die ein alter Mann in seiner Garage für wenig Geld verscherbelte. Seit damals habe ich das immer wieder getan, Klaviere in den Altai gebracht.«

Mithilfe von Freunden und freiwilligen Helfern baute Leonid nun hinter seinem Haus einen Konzertsaal. Bald würde er einen Flügel für Aufführungen finden müssen. Der Konzertsaal würde eine perfekte Akustik haben, sagte er, für etwa siebzig Personen. Er sagte, er könne mir kein Instrument verkaufen, jedenfalls jetzt nicht; alle, die er in den Altai gebracht hatte, seien schlichte Pianinos, die er an Kinder verschenkte oder die einheimische Familien zu einem ganz geringen Preis kauften. Aber falls ich einen für seinen Saal geeigneten Flügel fände – der Becker der Altgläubigen klang interessant für ihn –, dann wäre er sehr dankbar, wenn ich das Geld dafür auftreiben könne. Er habe nicht viel; er lebe von seiner niedrigen Rente von der Aeroflot, aber für gewöhnlich komme er zurecht. Ja, würde die mongolische Konzertpianistin vielleicht hierherkommen und spielen, wenn der Konzertsaal fertig war?

»Aber hier ist es so abgelegen«, bemerkte ich mit dem Gefühl, dass sich die Sache umgekehrt hatte: Leonid bat mich, ein Klavier für ihn zu finden, statt umgekehrt.

»Die Welt ist sehr abgelegen«, sagte er, seine grauen Augen leuchteten. »Wir sind im Zentrum.«

10

Das Moskau des Ostens:
Harbin

ZU BEGINN MEINER Reisen in Sibirien waren mir die Erinnerungen von Thomas Preston untergekommen, dem britischen Konsul in Westsibirien während der Revolution. Der begeisterte Klavierspieler Preston lebte in Jekaterinburg, als Nikolaus II. als Gefangener der Bolschewiken dorthin kam. Es mag ein Land gewesen sein, das mit dem Ende des alten Regimes am Zerfallen war, aber es lebte auch noch von den russischen Musikgrößen des 19. Jahrhunderts, bezeugt von Stellen in Prestons Geschichte, wo er mehr über Tschaikowsky oder Alexander Glasunow zu sagen hat, als scharfsichtige politische Einsichten in die zerfallende soziale Ordnung zu liefern. »Ein Pass ... besonders in Russland«, so beschreibt Preston Musik. Mir gefiel auch, was ihm auffiel – im Besonderen das Bild, wie Klaviere in den letzten Zügen Sibirien verließen, während das Chaos die Herrschaft übernahm.

Preston sah den Wagen vorbeifahren, der die Romanows in das Ipatjew-Haus brachte, es stand ein paar Häuser vom britischen Konsulat entfernt. Nach den Hinrichtungen wurde er auch Zeuge, wie die Weißen und die Roten im Ural aufeinandertrafen und die Einwohner von Jekaterinburg überhastet flüchteten. An einem heißen Tag im Juli 1919 beschrieb er, wie auf einem einzigen Gleis fünfzig, sechzig Züge aufgereiht standen und die Bürger sich um einen Platz auf den Zugdächern und den Puffern rauften. Wer genug Geld hatte, kaufte ganze Waggons und stopfte sie voll mit Tresoren, teuren Möbeln und Flügeln. Alle strebten in die gleiche Richtung, auch Nikolai Sokolow, der Ermittler der Weißen in Sachen Romanow-Morde. Sokolow reiste mit drei Koffern und einer kleinen Holzschatulle, in der sich sein offizieller Bericht über die Morde befand, außerdem Kugeln, zersplitterte Edelsteine und ein Finger, wahrscheinlich von der Hand der Zarin abgeschnitten, um einen Ring abzustreifen.

Die Züge fuhren zuerst nach Omsk, dann über die Strecke der Transsibirischen Eisenbahn nach Tschita. Darauf nahmen sie die Nebenlinie südwärts nach Harbin, heute eine chinesische Metropole, damals aber eine russische Stadt jenseits der sibirischen Grenze in der von den Qing kontrollierten Mandschurei. Harbin, das Moskau des Ostens genannt, war brodelnd und kosmopolitisch, immer wieder überschwemmt durch den Fluss Songhua. Die Stadt besaß einen spröden Zauber, es gab Cabarets, massenhafte Prostitution und Banditentum. Aber zumindest fühlte sie sich frei an. Bereits 1907 erlebten im zaristischen Russland verbotene Stücke in Harbin ihre Premiere. Neben der Brutalität des Russischen Bürgerkriegs und dem Aufstieg des Bolschewismus wirkte der Freigeist in Harbin umso anziehender; die Stadt war voller Klaviere, sie gehörten brillanten frühen Jazzmusikern, die Harbin, eine der seltsameren Wendungen in der eurasischen Musikgeschichte, seinen Swing verliehen.

Harbin hatte eine eigenartige Entwicklung durchgemacht: Es war eine 1898 – damals schloss der Zar einen Vertrag ab, der es Russland erlaubte, eine Eisenbahn durch die Mandschurei zum Pazifik zu bauen –

Überschwemmte Straße in Harbin, 1932.

gegründete, außerhalb des russischen Staatsgebiets gelegene Enklave auf chinesischem Territorium. Innerhalb eines Jahrzehnts kamen russische Ingenieure, das kleine Dorf schwoll zu einer Stadt an, nicht zuletzt aufgrund des Zuzugs von russischen Juden, die vor den Pogromen im Ansiedlungsrayon geflohen waren. Auch rekonvaleszente russische Soldaten, denen man auf ihrer Rückkehr vom Russisch-Japanischen Krieg aufgelauert hatte, zogen es vor zu bleiben. Binnen kurzem fanden auch in Europa ausgebildete Architekten hier Arbeit und bauten Jugendstilvillen für die Neureichen der Stadt.

Um die Zeit der Oktoberrevolution lebten in Harbin ungefähr 100 000 Russen und etwa doppelt so viele Chinesen. Diese Zahlen schossen bald aufgrund des Zuzugs von Flüchtlingen aus dem Russischen Bürgerkrieg in die Höhe. Zeitungen erschienen auf Russisch, Chinesisch, Ukrainisch, Deutsch und Jiddisch. Bei festlichen Anlässen lenkten russische Droschkenkutscher in bunten Seidenhemden ihre schellenbesetzten Pferde die breiten Boulevards in Harbin auf und ab. Einige der Gebäude sahen aus wie direkt dem alten St. Petersburg entsprungen, blaue Kuppeln tüpfelten den Himmel. »Es war wie ein Traum des alten Russland«, schrieb eine Journalistin der *New York Times* 1923, »Schönheit an einem rauen und unschönen Ort.«

Dieselbe Journalistin beschrieb eine mit Argwohn gekoppelte Intimität in Harbin, wo die in der Stadt Zusammengepferchten einander voller Gier und Misstrauen beäugten. (Ehemalige Anhänger der Weißen, die in Harbin in dieser Zeit sowjetische Staatsbürger wurden, galten als »Radieschen«: außen rot, innen weiß.) Andere Berichte aus erster Hand beschreiben die halbverhungerten Frauen, die aus den Zügen stiegen. Sie wurden Beute der Mädchenhändler und der »Unterwelt-Oberschicht« in einer Stadt, in der Halsabschneider und Schmuggler buchstäblich mit Mord davonkamen und Leichen an den Telegrafenmasten baumelten. Es war eine Stadt, wo das Gesetz prekär war und das Nachtleben, so ein staunender 21-jähriger Angehöriger der Weißen Garden, bar jedes Anscheins von Sittsamkeit oder Nüchternheit. Champagner floss in Strömen bei den desparaten, durch den Krieg zusammengewürfelten Figuren, jede Angst vor dem Morgen verloren in einem trunkenen Nebel aus Vergnügung und nervöser Spannung. Es gab zwei Opernhäuser, sechs Theater und Varietés, die auf Hochtouren liefen. In dieser stürmischen Zeit kamen nicht nur viele Instrumente nach Harbin, sondern auch ein völlig neuer Musikstil.

Im Frühjahr 1917 wurde in New York die erste jemals produzierte Jazzplatte herausgebracht. Vier Jahre später sickerte der Jazz mit den amerikanischen Streitkräften, die am Ende des Bürgerkrieges Wladiwostok besetzten, in Sibirien ein. Im Gebiet um die Transsibirische Eisenbahn wurden Schallplatten weiterverbreitet, in den 1930ern ertönte die neue Musik in der ganzen Nation, und der russische Jazz entwickelte seinen ganz eigenen Klang.

In Harbin wurden Musiker Berühmtheiten, sie spielten im Eisenbahnklub, in Restaurants, Kinos, Theatern und Hotel-Ballsälen. Sie schafften es auf die Titelseiten von Zeitschriften und machten sich einen Namen, bevor sie in den Glamour von Schanghai weiterzogen, wo der Appetit auf Jazz der Franzosen, Briten und Amerikaner in den ausländischen Lokalitäten der Stadt viele russische Musiker in Lohn und Brot hielt. Die anarchische Freiheit der Improvisation passte zur zeitgenössischen russischen Kultur in Fernost, wo Big Bands und Ragtime in den Flüchtlingsansiedlungen dramatische Carpe-diem-Akkorde anschlugen. Zum Symphonieorchester von Harbin gehörten führende Kräfte, die in den großen russischen Orchestern Solisten gewesen waren. Die Erste Musikakademie von Harbin gehörte zu den besten Konservatorien in Asien. In der Stadt florierten etwa dreißig Musikschulen.

Unter den von dieser Kakophonie inspirierten Amateurmusikern war ein junger Ingenieursstudent, ein Sibirier aus Tschita an der Transsibirischen Eisenbahn: Oleg Lundstrem, dessen Familie 1921 aus Russland nach Harbin übersiedelt war. Als Lundstrem als Halbwüchsiger eine Aufnahme von *Dear Old Southland* von Duke Ellington in die Hände fiel, war es das: Der Swing begann. 1934 gründete Lundstrem eine Jazzband, sie sollte die am längsten bestehende der Welt werden. Oleg spielte Klavier, sein Bruder Igor Saxophon. In Harbin und dann in Schanghai, wohin die Geschwister 1936 übersiedelten, war die Lust auf seinen russisch ausgeschmückten Stil so groß, dass er schon sechs Jahre nach der Bildung seines neunköpfigen Orchesters »König des Jazz im Fernen Osten« genannt wurde.

Für Musikentertainer waren dies prächtige Zeiten. Es gab erstklassiges Cabaret und Ballett mit Künstlern und Künstlerinnen vom Moskauer Bolschoi-Ballett, die später nach Paris kamen, um am Folies Bergère Karriere zu machen. Russische »Prinzessinnen«, Anhängerinnen der Weißen, arbeiteten als Tanzgirls neben Zigeunerkünstlerinnen (die weniger attraktiven Frauen in Harbin, bemerkte eine amerikanische Journalistin 1933, waren eher in Zahnarztpraxen beschäftigt). Theater, Film, Operette, sie alle waren hoch in Mode. »Hier in Harbin erbebte das ganze Haus unter Bravorufen«, bemerkte die *New York Times*. Die größten Stimmen jener Zeit – Sergei Lemeschew, Alexander Wertinski, Fjodor Schaljapin –, sie alle kamen auf Tourneen hierher und traten im vom märchenhaft reichen, etwas umstrittenen russisch-jüdischen Besitzer Josef Kaspe erbauten Jugendstil-Hotel *Moderne* auf; Kaspe war um 1903 nach Harbin gekommen. Angeblich hatte er im Russischen Bürgerkrieg sein Vermögen durch den Handel mit Schmuck von Emigranten gemacht. Wie immer die Wahrheit aussehen mochte, sein Reichtum war jedenfalls so ansehnlich, dass er Handwerker aus Europa holte, um sein Imperium in Harbin aufzubauen. Er eröffnete eine Reihe von Theatern und ein Kino und engagierte ein ganzes Philharmonisches Orchester, das die Stummfilme mit Musik untermalte.

Eine kurze Zeitspanne lang wurde das Hotel *Moderne* die wichtigste Bühne für das Oleg-Lundstrem-Orchester. Wo war dessen Klavier geblieben?, fragte ich mich. Im *Moderne* sollte auch der jüngere Sohn des Hotelbesitzers 1933 auftreten. Semjon Kaspe, talentierter Konzertpianist und in Paris ausgebildet, kehrte nach Harbin zurück, um mehrere Konzerte zu spielen – ein Plan, der entsetzlich schiefging, als er an einem heißen Tag im August 1933 auf der Rückkehr von einer Gesellschaft entführt wurde. Als sein Vater sich weigerte, das Lösegeld zu zahlen – es ist unklar, ob Josef Kaspe bloß hoch pokerte oder einfach die geforderte riesige Summe nicht aufbringen konnte –, schickten die Entführer dem alten Mann in einem Umschlag die Ohrläppchen seines Sohnes.

»Mach schnell«, schrieb Semjon in einem Brief an seinen Vater. »Vergiss nicht, dass Menschen nur begrenzte Kräfte haben.«

Als sein Vater sich immer noch weigerte zu kooperieren, brachten die Entführer den jungen Pianisten um. Als man Semjons Leiche fand, war sie von Folter so entstellt, dass Josef Kaspe angeblich den Verstand verlor.

Das Motiv für den Mord war ein politisches, nicht nur Geldgier. Zur Zeit von Semjons Entführung wehte eine französische Flagge auf dem Hotel *Moderne*, da Kaspe den Besitz an seine beiden Söhne übertragen hatte, welche die französische Staatsbürgerschaft besaßen. Auf diese Weise, zumindest nahm Kaspe das an, würde er bei den Japanern Immunität genießen, die 1931 in die Mandschurei eingedrungen waren und den Marionettenstaat Mandschukuo errichtet hatten. Die Japaner

Der Konzertpianist Semjon Kaspe, 1931.

wollten das Hotel in die Hände bekommen, das ikonenhafte Symbol der Stadt.

Faschisten auf der Seite der russischen Weißen, die als Stellvertreter der Japaner fungierten, befanden sich unter denen, die man der Entführung Semjons verdächtigte. Doch der Richter wurde eine Woche nach dem Urteilsspruch ermordet. Die Verdächtigen wurden einige Jahre später noch einmal angeklagt und für nicht schuldig befunden. Die liberale Atmosphäre in Harbin mag in kreativer Hinsicht spannend gewesen sein, doch sie war auch vergiftet durch einen hasserfüllten Zusammenprall der Ideologien, Korruption, Terror und einen brutalen Antisemitismus.

Als der japanische Einfluss in der Region zunahm, wurde das gewohnheitsmäßige Entführen und Erpressen eine Art Hausindustrie. Während der ein Jahrzehnt währenden Okkupation, die erst mit der Niederlage Japans im Zweiten Weltkrieg endete, verschärften sich die

Spannungen so sehr, dass sich mehr als 20 000 russische Einwohner in Harbin entschieden, in die UdSSR repatriiert zu werden. Unter ihnen war Natalia Spirina, eine Schülerin Roerichs, der es gelang, ihr geliebtes Pianino zurück nach Sibirien mitzunehmen. Das Schröder-Pianino von 1910, Seriennummer 36494, hat bis heute in Sibirien überlebt.[1]

Ein großer Teil der *Harbinzky* – ethnische Russen aus Harbin – erlitt ein weniger gnädiges Schicksal. Sie kehrten nach Russland zurück, nur um im Gulag zugrunde zu gehen, wegen ihrer Verbindung zu den Weißen im Bürgerkrieg oder einer angeblichen Kollaboration mit den Japanern. Andere fühlten sich von der Sowjetpropaganda hintergangen, weil die Wohnungen, die man ihnen versprochen hatte, nicht fertig waren. Man ließ die Rückkehrer mitten im Nirgendwo mit ihrem Gepäck sitzen, darunter hin und wieder auch ein Klavier, das dann im sibirischen Regen kaputtging. Russische Juden, Anfang der 1920er Jahre die zweitgrößte Bevölkerungsgruppe in Harbin, flüchteten nach Australien oder Palästina. Einige schafften es bis Kalifornien, andere nach Südamerika. Zu bleiben war keine gute Option. Von 1936 bis 1945 machten die Japaner aus einem Vorort von Harbin ein Forschungszentrum für biologische Waffen, wo Tausende Gefangene, darunter Chinesen, Koreaner, Russen und Juden, schaurigen Experimenten an Menschen unterzogen wurden.

Heutzutage ist Harbin eine der neuesten Megacitys der Volksrepublik. Es prunkt mit vielspurigen Schnellstraßen, supermodernen Hotels und einem silbrig glänzenden Weltklasse-Opernhaus. Der enorme Reichtum der Stadt fließt aus den nahegelegenen Ölfeldern von Daqing, jeder Eisenellbogen pumpt in einem stetigen, synkopierten Rhythmus, während die chinesischen Hochgeschwindigkeitszüge wie plattnasige Flugzeuge vorüberflitzen. Nach den rippenschmalen Siedlungen Sibiriens, wo die Züge sich durch die leere Steppe vortasten, fühlt sich der Trubel in Harbin wie ein Systemschock an.

Ich verbrachte vier Tage damit, in dieser Stadt mit über zehn Millionen Menschen eine lebendige russische Verbindung zu sibirischen Klavieren zu finden. Stattdessen entdeckte ich, dass die Akten zum Fall Kaspe von der chinesischen Regierung immer noch unter Verschluss gehalten werden. Alle bedeutenden Zeitzeugen, die mit der russischen Diaspora in Verbindung standen, waren entweder umgekommen oder vor vielen Jahren geflohen. Die Einzige unter diesen frühen Emigranten, die ich aufspüren konnte, war eine 85-jährige russisch-chinesische Frau, die zuerst einem Treffen zustimmte, sich dann aber wieder zurückzog. Ich bat einen israelischen Wissenschaftler um Hilfe, Professor Dan Ben-Canaan, Gründer des Jüdischen Kulturbundes von Harbin, der an der Universität lehrte. Er hatte über Kaspe und die jüdische Geschichte von Harbin publiziert. Und er hatte viel dazu getan, die alte Architektur zu schützen.

Doch die russischen Gebäude in Harbin waren nicht mehr das, was sie einmal gewesen waren. Alles außer einer Handvoll Datschas aus der Zeit um 1900, in denen die russischen Eisenbahnbeamten gelebt hatten, war abgerissen worden. Die orthodoxe Kathedrale der heiligen Sophia, deren Glocken einst in den Straßen von Harbin erklungen waren, war in ein Museum umgewandelt worden. Die Alte Synagoge – ein seltenes architektonisches Überbleibsel, da während Maos Kulturrevolution achtzig Prozent der fünfzig Synagogen und Kirchen verwüstet worden waren – war jetzt ein Konzertsaal. Die einzige noch aktive russisch-orthodoxe Kirche amtierte im Hinterzimmer eines alten Geschäfts neben einer Zahnarztpraxis; geleitet wurde sie von einem chinesischen Priester, und an dem Tag, an dem ich dort war, waren dreizehn Gläubige anwesend. Was noch existierende russische Klaviere betraf, so erfuhr ich, dass es Mao Zedongs Witwe, die Klaviermusik mochte, nicht ganz gelungen war, dem Klavier seinen westlichen, »bourgeoisen« Ruf zu nehmen. »Während der chinesischen Kulturrevolution«, schreibt ein zeitgenössischer Historiker, »verglich man das Klavier mit einem Sarg, in dem die Noten klapperten wie die Knochen der Bourgeoisie.« 1966 schlugen Maos Rote Garden Instrumente in Stücke, plünderten Musikschulen und versperrten Tastaturen. Ihre Terrorkampagne trieb Solisten in den Selbstmord.

Heutzutage sind in China viele russische Klavierlehrerinnen und -lehrer tätig. Die russische Pädagogik wird geschätzt in diesem Land; die brillanten Virtuosen Chinas profitieren immer noch von einer Migration des intellektuellen Kapitals aus Russland. Aber es schien mir sonderbar, dass ich hier in einem Land war, das heute Klaviervirtuosen zu seinen wichtigsten kulturellen Exportgütern zählt, es aber trotzdem nur vernachlässigbare Nachweise für die wunderbaren alten russischen Künstler gab, die so viel geleistet hatten, um Klaviermusik dem chinesischen Gehör vertraut zu machen. Hin und wieder eine reproduzierte Fotografie in einer Museumsvitrine oder einer Hotellobby. Ich fand ein Klaviergeschäft, einen Stimmer, aber absolut keine Spuren alter Instrumente. Das einzige alte Klavier, das ich in all den Tagen meiner Suche aufspürte (aber nicht berühren durfte), stand in einem Restaurant, wo man Touristen Borschtsch servierte.

Dann ein vielversprechender Hinweis. Ich erfuhr von einem russischen Musikwissenschaftler etwas über eine Sammlung von Überlebenden, die meisten russische Klaviere, in einem kleinen, von einem engagierten chinesischen Wissenschaftler zusammengestellten Museum. Ich besuchte die Klaviere in einem neuen Gebäude, gestaltet wie etwas dem zaristischen St. Petersburg Entronnenes – eine taktvolle Reverenz, sagte man mir, gegenüber einer wirtschaftlichen Annäherung der beiden Länder. Ein, zwei Klaviere, die in den Ausstellungsräumen aufgestellt waren, waren japanisch, die meisten aber russisch. Von den Instrumenten aus der vorrevolutionären Zeit trugen beinahe alle die gleiche Inschrift: »Musikschule Harbin«.

Es war das »Zimmer 101«[2] meiner Geschichte. Während ich zwischen den geretteten Überbleibseln herumwanderte, fand ich kein einziges Instrument, das mit der Geschichte eines Individuums in Verbindung stand, seien es nun der Geist von Lundstrem, Kaspe oder irgendeinem der bescheidenen russischen Lehrer und Vortragskünstler, die der Stadt ihre kurze und glänzende Rolle in der Musikgeschichte beschert hatten. Es war, es hätte es vor Mao keine Vergangenheit gegeben, kein Individuum vor dem Staatseigentum. Vor allem aber war es, als hätten keine spektakulären Flüchtlinge existiert, die diesen brillanten frühen Sound des Jazz mitgebracht (und hinterlassen) hatten, als die Klaviermusik aus den Händen der Intelligenzija hinauszusickern begann, um innerhalb und außerhalb der eurasischen Grenzen Sibiriens neue Gesellschaftsschichten zu inspirieren. Die Sammlung war bedeutend angesichts dessen, wie wenig von Russlands wahrer Geschichte in China geblieben ist, aber es fehlte auch viel. Ich sehnte mich danach, zu erfahren, wer dieses oder jenes Instrument gespielt hatte, wessen Finger die Liebe, den Schmerz des Exils in Harbin ausgedrückt hatten. Ein Gefühl der Dystopie befiel mich, darüber, wie ein Objekt seine Bedeutung verlieren kann, wenn es die Geschichte seines Besitzers verloren hat, wie ein von seiner Seele losgelöster Körper, wie ein Flüchtling ohne sein Heimatland.

St. Petersburg · Moskau · Salechard · Tjumen · Jamal-Halbinsel · HOHER NORDEN · Igarka · Polarkreis-Eisenbahn (Linie 501) · SIBIRIEN · Polarkreis · Ural · Ob · Jenissei · Lena · Amur · Transsibirische Eisenbahn · Baikalsee · Nördliches Eismeer · Pazifik · Ochotskisches Meer · CHINA · Harbin · Wladiwostok

II

Beethoven in einem *Roten Tschum*: die Jamal-Halbinsel

IN HARBIN WAR das Leben eine fließende, sprudelnde Improvisation, wie ein brillantes, unvorhersehbares Jazz-Set, das sich seinen Weg zur nächsten Note vortastet. Das Glitzern einer Paillette, das Flattern eines Rocks, der Anblick eines hübschen Knöchels in den Tanzklubs genügte, um einem das Leben lebenswert zu machen, zumindest für den Augenblick. In Harbin hatten Russen nicht Stalin hinter sich sitzen, wenn er in seiner Loge im Bolschoi-Theater Schostakowitsch hörte. »Chaos statt Musik«, so war der Artikel in der *Prawda* betitelt, zwei Tage nachdem Stalin 1936 Schostakowitschs beliebte Oper *Lady Macbeth von Mzensk* gehört und mittendrin das Opernhaus verlassen hatte.

Die UdSSR der 1930er Jahre erlebte zwar einen unvergleichlich besseren Lebensstandard, hatte aber auch ein Trauma von bisher nicht dagewesenem Ausmaß zur Folge. Mit seiner Massenkollektivierung schuf

Stalin riesige Staatsfarmen und kettete dadurch Bauern in der sogenannten zweiten Leibeigenschaft Russlands an den Boden. Neben der Agrarrevolution riss die Industrialisierung das Land in das 20. Jahrhundert, aber unter astronomisch hohen menschlichen Kosten durch Hungersnöte und Umweltzerstörung. In der Ukraine verhungerten allein Anfang der dreißiger Jahre geschätzte 3,9 Millionen Menschen.

In den musikalischen Künsten kam es im Gefolge des »großen Rückzugs«, wie der Historiker Nicholas Timasheff Stalins Politik der dreißiger Jahre beschrieb, zu allen möglichen Missverhältnissen. Während die Sowjetkultur sich mehr und mehr abschottete, splitterte sich die Musik in ein Spektrum von Innovationen auf, manchmal beliebig, manchmal von echtem Wert. Die Ästhetik des Sozialistischen Realismus löste die relative künstlerische Freiheit der zwanziger Jahre ab: Rückkehr zu einer romantischen Musiksprache, manchmal aggressiver Nationalismus und ein starker Widerstand gegen die Avantgarde. Es entwickelte sich ein neues Genre des Massengesangs, und der Eingriff des Staates – manchmal verdeckt, ein anderes Mal ganz offen – half, aus der Musik ein mächtiges ideologisches Instrument zu machen. Eine strikte Zensur ließ Künstler aller Genres in Angst erbeben, wo in Stalins Hierarchie der Ideen ihre Werke abgeheftet werden würden, und alles, was den Komponisten blieb, um sich zu schützen, war die inhärente Mehrdeutigkeit der Musik: Man kann heraushören, was man möchte. Das ist einer der Gründe, warum Musiker vergleichsweise weniger durch Stalins Geheimpolizei, den NKWD, gefährdet waren als andere. Musiker waren auch wegen des Propagandapotenzials der Sowjetvirtuosen im In- und Ausland geschützt. Trotzdem, in den härtesten Jahren der Unterdrückung kam es zu einer Eskalation der Angriffe auf jene Musik, die nicht im Einklang mit sowjetischen Werten stand. (So hatte Schostakowitsch zum Beispiel immer einen mit dem Notwendigsten gepackten Koffer bereit, da er jederzeit verhaftet werden konnte.) In den 1930ern waren Drohungen omnipräsent: Das Getuschel eines Nachbarn, eine Andeutung von westlichem Einfluss, ein Häuflein trotziger Noten konnten ins Arbeitslager führen.

In diesem einzigen Jahrzehnt verdoppelte, dann verdreifachte sich die Zahl der Gefangenen im Gulag. Historiker sind sich uneinig darüber, welche Bedeutung die Ermordung des Spitzenfunktionärs Sergei Kirow im Jahr 1934 hat; sie war jedenfalls der Auslöser, den Stalin nötig hatte, damit seine Angst vor einer Konterrevolution sich zur Paranoia auswuchs.[1] 1936 war sein scharfes Vorgehen zum Großen Terror eskaliert – eine zwei Jahre dauernde Attacke, während der es zu Anklagen wegen Verrat und Terrorismus gegen einige der mächtigsten Personen im Politbüro kam. Niemand war sicher. Diese Kultur des Misstrauens betraf jede Art Bürger – Arbeiter, Bauer, Pianist oder hochrangiger Funktionär –, und etliche neue, 1937 erlassene Bestimmungen spannten das Netz für Festnahmen nur noch weiter.

In dieser Epoche intensiver Umwälzungen begannen die Menschen sich auf der Suche nach Sicherheit und günstigen Gelegenheiten auf Wanderschaft durch die UdSSR zu begeben. In der Folge davon erlebte Sibirien den dramatischsten Umschwung seiner Geschichte, und die Bevölkerung schwoll allein in den dreißiger Jahren um dreihundert Prozent an. Unter den Zuwanderern waren Zwangsarbeiter, die nach Sibirien geschickt worden waren, um im Gulag zu rackern, Opfer der Hungersnot auf der Suche nach einem besseren Leben, Zehntausende Polen und Angehörige anderer unterdrückter ethnischer Gruppen, die gezielt deportiert wurden, sowie Russen, angelockt vom plötzlichen wirtschaftlichen Wachstum der Industriestädte Sibiriens. Dieser Zufluss war daran mitbeteiligt, die vorher geschlossenen ethnischen Gruppen in Sibirien aufzubrechen. Die »Völkerfreundschaft« der UdSSR unterstützte zwar den Multikulturalismus, sie wurde aber strikt von Moskau kontrolliert. Stalin gestaltete auch die autonomen Republiken und Verwaltungseinheiten derart um, dass die indigenen Völker Russlands, von denen viele der Ideologie des Regimes gegenüber resistent waren, noch weiter gespalten wurden; ihre neuen sowjetischen Identitäten und der Vorrang der russischen Sprache standen im Vordergrund.

Für Völker wie die Nenzen, die traditionell in kleinen Gruppen mit ihren Rentierherden durch die Arktis zogen, wurden extra staatliche Internate gegründet, um ihnen beizubringen, wie man Russisch las und eine gute kommunistische Arbeitskraft wurde. Die Nenzen leben immer noch auf der Jamal-Halbinsel, die wie ein krummer Finger dort vorragt, wo der Ural am Polarkreis ausläuft. Selbst heute noch ist ein Teil der Nenzen über tausend Kilometer im Jahr auf einer jährlichen Rundwanderung unterwegs, auf der Suche nach Flechten, die von ihren Herden abgegrast werden. Unter den Sowjets wurden die jungen Leute nicht nur von ihren Traditionen, sondern auch von ihren Familien abgeschnitten.

Auch die Musikerziehung bei den Nenzen änderte sich, nun, da sie fern von den Wiegenliedern ihrer Mütter aufwuchsen. Zudem tauchten Propagandabrigaden in der Tundra auf, mit allen möglichen neuen Ideen über die sowjetische Lebensweise. Die Brigaden brachten Musikinstrumente in Kulturheime, die gegründet wurden, um die grundlegenden sozialen Dienste bereitzustellen und zugleich ein sesshaftes Leben rund um Rentier-Kolchosen zu propagieren. Wenn es keine festen Treffpunkte gab, reisten die Sowjets eben mit ihren Ideen. Auf der Jamal-Halbinsel quoll die Musik aus den *Roten Tschums*, den Spitzjurten, den wie Tipis geformten traditionellen Zelten aus Rentierfell, die mit Filmprojektoren und kurbelbetriebenen Grammophonen durch die Tundra unterwegs waren. Diese mobilen Schulen brachten Versorgungsleistungen, darunter tierärztliche und medizinische Hilfe. Zudem fungierten sie als sowjetisches Experiment in Akkulturation.

Die sich nicht am Wandel beteiligen wollten, gingen mit ihrem einheimischen Schamanismus in den Untergrund. Sie wanderten zu entlegeneren Weiden. Da sie sich in dieser Zeit der »galoppierenden Sowjetisierung« – darunter eine Industrialisierung in nie gekanntem Ausmaß – nicht den kollektiven Regeln anpassen wollten, begannen die Nenzen die sowjetischen Handelsstützpunkte zu sabotieren und lehnten sich, so gut es ging, in gemeinsamen Revolten auf; die schlimmsten Jahre der Repression, 1937/38, betrachteten manche Gruppen der Nenzen als Krieg.

Die Abkehr vom Nomadentum führte zu Ziellosigkeit, die schnell in alkoholbedingtes Chaos kippte. Andere wurden vollkommen verführt durch das, was sie sahen und hörten, wie eine Nenzen-Frau, die ich traf; sie beschrieb, wie seltsam diese Besuche durch die *Roten Tschums* waren, zumindest am Anfang, als sie als Kind auf einem Schirm in einem Zelt einen Panzer auf sich zurasen sah. Sie und die anderen Kinder, erschreckt von dem, was sie nur für Zauber halten konnten, wollten unbedingt hinter den Schirm blicken, um zu sehen, wer oder was diese bedrohlichen Geräusche hervorrief. Die Musik verblüffte sie, bis sie sich nicht nur allmählich an die Neuankömmlinge gewöhnten, sondern sich nach mehr sehnten. Im Klub der Siedlung pflegte dasselbe Nenzen-Kind eine Münze in der Hand zu wärmen und sie an das frostbereifte Fenster zu drücken, als Guckloch im Eis, damit es den Filmen für Erwachsene zusehen konnte. Wie dieses winzige, kopekengroße Loch im Fenster über die Jahre größer wurde – und Russen sehr verschiedener Kulturgeschichten miteinander in Verbindung brachte –, das schien mir eine starke Parabel dafür, was mit Sibirien über Jahrhunderte komplizierter Assimilation geschehen war. Ich war fasziniert davon, und während ich nicht erwartete, in der Tundra einen große Zahl an Klavieren zu finden, wollte ich doch wissen, ob es noch irgendwelche Nachweise gab – selbst bloß einen exzentrischen Sonderfall, um die Phantasie zu fesseln.

Salechard ist die wichtigste Siedlung auf der Jamal-Halbinsel am Rand des Polarkreises. Sie liegt nahe der Mündung des Ob, der längsten Trichtermündung der Welt. Die Halbinsel reicht nach Norden weit hinaus über den Punkt, wo keine Fichten mehr wachsen, wo der zerfranste Rand Nordwestsibiriens in das Arktische Meer ragt. Hier oben ist der Himmel »von einem tiefen Blau, wie ein Wasser-Himmel«; so die Beschreibung durch den Entdecker und Wissenschaftler Fridtjof Nansen, als er 1913 nach Jamal kam. Nansen, berühmt wegen seines 1895 unternommenen Versuchs, den Nordpol zu erreichen, kam über das Meer von Norwegen nach Sibirien, um das Potenzial einer nördlichen Handelsverbindung mit dem sibirischen Binnenland via Arktis zu erforschen. Ich kam mit dem Zug aus Moskau, eine Reise, die auf der letzten Etappe am Rand des Polar-Ural entlangführte.

Unterwegs auf der Jamal-Halbinsel, bevor Hubschrauber etwas Alltägliches wurden. Damals wie heute ist Jamal schwer zugänglich. Man verwendet außer Dienst gestellte Panzer, ihre Baggerreifen sind ideal für die Tundra, wenn sich der Boden im Sommer in Sumpf verwandelt.

Als ich Salechard verließ, um noch weiter nach Norden in die Tundra zu fahren, herrschte heftiges Schneegestöber, der Schneesturm trieb in rauchigen Verwehungen dahin, während wir auf einem Amphibienfahrzeug den Ob überquerten. Im Zweiten Weltkrieg waren deutsche U-Boote in diese Gewässer geglitten, während der tollkühnen *Operation Wunderland*, die zum Ziel hatte, die sibirischen arktischen Seewege zu kontrollieren. Trotz seiner strategischen Bedeutung damals wie heute ist Salechard nach wie vor isoliert. Es gibt immer noch keine Brücke über den Ob zwischen dem Bahnhof in Labytnangi am nördlichen Ausläufer des Ural und Salechard auf der gegenüberliegenden Flussseite. Im Sommer erreicht man Salechard über eine Fähre. Während der Schneeschmelze im Frühsommer, wenn der Fluss von Eisschollen verstopft ist, benutzen die Einheimischen den Hubschrauber.

Je weiter nördlich wir kamen, desto mehr schien die Sonne die Erdoberfläche anzustupsen. Wo der Schnee von gefrorenen Tümpeln weggeweht war, hatte das Eis die Farbe von Zinn. Wir passierten liegengelassene Eisenskelette – von Baggern, Lastautos und Bohrmaschinen, die in den Erdmulden der riesigen natürlichen Gasvorkommen stecken geblieben waren. Als der Tag sich der Dämmerung zuneigte, wirkte das Land immer einsamer. Dies war nicht das »Zukunftsland«, wie Nansen Sibirien nannte; es fühlte sich eher an wie der Beginn der Zeit.

Nansen hatte seine Russlandreise sehr gefallen – das Rot der Sonnenuntergänge, die wogende Fläche des Meeres, die hin und her schießenden Raubmöwen, die über einen bleiernen Ozean glitten. Er beschrieb, wie er dem Wimmern und Summen des Funkgeräts gelauscht hatte, wie das Wasser um Mitternacht gegen das Schiff platschte, was oft als das Geräusch der Brandung an einem illusionären Ufer missverstanden worden war. Zur Unterhaltung hatte er ein Grammophon. Die Nenzen erzählten Nansen, in Salechard hätten sie bessere Musik gehört.

Das stimmte wahrscheinlich, denn inzwischen hatten Klaviere bereits diesen Winkel Sibiriens erreicht; besonders ein Instrument machte Ende des 19. Jahrhunderts eine ungewöhnliche Reise rund um die Jamal-Halbinsel. 1893 spielte eine viktorianische Jungfer namens Helen Peel Klavier für die Matrosen auf der *Blencathra*, einem britischen Schiff, das 1600 Tonnen Schienen für die neue Transsibirische Eisenbahn transportierte. Das Klavier war mitgekommen, um einen Mr. Popham auf der Geige und einen Mr. James auf der Flöte zu begleiten. Miss Peel, deren ehrgeiziges Ziel, am Nordpol Erdbeeren zu essen, niemals realisiert wurde, kehrte auf dem Landweg durch Sibirien heim, aber das Schiff – und das Klavier – blieben.

Nansen berichtet, wie das zähe kleine Schiff noch etliche Vorstöße in den Jenissei unternommen hatte, bevor es 1912 spurlos verschwand, nachdem es nahe der Jamal-Halbinsel im Eis stecken geblieben war. Vom Schiff oder der Besatzung war ein Jahr lang nichts zu hören. Nansen dachte, es gebe eine winzige Chance, dass es, statt zu sinken, noch im Packeis eingeschlossen sei und irgendwo nördlich des Eismeers dahintreibe. Er hatte keine Ahnung, dass vierzehn Überlebende tatsächlich das Schiff verlassen und eine aus einem seiner früheren Bücher, *In Nacht und Eis*, abgezeichnete Karte benutzt hatten, um ihren Weg quer über das gefrorene Wasser nachhause zu finden. Nur zwei Männer überlebten diese Reise.

Wo war das Klavier von dem verlorenen Schiff jetzt? Ich stellte mir vor, wie das Instrument in einem Eismeer trieb, wie seine Tasten zwischen einer Schar Seehunde angeschwemmt wurden, die Noten umrankt von den Klick- und Trillerlauten eines Belugawals. Ich fragte mich, ob das Klavier von der *Blencathra* eines Tages neben dem Ofen in einer Fischerhütte wiederauftauchen würde, oder als ein tonloses Möbelstück, seiner Saiten beraubt, um Schlingen für Polarhasen daraus zu fertigen. Je weiter hinein in die Weiße ich fuhr, desto seltsamer schien es, dass irgendwelche Menschen hier draußen leben wollten. Dann tauchte gegen Ende des Tages am anderen Ende einer glatten weißen Ebene eine Siedlung neben einer Kirche auf.

Die Kirche, die auf einem gedrungenen Hügel stand, war von kleinen, im Cartoon-Blau kalifornischer Swimmingpools gestrichenen Kapellen umgeben. Den Lagerplatz umgürteten eine Gruppe goldener Kruzifixe und ein Saum aus Bäumen. Hier hatte Anna Nerkagi vom Volk der Nenzen, Autorin und Kämpferin für die Rechte der Ureinwohner, eine freie Schule gegründet. Sie kam heraus, um mich zu begrüßen – eine winzige, vogelähnliche Frau, die mir nur bis zur Schulter ging. Hinter ihren weiten Röcken versammelten sich die Kinder, sie trugen aus Rentierfell gefertigte Umhänge mit tütenförmigen Kapuzen und Flicken in Weiß und Braun wie bei einem von Picassos Harlekins. Annas Bruder trug eine Art Tunika und einen dicken Ledergürtel mit einem Messer in einer Scheide und einem Beutel Schnupftabak. Andere Männer in der Gemeinde trugen *Pimy*, lange, schenkelhohe Fellstiefel, umschnürt mit bunten Bändern und Troddeln. Einige der jüngeren Männer hatten Militärhosen und Trainingsanzüge an.

In den 1990er Jahren hatte Anna Proteste gegen die Invasion des Territoriums der Nenzen durch die Industrie angeführt. Als man Straßen durch Jamal baute, hatten sie Gasfelder und Bohrtürme im Gefolge, die die alten Wanderungsrouten der Nenzen störten. Nun aber hatte sie den Wandel akzeptiert. Aber Anpassungsfähigkeit liegt in der Geschichte der Nenzen; ohne sie hätten sie niemals überlebt. Annas inspirierende Unternehmungen – den jungen Nenzen die herkömmlichen Methoden für ein Überleben in der Tundra beizubringen – sind ihr bester Versuch, ihrem Volk zu helfen, zumindest an einigen der alten Sitten festzuhalten. Sie hilft der Gemeinschaft, durch bescheidenen Tourismus Geld zu verdienen. Und sie ist zudem eine fromme Christin und hat verschiedene Geldquellen angezapft, um die Kirche erbauen zu können.

Wir ließen uns im *Tschum* nieder, es gab heißen Tee. Anna bot mir in dünne Scheiben geschnittenen gefrorenen Fisch an und Rentierfleisch, so zäh wie Schuhleder. In unserer Unterhaltung herrschte immer wieder bedeutsames Schweigen, während wir uns an die Anwesenheit der jeweils anderen gewöhnten, als warte jede auf jemanden, um das Schweigen zu brechen. Als wir das Essen im Zelt herumreichten – die Frauen saßen auf der einen Seite, die Männer auf der anderen –, fragte ich Anna nach Musik.

»Die einzige Musik, die Sie in der Tundra hören werden«, blaffte Anna, »ist das Pfeifen des Kessels auf dem Feuer.«

Ich war wohl zu abrupt mit meiner Fragerei gewesen und würde eine andere, sanftere Zugangsweise finden müssen. Ich wusste, dass Anna tapfer und von ihren Leuten respektiert war. Ich wusste auch, dass die Nenzen ein klein wenig musikalische Geschichte hatten. Ich hatte gelesen, dass ihre mündlichen Überlieferungen eng an elementare Geräusche gebunden waren – das Knistern von Feuer und Holz, das Sausen des Windes, ein Metallpickel, der ein Loch in einen zugefrorenen See hackt. Ich hatte Aufnahmen von Nenzen gehört, die Vogelgesang imitieren konnten. Als Kinder sangen sie, um bei der Jagd zu helfen. Die Kinder lagen im Schnee, die Füße in der Höhe, um den Vögeln vorzumachen, ihre Beine seien Gänsehälse. Das lockte neugierige Vögel an, die die Männer dann mit Netzen fingen oder abschossen. Musiker in Salechard hatten mir erzählt, wie Gesänge in den Wiegenliedern der Nenzen weiterlebten, in den schamanistischen Ritualen und ekstatischen Riten. In Jamal hatte die Musik eine Rolle im Überleben zu spielen, wie die Anwesenheit eines Freundes. Musik bot eine Möglichkeit, die extreme Monotonie an einem leeren Ort zu ertragen. So wie die Musik es Maria Wolkonski gestattete, während ihres Exils noch die Verbindung zu ihrer urbanen europäischen Kultur zu bewahren, so half der Gesang den Nenzen, sich an dem Teil ihrer Identität festzuhalten, den die Russen nicht zerstören konnten, als sie ihre Überlieferungen angriffen und ihre Schamanen verfolgten.

War das alles verschwunden? Würde ich etwas von ihrer raren Liedtradition hören, die Musikwissenschaftler so sehr fasziniert – eine Tradition, die »keine einzige Spur westlichen Einflusses« aufweist? Wo waren die Zaubertrommeln? Die mit Geweihenden geschlagenen gespannten Rentierhäute? Vielleicht musste ich akzeptieren, dass ich ein Jahrhundert zu spät dran war, dass das Glaubenssystem der Nenzen bereits durch zaristische Missionare und dann durch die heftigen Angriffe des Staates auf die Religion in den 1930ern zerstört worden war. Als ich noch einmal versuchte, Anna nach Musik zu fragen, war sie deutlich: Ihre Gemeinschaft lebte nach den russisch-orthodoxen Prinzipien. Ihrer Meinung nach waren Musik und Tanz Unterhaltungen für faule Städter. Klaviere hier draußen war eine Wunschvorstellung zu viel.

Später, als wir einander langsam besser kennenlernten, führte mich Anna zu einem mit Feuersteinen bedeckten Hügel. Rund um uns erstreckte sich die Tundra, hier aber befinde sich, wie sie meinte, der geheime Eingang zum *Tschum*, der den Siirten – den Trollen oder zauberischen Leuten – gehörte, welche nach dem Glauben der Nenzen ihre Vorläufer sind. Die Nenzen sagen, sie hätten sie vom Land vertrieben, bis die Siirten sich zurückzogen und unterirdisch zu leben begannen. Gelegentlich kommen sie nachts an die Oberfläche, in einem Nebel oder einem Meerdunst, sonst aber entziehen sie sich. Während ich mich fragte, wie die Siirten, ein wichtiger Bestandteil der Nenzen-Kultur, mit ihrem christlichen Glauben zu vereinbaren seien, erklärte es Anna so: Diese geheiligten Felsen seien Gottes unvollendete Altäre und Kirchen.

Je mehr Anna sich öffnete, desto mehr begann ich zu verstehen, wie die Orthodoxie der Gemeinschaft mit dem Restglauben der Nenzen zu verschwimmen begann, wie der Landschaft eine spirituelle Überlieferung eingeträufelt war, die nicht einmal Stalin auslöschen konnte. Als ich einige Zeit mit Annas Bruder beim Fischen und dann beim Zusammentreiben der Rentiere verbrachte, war das, als könne er die Landschaft auf eine andere Art lesen als andere, die ich in Sibirien kennengelernt hatte. Er führte mich zu einem Felsabbruch am Anfang eines weiteren Tals.

»Ich war am Ende der Welt«, sagte er und beschrieb Fahrten nach Norden zur Kara-See, »aber in Moskau war ich nie.«

Ein Nenzen-Junge hatte mir gesagt, die Siirten seien riesig, hätten ein weißes Fell und grimmige Zähne. Annas Bruder aber meinte, nein, die Siirten seien klein.

Ich fragte ihn, ob er mir die Widersprüche zwischen Schamanismus und der Präsenz der Kirche erklären könne, zwischen der Musik, die der Nenzen-Kultur gehört, und der russischen Kultur, die sich darübergelegt hat. Ich wollte wissen, wann die Siirten zum letzten Mal gesehen worden waren.

»Da fragen Sie am besten Anna«, meinte er. »Meine Hauptbeschäftigung sind Fischen und Rentiere.«

Wie absurd es war, unter diesen Leuten ein Klavier anzutreffen, wurde mir klarer, je mehr ich von der Lebensweise der Nenzen erfuhr. Es war nicht nur Annas Version der russischen Orthodoxie, die Instrumentalmusik und Tanzen verbot; dass sie fehlten, war ein echter Bestandteil der ursprünglichen Kultur der Nenzen. Angesichts der kargen Verhältnisse, unter denen sie in einem so brutalen Klima lebten, war es vollkommen logisch, dass es keine Instrumente gab. Die Nenzen ernten nicht mehr, als sie essen, und besitzen nicht mehr als das, was sie verwenden.

In meiner letzten Nacht im Camp lauschte ich den Kirchenglocken – die einzige Musik, die ich in drei Tagen gehört hatte. Als ich außerhalb des Baumrings ging, war alles in Weiß gehüllt. Schwer zu sagen, ob die buckeligen Hügelchen Hunde waren oder Schlitten oder Steinhaufen oder Gräber der Siirten. Die Tundra trug eine Haut aus Eis, sie verhüllte das Leben unter der Oberfläche. Ich sah der Sonne beim Sinken zu.

Bald färbte der Himmel sich schwarz, bis auf das Glitzern und Pulsieren ferner Sterne. Die Kirchenglocken hörten zu läuten auf. Das Getrappel verklang. Ein Schimmer von grünem Licht erschien, und über der Ebene begann die *Aurora borealis* zu zucken.

Die Sterne wechselte ich gegen Straßenlaternen aus, als ich nach Salechard zurückkehrte, um den Komponisten Semjon Nyaruy, einen Angehörigen der Nenzen, aufzusuchen. Wie Anna war er ein Aushängeschild der Nenzen-Kultur, ein Mann, dessen ausdrucksstarke, synkopierte Gesänge die Nenzen von jedem Gefühl der Scham über ihre heimatliche Sprache oder ihr kulturelles Erbe befreiten. In den 1960ern führte ihn seine Begabung an das St. Petersburger Konservatorium. Seine Lieder wurden im ganzen Land über die Radiostationen übertragen. Und er besaß auch ein Klavier, das hatte man mir zumindest gesagt.

Semjon war, als wir uns trafen, schon sehr alt und lebte mit seiner Frau in den Außenbezirken der Stadt in einem Holzhaus mit Blick auf die Tundra. Als ich an die Tür klopfte, sah er gerade fern. Er saß auf dem Hocker neben seinem alten Klavier, einem mit der russischen Flagge bedeckten Tjumen-Pianino, Seriennummer 31116. Semjon war zu schwach, um aufzustehen, seine Fragilität war unter einem violetten Seidengewand (einer *Maliza*, wie es in der Nenzen-Kultur heißt) mit Polarfuchsmanschetten kaum verborgen. Er hatte einen Bart wie Lenin, der zu seinem spitzen Gesicht passte, und einen kahlen Fleck auf dem Kopf, wie die Tonsur eines Mönchs. Seine Augenbrauen waren stark gewölbt, seine arthritisch aussehenden Hände zitterten heftig. Seine Frau brachte Tee und Süßigkeiten, während Semjon mit einem schwarzen Hündchen auf seinem Schoß spielte.

Er liebte Hunde. Als Junge in der Tundra habe er acht gehabt, erzählte er. Er sprach über das Instrument, auf dem er im Internat gespielt hatte, wo er seine Nenzen-Sprache nicht gebrauchen durfte. Er hatte Mühe mit Mathematik und Russisch, aber als man merkte, dass er das absolute Gehör besaß, erhielt er einen Platz in einem Musikgymnasium in Tjumen. Er erzählte von seiner Mutter, die gestorben war, als er zwölf war. Sein Vater, ein Parteimitglied, hatte die *Roten Tschums* auf einem Schlitten durch Jamal transportiert, hatte sie für von der Regierung entsandte Ärzte, Lehrer und Filmvorführer aufgebaut.

»Ich habe im *Roten Tschum* Beethoven gehört«, sagte Semjon. »Beim Beethoven-Hören ging ich auf in dieser Musik.«

Semjon beschrieb den Projektor, die Bücher, die Porträts von Lenin und Stalin, die sein Vater in Jamal herumfuhr. Sein Vater war ein wunderbarer Sänger. Ein Klavier gab es nie, meinte Semjon; es hätte zwanzig Rentiere gebraucht, um ein Klavier durch die Tundra zu ziehen.

Semjons Frau, die jedes Lied, das er jemals komponiert hatte, auswendig konnte, war Linguistin, Spezialistin für die Nenzen-Sprache.

»Wie unsere Musik reichen auch unsere Worte tief in uns hinein«, sagte sie. »Unsere Sprache ist wie das Zellgedächtnis. Wir haben viele Worte für Schnee und Wind, aber keine für Physik.«

Semjon hörte auf, unserer Unterhaltung zu folgen, als die Außentür auf und wieder zu ging. Ich fragte ihn, ob Musik zur Tundra gehöre. Er blickte auf.

»Sie sollten die Sonne fragen, wie der Sauerstoff entstand«, sagte er.

Eine Minute oder so verging. Semjon wirkte erschöpft. Dann aber kam sein Sohn ins Zimmer, und ein Lächeln brach auf in seinem Gesicht.

Ich fragte Semjon, ob sein erstes Instrument das hinter ihm gewesen sei und ob er eines seiner Lieder spielen würde.

»Meine Finger hören nicht auf mich. Und mein Kopf ebenso wenig«, sagte er.

Nachdem sein Sohn ihn sachte gedrängt hatte, erklärte sich Semjon bereit, etwas zu singen. Sie trugen eine seiner Kompositionen vor – Mutter, Vater und Kind in melodischem Einklang, ihre Körper verbunden in einem engen Triptychon, wobei Semjon auf dem Klavierhocker saß. Manchmal schien er einen Takt nachzuhinken. Manchmal vergaß er die Worte. Manchmal lenkte ihn das Hündchen ab. Dann reichte ihm seine Frau ein Rentier aus Porzellan, das er mit beiden zitternden Händen ergriff. Seine Brust hob sich kühn. *Hey, hey, hey,* rief er, halb singend, halb rufend, und seine Hände hielten das Zierstück hoch wie ein Priester eine Ikone. Er bot seinen Nenzen-Gesang dar – halb Klage, halb fröhliche Feier, nichts Vertrautes oder Europäisches in der Melodie –, als wolle er allen mitteilen, dass die Tundra die Seele des Planeten sei.

Semjon ließ sich allerdings nicht überreden, auf dem Klavier zu spielen, ein Instrument, das ihm zum ersten Mal im Internat untergekommen war. Er meinte, das Tjumen sei verstimmt. Stattdessen sprach er über ein deutsches Instrument aus Berlin, das er vor vierzig Jahren gekauft hatte. Er liebte es, wie jede Note lange in der Luft verklang. Seine Frau sagte, sie glaube, das deutsche Klavier sei aus dem Theater in Salechard gekommen, demjenigen für die Eisenbahnbauarbeiter der Linie 501. In den Neunzigern hatte sie es als Unterrichtsinstrument einer lokalen Musikschule weitergegeben.

Es war ein sonderbarer Moment: Auf der Suche nach einem Klavier, das die Kraft der Lieder eines indigenen Volkes in sich trug, war ich tatsächlich auf eine ganz andere Geschichte gestoßen. Die Polarkreiseisenbahn, genannt Nummer 501, war einer der berüchtigtsten »weißen Elefanten« des Stalin-Regimes; 1947 hatte der Diktator den Bau einer neuen Bahnlinie von Salechard im Westen nach Igarka einige Tausend Kilometer weiter östlich am Polarkreis angeordnet. Es war ein brutales Vorhaben – Teil des von Stalin so genannten Großen Plans zur Umformung der Natur –, und es führte durch tückisches arktisches Gebiet.

Um die Arbeitskräfte bereitzustellen, zu denen 1950 etwa zehntausend bezahlte Arbeiter gehörten, wurden Zehntausende Häftlinge aus den Gulags geholt. Im Juli dieses Jahres betrug die Gesamtzahl der Gefangenen beim Eisenbahnbau geschätzte 75 000 – meist »Politische«, darunter Ingenieure, Lehrer, Wissenschaftler, Komponisten, berühmte Musiker und japanische Kriegsgefangene. Für Extraarbeit wurde Zeit vom Strafausmaß abgezogen, und so fühlten sich die Bautrupps ermutigt, die Gleise mit dünnen Bäumen statt Steinen abzustützen, um den Arbeitsfortschritt zu beschleunigen. Binnen zwei Jahren arbeiteten dort Trupps von bis zu 1500 Häftlingen aus nicht mehr als ein paar Kilometer voneinander entfernten Lagern. Neben Hungerrationen und klirrendem Frost gab es auch noch Fälle, wo Gefangene mit unfassbarem Sadismus gequält wurden. Ein Geologe, den man fälschlich beschuldigte, einer Gruppe Flüchtlinge Informationen über die Gegend geliefert zu haben, wurde mit Draht umwickelt an eine Birke gebunden, zuerst von Ameisen und dann von bösartigen Mücken attackiert, bis er schließlich das Bewusstsein verlor.

Am Höhepunkt der Arbeiten im Frühjahr 1953 wurden jeden Monat bei Temperaturen an die minus fünfzig Grad zwölf Kilometer Schienen gelegt. Wenn die Arbeiter dicht aneinandergedrängt schliefen, um sich zu wärmen, froren oft ihre Haare an der Haut des Nachbarn fest. Vorhutarbeiter bereiteten Betten im Schnee, Zweige dienten als Matratzen. Gefrorenes Brot wurde mit Sägen geschnitten wie ein Stück Holz. Als Stalin starb, waren so viele Tausende Arbeiter beim Bau von Linie 501 umgekommen, dass man die Strecke in »Tote Trasse« umbenannte. Sein Plan wurde aufgegeben, es fehlten nur noch ein paar Hundert Kilometer.

»Wissen Sie, wovon ich jetzt träume?«, sagte Ljudmila Lipatowa, eine Historikerin aus Salechard, die 1988 begann, diese Ereignisse zu recherchieren. »Von einer Brücke über den Ob, so könnte man die Bahnlinie, die sich Stalin wünschte, vervollständigen. Es war ein Verbrechen, solch einen Bau nach dem Großen Vaterländischen Krieg anzufangen, als unsere Lage so war, wie sie eben damals war. Aber aufhören, wenn das Ende so nahe war? Das war ein noch ärgeres Verbrechen.«

Ljudmila hatte Überlebende befragt, die beim Eisenbahnbau gearbeitet hatten, und Zeugnisse für extreme menschliche Widerstandsfähigkeit gefunden. Ein griechischer Dichter studierte höhere Mathematik und schrieb die Ziffern in den Schnee. Aus etwa zweihundert Gefangenen wurde eine reisende Künstlertruppe zusammengestellt, darunter Bühnenbildner, Sänger, Balletttänzer. Es gab auch ein vierzigköpfiges Symphonieorchester. Dazu gehörten von den Nazis in Stalingrad gefangen genommene russische Musiker, Kriegsgefangene, die auf Befehl von Propagandaminister Joseph Goebbels in Lagern in Deutschland aufspielen mussten. Nach ihrer Befreiung ließ Stalin diese Soldaten der Roten Armee als Verräter verhaften und zur Eisenbahnlinie 501 schicken.

Mit einer billigen Karte um dreißig Kopeken konnte es sich jeder leisten, eine reisende Operette zu hören. Der Bauleiter der Eisenbahn hielt das Theater für notwendig, um die Stimmung in der dunklen Polarnacht zu heben – nicht nur die seiner Arbeiterschaft, sondern auch die der freien arbeitenden Menschen im Hohen Norden. Er suchte um die Entsendung einiger der besten Musiker aus den anderen Gulags an, darunter ein Dirigent der Oper von Odessa, Pianisten und diverse Sänger, die er namentlich kannte.

Wären da nicht der Stacheldraht, die Wachtürme und der Gefängnisjargon gewesen, die Aufführungen der Truppen wäre so gut gewesen wie solche in der Hauptstadt, bemerkte einer der Künstler, der sich an den Klang von Walzern erinnerte, die im Licht der Gefängnisscheinwerfer über die arktischen Sümpfe wehten. Wenn in dieser Bemerkung eine finstere Ironie liegt, dann ist es schwer, die verzweifelten Tiefen herauszuspüren angesichts der komplizierten Nuancen, der Zensur und Angst vor Vergeltungsmaßnahmen (die Musiker erwähnten auch die besseren Lebensbedingungen, deren sie sich erfreuten, und saubere Laken). Ljudmila beschrieb, wie die Ensembles mit ihren Instrumenten durch die ganze Region reisten, die Ladefläche ihrer Lastautos diente als Konzertbühne. Wenn die sommerliche Schneeschmelze kam, fuhren sie flussaufwärts und spielten in einigen Dutzenden Baulagern an den immer weiter verlegten Schienen. Sie traten auch in Salechard auf, das Repertoire wurde auf zwei wichtigen Bühnen vorgeführt: im Haus der Kultur, einem sowjetischen Gemeindesaal für Kunstunterricht und Unterhaltung, und einer Bühne bei der lokalen Fischfabrik. In einer dieser festen Spielstätten müsse es ein Klavier gegeben haben, meinte Ljudmila. Sie fungierten wie städtische Veranstaltungsorte und brachten Vorführungen für die freien Leute von Salechard.

Ich rief bei den Musikschulen in der Stadt an, aber es gab keine Spur des deutschen Instruments, an das sich Semjons Frau erinnerte. Nachweise der Polarkreiseisenbahn waren beinahe alle verschwunden. Ljudmila fuhr mich zu einer Gruppe zusammensackender Gebäude auf der anderen Seite der Stadt. Sie zeigte mir die alten Baracken der Eisenbahn-

Eine Gefangene singt für Gulag-Beamte.

Ein Gulag-Orchester wird zu einem Auftritt in ein Dorf der Umgebung getrieben. Die beiden Zeichnungen stammen aus dem Buch *GULag-Zeichnungen* von Danzig Baldajew (Zweitausendeins, Frankfurt 1993). Baldajew arbeitete in der UdSSR ab 1948 als Wachmann, was ihm die Möglichkeit gab, ein ungeschöntes Bild der Zwangsarbeitslager zu liefern.

arbeiter. Gehen Sie hinein, drängte sie, und spüren Sie, was Salechard früher war.

Ich betrat einen langen, nasskalten Gang. Er war fensterlos, die nackte Erde bedeckte ein Holzrost. Vor einer verschlossenen, teilweise zum Abhalten der Kälte mit Filz überzogenen Tür standen zwei mit Wasser gefüllte Ölfässer. Über ihnen schlängelten sich Elektrokabel. Von der Decke blätterte die Farbe ab. Die Wände aus im Fischgrätenmuster verlegtem, verputztem Holz wölbten sich nach innen. Ich klopfte an die Tür am Ende, und ein schwer atmendes Paar ließ mich ein. Zwei winzige Räume, kaum ein Fenster, drei Katzen, ein Hund, ein Fernseher, ein kleiner Tisch, an dem eine Person sitzen konnte, wenn man das Bett zur Seite rückte, und ein Wandteppich. Sie wollten nicht, dass ich fotografierte. Es waren Leute, die ich nicht einordnen konnte – Ukrainer, Zentralasiaten, Nenzen, ich war mir nicht sicher.

»Wenn Sie Menschen verstehen wollen, müssen Sie tiefer bohren und lange unter ihnen leben«, sagte Ljudmila. »Als ich nach Salechard kam, waren die Geschichten so dicht wie ein Wald. Ich begann nachzuforschen und fand mich bei dem Gedanken ertappt: Wer sind wir Russen? Warum kennen wir unsere Wurzeln nicht? Wir kennen die Namen griechischer Götter, aber nicht unsere eigene slawische Geschichte. Aber Leute wie die Nenzen wissen mehr: Ihre Geschichten reichen weiter zurück. Sie wissen, warum die Wälder und die Sonne eine Seele haben.«

»Ich bin orthodox, bin gläubig«, sagte sie, »aber wir alle sind aus dem Heidentum entsprungen. Ich glaube, wir werden alle wieder hineinwachsen. Wir werden zur Natur zurückkehren, um die Tiefe dessen zu verstehen, was geschieht und was sein wird.«

In einem anderen Ortsteil von Salechard führte mich Ljudmila zu einer Stelle, an der es noch ein paar übrig gebliebene Bahnschwellen der Linie 501 zu sehen gab, die zum Vorschein kamen, als sie mit dem Fuß den Schnee wegschob. Dieser Flecken Geschichte, der nichts von dem epischen Gram rund um diese Eisenbahn verriet, fühlte sich an wie eine schonungslose Moral, die sich bereitwillig mit dem schieren Gegenteil von Musik einließ. Ich war mit Erinnerung und Unterdrückung konfrontiert und der Einsicht, dass, auch wenn mein Wunsch noch so stark war, meine Klaviersuche möge alles hervorheben, was an Sibirien großartig war, doch vieles von dem, wonach ich suchte, mit einer erschreckenden Vergangenheit verbunden war. Ich musste die Warnung beherzigen, die mir ein mutiger russischer Journalist zu Beginn meiner Suche gegeben hatte: Sie müssen wissen, warum Sie Dinge ignorieren, die Sie nicht hören wollen, was erinnernswert ist und warum die Leute verstummen und zu vergessen versuchen.

12

Musik im Archipel Gulag:
Kolyma

MEINEN ERSTEN BLICK auf das Ochotskische Meer, jene stahlfarbene Sackgasse zwischen dem östlichen Rand Russlands und der Halbinsel Kamtschatka, warf ich vom Fuß einer stählernen, in einen nordpazifischen Nieselregen gehüllten Mammutskulptur. Die Skulptur war aus Abfalleisen hergestellt, aus Zahnrädern, Ketten und Rohren, und wirkte zeichentrickhaft. Sie passte nicht zur düsteren Geschichte des Ortes. Ihre Rückseite sah zum Wasser der Nagajewo-Bucht, wo ab Anfang der 1930er Jahre für Kolyma bestimmte Häftlinge angekommen waren, um ihre Strafe in einer Reihe von in der Region verstreuten Gulags zu verbüßen. Die Stoßzähne des Mammuts befanden sich gegenüber der sowjetischen Häftlingsstadt Magadan.

In der Nähe war ein Halbmond aus Kies, gestaltet als Unterlage für einen künstlichen Strand. Auf Betonfundamenten standen metallene

Sonnenschirme mit falschen Proportionen: Die kleinen Schirme auf den langen Stängeln sahen nicht so aus, als könnten sie Schatten werfen, wäre denn die Sonne überhaupt herausgekommen. Der Kadaver eines Schiffes hatte sich in den Untiefen neben einem Netz aus Kränen verfangen. Sogar im Juli, einem der bloß fünf Monate im Jahr, in denen das Ochotskische Meer nicht zugefroren ist, kamen keine Schiffe aus dem oder in den Hafen. Es war eine raue Landschaft: kahl, vernarbt, karg. Auf der Touristenlandkarte, die ich mir besorgt hatte, war die Stadt von Gebieten mit der Bezeichnung »kleinwüchsige Vegetation« umgeben. Es war, als gäbe es nichts, um die Stadt an Ort und Stelle zu halten: keine Wurzeln, keine Pfähle, keine Fundamente. Die Mole wirkte, als würde sie endgültig ins Meer abrutschen, und es waren keine Leute zu sehen. Etwas fehlte. Es war wie mein Hotel, in dem es keinen ersten Stock gab, nur ein Erdgeschoß und einen zweiten.

Der Nebel vom Ochotskischen Meer trieb landeinwärts, bis ich kaum noch die zinnfarbene stille Bucht erkennen konnte, wo Stalins Gulag-Schiffe ihre menschliche Fracht entladen hatten, darunter Russen, Polen, Litauer, Letten, Ungarn und Wolgadeutsche, Koreaner und Japaner, dazu von der UdSSR im Spanischen Bürgerkrieg »gerettete« Spanier.[1] Unter ihnen waren politische Dissidenten, abgebrühte Verbrecher, mehrfache Mörder, Invalide, halbtot vor Hunger, Dichter, Pianisten und verhungernde Frauen mit knochigen Schulterblättern – »halb menschlich, halb Vogelkreaturen«, wie ein Überlebender von Kolyma sie beschrieb.

Die Schiffe gingen von drei Häfen an der russischen Pazifikküste in die Nagajewo-Bucht ab: von Wladiwostok, dem östlichen Endbahnhof der Transsibirischen Eisenbahn, von Nachodka und dem Kohlehafen Wanino. Daran erinnerte sich der Leningrader Geiger Georgi Feldgun, der in einem der Transitlager spielte: »Wir sind hier am Ende der Welt im Hafen Wanino ... Und ich spiele zeitlose Musik, die vor über zweihundert Jahren geschrieben wurde. Vivaldi für fünfzig Ganoven.« Feldgun erlebte Musik als Folterinstrument. Für Litauer, die im Schiffsbauch ihre Lieder sangen, war die Musik eine Art Trotz, ein kollektiver Trost, während die Dampfer vom Land ablegten, vorbei am südlichen Ende der Insel Sachalin und in die schmale Meeresstraße einfuhren, die Russland von Japan trennte. Die Schiffe mit dem Ziel Kolyma wandten sich dann nordwärts Richtung Magadan.

In der Stalin-Zeit unternahm jeder, der in Kolyma lebte und starb, die Reise vom russischen Festland durch das Ochotskische Meer – Tausende, deren Zahlen nicht bestätigt sind, auf amerikanischen, niederländischen, britischen und deutschen Schiffen. Eine unbekannte Zahl an Gefangenen kam auf diesen Schiffen ums Leben. Typhus, Hunger und Kälte waren die erwartbaren Feinde auf Reisen, die von fünf bis zu vierzehn Tage dauern konnten. Aber die Gefangenen waren auch der willkürlichen, praktisch unbegrenzten Gewalt der sowjetischen Obrigkeit ausgesetzt. Die Wachen benutzten Schläuche mit eiskaltem Wasser, um die ihnen Anvertrauten zurück in die Frachträume zu scheuchen, die brechend voll waren mit vierlagigen Stockbetten, die Körper lagen dicht an dicht wie Sardellen in der Dose. Andere Schiffe waren vollgestopft mit Häftlingen, die man in Käfige gesteckt hatte. Muskeln atrophierten. Die Haut wurde weiß. Zeugen beschrieben das Mahlen der Schiffsmotoren. Sie erinnerten sich auch an »wildes Gelächter«, das Flehen von Frauen und Gegröle. Janusz Bardach, ein polnischer Überlebender, beschrieb, wie die hartgesottenen Kriminellen, die *Urkas*, lachten, schwatzten und einander befummelten, als wären sie auf einer Art Vergnügungskreuzfahrt. In einer solch verzerrten Wirklichkeit bekam jedes Geräusch eine unheimliche Bedeutung.

»Das Schiff fuhr weiter zum Laut des traurigen Gesanges und Tanzes und würgender Geräusche«, schrieb eine weibliche Gefangene. »In der Dunkelheit griffen von allen Seiten her Hände nach mir.« Dieselbe Gefangene beschrieb einen Arztgehilfen, einen polnischen Juden, der ihr half, wenn er nur konnte: Er spielte leise auf einem Akkordeon, »eine Melodie, die grau war wie das Meer, wie unser Schiff, wie der Nebel«. Als eines der Schiffe an der japanischen Küste auf Grund lief, gelang es den Rettern nur, eine Handvoll Überlebende aus dem Haufen an sechshundert Gefangenen zu retten, die unter den vergitterten Luken zusam-

US-Vizepräsident Henry Wallace zu Besuch in Kolyma, 1944. Statt echter Gulag-Häftlinge stellte man ihm eine Gruppe »großer, kräftiger junger Männer« vor – als Bergarbeiter verkleidete Mitglieder der kommunistischen Jugendorganisation.

mengepfercht waren. Und so wie Ertrunkene fanden sie auch Häftlinge, die sich lieber die Kehle durchgeschnitten hatten, als auf das steigende Wasser zu warten.

Ausländische Werften bauten die Sträflingsschiffe, die dann an Stalin verkauft wurden. Als die Gulag-Schiffe in Amerika überholt wurden, erinnerten sich die Arbeiter an den schrecklichen Gestank, der immer noch aus den Frachträumen drang. 1939 schrieb die *New York Times*, dass auf dem sowjetischen Schiff, das vor Japan gekentert war, wobei siebenhundert Personen ums Leben kamen, Fischer aus Kamtschatka gewesen seien – eine Fehlmeldung, die auf einem gigantischen Lügengewebe der Sowjets beruhte. 1944 besuchte der amerikanische Vizepräsident Henry Wallace Magadan. Damals war der Westen der Hauptabnehmer von sowjetischem Gold, und die Gruben von Kolyma waren eine der wichtigsten Abbaustellen. Die Lokalbehörden unternahmen alle Anstrengungen, um ihre Besucher hinters Licht zu führen. Die Wachtürme, die die Straße nach Magadan säumten, wurden entfernt und die Geschäfte vollgestopft mit Luxuswaren, die man bis dahin in der Gegend nicht gesehen hatte. Wallace kaufte sogar eine Flasche Parfüm, und zur Unterhaltung führte man ihn ins Theater von Magadan, wo er ein von Sträflingen aufgeführtes Stück sah.

Ich kam nach Magadan und in die Region Kolyma mit dem Wissen, dass es Klaviere gegeben hatte, auf denen ausführende Künstler im Gulag gespielt hatten. Ich hatte vor, die Kolyma-Schnellstraße entlangzufahren, eine Schotterstraße, blatternarbig von alten Arbeitslagern, die 1500 Kilometer lang von Magadan nach Jakutsk führt, der Hauptstadt von Jakutien und größten Stadt der Welt, die auf Permafrost erbaut ist. Während der Gulag-Phase wirkte Kolyma durch die Ansammlung von Straflagern und die extreme Abgelegenheit wie »ein ganzer abgesonderter Kontinent des Archipels«, schrieb Solschenizyn, der Ort außerhalb des *Materik*, des Festlandes. Kolyma war ein Ort, wohin nach der Schätzung eines polnischen Historikers und Gulag-Überlebenden, der 1949 darüber schrieb, über drei Millionen Gefangene verbannt wurden, von denen nur eine halbe Million überlebte.

Unter diesen wenigen Überlebenden war der Komponist Wsewolod Saderazki, ein Absolvent des Moskauer Konservatoriums, der als letzter Klavierlehrer des Zarewitschs gearbeitet hatte. 1915 war er beinahe wöchentlich aus Moskau zum kaiserlichen Hof in St. Petersburg gefahren. In Kolyma überredete er seine Wächter, ihm ein paar Fetzen Papier zu geben, und versprach, er würde niemals Worte, nur Noten schreiben, und das zu einer Zeit, wo es schon das Todesurteil bedeuten konnte, wenn man bloß mit Feder und Tinte erwischt wurde. Von 1937 bis 1938 komponierte Saderazki auf Telegrammformularen und zwei kleinen Notizblöcken einen Zyklus von 24 Präludien und Fugen für Klavier. In einem Brief an seine Familie schrieb der Moskauer Dirigent Leonid Warpachowski, der eine Ausgabe von Händels *Concerto Nr. 6133* unter seinem Kopfkissen hatte: »Mein Trost ist die Musik, in die ich mich versenke, um die Welt zu vergessen.«

Für manche Musiker allerdings bedeutete es eine Persiflage des tapferen schöpferischen Lebens, das sie zuvor gekannt hatten, wenn sie im

Ein Klavier im Aufführungssaal des Staatlichen Musik- und Schauspielhauses von Magadan, um 1940.

Lager ein Instrument in die Hand nahmen. Sie widersetzten sich Kulturprogrammen zur »Umerziehung« der Häftlinge. Für viele Musiker war es eine mit brutaler Gewalt erzwungene Vorstellung; für andere war es unbeschreiblich traurig. Jelena Wladimirowa, eine Überlebende von Kolyma, beschrieb ein Gefangenenorchester, das den Mithäftlingen in einer gefrorenen Landschaft Kultur vermitteln sollte: Es sei eine »Travestie der Freiheit« gewesen, aufgeführt von »halbtoten Menschen«.

Im Archiv von Magadan liegt das Bild eines Flügels, der Mitte der 1940er in einem leeren Theater mitten auf der Bühne steht. Das Instrument, auf dem Häftlinge spielten, die Musiker waren, wurde im Hauptsaal im zweiten Stock des Staatlichen Musik- und Schauspielhauses von Magadan fotografiert, ein von Häftlingen während der Bauzeit der Kolyma-Lager errichtetes Theater. Es hatte vorher schon Amateurtheater an zwei lokalen Aufführungsorten gegeben, aber als talentierte Gefangene kamen, verbesserte sich das Niveau der Aufführungen, ebenso wie die äußeren Einrichtungen. Laut dem Archiv des Theaters hieß das erste, 1933 aufgeführte Stück *Utopia*. Unter den wichtigsten Förderern des neuen Theaters befand sich Eduard Berzin, der erste Kommandant von Dalstroi, des 1931 gegründeten Staatsunternehmens, das Straßen, Siedlungen und Bergwerke in Nordostsibirien baute, welche auf Arbeit durch Gulag-Häftlinge angewiesen waren. Berzin, an der Berliner Akademie der Künste ausgebildet, hatte eine Schwäche für die europäische Kultur.

Unter der Stadtbevölkerung aus freien Arbeitern und Sowjet-Beamten entwickelte sich das Theater von Magadan in ein lebendiges Zentrum für Musik und Unterhaltung. Solschenizyn schreibt über den berühmten sowjetischen Tenor Wadim Kosin, der an diesem Ort auftrat. Wie Kosin dort gelandet war, ist eine andere Geschichte. Er wurde 1905 in St. Petersburg geboren. In den 1920ern brachte er sich in Westrussland durch Klavierspiel in Kinos durch. In den 1930ern tourte er als Tenor durch die Sowjetunion und wurde so berühmt, dass es berittene Polizei brauchte, um die Konzertbesucher in Schach zu halten.

1944, drei Jahre, nachdem seine Mutter und seine Schwester bei der Belagerung Leningrads umgekommen waren, wurde Kosin verhaftet und unter diversen Anklagen, darunter antisowjetische Propaganda und Sodomie, nach Kolyma geschickt. Als er 1950 entlassen wurde, schien seine Karriere wieder Fahrt aufzunehmen. 1956 kaufte er ein Klavier aus Kamtschatka, ein bescheidenes Pianino der Marke Roter Oktober, Seriennummer 113075, das per Schiff nach Magadan transportiert wurde. 1959 wurde er dann neuerlich verhaftet, während er in Chabarowsk auf Tournee war. Als er nach einigen Monaten wieder freigelassen wurde, blieb Kosin in Kolyma und lebte in einer Wohnung in Magadan. Er schrieb Lieder über Magadan, das seine Wahlheimat wurde. Die Bürger waren stolz auf seine Anwesenheit und bejubelten ein weiteres Mal seine Auftritte. Doch seine noch existierenden Tagebücher verraten einen Mann, der von der Heuchelei der Sowjetgesellschaft gequält ist.

Ich sah mir Kosins Roter-Oktober-Pianino aus Kamtschatka an, es hat in seiner ehemaligen Einzimmerwohnung im zweiten Stock eines trübseligen, regengepeitschten Wohnblocks überlebt.[2] Doch es war der Flü-

Wadim Kosin bei einem Auftritt in Magadan Ende der vierziger Jahre.
Laut Solschenizyn versuchte Kosin sich nach seinem ersten Auftreten zu
erhängen, er wurde aber abgeschnitten.

gel auf der aus den 1940ern stammenden Schwarzweißfotografie im Archiv, den ich finden wollte. Es war etwas Rätselhaftes an ihm, wie eine schwarze Krähe, die zum Flug ansetzte aus dem Aufführungssaal in einer der gefürchtetsten Gulag-Zonen der UdSSR – ein Klavier, auf dem eine Reihe von freien Bürgern wie von verfolgten Musikern gespielt hatte.

War dies das Klavier, auf dem Kosin bei seinem ersten Auftritt vor den Kommandanten des Gulags begleitet wurde? War es dasselbe Instrument, das ich auf dem Foto eines kleinen, hohläugigen Kosin gesehen hatte, der neben einem Orchester auf der Bühne in Magadan stand? Solschenizyns Bericht beschreibt, wie Nikischow, ein weiterer Chef im Dalstroi, den Beifall für Kosin unterbrach: »Gut, Kosin, hör auf, dich zu verbeugen, und raus!« Ein anderer Bericht erzählt vom stürmischen Applaus für Kosin und dann von der donnernden Stimme des Chefs, der aufstand und ihn einen Päderasten schimpfte.

Ich besuchte das Theater von Magadan, das gerade renoviert wurde. So halb und halb hatte ich erwartet, an der hinteren Wand des großen Zuschauersaals das ursprüngliche Gipsrelief von Stalin vorzufinden. Es gehört zu den verblüffenden Seltsamkeiten im Russland des 21. Jahrhunderts, dass trotz all der unfassbaren Massenmorde bei Umfragen, wer der größte Mann sei, der jemals gelebt habe, Stalin an erster Stelle steht. Im modernen Russland sind Stalin-Statuen keine Besonderheit, einige wurden erst in den letzten Jahren errichtet.[3] In Magadan allerdings ist nicht Stalin der lokale Held: Auf einer Anhöhe über der Nagajewo-Bucht steht eine Statue zum Ruhm Berzins.

Alles an Magadan verstörte mich: der Rummelplatz bei Nacht mit dem im pazifischen Nebel knarzenden Riesenrad; die Gartendekos, die auf dem Markt zum Verkauf standen und halb lebendig wirkten; die Graffiti eines Teddybären mit genähten Kopfwunden. Dann traf ich den tatarischen Hausmeister in der Kathedrale zur Heiligen Dreifaltigkeit. Er hatte ein junges Gesicht mit strahlenden Augen, schwarze Haare und einen langen weißen Bart, der über sein Brustbein herabfiel. Er zeigte mir ein Bild auf seinem Handy: einen blauen Blitz vor einer Ikone. Ein Engel, sagte er, ein kleines Wunder.

Glauben Sie nicht, dass hier alles schlecht ist, meinte ein Angestellter des Goldbergwerks, den ich auf der Straße ansprach. In Magadan, sagte er, gebe es eine lebendige zeitgenössische Kulturszene. Im städtischen Konzertsaal zeigte er mir einen brandneuen Kawai-Flügel, made in Japan, Seriennummer 260500I, der zwischen die Kulissen geschoben war. 2010 war dieser Konzertflügel per Schiff von Japan nach Finnland, dann nach Riga und weiter nach St. Petersburg transportiert worden, wo man ihn auslud und dann nach Moskau brachte. Hier wurde er auf ein Tu-204-Düsenflugzeug der Aeroflot verladen und nach Magadan geflogen. Die Reise des Klaviers ging über zwei Drittel des Erdumfangs. Eine direkte Route von Japan über das Ochotskische Meer wäre zehnmal kürzer gewesen, aber die Zollbestimmungen waren zu abschreckend – ironisch angesichts der Problemlosigkeit, mit der während der Gulag-Zeit menschliche Fracht nach Magadan transportiert worden war.

Trotz all der liebenswürdigen Menschen in der Stadt, die mir behilflich sein wollten, darunter Personal von Theatern und Museen, war immer noch etwas Verrottetes an Magadan. Vergangen waren die beschwingten Jahre nach Stalins Tod, als Subventionen der Regierung der arbeitenden Bevölkerung von Kolyma ein halbwegs angenehmes Auskommen sicherten. Unter den größeren Anziehungspunkten Kolymas war Kadyktschan, eine Stadt an der Autobahn, die um eine vom Gulag betriebene Kohlengrube herum errichtet worden war. Hierher wurde der Dichter Warlam Schalamow gebracht, um seine Verurteilung zu Zwangsarbeit unter Stalin abzubüßen. Als Ende der fünfziger Jahre das Lagersystem allmählich abgebaut wurde, wuchs die Bevölkerung von Kadyktschan rasch an; viele Russen zogen hierher, angelockt von Bonuszahlungen für Arbeiter, die nichts dagegen hatten, so abgelegen zu leben.

1986 lebten um die zehntausend Menschen in Kadyktschan, es war eine gut funktionierende Gemeinde. Ein Kino, *Der Bergarbeiter,* wurde gebaut, und ein Restaurant eröffnet mit Namen *Der am Nordpol lebte.* Es gab eine Lokalzeitung, eine Fernsehstation und sogar einen städtischen Eislaufplatz – ungewöhnlich für Sowjetzeiten, aber damit wurden freie Arbeiter ins Nirgendwo gelockt. Ende der 1990er schlossen die Kohlengruben, was mit einer Explosion, einer durch die Perestroika dramatisch sich wandelnden Wirtschaft und laut einem erbosten Lokalhistoriker mit einer ausländischen Verschwörung, den Goldhandel zu monopolisieren, zusammenhing. 1998 hörte auch die Heißwasserversorgung zu funktionieren auf, und die Stadt leerte sich, nur 138 Familien blieben zurück. Heute lebt niemand mehr dort, oder zumindest konnte ich niemanden finden. Kadyktschan war einfach zu kalt, um ohne Heißwasser weitermachen zu können. Die unbändige Natur hatte bereits die Gebäude zu Ruinen zerlegt. Raster von Wohnblocks waren evakuiert und bis auf die letzten paar Glasscheiben geplündert worden. Über Flüssen waren Brücken eingebrochen. Die einzigen Überbleibsel von Musik in Kadyktschan waren kaputte Klaviere in einem Übungsraum der verlassenen Schule. Die Innereien der Instrumente lagen auf dem Boden verstreut.

Kadyktschan war eine der größten unter den Städten von Kolyma, die sich in den Jahren nach dem Zusammenbruch der UdSSR leerten. Heutzutage halten sich nur noch ein paar kleine Siedlungen. Im Buch *Geschichten aus Kolyma*, einem halbfiktionalen Bericht über seine Erlebnisse im Gulag, schrieb der Dichter Warlam Schalamow über das Grün des Sommers – wie es in einer Art ausgelassener Eile wuchs, als müsse es die kürzeste der milden Jahreszeiten ausnützen. Ich kam im Juli, und die Landschaft war immer noch eine dumpfbraune Grube, geschmückt mit den weißen Bällen des Löwenzahns, die Farbe war verschwunden, die geisterhaften Samen klammerten sich an die Stängel. An manchen Tagen hing ein dicker weißer Nebel so tief, dass die Autoscheinwerfer nicht leuchteten, sondern in einem schmutzigen Gelb versickerten. An anderen Tagen rollten in der trockenen Hitze Staubwolken die Straße entlang, wann immer ein rares Fahrzeug in Sicht kam, Staub, den ich nicht von meinen Schuhen bekam. Mehr als alles andere fühlte sich das Land, das die wichtigste Schnellstraße in Kolyma flankierte, wie ein Gebiet an, wo Menschen nicht hingehörten. Während ich durch die Ruinen von Kadyktschan wanderte, verunsicherten mich die Abwesenheiten: die nummerierten Kleiderhaken ohne Mäntel, die in ausgeplünderten Wohnblocks wie Hobelspäne ausgerollten Filmrollen, ein Puschkin-Fresko, das an der Wand eines Klassenzimmers abblätterte.

In den Siedlungen, die wir passierten, fand ich ein paar traurige Instrumente – ein Pianino in einer Garage, aufbewahrt gemeinsam mit vergammelnden Gummi-Gasmasken; ein weiteres in einem aufgelassenen Kino; und ein mies klingendes der Marke Roter Oktober, Seriennummer 154273, in einer Musikschule zwischen Porträts von Beethoven und Tschaikowsky. Im selben Gebäude in der Stadt Ust-Nera, wo die Kolyma-Schnellstraße südwärts Richtung Jakutsk abbiegt, befanden sich auch Bilder von hervorragenden Studenten, die irgendwann einmal in Kolymas Vergangenheit vom sowjetischen Musikschulsystem profitiert hatten. Unter Stalin mag sich der Gulag in einem erschreckenden Tempo gefüllt haben, zur selben Zeit aber hatten sich auch die Alphabetisierungsraten in der UdSSR bis Ende des Jahrzehnts nahezu verdoppelt. In den 1930ern, als in Kolyma mittels eines ständigen Nachschubs an Gefangenen Erz abgebaut wurde, führten in den Konservatorien in Moskau und Leningrad neue Abteilungen Musikstudenten aus Bauern- und Arbeiterfamilien in das akademische Milieu.

In einer Stadt namens Susuman, einer Bergarbeitergemeinde mit einem zwischen Wohnblocks versteckten Gästehaus, sank ich in ein muffiges Bett. Hunde jaulten die ganze Nacht hindurch. Ein paar Spätankömmlinge zerrten ihre Taschen das Treppenhaus hoch – Lastwagenfahrer, Geologen und Bergarbeiter, die immer noch in Kolyma nach Gold herumkratzen. Man hörte ein Ächzen aus Heizungsrohren, sonst aber nichts als Stille. In den *Geschichten aus Kolyma* beschreibt Schalamow den sauren Schweiß, eingesickert in die Kleidungsstücke, die die Überlebenden den Toten abnahmen. Der Dichter, der siebzehn Jahre in Kolyma verbrachte, meinte, es sei gut, dass die Tränen der Häftlinge keinen Geruch hätten. Während ich wach lag und an die Decke starrte, wartete, dass ein Wassertropfen fiel, fühlte sich Kolyma an wie der traurigste Ort auf dem Planeten. Es war zu weit weg von allem, was ich je zu verstehen imstande war. Eine Woche später, die Straße war inzwischen zu schwer befahrbar, war ich froh, abfliegen zu können. Ich flog in einem kleinen Flugzeug, mein Blick zeichnete das kahlrasierte Fett auf dem Hinterkopf des Mannes vor mir nach, es sah aus wie ein bloßgelegtes Gehirn. Das Bild blieb mir, dazu der Anblick einer Pistole im Handschuhfach unseres Fahrers, die Beulen im Land von den Massengräbern und die Lenin-Statue in Kadyktschan mit dem halb weggeschossenen Gesicht.

13
Das sibirische Kolosseum:
Nowosibirsk

DAS WORT METRONOM kommt vom griechischen *metron*, Maß, und *nomos*, Regel oder Gesetz. Es ist ein Instrument der Zwangsläufigkeit, das Maß eines Musikers für die Zeit. Während der Belagerung von Leningrad, die von September 1941 bis Januar 1944 dauerte, beinahe neunhundert Tage, brachten die sowjetischen Behörden in den Straßen der Stadt Hunderte Lautsprecher an. Musik war eine Methode, die Moral der Bevölkerung aufrechtzuerhalten. Sie sendeten auch das Tick-Tack eines Metronoms, zuerst als Signal für einen Luftangriff, der Takt wurde mit dem Annähern des Feindes schneller, dann, um die Stille in den Programmpausen zu füllen. Für die Leningrader nahm der Rhythmus des Metronoms, so lautete ein gut dokumentierter Spruch, die Bedeutung eines Herzschlags an.

Bei vielen, welche die Belagerung Leningrads durchlebten, gewöhnte sich das Gehör, als die Ausgangsverbote in Kraft traten, an eine andere Klanglandschaft, an das Brüllen und Kreischen der feindlichen Bombenangriffe und die Stille, die mit Tod und Auszehrung kommt. Die sowjetische Dichterin Vera Inber meinte, die Leningrader seien so feinhörig geworden, dass sie die Geräusche eines Luftangriffs auseinanderhalten konnten wie die Orchesterstimmen in einem Tschaikowsky-Konzert. Eine andere Tagebuchverfasserin, eine fünfzehnjährige Studentin am Leningrader Konservatorium, beschrieb, wie sie über die Innereien eines O-Busses hinweg in ihre schadhafte Wohnung stieg, wo ihr Flügel in einem kalten Zimmer stand: »Musik macht mich furchtlos; Granatsplitter regnen auf das Dach, aber ich spiele. Der Verputz beginnt herabzufallen, doch ich gebe mich der Melodie hin.«

Für den Komponisten Dmitri Schostakowitsch mag die Erfahrung der Belagerung kurz gewesen sein – die Blockade begann am 8. September 1941, Schostakowitsch verließ die Stadt im Oktober –, aber sie half ihm, seine Reputation nach der desaströsen Kritik an der *Lady Macbeth von Mzensk* – »Chaos statt Musik« – vollkommen wiederherzustellen. Schostakowitschs berühmte, aufwühlende und patriotische *Siebte* oder *Leningrader Symphonie* war Musik, die auf der ganzen Welt die Menschen tief berührte: »Ihr Lied erzählt uns von einem großen singenden Volk jenseits von Niederlage oder Eroberung, das über die noch kommenden Jahre seinen Beitrag zu dem liefern wird, was menschliche Freiheit bedeutet«, schrieb der amerikanische Dichter Carl Sandburg. Als Beitrag zur psychologischen Kriegsführung war sie brillant – eine Visitenkarte für die UdSSR über die Dringlichkeit ihres Kampfes gegen den Vormarsch der Faschisten. Sie benutzte Musik als politische Kriegswaffe, genauso wie die Nazis im deutschen Rundfunk ihre Siege durch eine Passage aus Liszts *Les Préludes* anzukündigen pflegten.

»Meine Waffe war Musik«, schrieb Schostakowitsch. »Ich saß an meinem Klavier und arbeitete, rasch und intensiv. Ich wollte ein Stück über unser Leben schaffen, über diese Tage, über das sowjetische Volk, das um des Sieges willen alles zu tun bereit war.« Das Moskauer Bolschoi-Orchester, das vor dem Vormarsch der Nazis evakuiert worden war, spielte die Uraufführung der Symphonie am 5. März 1942 in Samara. Dann wurde die Partitur nach Moskau geflogen, wo drei Wochen später eine weitere Aufführung folgte. Irgendwann gegen Ende des Frühjahrs wurde sie dann auf Mikrofilm in einer heroischen Evakuierungsroute via Teheran, Kairo und Casablanca aus dem Land und dann nach London und New York gebracht. Als die Symphonie am 19. Juli 1942 in den USA erstaufgeführt wurde, wurde Schostakowitsch zur internationalen Sensation, und der stürmische Empfang des Komponisten brachte ihn auf die Titelseite von *Time*.

Aus dem belagerten Leningrad selbst, das wussten die sowjetischen Behörden, würde diese Musik am grandiosesten klingen. Doch es gab nur noch ein Ensemble, das dieses ungeheuer anspruchsvolle Werk aufführen konnte. Das beste Orchester der Stadt, die Leningrader Philharmoniker, war bereits nach Nowosibirsk evakuiert worden und hatte eine ausgehungerte Alternative von geringerem Rang zurückgelassen. Das Leningrader Rundfunkorchester umfasste vor dem Krieg hundert Personen. Am Ende des Winters 1942, als man die Order erteilte, es neu aufzustellen, bot die Liste der Mitglieder eine trostlose Lektüre: Zahlreiche Namen von Musikern waren durchgestrichen (man wusste von ihrem Tod), andere rot markiert, also dem Tod nahe. Bei der ersten Probe erschienen weniger als zwanzig, und so beriefen Militärkommandanten Soldaten von der Front ab, um die Zahl voll zu machen. Ende Juni wurde Schostakowitschs Partitur per Flugzeug in das belagerte Leningrad gebracht, und das improvisierte Orchester, das mehrere Lagen Kleidungsstücke übereinander trug, was ein Mitglied als »angezogen wie Kohlköpfe« beschrieb, begann zu proben, so gut es eben ging.

Der Trommler starb auf dem Weg zur Arbeit, Blasmusiker fielen aus Nahrungsmangel in Ohnmacht; manchmal wurden Musiker mitten aus den Proben geholt, um Feuer zu löschen. Als endlich ein Datum für die Premiere in Leningrad festgelegt war, nahm die sowjetische Artillerie deutsche Geschützstellungen in Reichweite der Philharmonie, wo die Aufführung stattfinden sollte, unter Beschuss, um sicherzustellen, dass die Nazi-Bomber die Musik nicht stören würden. In der Stadt waren bereits 1700 Lautsprecher angebracht; vor der Aufführung wurden noch mehr montiert, um die Musik über die deutschen Stellungen hinweg auszustrahlen.

Im schwindenden Nachmittagslicht des 9. August 1942 verfiel die hungrige Bevölkerung der Stadt in Schweigen; es war einer der dramatischsten Augenblicke in einem unvorstellbaren Krieg. »Wir waren überwältigt von der Zahl an Menschen, dass so viele nach Nahrung, aber auch nach Musik hungerten«, sagte der Posaunist. »Einige waren im Anzug gekommen, andere von der Front. Die meisten waren mager und unterernährt.« Als es vorüber war, lauschten nicht nur die Leningrader, sondern auch deutsche Soldaten an der Frontlinie dem halbstündigen stehenden Applaus, den ein auf den Knien liegendes Volk spendete.

Während Leningrad litt, ging es Nowosibirsk – der De-facto-Hauptstadt Sibiriens, ungefähr nach einem Drittel der Strecke zwischen Moskau und Wladiwostok gelegen – wesentlich besser: Es wurde nicht bombardiert und konnte daher während des Krieges als eine Art sicherer Unterschlupf in Sibirien dienen. Das einstige »Chicago der Sowjetunion« besitzt immer noch das – unter Stalin in den 1930ern erbaute – größte Opernhaus Russlands. Das sogenannte »sibirische Kolosseum« beherrscht einen leeren, mit sowjetischen Statuen behübschten Platz. Die Kuppel, beinahe zweimal so groß wie die Kuppel von St. Paul's in London, ragt aus der Silhouette der Stadt. Das Gebäude mag nicht schön sein – die hohen Säulen an der Fassade und die verkümmerten Betongiebel scheinen keinem Gesetz klassischer Harmonie zu unterliegen –, aber seine Intention ist nicht abzuleugnen. Seine Architekten hatten ein so gigantisches panoramaartiges Theater konzipiert, dass man oberhalb des Orchestergrabens eine ganze Reihe Panzer aufstellen, und die Dimension war derart, dass sowjetische Traktoren von der Straße direkt auf die Bühne fahren konnten. Die ursprüngliche Ausstattung war ebenso extravagant: Kristallluster, rote Samtvorhänge, imitierte römische Statuen und viktorianische Nippsachen. Laut Gerüchten unter den Einheimischen befand sich im Keller auch einer von Stalins Bunkern.

Das Opern- und Ballett-Theater von Nowosibirsk im Bau, 1930er Jahre.

Um dieses Mammutprojekt vollenden zu können, lieferten die Kriegsfabriken in Nowosibirsk, von denen viele aus dem europäischen Russland evakuiert worden waren, spezialisierte Kenntnisse, auch Luftfahrtexperten, welche die Mechanik für den neunzig Tonnen schweren eisernen Vorhang zusammensetzten, der aus dem Boden hochfuhr und sich schloss, als würde ein Krokodil seine Kiefer zusammenschnappen lassen. Die Oper von Nowosibirsk wurde eines der bis dahin kühnsten, trotzigsten Exempel sowjetischer Ambitionen. Während die Oper gebaut wurde, kamen mehr als 24 Millionen Russen, Soldaten wie Zivilisten, im Großen Vaterländischen Krieg ums Leben. Genügend Tote, um jede Eintrittskarte für den Zuschauersaal beinahe 20 000 Mal zu verkaufen, was einem 55 Jahre lang vollbesetzten Haus entsprach.

Das Opern- und Ballett-Theater von Nowosibirsk, offiziell am 12. Mai 1944 eröffnet, barg noch eine weitere Schicht historischer Bedeutung: Dorthin wurden während des Vormarschs der deutschen Wehrmacht aus Sicherheitsgründen auch die großen Kulturschätze der UdSSR, Instrumente eingeschlossen, evakuiert. Das Opernhaus wurde als das

Das Gemälde *Bojarina Morosowa* des sibirischen Malers Wassili Surikow kehrt 1945 nach seinem kriegsbedingten Aufenthalt in Nowosibirsk wieder an die Wand der Tretjakow-Galerie zurück.

wichtigste Lager für einige der größten Kunstwerke in russischem Besitz, darunter Ikonen, Gemälde und Musikinstrumente, genutzt, die von der Moskauer Tretjakow-Galerie, dem Leningrader Schloss Pawlowsk und der Eremitage hierhergeschickt wurden.

Es wurde in aller Eile gepackt: an die dreitausend Objekte aus der Tretjakow-Galerie, darunter die Saiteninstrumente, die nach der Oktoberrevolution so enthusiastisch gesammelt worden waren. Die größten Bilder auf Leinwand wurden zusammengerollt, darunter Wassili Surikows berühmtes, aus dem 19. Jahrhundert stammendes Gemälde der Altgläubigen und Märtyrerin Bojarina Morosowa, die in den Ketten einer Verbannten nach Sibirien geschleppt wird. Die Sammlung wurde in Eisenbahnwaggons mit Ziel Sibirien verladen, dann folgten weitere zweitausend Werke und fünfzig Museumsangestellte mit ihren Familien.

Da die Einkesselung durch die Wehrmacht so rasant vor sich ging, war die Evakuierung der Kunstwerke aus dem belagerten Leningrad noch dringlicher. Während sich die Schlinge zuzog, wurde der Palast von Pawlowsk – ein Zentrum der Musikkultur in Russland seit dem 18. Jahrhundert – zur Zielscheibe für die deutschen Geschütze. Die Museumsbediensteten vergruben, was sie konnten, auf dem Grundstück. Die Leningrader umhüllten die porzellanene Toilettengarnitur, die Marie Antoinette den Romanows geschenkt hatte, mit frisch geschnittenem Gras. Zerbrechliches wurde in die Gewänder der Kaiserfamilie eingeschlagen. Ein Mitglied des Schlosspersonals machte Skizzen davon, wie das Interieur ausgesehen hatte, bevor man es verließ, auch von den Vorhängen am Himmelbett des Zaren. Unschätzbare Kunstwerke, die zu schwer für den Transport waren, wurden stehengelassen, darunter Maria Fjodorownas Clementi-Konzertpianino aus dem späten 18. Jahrhundert.[1]

Es war Andrej Schdanow, Gebiets- und Stadtsekretär der Parteiorganisation Leningrads und Stalins vorgesehener Erbe, von seinen Rivalen aufgrund seiner musikalischen Fähigkeiten und seines Ehrgeizes in Sachen Kultur spöttelnd »Der Pianist« genannt, der den Befehl erließ, die historischen Schätze der Stadt wegzuschaffen. Als der erste Museumszug am 1. Juli 1941 aus Leningrad abfuhr, war er zum Bersten voll. Ein paar Wochen später fuhr ein weiterer Zug aus gepanzerten Waggons mit mehr als siebenhundert Objekten aus der Eremitage aus Leningrad ab, dazu 42 Kisten aus Pawlowsk, darunter »Kiste 63« mit dem kostbaren *Piano anglais* von Zumpe aus dem Jahr 1774, das Katharina der Großen gehört hatte.[2]

Bis November wurde das Zumpe-Klavier in Gorki außerhalb von Moskau aufbewahrt, es stand unter Bewachung in einer Kirche. Als die deutschen Flugzeuge wieder näher kamen, wurde es zuerst nach Tomsk und dann nach Nowosibirsk evakuiert; der Zielbahnhof jedes Zuges wurde den Museumswärtern erst mitgeteilt, wenn der Konvoi sich dem jeweiligen Bahnhof näherte. Auf der langen, zwei Monate dauernden Eisenbahnfahrt durch Sibirien hatte man es mit widerspenstigen Bahnarbeitern, brutalen Wetterbedingungen und einem durch einen Ofen ausgelösten Brand zu tun. Um den Bombenangriffen zu entgehen, ver-

Kisten mit Gemälden aus der Tretjakow-Galerie, aufbewahrt im Opern- und Ballett-Theater in Nowosibirsk, 1944.

steckte man eine Ladung zwei Wochen lang auf einem Abstellgleis in einem Wald. Ein weiterer Angriff, direkt gegen den Zug mit dem Zumpe-Flügel gerichtet, ließ die Museumsmitarbeiter in Deckung rennen. Trotz all dieser Gefährdungen wurde Katharinas kostbares Tafelklavier schließlich im Dezember 1941 in Nowosibirsk ausgeladen; es herrschte grimmiger Winter mit Temperaturen um die minus 55 Grad.

Im Opernhaus von Nowosibirsk blieb das Zumpe-Klavier dann bis Kriegsende, man betreute es im selben halbfertigen Gebäude, in dem sich die Museumsangestellten über zwei Jahre lang einrichteten. Die Angestellten der Tretjakow-Galerie waren in einem Schlafsaal in den Schminkräumen untergebracht. Die Arbeiter aus Pawlowsk belegten den Keller, wo sie auf einem der Teppiche schliefen, die aus einem der letzten Domizile der Romanows geholt worden waren.

Die Evakuierungspläne waren beinahe perfekt durchgeführt worden, darunter auch der sichere Transport von Jewgeni Mrawinski, dem Chefdirigenten der Leningrader Philharmonie, nach Nowosibirsk. Wie die

Ausstellung russischer Kunstwerke im Opern- und Ballett-Theater von Nowosibirsk während des Großen Vaterländischen Krieges. Im Vordergrund misst ein Restaurator die Raumfeuchtigkeit.

Kunstwerke machten auch Mrawinski und sein Orchester eine Reise mit vielen Umwegen, um den feindlichen Bombenangriffen zu entkommen; am 4. September 1941 erreichten sie mit ihren Instrumenten Nowosibirsk. Mrawinski reiste mit seiner Mutter, seiner Frau und einigen Hauskatzen.

In den nächsten drei Jahren spielten Mrawinskis Leningrader Philharmoniker in ihrem sibirischen Exil mehr als fünfhundert Konzerte, und der Radiosender der Stadt übertrug ihre Musik in ganz Russland. Manchmal traten sie im noch nicht fertiggebauten Opernhaus von Nowosibirsk auf. Die Philharmoniker fuhren auch in verschiedene sibirische Städte, wo der Standard der Konzerte, so Mrawinski, den Aufführungen in Leningrad ebenbürtig war. Darunter das größte Ereignis von allen: die Aufführung von Schostakowitschs *Leningrader Symphonie* am 9. Juli 1942. Der Komponist war nach Sibirien gekommen, um ihr beizuwohnen; er ging direkt vom Bahnhof zu Mrawinski. Ergriffen von patriotischem Furor, stellten die Museumsangestellten eine Ausstellung zusammen mit dem Titel *Vor den Deutschen gerettete Kostbarkeiten*, eine Auswahl der hervorragenden, in Sibirien verwahrten Kulturschätze Russlands.

»Keines der Orchester, die meine Werke aufgeführt haben, hat eine so vollkommene Verwirklichung von dessen Gedanken zustande gebracht«, schrieb Schostakowitsch über die Leningrader Philharmoniker im Exil. Ein Artikel in der Zeitung *Sowjetisches Sibirien* beschrieb den angsterfüllten Schrecken in der Musik und wie tief drinnen eine Art tierisches Heulen zu hören sei. Schostakowitsch war ziemlich angetan von dem Resultat: »Weit entfernt, mitten in Sibirien, fühlte man plötzlich so viel von dem Leningrader Milieu, mit dem man so vertraut war und das man so sehr vermisst. Während der Proben und Konzerte durchlebte ich wieder diesen schöpferischen Prozess – diese edle Musikkultur, die so charakteristisch ist für die Stadt Lenins.«

Diese edle Musikkultur. Der Konzertflügel, den die Leningrader Philharmoniker in den Jahren der Belagerung verwendeten, das wäre ein besonderer Fund gewesen – ein Klavier, das Musik als Ausdruck von Mut und Trotz verkörperte. Wenn das echte Instrument noch existierte – dasjenige, das in einem zwei Sekunden dauernden Aufblitzen eines Klavierdeckels in einer körnigen Filmaufnahme zu sehen und als Begleitung des berühmten Glasunow-Quartetts der Philharmoniker beschrieben worden war –, dann schien eine der wahrscheinlichen Möglichkeiten die, dass es ein Steinway-Konzertflügel aus dem 19. Jahrhundert war, Seriennummer 45731, der ungenutzt in einem Orgelraum des Konservatoriums in Nowosibirsk stand. Instrumente wie dieses sind nicht alltäglich in Sibirien, sagte meine Quelle, Wladimir Birjukow, Präsident der Gesellschaft der Klavierstimmer Sibiriens und Chefklavierstimmer bei den Philharmonikern von Nowosibirsk. Er glaubte, der Steinway sei mit oder für Mrawinskis Leningrader Philharmoniker zum ersten Mal nach Sibirien gekommen. Seine Schlussfolgerung war einfach: Das Klavier war zu auffällig, als einen anderen Zweck gehabt zu haben, den wichtigsten Aufführungsorten und Künstlern der damaligen Zeit zur Verfügung zu stehen.

Wladimir Birjukow, Präsident der Gesellschaft der Klavierstimmer Sibiriens und Chefklavierstimmer bei den Philharmonikern von Nowosibirsk, mit dem Steinway-Flügel.

Ich versuchte diese Geschichte nachzuvollziehen und kontaktierte die Leningrader Philharmoniker sowie die Archivare von Steinway in New York. Anhand der Seriennummer hieß es von Steinway, das Klavier sei ein ikonisches Modell C mit Beinen im deutschen Stil, fertiggestellt am 16. Mai 1881 und ohne die endgültige Lackierung nach Hamburg verschifft, darauf am 24. Februar 1882 zum Vater von Sergei Rachmaninows Verleger, A. B. Gutheil, in Moskau. Und dann verlief sich die Spur: Anscheinend wusste niemand, wie oder wann es in Sibirien gelandet war. Es gab nur einen Mann, der etwas mehr Licht in die Angelegenheit bringen konnte: ein Klavierstimmer mit Namen Igor Lomatschenko. Man hatte mir gesagt, er sei sehr beschlagen und habe im Keller des

Opern- und Ballett-Theaters von Nowosibirsk einen ganzen Raum voller Instrumente.

Ich kam am Tag Epiphanias in der Stadt an, einem Feiertag im Januar, den die Russen dadurch begehen, dass sie in ins Eis gehackte Löcher in zugefrorenen Seen und Flüssen steigen. Unten am Ob herrschte festliche Stimmung. Stämmige sibirische Männer, denen die Bäuche wie Teig über den Hosenbund quollen, hatten sich in einer Reihe aufgestellt, um ins Wasser zu steigen und von einem Priester den Segen zu empfangen. Einige Frauen trugen Bikinis, andere hochgeschlossene lange Nachthemden. Mit Hängebrüsten und verschränkten Armen, um sich zu wärmen, wirkten sie wie Insektenpuppen, die fragilen Körper verletzlich in papierdünnen Umhüllungen. Junge Männer in engen Badehosen waren da, die die Witzeleien beim Ausziehen und einen freien Tag von der Arbeit genossen, und freundliche Babuschkas, die sich freuten, eine Ausländerin in den festlichen Reihen zu sehen. Zwischen ihnen stand eine ganz kaputte junge Frau mit hohlen Wangen und Augen, die ins Leere starrten. Als sie so dastand und das Wasser an ihr hinunterlief, die winzigen roten Rosen in ihrem Baumwollhemd an ihrer Haut klebten, sah sie aus wie eine, die sich nicht mehr erinnert, ob sie jemals gelacht hat.

Im Zentrum von Nowosibirsk wurde das Opernhaus von einer rosafarbenen Morgendämmerung angestrahlt. An der Bühnentür kamen und gingen Musiker zu und von den Proben. Ich ging vorbei am Durchlauf einer Verdi-Oper und bog dann ein in einen anderen Seitengang, an dessen Wänden Kulissen angelehnt waren. Da standen eine mehrschichtige Hochzeitstorte, groß genug, um einen kleinen Trupp Ballerinen zu verstecken, ein Trojanisches Pferd und zwei riesige Elefanten auf Rädern. An Stricken hingen rote Sowjetsterne und orientalische Laternen. Ein Mädchen in einem schwarzen Tutu vollführte Streckübungen an einer knarrenden Bank.

Igor war im Keller der Oper und übte vor einem wackeligen Notenständer auf dem Cello. Er war nicht mehr jung, beinahe kahlköpfig, mit fröhlichem Gesicht und leicht abstehenden Ohren. Er hatte ein breites Lächeln, große Hände, breite Schultern und eine untersetzte Figur. Er war Mitglied des Opernorchesters und der für alle Klaviere zuständige Chefklavierstimmer. Seit 1978 arbeitete er in Zimmer 1037, einem backofenheißen Raum im selben Kellergeschoß, wo mitten im Krieg der Teppich des Zaren ausgerollt und als provisorisches Bett benutzt worden war. Zimmer 1037, mehr das Innere einer Seele als eine Werkstatt, war angeschwollen von unerwarteten Besitztümern, die zusammengerafft, übereinandergeschichtet und angehäuft in Ecken lagen, von Haken hingen und in jeden verfügbaren Krug oder ausrangierten Farbtopf gestopft waren.

Das Durcheinander war zugleich alltäglich und grandios – ein magischer Ort, wo ein seltenes musikalisches Artefakt lauern mochte oder ein erstaunlicher Klang, verborgen durch die Gliedmaßen anderer, weniger bemerkenswerter Instrumente. Hinter einem Pianino ragte eine rosa Schnauze hervor – der riesige Papiermachékopf eines Spanferkels auf einem Tablett, er sah aus, als hätte er sich aus der Bühnenausstattung einer *Nussknacker*-Aufführung hierher verirrt. Von der Decke hing ein Frack, gebügelt, bis die Fasern silbrig schimmerten. Auch einige Tarnanzüge waren hier, von der Art, wie russische Jäger sie in der Taiga tragen, und ein Tisch, überhäuft mit Schuhcreme, einer Sammlung mechanischer Uhren und stoppeligen Malerpinseln, so oft ausgewaschen, dass sie beinahe kahl waren. Die Wände waren geschmückt mit Bildern von Bären, Lenin und Louis Armstrong. Etliche Celli, bei manchen fehlte die Decke, lehnten an Klavieren. Ein Sandsack in voller Größe hing über einem gerade in Reparatur befindlichen Konzertflügel, und die Präzision und Improvisation von Igors Kunst lag verborgen unter Zangen, Lacken und aufgerollten kupfernen Basssaiten, stählernen Stimmwirbeln, Angeln und hölzernen Querbalken. Es war, als wären alle Nischenfertigkeiten, die die frühe Klavierindustrie geschaffen hatte, hier gelandet, in einem Keller in Nowosibirsk: die Gehäusebauer, die mit den Resonanzbodenbauern zusammenarbeiteten, die Vorstimmer, Tastenmacher, Polierer und jene, die die Mechanik fertigstellten.

»Es ist nicht viel«, sagte Igor, »aber es ist mein Leben.«

Igor sagte, es sei schwer herauszufinden, welches Instrument seine Zuwendung am meisten verdiene: das in einem Winkel brütende Becker, das Schröder mit den blechernen Kopfnoten oder die namenlosen Pianinos, zu eng aneinandergerückt, als dass man auf ihnen auch nur eine Note hätte spielen können. Er sprach darüber, dass jedes Klavier seine ganz eigene Stimme habe: satt, lieblich, schneidend, gläsern, warm, dünn oder kühl. Im Allgemeinen wird die Stimme mit dem Alter und dem Gebrauch stumpfer und flacher. Die Hämmer werden härter, die Saiten geben nach. Leise Töne schrumpfen und verschwinden dann. Er zeigte mir den modernen Steinway-Flügel, auf dem Denis Mazujew spielte, wann immer er in der Stadt war, der seinen eigenen feuchtigkeitskontrollierten Aufbewahrungsraum hatte. Wieder in der Werkstatt, zeigte mir Igor ein robustes Klavier in der Ecke, es galt als eines der besten jemals gebauten Pianinos – dasjenige, bei dem mir das Papiermachéschwein aufgefallen war.

»Ein Grotrian-Steinweg aus den 1930er Jahren«, sagte Igor. »Ein deutsches Klavier mit zartem Klang. Aber es hat auch eine Menge miterlebt. Das höre ich daran, wie es sich spielt.«

Nowosibirsk sei eine Stadt voller interessanter Instrumente, meinte Igor. Er stimmte mir zu, der Steinway-Flügel, den ich im Konservatorium gesehen hatte – derjenige, von dem Wladimir Birjukow vermutete, dass er den Leningrader Philharmonikern gehört hatte oder von ihnen gespielt worden war –, sei tatsächlich großartig. Er konnte die Bewegungen des Klaviers in Nowosibirsk seit den 1970ern nachverfolgen, als es von der Oper in das Operettentheater verlegt worden war. Aber weiter zurück konnte er dessen Geschichte nicht rekonstruieren. Dann sprach er über diverse Klaviere, die sein Sohn gerade für eine lokale Sammlung restaurierte.

»Sie müssen meine Kinder kennenlernen. Wir haben nicht einen Klavierstimmer in der Familie, sondern drei«, sagte Igor, seine Holzapfelbäckchen rosa angelaufen vor Stolz.

Familie Lomatschenko; von links nach rechts: Kostja, Jewgeni, Fedja, Igor und Wassili.

Wir vereinbarten, uns in zwei Tagen wieder am selben Ort zu treffen, um uns weiter zu unterhalten. Als der Tag dann gekommen war, war Zimmer 1037 allerdings überhaupt nicht mehr dasselbe. Alles war aufgeräumt worden: die Klaviere zurechtgerückt, die Werkzeuge sortiert, sogar der Schweinekopf hing gerade. Der Sack hing nicht mehr über dem Flügel. Die Ringe von den Kaffeetassen waren weggewischt, die Noten zu Stößen geschlichtet. Zusätzliche Stühle waren aufgestellt und jeder einem Mitglied der Familie Lomatschenko zugewiesen worden. Der einzige Tag im Jahr, an dem sie sich sonst auf diese Weise versammelten, war Stalins Geburtstag – derselbe wie seiner, meinte Wassili Lomatschenko und lächelte breit.

Wassili war Igors Vater. Trotz seiner 83 Jahre hatte er ein beinahe faltenloses Gesicht, lachte fröhlich und tänzelte manchmal auf der Stelle. Er trug ein frisch gebügeltes hellblaues Hemd, dessen oberster Knopf offen stand, einen wollenen Pullunder und blankpolierte Schuhe. Igors jüngster Sohn Jewgeni war schüchtern und schmal; er restaurierte lieber die hölzernen Bestandteile eines Klaviers, als zu stimmen. Jewgenis Bruder Kostja war Anfang vierzig. Er war ungewöhnlich groß, hatte jungenhafte blonde Haare – wie ein Eisbär, meinte meine Übersetzerin. Kostja, der mit seinem siebenjährigen Sohn Fedja gekommen war, der eine ebensolche Fliege trug wie er, war beides, Klavierstimmer und Restaurateur. Er sprach über einige der Instrumente, die er kannte oder an denen er in Nowosibirsk gearbeitet hatte: ein Gaveau aus französischer Produktion, den man aus einem deutschen U-Boot geholt hatte, und ein Konzertflügel, den Deutschen während der Schlacht um Moskau 1941 abgenommen. Kostja wollte die Crème de la crème der Klavierstimmerausbildung besuchen: die C. F. Theodore Steinway Academy in Hamburg. Er träumte davon, eine russische Klavierfabrik zu gründen, um einige der besten Instrumente der Welt zu bauen. Er war empfindsam, warmherzig und außerordentlich enthusiastisch – ein sanfter Riese mit einer hellen, kindlichen Seele. Als wir uns kennenlernten, weinte er. Ich fragte ihn, warum, und er meinte, weil eine Fremde von irgendwoher gekommen sei und ihm gesagt habe, sie interessiere sich für seine Arbeit. Als ich meine Übersetzerin bat, mir zu helfen, seine Reaktion zu deuten, sagte sie später: »Für Kostja ist jedes Klavier etwas Besonderes. Er kennt es, und selbst wenn er beschreibt, wie es klingt oder klingen könnte, berührt ihn diese Schönheit tief. Es ist, als wäre er empfindsam für andere Schwingungen als diejenigen, die Sie und ich hören können.«

Doch es war Kostjas Großvater Wassili, der den Raum in Bann hielt, als er zu erzählen begann, wie seine Ahnen ursprünglich nach Sibirien gekommen waren. Wassilis Vater hatte jener Welle freier Auswanderer angehört, die um die Wende zum 20. Jahrhundert die Ukraine verlassen hatten. Sie kamen mit der Pferdekutsche nach Sibirien und ließen sich im Dorf Dowolnoje etwa 120 Kilometer von Nowosibirsk entfernt nieder. Wassili sprach es langsam und abgehackt aus, Do-wol-no-je, es bedeutete so viel wie »Dorf des Vergnügens«. Wassilis Vater, den er als still und zurückhaltend beschrieb, kämpfte im Bürgerkrieg auf der Seite der Weißen. Zumindest glauben sie, dass es so war, aber Wassilis Vater sprach nie darüber. Er galt im Stalin-Regime als Kulak, als Großbauer, eine will-kürliche Zuschreibung, die weniger auf formellen Kriterien als auf den Launen von Nachbarn, Lokalbeamten und Sowjet-Aktivisten beruhte. Er wurde für zehn Jahre zur Zwangsarbeit in ein Bergwerk geschickt. Als er endlich heimkehrte, musste er nach Moskau, um gegen die Nazis zu kämpfen.

1953 leistete auch Wassili seinen Militärdienst ab. Er stieg in einen mit etwa vierhundert Sibiriern besetzten Zug und machte sich auf nach Sachalin. Zwei Jahre später ließ er sich im Kusbass nieder, der Kohlenab-bauregion in Sibirien, wo er sich die ersten zwölf Monate mit einem Zelt behelfen musste. Er fuhr Lastwagen im Sajangebirge nahe der mongo-lischen Grenze, auf gefährlichen Straßen, die die steilen Gebirgszüge in der Gegend auf und ab durchkurvten. Unter seinem Sitz im Lastwagen hatte er einen Sack mit Salz stehen, damit die Fenster nicht beschlugen; das Salz nahm die Feuchtigkeit seines Atems auf. Obwohl Wassili die Einsamkeit der Straße gefiel, musste er immer daran denken, wie sehr er sich wünschte, dass spätere Generationen von Lomatschenkos ein an-deres Leben haben würden.

Wassili heiratete und bekam einen Sohn. 1961 verkaufte er das Holz-haus, das er in seinem ersten Winter im Kusbass gebaut hatte, und zog mit seiner Familie nach Akademgorodok. Akademgorodok war die neue Stadt der Wissenschaft in Sibirien, die in einem Wald außerhalb von Nowosibirsk entstand, ein elitäres, in den 1950ern gegründetes sowjeti-sches Utopia, das ein fortschrittliches Gewächshaus werden sollte, um einige der besten Köpfe des Landes anzuziehen. Wie die Universität in Tomsk war es eine stolze, ehrgeizige Institution, die Sibirien enormes Prestige verlieh, sie tut es noch immer. Wassili fand Arbeit bei den Bau-firmen, seine Frau in der Kantine des Hauses der Wissenschaftler, dem wichtigsten Klub in Akademgorodok.

Das Geld war knapp, aber trotzdem verwendete Wassili ein Viertel des Geldes vom Hausverkauf für den Ankauf eines Klaviers aus einem Gebrauchtwarenladen. Obwohl er selbst keine musikalische Ausbildung erhalten hatte, erwarb er das Instrument 1962, als sein Sohn fünf Jahre alt war, denn er glaubte, ein Leben mit Kultur würde das Los der Familie ändern. Ungefähr um diese Zeit erreichte die Musikerziehung in der Sowjetunion allmählich ihren Höhepunkt. Anfang der sechziger Jahre waren über 400 000 Kinder im Volksschulalter in Musikschulen und in 24 Konservatorien auf Mittelschulniveau eingeschrieben. Allen standen diese Möglichkeiten offen, unabhängig vom Status, da die Musikerziehung sogar in den kleinsten Städten systematisiert war. Es war eine umfassende kulturelle Transformation, unterstützt durch all die preiswerten Instrumente, die nun in größerer Anzahl als je zuvor in der russischen Geschichte gebaut und verbreitet wurden. Igor spielte Klavier, konzentrierte sich aber auf das Cello. Er war talentiert, meinte Wassili, aber als er älter wurde, kamen die üblichen Ablenkungen – Fußball, Mädchen. Als Igor aufhörte, erhob sein Vater keine Einwände. Wassili war ein Mann der früheren Sowjetzeit, er wusste, wie hart es im Leben zugehen konnte. Er fand einen Job für seinen Sohn in einer Betonfabrik, wo Igor arbeitete, bis seine Hände bluteten – eine Erfahrung, die, das wusste Wassili, ihn wieder zur Musik zurückführen würde.

Sechs Monate später begann Igor Klavierstimmen zu lernen, und 1978 erhielt er eine Anstellung am Opern- und Ballett-Theater von Nowosibirsk.

Ich fragte, wo das Instrument jetzt sei, dasjenige, das Wassili mit dem Geld aus dem Verkauf seines Hauses besorgt hatte.

»Da drüben«, sagte Igor und zeigte auf das Klavier, das als Unterlage für das Papiermachéschwein diente. »Ich habe es Ihnen gestern gezeigt. Ein Grotrian-Steinweg aus den 1930ern.«

Kostja mischte sich ein. »Ich muss Ihnen seine Besonderheiten zeigen«, sagte er. »Schwere, kraftvolle Hämmer. Eine einfache, stabile Bauweise. Originale Elfenbeintasten, die noch hundert Jahre halten können. Es ist nicht das großartigste, aber der volle Klang, den es erzeugt, ist etwas Besonderes.«

Als der Klavierdeckel aufgeklappt wurde, roch das Instrument, als habe es eine Weile nicht Luft geschöpft. Igor nahm den Deckel ab, um die Seriennummer zu zeigen: 632163. Der hintere Rahmen des Klaviers, das klassische Modell 120, war sternförmig, ein bisschen wie in der britischen Flagge – eine Signatur für die Firma Grotrian-Steinweg, die diese Klaviere so gut baute, wie ein Pianino nur sein konnte. Die starken Querbalken erlaubten es dem Resonanzboden, frei zu schwingen, ihre Festigkeit gewährleistete die tonale Stabilität die Oktaven hinauf und hinunter.

»Es ist langlebig«, sagte Igor, »ein robustes Klavier mit einer hellen Stimme.«

Das Grotrian-Steinweg hatte Elfenbeintasten. Ich schlug ein paar an: eine dumpfer Ton, eine klappernde Mechanik, dann in den höheren Tonlagen ein singender Ton und ein leichter, nachgiebiger Anschlag. Es könnte ein paar Stimmwirbel gebrauchen, sagte Kostja, die könne man nur aus Deutschland beziehen, aber die Hämmer seien gut und stark. Sie benötigten vielleicht ein bisschen Abziehen und Intonieren.

Während die Lomatschenkos sich über die Überlegenheit deutscher Ingenieurskunst unterhielten, konnte ich den Rat des englischen Klavierbauers Brian Kemble hören, der mich durch die technischen Aspekte meiner Suche geleitete:

»Es ist einfacher, als Sie glauben«, sagte Brian. »Wenn Sie ein Klavier finden, das allen gefällt, dann fehlt etwas; es ist zu arttypisch. Sie sollten ein Instrument finden, in das jemand leidenschaftlich verliebt ist.«

Der Klavierbauer, der das Instrument hergestellt hatte, besaß einen eindrucksvollen Stammbaum. Der 1803 in Deutschland geborene Friedrich Grotrian lernte sein Handwerk in Moskau, als er zur Blütezeit des Klavierbooms im Russland des 19. Jahrhunderts dort lebte. Friedrich war in Russland, als alle großen Virtuosen dorthin kamen, darunter Liszt. Nachdem Grotrian 1854 nach Deutschland zurückgekehrt war, arbeitete er für Theodor Steinweg, dessen Vater Heinrich Steinweg 1850 in die Vereinigten Staaten ausgewandert war und dort drei Jahre später Steinway & Sons gegründet hatte. 1865 zahlte Grotrian seinen ehemaligen Arbeitgeber aus und leitete die Klavierfabrik Grotrian-Steinweg in Braunschweig. Das Unternehmen befindet sich noch im Besitz der Nachkommen Friedrich Grotrians in fünfter und sechster Generation.[3]

Archivunterlagen zu finden würde schwierig sein. Die Klavierfabrik

Grotrian-Steinweg in Braunschweig war im Zweiten Weltkrieg durch die Alliierten bombardiert worden, wobei die Unterlagen für siebentausend Grotrian-Steinweg-Klaviere zerstört worden waren, darunter offenbar auch die Nachweise darüber, wem das Klavier ursprünglich gehört hatte. Viel später während meiner Recherche sah ich dann einen Namen, der in das Instrument selbst eingeschrieben war: Die tiefste Taste trug eine Markierung mit dem Stimmdatum 20. Oktober 1944 und dem Namen des Klavierstimmers, Carl W. Aug(xx)t⁴ aus Allenstein im ehemaligen Ostpreußen. Dieses mit Tintenstift aufgetragene Datum war nur neunzig Tage, bevor die Rote Armee in die Stadt einmarschiert war, notiert worden. Sieben Monate danach verschwand der Name Allenstein von den Landkarten. Was noch übrig war, fiel am Ende des Zweiten Weltkriegs an Polen und wurde in Olsztyn umbenannt.

Der sowjetische Vorstoß nach Ostpreußen in den Jahren 1944 und 1945 mag kurz gewesen sein, aber er forderte einen hohen Preis von der deutschen Bevölkerung durch Morde, Vergewaltigungen und eine massenhafte panische Flucht. Alexander Solschenizyn, damals als Artilleriehauptmann in Ostpreußen stationiert, beschrieb in seinem erzählenden Gedicht *Ostpreußische Nächte* die Plünderungen in Neidenburg etwa fünfzig Kilometer von Allenstein.

> *Europas Sieger, emsig,*
> *uns're Russen, schwirren rum,*
> *stopfen rasch sich in die Wagen*
> *Kerzen, Weine, Teppichsauger,*
> *Pfeifen, Röcke, Malerei,*
> *Käse, ganze Ringe Wurst,*
> *Schreibmaschinen fremder Schriften ...*

Während Solschenizyn darüber nachgrübelte, wie richtig oder falsch es gewesen sei, in einem zerstörten Postamt dreihundert Bleistifte der Marke Faber-Castell eingesteckt zu haben, waren andere sowjetische Offiziere – denen es gestattet war, jeden Monat zehn Kilogramm gestohlene Güter nachhause zu schicken – kühner. Was sie nicht schicken konnten, stopften sie in ihre Panzer; Möbel, sogar Vieh wurde mitgenommen. Die Besiegten benahmen sich auf ihrem Weg in und aus Feindesland genauso: Hitlers Entschlossenheit während des Krieges, das kulturelle Gedächtnis einer Nation auszulöschen, war eine der gnadenlosesten der Geschichte. Statt ihre Kostbarkeiten in die Hände der Sowjets fallen zu lassen, wurden unschätzbare Sammlungen auch verbrannt oder von Zivilisten geplündert, bevor die Rote Armee anrückte. Aber irgendwie hatte dieses kleine Grotrian-Steinweg überlebt, auch wenn das Wie, Warum oder Wo vollkommen unklar war. Es war ein Mysterium, die Wurzeln des Klaviers blieben einer Zeit des Chaos verhaftet.

»Beim Zuhören kann man nicht sagen, ob es sehr trocken, sehr gläsern oder sehr metallisch klingt«, sagte Kostja, während er über das Gehäuse des Klaviers strich; er kannte nur die Geschichte seiner Familie mit diesem Instrument, das in den sechziger Jahren aus einem Altwarenladen gekommen war. »Es ist ausgewogen, voll, besitzt einen abgerundeten Klang. Und sehen Sie den Rahmen? Das ist Gusseisen. Es hat eine Integrität, die eine ordentliche Restaurierung verdient. Wir brauchen ein paar neue Stimmwirbel, müssen frisch aufziehen und stimmen. Wenn ich die neuen Bestandteile aus Deutschland bekomme, wird es zwei bis drei Monate brauchen, um es herzurichten.«

Ich fragte Kostja, was er für das richtige Finale für das Grotrian-Steinweg halte; selbst wusste ich es nicht.

»Das Wort Finale bedeutet Ende. Ein Instrument muss gespielt werden. Es wird sich gut anfühlen, wenn auf diesem Instrument wieder gespielt wird«, sagte Kostja, während er sachte den Deckel zuklappte.

14
Veras Mühlbach:
Akademgorodok

ALS WASSILI LOMATSCHENKO nach Akademgorodok übersiedelte, war er einer von 70 000 Bauarbeitern, die glaubten, eine Art sowjetisches Paradies aufzubauen. Eine kühne neue Stadt der Wissenschaft war in dem ideologischen Tauwetter, das auf Stalins Tod 1953 folgte, ökonomisch äußerst sinnvoll. Zum Teil hatte sie auch den Zweck, dem neuen Ersten Sekretär der Kommunistischen Partei, Nikita Chruschtschow, beim Entwickeln der Technologie behilflich zu sein, die das ungeheure Potenzial Sibiriens nutzen sollte. Sibirien mochte nur einen kleinen Anteil der Bevölkerung des Landes umfassen, doch dort befanden sich auch bis zu neunzig Prozent der natürlichen Ressourcen des Landes.

Auf dem Papier wirkte Akademgorodok spektakulär. Der Geist des Optimismus sollte sich nicht nur in der Stadtplanung auswirken – ein Strand neben dem zu einem See aufgestauten Fluss Ob, ein Eislaufplatz, Radwege und mäandernde Waldwanderwege –, sondern auch in den Geselligkeitsvereinen, Cafés, Theatern und musikalischen Gesellschaften. Labors und Bibliotheken würden Weltklasse besitzen. Führende Mitglieder der akademischen Elite von Akademgorodok würden Einfamilienhäuser im Wald erhalten statt eine Wohnung in einem Block im Sowjetstil. Sogar das städtische Hotel sollte besser ausgestattet sein als die anderen, um einige der besten Köpfe des Landes zu beherbergen.

Es war eine gewaltige Idee, die so gut wie jeden ansprach, darunter auch akademische Aussteiger und Rebellen, und sie führte zur Errichtung dessen, was später als »kleine Stadt mit dem wahrscheinlich höchsten IQ« beschrieben wurde. Für die Intelligenzija des Landes, die nicht auf Parteilinie war, bedeutete das weit entfernte Akademgorodok, dass ihre Arbeit weniger an die Ketten der Partei gefesselt sein würde als in ähnlichen Einrichtungen in Moskau. Und dann waren da die Träumer, die dem Utopia nachgejagt wären, wo immer es sich auch zeigte. Die Herausforderung bestand darin, diese unterschiedlichen Motive (und die ungeklärte Finanzierung durch den Staat) so zu organisieren, dass eine brauchbare, lebendige Gemeinschaft geschaffen wurde, mit wissenschaftlichen Sonderleistungen als Herzstück.

Binnen eines Jahrzehnts nach Beginn der Bauarbeiten besaß Akademgorodok fünfzehn funktionierende Forschungsinstitute. Es wurde ein Institut für Zytologie und Genetik eröffnet – »ein Wunder«, schrieb die Genetikerin Raissa L. Berg, waren doch Forschungen zur Genetik nicht lange zuvor von Stalin verboten worden; die Vererbbarkeit von bestimmten Fähigkeiten hielt er für ideologisch nicht mit dem Marxismus vereinbar. Im tiefsten Sibirien hatte die akademische Elite nun mehr Freiheit für ihre Arbeit. Die Häuser hatten Elektroherde und Kühlschränke und profitierten von subventionierten Haushaltskosten. Je höher die Decke, desto höher das Gehalt, bemerkte Berg. Die Wissenschaftler waren auch durch bessere Lebensmittelrationen begünstigt. Musiker, Künstler, Dichter kamen in die Stadt, auch ganz normale Russen, in eine überwältigend kreative Stadt, wo es Unmengen an Pilzen und schrecklich viele Mücken gab.

In dieser eng zusammengeschmiedeten Gemeinschaft lebte eine französischstämmige Pianistin, Vera Lotar-Schewtschenko, die sich 1966 in Akademgorodok niederließ und bis zu ihrem Tod Anfang der achtziger Jahre dort wohnte. Ich hatte bei der Menschenrechtsorganisation Memorial von ihr erfahren. Anastasia Blisnjuk, eine schöne, außerordentlich gebildete Geigerin im Kammerorchester von Akademgorodok, hatte mir geholfen, nach Veras letztem Instrument zu suchen: einem in Russland gebauten Mühlbach-Flügel aus der Zeit vor der Revolution.

Vera Lotar-Schewtschenko wurde am 2. Oktober 1899 als Véronique Lautard in Nizza geboren. Leute, die sie gekannt hatten, beschrieben sie als dick, rundschultrig, mit arthritischen Händen und stummeligen Fingern. Sie hatte kurze Fingernägel, abgeschnitten oder abgekaut. Die roten Fingerknöchel waren geschwollen von harter Arbeit. Sie trug einen Hut verkehrt herum und alte Pullover. Als sie älter war, tönte sie ihr Haar in einem orangen Farbton. Vera schloss leicht Freundschaften, sie hatte eine harsche Stimme und einen französischen Akzent, den sie nie ablegte. Für die alltägliche Haushaltsführung zeigte sie wenig Interesse, sie ließ das Essen anbrennen, während sie Klavier übte, und vergaß die Pfanne, bis die Nachbarn sich über den Rauch beschwerten. Zum Mittagessen gab es Fisch aus der Dose, sie liebte billigen bulgarischen »Stierblut«-Wein und russischen Camembert aus Moskau. Auch Astronomie mochte sie. Die Großartigkeit der Sterne, pflegte sie zu sagen, rücke die Perspektive auf die Kleinigkeiten des Lebens zurecht.

Laut einer ihrer Freundinnen beschrieb Vera ihre frühe Kindheit als bürgerlich, behütet von einer spanischen Mutter, einer Gesellschaftslöwin, und einer strengen englischen Gouvernante, die ihr kalte Duschen verordnete – etwas, das Vera hasste, obwohl sie später meinte, es habe ihr geholfen, einige ihrer schlimmsten Jahre in der UdSSR zu überstehen. Veras Vater war angeblich ein brillanter, aufbrausender Mathematiker, Professor an der Universität Turin. Er spielte auch gern, und wegen seiner Verluste beim Kartenspiel musste die Familie schließlich aus einer prächtigen Villa in ein billiges Hotel an der Côte d'Azur ziehen.

Vera hatte schon als ganz kleines Kind Klavierunterricht erhalten, zeigte bald Anzeichen eines außerordentlichen Musiktalents und machte rapide Fortschritte. Wo genau und von wem sie ausgebildet wurde, ist nicht ganz klar. Eine Darstellung führt zum französisch-schweizerischen Pianisten und Komponisten Alfred Cortot, dessen Technik so eindrucksvoll war, das selbst Vladimir Horowitz, eine Koryphäe unter den klassischen Pianisten des 20. Jahrhunderts, an Cortot herantrat und ihn bat, sein Geheimnis zu verraten. Eine andere Quelle nennt den Italiener Ernesto Consolo als ihren Lehrer. Wie auch immer, Vera vervollkommnete einen spektakulären »samtigen« Stil. 1920 war sie gut genug, dass ihre Liszt-Darbietungen im *Figaro* als »von seltener Brillanz« bezeichnet wurden.

Ihr Privatleben hingegen verlief unglücklich. Nachdem ihre erste Ehe mit einem Franzosen gescheitert war, flüchtete sie sich 1930 nach Rom, wo sie ihren zweiten Mann traf, den russischen Ingenieur Wladimir Schewtschenko, den sie im Salon einer emigrierten russischen Herzogin kennenlernte. In der romantischsten Version der Geschichte pflegte Schewtschenko dort mit einer Geige unter dem Arm aufzutauchen. Er wollte allerdings in das Heimatland zurück, aus dem seine Familie Anfang des Jahrhunderts geflohen war. 1939 zog das Paar nach Leningrad, wo Vera als Pianistin Beschäftigung fand. Dann wurde Schewtschenko unter der Beschuldigung der Spionage für das Ausland verhaftet und in einen Gulag in Slatoust im Ural geschickt. Vera fuhr hin und wollte versuchen, seine Unschuld zu beweisen, doch man verhaftete auch sie. Im Februar 1943 wurde Vera unter Artikel 58.10 wegen »antisowjetischer Agitation und Propaganda« verurteilt und in ein Arbeitslager unweit von Jekaterinburg geschickt.

Was im Gulag wirklich mit ihrem Mann geschah, ist unklar. Manche sagten, man habe bei Schewtschenko Schizophrenie, dann Dystrophie festgestellt. Nach anderen Berichten wurde er erschossen. Einige wenige behaupteten, er sei aus dem Fenster gesprungen. Vera glaubte keinem und schrieb noch lange Zeit während ihrer achtjährigen Inhaftierung Briefe an ihn. Es hatte keinen Zweck. Als sie den Gulag verlassen konnte, hatte man ihr den Mann, den sie liebte, genommen. Sie hatte nur noch die Musik in ihrem Kopf. Sie besaß nichts, nicht einmal die Geige ihres Mannes, die man ihr später zukommen ließ. Da es ihr unmöglich war, den Kasten anzusehen, der einem kleinen Sarg glich, wie sie meinte, gab Vera das Instrument an einen anderen Häftling weiter, um die Erinnerung loszuwerden.

Die Musik jedoch konnte sie nicht ganz aufgeben. Sie vergötterte Bach und bewunderte Chopins *Préludes*. Für Vera war Musik wie Atmen. Als die weiblichen Häftlinge im Gefängnis merkten, wie sehr sie sich nach ihrem Klavier sehnte, schnitzten sie mit einem Küchenmesser eine Klaviertastatur in ihre Schlafkoje, sodass sie in der Nacht lautlos üben konnte. Eine andere Geschichte berichtet, dass der Küchentisch ihr Klavier darstellte. Und wieder eine andere, dass ihr Spielen im Gefängnis auf eine einmalige Begegnung mit einem Klavier in einem Haus im Dorf beschränkt war. Alle diese Geschichten aber laufen 1950 in eine zusammen: Als Erstes nach ihrer Entlassung ging sie auf die Straße der kleinen Stadt Nischni Tagil und suchte nach einer Musikschule. Sie trug immer noch ihre gesteppte Sträflingsjacke und bat, ob sie auf dem Klavier spielen dürfe.

Eine, vielleicht zwei Stunden lang saß Vera an diesem Instrument (typisch für Veras Geschichte, dass andere sagen, es sei viel länger gewesen). Sie spielte ohne Unterbrechung, lachte und weinte, die Erinnerung an ihr Repertoire war Note für Note perfekt, als ihre plumpen Finger sich mit derselben beglückenden Präzision bewegten wie vor der Haft. Lehrer und Schüler, die an der Tür standen und zuhörten, waren vollkommen verblüfft über diesen wunderbaren Sturzbach an Chopin, Liszt und Beethoven. Es war, als wäre jeder Teil von Veras Sein an die Macht der Musik verloren, als könne sie alles gleichzeitig sehen, dasjenige, »das nicht da ist, und das Nichts, das ist«.

Vera hat keine Memoiren hinterlassen. Sie war eine charismatische Introvertierte, die tief in sich selbst versunken lebte, außer wenn sie mit einer göttlichen Intensität Klavier spielte, welche die Menschen in Bann zog. Es gibt eine alte Aufnahme, auf der Vera Beethovens Sonate Nr. 32,

Das Gesicht von Vera Lotar-Schewtschenko auf ihrem Grabstein in Akademgorodok.

op. III spielt. Man höre sich die Musik an, und die Wirkung ist trotz des Knisterns hypnotisch. Sie spielt mit fiebriger Dringlichkeit, jede Note quillt über von ihrer Charakterstärke, als wäre das Klavierspielen eine Art Therapie.

Nach ihren Erfahrungen im Gulag nahm Vera ihre internationale Karriere nie wieder auf. Sie kehrte nicht mehr nach Frankreich zurück. Nach ihrer Entlassung erhielt sie eine Stellung im Theater des Eisenbahnklubs in der Stadt im Ural, wo sie das Gefängnis verlassen hatte. Ab 1965 arbeitete sie dann in Barnaul im Altai. Dort hörte der sowjetische Journalist Simon Solowejtschik sie zufällig vor einer Zuhörerschaft von 53 Personen in einem Saal für fünfhundert spielen. Am 19. Dezember 1965 schrieb Solowejtschik in der *Komsomolskaja Prawda* über diese Aufführung. Er beschrieb Veras außerordentliche Raffinesse und Poesie und ihr anspruchsvolles französisches Repertoire und erwähnte den Weltklassevirtuosen Swjatoslaw Richter und eine Beethoven-Aufnahme von Artur Schnabel; Vera in Barnaul zuzuhören habe dasselbe Gefühl hervorgerufen – als höre man zum ersten Mal Klaviermusik. Er nannte es eine Begegnung mit Schönheit an ihren äußersten Grenzen.

Aufgrund dieses Artikels wurde Vera als Solistin von den Nowosibirsker Philharmonikern engagiert und zog auf Einladung der dortigen Akademiker nach Akademgorodok. Der sowjetische Wissenschaftler und Computerpionier Alexej Ljapunow wurde einer ihrer Mäzene und veranstaltete intime Konzerte bei sich zuhause. Es schien, als habe Vera ihren sicheren Unterschlupf gefunden, einen Ort, wo sie sich auf die Musik fokussieren konnte, für die sie lebte, auch wenn es noch Momente gab, die befleckt waren von ihrer Geschichte im Gulag. An einem kalten Dienstagabend im Winter 1966 spielte sie in der Oper von Nowosibirsk. Das Konzert war kaum angekündigt worden. Nur ein einziges Plakat war drinnen neben der Kasse an die Wand geheftet. Als Vera auf die Bühne trat, standen dort zwei Instrumente: ein Steinway-Konzertflügel – war dies dasselbe Instrument, das ich auf die Leningrader Philharmoniker im Exil zurückzuführen versucht hatte? – und ein schäbiger sowjetischer Estonia. Der Steinway war versperrt, es fühlte sich wie eine absichtliche Brüskierung wegen ihrer Gulag-Vergangenheit an. Vera weinte ein wenig. Sie bat ihre Freundin um ein Gläschen Wodka, dann ging sie in ihrem geborgten, schlecht sitzenden Konzertkleid auf die Bühne und spielte so spektakulär auf dem Estonia, dass alle von der Garderobiere bis zu den Küchenbediensteten hingerissen waren. Vera weigerte sich, eine Zugabe zu spielen, und sagte dem Publikum, wie schwer es gewesen sei, auf dem sowjetischen Klavier zu spielen, wo doch daneben das beste Instrument von allen gestanden sei.

Anastasia, die Geigerin, die mir bei Veras Geschichte behilflich war, war unter jenen, die Vera während ihrer Zeit in Akademgorodok spielen gehört hatten. Ihre Familie hatte im selben Wohnblock gewohnt wie Vera. Wenn sie übte, öffnete Vera die Tür zu ihrer Wohnung und ließ sie angelehnt. Dann versammelten sich die Leute im Treppenhaus, um ihren Etüden zuzuhören – ein Konzertsaal im dritten Stock eines in den 1960er Jahren, der Chruschtschow-Zeit, aus Fertigbeton errichteten Wohnblocks. Ein Konzertsaal anders als alle anderen in Russland.

Anastasia begleitete mich auf den Südfriedhof der Stadt, wo Vera in einem stillen Silberbirkenhain beerdigt war. Unterwegs zeigte sie mir Plastiken im öffentlichen Raum, darunter eine Labormaus auf einem Granitsockel, die eine Doppelhelix der DNS strickt. Es war etwas Aufgeräumtes an Akademgorodok, als kenne jeder seinen Zweck. Schlanke schwarze Schatten bewegten sich langsam durch die breiten, ruhigen Straßen, keine Berührungen, kein Gespräch, die Körper in der Kälte leicht nach vorne gebeugt. Es gab kaum Autos, aber die Signale der Verkehrsampeln schienen länger aufzuleuchten als in anderen Städten, als hätte irgendjemand beschlossen, den Bürgern von Akademgorodok mehr Zeit zum Denken zu geben.

Bei einem Steinmetzgeschäft neben dem Friedhofstor waren neue Grabsteine übereinandergelegt wie Papierbögen. Im Friedhof ragten die oberen Teile der Grabsteine aus dem Schnee wie steinerne Knospen. Die prunkvollen Denkmäler der Akademiker säumten den gepflegten Hauptweg. Es schien, als verdienten dieselben führenden Wissenschaftler, die im Leben von den bevorzugten Lebensmittelzuteilungen profitiert hatten, auch im Tod ein besseres Grundstück, nachdem ihre Zeit abgelaufen war.

Anastasia führte mich zur Gruppe sechs im Friedhof, wo 1981 Veras Sarg mit einer selbstgenähten französischen Trikolore bedeckt und in die russische Erde gesenkt worden war. Ich hatte jemanden bezahlt, der den Schnee vom Grab räumen sollte, und es zeigte nun einen mit Veras Porträt als ältere Frau mit niedergeschlagenen Augen und kinnlangem Haar verzierten Grabstein. Darauf stand geschrieben: »Ein Leben ist gesegnet, in dem Bach ist.« Als ich vor dem Grab stand, fragte ich mich, welchen Teil von Veras Geschichte sie wohl erinnert haben wollte, ob sie froh gewesen wäre über meine Suche nach ihrem letzten Klavier und der Geschichte der Kulturlandschaft, die sich mit Chruschtschows Tauwetter geöffnet hatte.

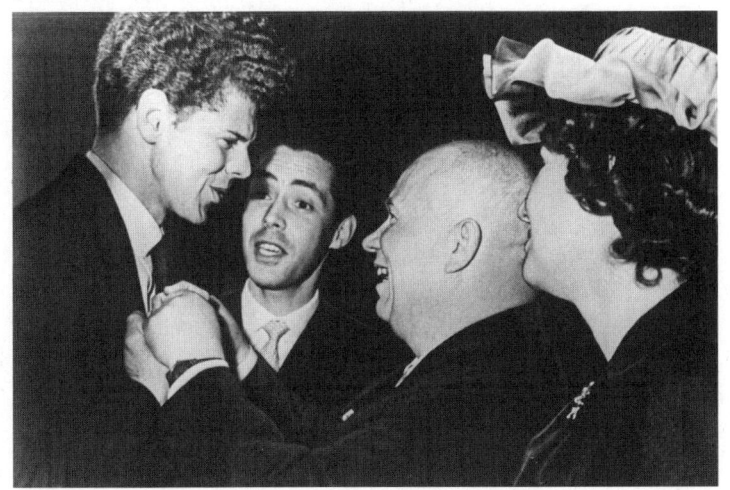

Der sowjetische Staats- und Parteichef Nikita Chruschtschow gratuliert dem amerikanischen Pianisten Van Cliburn.

Während der Bauzeit von Akademgorodok begann sich die Einschränkung der Meinungsfreiheit in der gesamten UdSSR zu lockern. Am 25. Februar 1956 hielt Chruschtschow eine »Geheimrede« vor den Delegierten des 20. Parteikongresses, die eine umstürzende Wirkung hatte, nicht nur weil sie ein System angriff, das zur Zeit von Stalins Tod durch und durch totalitär war, sondern auch, weil sie Stalins Unfehlbarkeitskult zerstörte. Einige der gefürchtetsten Arbeitslager wurden aufgelöst, zahlreichen politischen Häftlingen wurde eine Amnestie gewährt, oder sie wurden »rehabilitiert« (ein Prozess, der die Opfer ihrer angeblichen Verbrechen entlastete, oft postum). Offenkundigere Anzeichen einer erneuerten Zuversicht und Toleranz griffen auf die russische Kultur über. Es gab sogar ein zaghaftes Tauwetter in den Beziehungen zum Westen. 1958 gewann der texanische Pianist Harvey Van Cliburn den internationalen Tschaikowsky-Klavierwettbewerb in Moskau – mit Chruschtschows Billigung.

Ein Jahr später, im Juli 1959, flog Richard Nixon, damals Vizepräsident der Vereinigten Staaten, nach Nowosibirsk. Er besuchte die Oper und verglich den Hunger der Stadt nach Kultur mit jenem, der im San Francisco des 19. Jahrhunderts geherrscht hatte. Die Zuhörerschaft von zweitausend Personen, bemerkte ein Journalist der *New York Times*, war gekleidet wie für ein Fußballspiel. Bei derselben Reise besuchte Mrs. Nixon eine sibirische Modenschau.

In dieser regen Zeit der Entstalinisierung war die Hoffnung auf irgendeine Art Freiheit eine sehr reale Chance. 1962 erschien Solschenizyns *Ein Tag im Leben des Iwan Denissowitsch*, ein Bericht aus erster Hand über die Erfahrungen im Gulag. Es war ein außerordentlich bedeutsamer Moment, der eine neue Transparenz in Sachen Vergangenheit andeutete. Dann stürzte 1964 Leonid Breschnew, das neue Staatsoberhaupt der UdSSR, Chruschtschow und begann seine achtzehnjährige Funktionsperiode als Generalsekretär der KPdSU. Unter Breschnew änderte die Sowjetunion erneut ihren Kurs. Seine antireformistische Grundhaltung verlieh der UdSSR Stabilität und Ansehen – dazu die schnellsten und am tiefsten tauchenden U-Boote und eine funktionierende Raumstation –, aber sie zog auch eine Ära der politischen, kulturellen und wirtschaftlichen Stagnation nach sich.

In Akademgorodok allerdings gab es Bürger, die sich verhielten, als geschähe dies alles nicht, als wären sie irgendwie immun gegen die neuerliche ideologische Verhärtung. Im Mai 1968 veranstaltete das Haus der Wissenschaftler ein Barden-Festival. Das Ereignis wurde durch ein Spruchband über dem Eingang zum Konzertsaal angekündigt:

DICHTER! SIBIRIEN ERWARTET EUCH!

Die Einheimischen stellten sich voller Begeisterung an, um Karten für das wichtigste Ereignis des Festivals zu ergattern: den Auftritt des Pianisten, Gitarristen und Untergrundpoeten Alexander Ginsburg oder Galitsch, wie er sich nannte. Galitsch war daran gewöhnt, seine satirischen Arbeiten hinter verschlossenen Türen aufzuführen. Dies sollte also das erste öffentliche Konzert seiner Karriere werden. Allerdings, als der Tag gekommen war, brach Galitsch seine ursprüngliche Abmachung mit den Organisatoren über das, was er bringen würde. Er sang *Wolken*, über einen ehemaligen Gulag-Insassen, der sich in einer Bar betrinkt, und *Pasternak in memoriam*, das Pasternaks Begräbnis beschrieb, zu einer Zeit, als dessen Meisterwerk *Doktor Schiwago* noch verboten war.

Zuerst stieß der Gesang Galitschs auf verblüfftes Schweigen. Dann standen alle zweitausend Leute im Auditorium auf und applaudierten.

Als sich die Nachricht in Akademgorodok verbreitete, holte man Galitsch aus seinem Hotel, damit er im Kino um zwei Uhr nachts noch einmal für die Studenten der Akademie für Physik und Mathematik eine Vorstellung gab. In Galitschs provokanter Darbietung hörten die Russen an einem öffentlichen Aufführungsort die Wahrheit über den sowjetischen Doppelsprech – und sie konnten nicht genug davon bekommen. Aber die Flitterwochen sollten nicht von Dauer sein. Schon seit einiger Zeit waren die Apparatschiks besorgt, dass die Liberalität der Stadt eine Gefahr für den Status quo bedeute. Im selben Jahr, in dem das Festival der Barden stattfand, prangerte eine an die Öffentlichkeit gelangte, von 46 Forschern aus Akademgorodok unterzeichnete Petition die nichtöffentlichen Prozesse gegen politische Dissidenten an. Und dann kam der dramatischste Ausdruck der sich wandelnden Zeiten: Drei Monate nach Galitschs Auftritt rollten sowjetische Panzer in der Tschechoslowakei ein, um dem Prager Frühling ein Ende zu bereiten.

Heute ist alles, was von der Geschichte Galitschs in Akademgorodok geblieben ist, in einen Winkel von Anastasias Wohnung in der Straße mit dem wunderbaren Namen Straße der Wahrheit im Zentrum von Akademgorodok gestopft – der Armsessel, der damals, bei dem berühmten Auftritt 1968, auf der Bühne stand.[1] Der Armsessel gehörte zu Anastasias exzentrischer Sammlung von Memorabilien, eine Art Privatmuseum, das ihre Vier-Zimmer-Wohnung im Erdgeschoß füllt. Ich kam zum Tee. Unter den zahlreichen Objekten und Fotoalben befand sich ein Bild, das neben den anderen hervorstach: eine Frau in einem Minikleid à la Mary Quant auf einer Waage. Die Fotografie erinnerte an einen Schönheitswettbewerb in Akademgorodok. Ein Jahr zuvor hatte ein Mann in Frauenkleidern den Bewerb gewonnen.

»Mein Vater«, sagte Anastasia. »Er hatte schöne Beine.«

Als Anastasias Familie nach Akademgorodok kam, war die Stadt noch im Bau. Damals konnte man nur telefonieren, wenn man mit einem der zwei täglich verkehrenden Busse, Nummer acht, nach Nowosibirsk fuhr. Anastasias Vater, der als wissenschaftlicher Ingenieur in der Forschungsabteilung für Automatisierung arbeitete, erhielt den Spitznamen »Städtischer Minister für bizarre Angelegenheiten«. Das deshalb, weil er eines der ersten Mitglieder des aufmüpfigen Vereins »Unter dem Integral« war, der das Festival der Barden organisierte.

Anastasia kochte Tee und ließ im Eiltempo die Kulturgeschichte der Stadt abrollen. Sie erzählte von Arnold Katz, einen der bedeutendsten russischen Dirigenten des 20. Jahrhunderts, und seine Konzerte im Haus der Wissenschaftler. Ich hörte zu, trank Tee und blätterte ein altes Telefonbuch durch. Zu meiner Überraschung starrte mich mit seltsamer Sachlichkeit Vera Lotar-Schewtschenkos Name an. Da stand noch ihre sechsziffrige Nummer: 65–98–29. Die Einfachheit war verführerisch, als könne ich einfach den Hörer aufnehmen und sie bitten, ob ich einen Sprung vorbeikommen und sie in ihrer Wohnung Bach spielen hören könne, bei leicht offen stehender Tür.

Ich blieb noch eine Weile in Akademgorodok und suchte Leute, die sich an Vera erinnerten. Ich mochte mein Hotel, das einmal das höchste Gebäude der Stadt gewesen war, aber gerade noch. Als Chruschtschow 1959 zu Besuch kam, um sich die Baufortschritte anzusehen, instruierte er die städtischen Architekten, ihre Ambitionen zu zügeln. So wurden auf den Plänen dem geplant zwölfstöckigen Hotel flugs vier Stockwerke abgesäbelt.

Mir gefiel die Gangart der Stadt. Am Sonntagmorgen fühlte es sich in Akademgorodok mit den an den Trottoirs aufgereihten Bauernmarktbuden an wie an irgendeinem verschlafenen Morgen in einer beliebigen Universitätsstadt. Auf der Kühlerhaube eines in der Nähe geparkten taubengrauen Lada standen Eimer mit Beeren, eingelegtem Gemüse, Kürbissen, Khakis und ein Fass mit plumpen Steinpilzen, die seidig-rost-braunen Hüte vom Frost bestäubt. Die smaragdgrünen Lattenzäune um die Häuschen der Akademiker waren immer noch fein säuberlich ange-strichen, genau wie damals, als die Stadt gegründet worden war. Der in den 1960er Jahren für die Kinder der Ingenieure entstandene Modell-bauklub war auch noch aktiv. Im Haus der Kultur von Akademgorodok hörte ich dem städtischen Kammerorchester beim Stimmen zu. Unter den Streichern befand sich ein Professor der Geologie, der seit dessen Gründung in den Sechzigern im Orchester gespielt hatte. Er erinnerte sich an Vera und die milden frühen Jahre, als Akademgorodok aus dem Boden wuchs.

Anastasia fand schließlich, was ich gesucht hatte. Veras letztes Klavier gehörte jetzt der der Universität angeschlossenen Schule mit Schwer-punkt Physik und Mathematik, wo die klügsten Kinder Sibiriens das In-ternat besuchen. Dies ist die Superzelle des erstaunlichen russischen Gehirns, und jeder Platz an der Schule hängt von höchst kompetiti-ven Olympiaden ab, die dafür gedacht sind, aus ganz Sibirien talentierte zukünftige Naturwissenschaftler zusammenzusuchen. Das Instrument war ein Mühlbach-Flügel, Seriennummer 8250, er stammte aus der Zeit um 1905, als die Fabrik im Jahr 250 Flügel baute. Der deutsche Fabrikant war unter jenen ausländischen Handwerkern, die im 19. Jahrhundert nach St. Petersburg zogen und gute Geschäfte machten, bis die Fabrik nach der Oktoberrevolution zusperrte. Zu seiner Zeit war Veras Instru-ment ein Verkaufsschlager: ein siebenoktaviges *Kabinetnji,* ein mittel-großer Salonflügel.

Anastasias Entdeckung hatte die Lehrerinnen und Lehrer so aufge-regt gemacht, dass sie ein Fernsehteam aus Nowosibirsk einluden, bei der Enthüllung eines Klaviers zugegen zu sein, das offensichtlich besse-re Tage gesehen hatte. Aus Beschreibungen von Veras Spiel konnte man sich leicht vorstellen, wie der Lack abgeblättert war, als hätte sich Vera so sehr auf das Instrument gestürzt, dass sie ihm die Kanten abgeschliffen hatte. Jetzt roch es nach Alter. In den Abendnachrichten kam ein Inter-view. Während dieses ganzen Traras fiel mir ein Mann auf, der still im

Hintergrund stand und sich auf ein Fensterbrett stützte, während er das Theater beobachtete. Meine Übersetzerin ging hin, um mit ihm zu sprechen. Sie wusste, wer er war: Anastasia hatte ihn ein paar Tage zuvor angerufen und gehofft, dass er auftauchen würde.

Er hieß Stanislaw Dobrowolsky, Klavierstimmer, Jazzpianist und vierzig Jahre lang Professor für Klavier am Konservatorium in Nowosibirsk. Er sah aus wie ein armer Rentner. Selbst aufgepolstert durch einen dicken Mantel und eine Trappermütze mit heruntergeklappten Ohrenschützern, wirkte er wie ein Blatt Seidenpapier, das ein Windstoß verblasen konnte. Sein flaumiger Schnurrbart, der weit über die Breite seiner dickrandigen Brille hinausreichte, gehörte einer anderen Zeit, einem anderen Ort an. Er war so klein und fragil, dass er mich an die Geschichte erinnerte, die ich in Nowosibirsk über ein paar neue, aus China importierte Klaviere gehört hatte: In Sibirien waren im Winter Luftfeuchtigkeit und Temperatur so niedrig, dass das Schicksal der Instrumente besiegelt war, bevor sie noch vor Ort waren; die Feuchtigkeit wurde so komplett aus dem Stimmstock gesogen, dass die Saiten ihre Spannung nicht beibehalten konnten.

Stanislaw war gekommen, weil er den Mühlbach-Flügel etliche Male gestimmt hatte. Ein edles Instrument, meinte er. Er ließ seine Hände über die Saiten gleiten. Dies sei ein Klavier, das gespielt werden müsse. Er sprach darüber, dass es von Handwerkern gebaut worden sei, die dem Holz Zeit gelassen hätten, sich anzupassen. Es brauche dreißig, vierzig Jahre, meinte Stanislaw, damit man die Rohmaterialien richtig hinkriege; Veras Klavier sei auf die alte Art gebaut worden, eine Kunst, die auf die Zeit vor der Revolution zurückgehe.

Es wurde bald klar, dass neben Anastasia niemand im Zimmer die Geschichte des Mühlbach-Flügels besser kannte als Stanislaw. Diverse Quellen hatten mir erzählt, dass Veras Mäzen Ljapunow das Klavier für sie gekauft hatte; nach ihrem Tod war es dann der Schule für Physik und Mathematik vermacht worden. Erst später erfuhr ich, dass das Schwarzweißporträt, das die Leute von der Uni für die Fernsehkameras auf dem Klavier platziert hatten, gar nicht Vera darstellte. Sie war noch keine vierzig Jahre tot, und ihre Geschichte war schon durch die einer Fremden ersetzt – da sie keine Memoiren hinterlassen hatte, konnte niemand sicher sein, wie Vera als jüngere Frau ausgesehen hatte oder nicht –, doch auch symbolisch für die Geschwindigkeit und Leichtigkeit, mit denen jemandes Geschichte verschwinden kann.

Ich vereinbarte mit Stanislaw ein weiteres Treffen, teils wegen seiner Beziehung zum Mühlbach und teilweise, weil er auch als einer der staatlichen Experten arbeitete, die den Wert eines Klaviers schätzten und mit ihrer Unterschrift auf den Papieren beglaubigten. Er erklärte, dass jedes Instrument einer Bewertung unterzogen werden müsse. Während der stürmischen Jahre der Perestroika hatte Stanislaw auch eine Methode für die sowjetischen Zollbeamten entworfen, wie man einen Flügel auf darin verborgene Drogen untersuchen konnte. In einem Klavier, meinte er, könne man leichter Heroin verstecken als im Schalltrichter einer Posaune. Aber vor allem wollte ich ihn deshalb noch einmal treffen, weil er so nebenbei eine Bemerkung darüber gemacht hatte, die Belagerung von Leningrad überlebt zu haben. Die Art, wie er diese monumentale Erfahrung so leicht trug, gab einem in seiner Gegenwart ein etwas unheimliches Gefühl.

In den nächsten Tagen trafen wir uns ein paar Mal, und obwohl Stanislaws physische Stärke schon sehr nachgelassen hatte, zeigte sein Gesicht immer ein leichtes Lächeln, als wisse auch er nicht so recht, wie er so lange überlebt hatte. Er hatte Umschläge dabei mit Bildern von Klavieren, seine amtliche Bescheinigung, die es ihm erlaubte, historische Instrumente zu begutachten, und seine Medaillen, weil er die verheerendste Belagerung überstanden hatte, die in der Geschichte bekannt ist – einen unerbittlichen Ansturm, der unter anderem dazu beigetragen hatte, sein Ohr auf die Musik einzustimmen. Um ihn während der Belagerung zu beschäftigen, hatte ihm seine Mutter einen Plattenspieler mit Kurbelantrieb geschenkt, der kam zu seinem fünften Geburtstag im August 1942, dazu zweihundert Schallplatten. Seine Mutter hatte sie von Freunden erhalten, Mitgliedern des Orchesters, das die Leningrader Aufführung von Schostakowitschs *Siebenter* gespielt hatte. Es waren

Aufnahmen italienischer Opern, aber auch von sowjetischen Sängern wie Wadim Kosin und Klawdija Schultschenko, der »russischen Vera Lynn«, die bei Hunderten Konzerten für die sowjetischen Truppen auftrat, welche die belagerte Stadt verteidigten. Stanislaw erzählte, er habe jedes Musikstück so oft gespielt, dass er sogar jetzt noch jede einzelne Melodie aus dem Gedächtnis nachspielen könne. Die Schallplatten, die er nicht mochte, wurden einem anderen Zweck zugeführt. Wenn es Strom gab, saß er auf dem Ofen und legte eine Platte unter sich. Die Platten schmolzen langsam, und die Hitze sickerte ihm in die Knochen.

»Nur die Musik war mir wichtig«, sagte Stanislaw.

Stanislaw war das einzige Kind einer alleinstehenden Mutter. Er beschrieb, wie ihm während der Belagerung vertraute Straßen allmählich fremd erschienen. Die bekanntesten Bauwerke wurden getarnt, um die deutschen Bomberpiloten zu verwirren. Die Kuppel von St. Isaak wurde mit stumpfer grauer Schlachtschifffarbe gestrichen, und auf die Turmspitze der Admiralität kletterten Bergsteiger, die sie mit Planen verhüllten. Eines Nachts war er mit seiner Mutter von ihrer Wohnung in der Vorstadt an eine sicherere Adresse gezogen, und er erinnerte sich an die scharfen Blicke hungriger, verängstigter Stadtbewohner, als sie unter den düsteren Brücken der Stadt hindurchgingen. Es war bald achtzig Jahre her, und er träumte immer noch davon. Der kleine Stanislaw war verwirrt, dass Leute auf der Straße schliefen, die Körper mit Schnee bedeckt. Erst später wurde ihm klar, dass es Leichen waren.

Es war kalt, immer kalt – der Winter 1941/42 war einer der kältesten in der Geschichte Russlands im 20. Jahrhundert. Stanislaw erinnerte sich, wie sehr er in seinem Kindergarten, wo sich die Kinder am einzigen Ofen zu wärmen versuchten, das Feuer anfassen wollte, auch nur mit einem einzigen Finger. Er erinnerte sich, wie sie auf einen Lastwagen gehoben wurden, es war ein Konvoi mit evakuierten Kindern, der über den Ladogasee an der nordöstlichen Flanke der Stadt gebracht wurde. Eine nur zu dieser Jahreszeit befahrbare Eisstraße war die letzte Route hinaus aus der belagerten Stadt – eine tödliche, wenn die Nazis die Evakuierten zu bombardieren begannen. Das Eis auf dem Ladogasee

Opfer der Belagerung von Leningrad werden auf den Wolkowo-Friedhof gebracht; Oktober 1942.

hielt im ersten Belagerungswinter sechs Monate lang, wodurch eine halbe Million Menschen hinauskonnte. Aber die *Blokadniki,* wie die Überlebenden später genannt wurden, kannten die »Straße des Lebens« auch unter einem anderen Namen: »Straße des Todes«. Während der Evakuierungen über den Ladogasee brachen Hunderte Lastwagen durch das Eis. Was Stanislaw betraf, so zog seine Mutter seinen kleinen Körper im letzten Moment noch vom hinausfahrenden Lastwagen. Sie wollte ihr einziges Kind bei sich haben; es war seine beste Überlebenschance, glaubte sie.

Die Bombardements fanden meist am frühen Abend statt und erschütterten die Stadt bis zum Einbruch der Nacht. An manche Angriffe erinnerte sich Stanislaw deutlicher als an andere, so an jene Bombe, die das Haus in Trümmer legte, neben dem er mit seinen Freunden spielte. Die Gebäude verloren ihre Fassaden. In einer Wohnung stand ein Flügel, die Beine waren im Mauerwerk verkeilt, sodass das Instrument über der Straße hing.

Man gewöhnte sich an bestimmte Arten, etwas zu tun, sagte Stanislaw; er hatte gelernt, die fünfzehn Sekunden dauernden Feuerpausen zu zählen, in denen man sich in Sicherheit bringen konnte. Die meiste Zeit war er allein zuhause. Er erinnerte sich an Kuchen aus gemahlenen Sonnenblumenkernen, in so zähe Fladen gebacken, dass man sie mit einem Meißel auseinanderbrechen oder einen Nagel hineintreiben musste. 24 Stunden lang stellte sich seine Mutter um einen Achtellaib Brot an. Man tat alles, um zu überleben, erzählte Stanislaw. Eine Freundin der Familie hängte ein Stück Zucker an einem Faden an die Decke. Das tat sie, weil allein schon der Gedanke daran alles ein wenig süßer schmecken ließ. Seine Mutter schnitt Rinde von den Birken und trieb sie durch den Fleischwolf. Dann mischte sie die Masse mit Tischlerleim, der Protein aus Fischgräten enthielt, und machte Koteletts daraus. Einmal kam sein Onkel mit einem Hasen nachhause. Sie aßen das Fleisch, den Rest verkochten sie zu Suppe. Es stellte sich heraus, dass sie eine Katze gegessen hatten – eine Lüge, die Stanislaw niemals vergab.

Aber in all dem Schrecken war in Stanislaws Klangwelt ein eigenartiger Trost zu finden. Er beschrieb Onkel Pawel, einen Mitbewohner in ihrer Gemeinschaftswohnung sowjetischen Typs. Er war Geiger im Orchester des Leningrader Radiokomitees und bat Stanislaw immer, zu singen, wenn er zuhause war. Stanislaw war schüchtern; er legte sich auf den Rücken unter das Bett und zog sich die Decke über den Kopf; an den Matzratzenfedern schlug er den Rhythmus, als wären es die Saiten einer Gitarre. Onkel Pawel liebte Vögel. Er hatte ein Blaukehlchen, einen hübschen, rotkehlchenartigen Vogel, zu klein, um ihn zu essen, der eine besondere Fertigkeit besaß. Onkel Pawel spielte auf der Geige, während der Vogel in einem mit einem dunklen Tuch verhüllten Käfig saß. Nach ein paar Wiederholungen hatte der Vogel sich die Melodie gemerkt. Nachdem Onkel Pawel das Tuch entfernt hatte, bekam der Vogel das bisschen Futter, das sie entbehren konnten, als Belohnung.

In einem Sommer brachte ihm eine Freundin seiner Mutter bei, eine Flasche so zu verdrahten, dass er Funkwellen auffangen konnte. Dann bekam sie ein Radio in die Hände, ein von den Deutschen erbeutetes Telefunken.

»Als die Blockade dann vorüber war, begann ich mich für Jazz zu interessieren«, sagte Stanislaw. »Ich hörte mir die unterschiedlichste Musik an, auf verbotenen Radiostationen aus Europa und Amerika. Nach drei, vier Jahren war ich ziemlich gut darin, Radio-Bestandteile zusammenzukratzen und zu reparieren. Ich zog ein deutsches Radiobuch zu Hilfe, *Empfänger-Schaltungen der Radio-Industrie*. Ich habe Radios für andere Leute repariert und damit Geld verdient. So habe ich dreitausend Rubel zusammenbekommen, um einen Teil meines ersten Flügels zu bezahlen; den Rest hat mein Stiefvater beigesteuert. Ich war damals ungefähr achtzehn. Ich habe das Instrument selber gefunden, in einem Altwarenladen, doch erst später habe ich verstanden, wie besonders es war. Ein Salonflügel aus der Zeit vor der Revolution mit einem sehr zarten oberen Register, hergestellt von Carl Rönisch. Ich habe die deutsche Ingenieurskunst immer gemocht.«

Carl Rönisch war ein Klavierbauer aus Dresden, der 1898 in St. Petersburg eine Werkstatt eröffnete. Die Rönisch-Mechanik funktionierte gut unter extremen Bedingen: Sie war robust genug, um die Strapazen einer Verladung per Schiff auszuhalten; das war einer der Gründe, warum sich Rönisch-Klaviere in den spanischen und britischen Kolonien ebenso wie in Russland gut verkauften. Rönisch justierte die Trocknung und Lackierung auf das russische Klima hin und wurde zusammen mit Jacob Becker einer der Marktführer, die Flügel an Siedler verschifften, welche sich in Städten entlang der Transsibirischen Eisenbahn niederließen. Stanislaw erzählte, dass Anton Rubinstein, Gründer der Russischen Musikgesellschaft, Rönischs Instrumente bevorzugt habe. Je mehr er redete, desto weniger fokussierte er sich auf die Belagerung und desto mehr auf die Musik, die seine Vergangenheit begleitet hatte. Er verwendete Klaviere in der Art, in der J. Albert Prufrock sein Leben mit Kaffeelöffeln abmaß.

Stanislaw absolvierte rasch die elitären Musikinstitutionen der Stadt, erhielt Anstellungen in der St. Petersburger Staatskapelle und am Leningrader Konservatorium. Während die Stadt sich vom Krieg erholte, begann er die *Voice of America* zu hören. Ab 1946 präsentierte Willis Conover jeden Tag zwischen elf und zwölf Uhr nachts eine Stunde Jazz. 1959 schätzte die *New York Times*, dass so wie Stanislaw dreißig Millionen Menschen außerhalb Amerikas zuhörten.

»Ich höre immer noch seine Stimme«, sagte Stanislaw. »Meine Mutter drehte das Radio an, damit ich besser einschlafen konnte. Sie dachte, ich sei ein braver Junge, ginge pünktlich zu Bett. Aber tatsächlich war ich hellwach und hörte Benny Goodman, Glenn Miller und das Casa Loma Orchestra. Die Musik spielte in meinem Kopf immer weiter.«

1960 begann Stanislaw an der Musikschule des Kirow-Theaters zu unterrichten. Damals musste er seinen geliebten Rönisch-Flügel aufgeben, da er nicht in den Schlafsaal passte. Fünf Jahre danach zog er nach Nowosibirsk. Er wurde Mitglied einer Jazzband und fettete sein Einkommen mit gelegentlichem Klavierstimmen auf, während er zusätzlich als Experte für die russischen Zollbehörden arbeitete.

Jedes historische Instrument sollte einen Pass haben, sagte er, der seinen Status im russischen nationalen Vermächtnis aufzeichne. Mühlbach, Diederichs und Stürzwage waren Marken, die das russische Kulturministerium im Land behalten wollte. Aber es gebe einige Ausnahmen, meinte er. Es waren viele Beckers in Umlauf, bevor die Fabrik verstaatlicht wurde. Er nannte Becker den russischen Steinway. Er erinnerte mich, dass die deutsche Ingenieurskunst in der russischen Klavierbaugeschichte verwurzelt sei, dass die zwei Länder trotz des Krieges eng verbunden seien.

Als seine Großmutter am Ende der Belagerung deutsche Kriegsgefangene zu Gesicht bekam, meinte sie, sie sähen noch verhungerter aus als die Leningrader – achtzehnjährige Jungen, die sich ebenso wenig einen Krieg gewünscht hatten wie die Russen, deren Leichen seine Mutter auf Schlitten vom Krankenhaus zu Kähnen auf der Newa zog. In den 1950ern arbeitete Stanislaw als Fremdenführer in der Leningrader Musikinstrumenten-Sammlung. Er führte eine deutsche Delegation ins Russische Museum. Die Leute blieben bei einem Gemälde über die Belagerung stehen. Es war bleifarben und zeigte die zugefrorene Newa, verstopft von Leichen.

»Ich werde nie diese Stille vergessen«, sagte er. »Die Deutschen standen da, hatten die Arme um sich geschlungen, Tränen liefen ihnen übers Gesicht.«

Er erzählte eine Geschichte von einem deutschen Boot, das ihm das Leben gerettet hatte. Als er ein kleiner Junge war, war er mit seiner Mutter draußen auf dem Wasser segeln, als plötzlich ein Sturm aufzog. Rasch schob sie ihn in die kleine Kabine, bevor das Boot umkippte. Es war ein deutsches Fabrikat und stark genug, um sich mithilfe des Kiels wieder aufzurichten.

»Suchen Sie ein Klavier guter deutscher Bauart«, riet er mir. »Die verlässlichsten der Welt.«

Seit diesem Tag hatte Stanislaw Dobrowolsky seinen Respekt für deutsches Design nicht mehr verloren. Die Deutschen hatten ihn vor dem Ertrinken gerettet. Die Deutschen brachten ihm bei, wie man ein Radio verdrahtet. Die Deutschen zeigten, wie ein gutes Klavier gebaut werden sollte, um dem Lauf der Zeit zu widerstehen.

TEIL DREI

Wer weiß, wo

1992 bis heute

Oft wird das Objekt der Begierde, wird Begierde zur Hoffnung,
realer als die Wirklichkeit selbst.

UMBERTO ECO, »DIE GESCHICHTE DER
LEGENDÄREN LÄNDER UND STÄDTE«

Es ist wunderbar, wie schnell ein Klavier in eine Blockhütte
an der Grenze findet.

RALPH WALDO EMERSON, »SOCIETY AND SOLITUDE«

Es gibt viele Arten von Schlüssen.

ALFRED BRENDEL, »A–Z EINES PIANISTEN.
EIN LESEBUCH FÜR KLAVIERLIEBENDE«

15
Ein Spiel mit Risiko:
Kamtschatka

1986 NAHM DER legendäre sowjetische Pianist Swjatoslaw Richter ein Stück Karton mit der Landkarte der UdSSR und zeichnete mit einem dunkelblauen Markierstift eine Route durch Sibirien, wobei er die Namen aller Orte hinschrieb, die er besuchen wollte. Er legte den Plan in seinen Koffer und machte sich auf den Weg, um sein Ziel zu erreichen – eine Reise von Moskau zum Pazifik und zurück, teils auf der Straße, teils mit der Bahn, wobei er oft anhielt, um Klavierkonzerte zu geben. Auf dieser epischen Tour wurde er von seiner Freundin begleitet, der Philologin und Schriftstellerin Walentina Tschemberdschi, die später ihre Erinnerungen an diese Reise veröffentlichte.

Richter wusste von den ausgedehnten Auslandstourneen, die Franz Liszt unternommen hatte – der Vergleich ist erhellend. Beide Männer nahmen endlose holprige Straßen voller Schlaglöcher auf sich, um dorthin zu kommen, wo sie spielen wollten. Beide spielten sie auf jedem Instrument, das man ihnen anbot, Liszt auf einem klappernden Tompkinson-Pianino in einem irischen Hotelsaal, Richter auf allen möglichen sowjetischen Pendants in den über Sibirien verstreuten Kleinstädten. Anders als im populären Mythos dargestellt, brachte er nicht seinen Lieblings-Yamaha mit (»schwer, sich einen Flügel in einer Jurte oder in der Taiga vorzustellen!«, bemerkte Tschemberdschi). »Im tiefsten Russland hatte ich nicht immer besonders gute Instrumente, keine Rede davon, aber ich achtete nicht darauf«, sagte Richter. »Es hat ohnedies Zeiten gegeben, wo ich auch auf furchtbaren Klavieren gespielt habe, und das sogar sehr gut.«

Richter, der das Fliegen hasste, besuchte Chabarowsk, Tschita (wo er die Klaviere der Dekabristen suchte, aber nicht fand), Ulan-Ude, Irkutsk, Krasnojarsk und Barnaul, dazu noch zahlreiche Ortschaften dazwischen. In Abakan am Jenissei beschrieb ein Artikel in einer Lokalzeitung den Richter-Taumel: Zum ersten Mal konnten ihn Sibirier live erleben. Auftrittsorte waren unter anderem lokale Musikschulen und Konzertsäle; Richters Programme – sogar solche, die man bloß auf Papierbögen gekritzelt und erst kurz vor dem Ereignis bekanntgemacht hatte – waren stets sofort ausverkauft, manchmal in weniger als einer halben Stunde. »Durch Mundpropaganda war der Saal voll. Im Westen ist das nicht so«, sagte er mit eloquenter Untertreibung. Bei Richter war Einfachheit Zweck der Übung. Er spielte gerne im Dunkeln, damit sich das Publikum auf die Musik, nicht auf den Vortragenden konzentrierte. »Das Einzige, was zählt, ist, dass die Leute nicht aus Snobismus kommen, sondern um der Musik zuzuhören«, sagte er. Liest man Tschemberdschis Bericht, dann scheint es, als habe Richters sibirische Zuhörerschaft verstanden: Ihre lebhaften Beschreibungen enthüllen das echte Verständnis der Sibirier für eine lebendige musikalische Kunst, genau so, wie es mir Denis Matsujew am Anfang meiner Suche beschrieben hatte.

Trotzdem muss es damals eine sonderbare Zeit gewesen sein, um in der UdSSR herumzureisen. Ein paar Monate, bevor Richter aufbrach, hatte eine Explosion in Tschernobyl den größten Atomkraftwerksunfall der Geschichte verursacht – ein Ereignis, das man mit Fug und Recht einem seit langem bestehenden Mangel an staatlichen Investitionen zuschreiben konnte. Die am Rande des Bankrotts stehende, zentralistisch geplante Wirtschaft war vom Preis des exportierten Erdöls abhängig, der damals auf einem Rekordtief stand. Zu dieser Zeit reiste der neue starke Mann der Sowjetunion, der Generalsekretär der Kommunistischen Partei Michail Gorbatschow, in die sibirische Ölstadt Nischnewartowsk am Fluss Ob, wo er etwas von der sozioökonomischen Flaute des Landes zu spüren bekam. »In den letzten Jahren des zaristischen Russland betrug die durchschnittliche Zahl an Menschen im Gefängnis 108 000. 1986 sind es zehnmal mehr. Und das nennen wir Sozialismus?«, bemerkte Gorbatschow bei einer Parteisitzung im September desselben Jahres.

Gorbatschow schlug mit seiner Politik der Glasnost, der Offenheit, eine Reihe von Änderungen vor, um eine kritischere Presse und mehr Beratungen in der Regierung zu fördern. Dieses Auflösen der alten Ordnung setzte sich durch die Jahre der Perestroika fort, als Gorbatschow das Wirtschaftssystem der Sowjetunion umzustrukturieren begann. Einerseits gab es viel zu bejubeln. Man konnte jetzt bisher Verbotenes kosten, vom Geschmack amerikanischer Burger – die endlosen Schlangen vor dem McDonald's, das im Januar 1990 in Moskau eröffnete, symbolisierten alles, was verlockend am westlichen Leben war – bis zur Explosion der Musik in der Jugendkultur. In Leningrad dröhnte Musik aus illegalen Klubs und elektronischen Synthesizern. Punk, Glamrock und Heavy Metal fütterten Zuhörer, die hungrig waren auf die subversiven, oft politischen Texte der Musiker, welche mittels selbstproduzierter Platten verbreitet wurden.[1] Andererseits verschwanden all die alten Sicherheiten des sozialistischen Systems, als Gorbatschow am 25. Dezember 1991 bekanntgab, dass die Sowjetunion ein für alle Mal aufgelöst sei, und eine neue Ära freier Wahlen, freier Presse und Religionsfreiheit einläutete. Die Wirtschaft geriet in den freien Fall. Für Russen, die sich ohnehin schon abmühten, ein Auskommen zu finden, zerfiel alles, von verlässlichen Gehältern bis zu subventionierten Urlauben. Dass jetzt der

Kapitalismus daherkam und den Russen ein vollkommen neues (und bis dahin verabscheutes) Wirtschaftsmodell anpries, war so, als hätte man eine Wendung um 180 Grad gemacht und all die Opfer infrage gestellt, die jede Familie auf die eine oder andere Art erduldet hatte: die marxistische Revolution, den Großen Vaterländischen Krieg, Stalins Terror. Es war zu viel, zu rasch, das Abrutschen in nationale Armut und Panik eine Würdelosigkeit zu viel. 1992 standen die Leute wieder auf der Straße um Lebensmittel an, die Preise stiegen, es gab dramatische Engpässe. Die Erinnerung an diese Erfahrung war ein Grund, warum nicht nur der Putinismus, sondern auch die russische Orthodoxie blühte, als ich durch Sibirien reiste. 25 Jahre nach der Perestroika gab Putin seinem Land einen überhitzten Nationalstolz zurück und die Kirche ein machtvolles Glaubenssystem, um das Vakuum zu füllen, das die Veränderungen hinterlassen hatten. Obwohl Putin ein neues Regime mit Kontrollmethoden geschaffen hatte, die mich jedes Mal erschauern ließen, wenn ich zuhause eine Zeitung aufschlug, war es doch immer noch attraktiv für die meisten Russen, die sich an die ausbleibenden Löhne, den rapiden Aufstieg des Gangstertums und eine korrupte neue Oligarchie erinnerten.

Eine der Regionen, die sich nach der Auflösung der Sowjetunion am dramatischsten leerten, war Kamtschatka, eine so abgelegene Gegend, dass sie immer in erheblichem Ausmaß von Moskau subventioniert wurde. Kamtschatka liegt in derselben Zeitzone wie Auckland, neun Stunden vor Moskau. An seinem östlichen Rand liegen die Kommandeurinseln, unweit von den Aleuten, die zu den USA gehören. An ihrer Südspitze läuft die Kamtschatka-Halbinsel in die Kurilen aus. Arktisch im Norden, subtropisch im Süden, bildet diese faszinierende Inselgruppe einen Bogen um die östliche Küste des Ochotskischen Meeres, bis sie beinahe die Spitze Japans berührt.

Nach Kamtschatka zu kommen war immer mühsam. Berichte aus dem 18. und 19. Jahrhundert sind durchsetzt von Klagen. Für die meisten Reisenden war ihre Stimmung, wenn nicht ihr Körper schon mitgenommen von der Reise über Land aus dem europäischen Russland zum

Ein Fan der russischen Punkband Miracle Yudo, fotografiert von Igor Muchin 1986. Das Bild stammt aus seinem Buch *Ich sah den Rock'n'Roll*, einer Dokumentation der durch die Glasnost befreiten neuen Generation sowjetischer Musiker.

Menschenschlange vor einem Lebensmittelgeschäft, St. Petersburg 1992.

Pazifik über die Route Jakutsk–Ochotsk. Sie jammerten über »Ripp-samt«-Straßen, Holzstämme, die über eingesunkene Pfähle gelegt wa-ren. Sie fürchteten die Sümpfe und den Milzbrand, der ganze Reihen der Packpferde hinwegraffte, während sie sich durch Sümpfe, Wälder und Bergschluchten ihren Weg bahnten. Zu diesen Bedrohungen ka-men noch Bären und entflohene Sträflinge. Hatte er dann das Ochotski-sche Meer erreicht, musste der Reisende nach Kamtschatka ein Schiff auftreiben.

»Hier gab es nicht das, was wir Straßen nennen«, schrieb Ljudmi-la Rikord, Frau von Pjotr Rikord, dem neu ernannten Gouverneur von Kamtschatka, im Jahr 1817. »Die Pferde wandern vorwärts, wie es ihnen gefällt, und suchen sich Wege in alle möglichen Richtungen.« Aber trotz der Mühsal der Reise sollte Ljudmila nicht ans Ende der Welt verbannt werden ohne den musikalischen Luxus, der zu einer Frau ihrer gehobe-nen Stellung gehörte. Ihr in der Kaiserstadt gebautes Instrument wurde als Geschenk des russischen Admirals Wassili Golownin auf die Halb-insel geschafft; er war ein tatkräftiger Mann, der 1811 gekommen war, um die Kurilen zu vermessen, nur um dann von den Japanern gefangen genommen zu werden. Zwei Jahre lang schmachtete er in Gefangen-schaft, bis ihn sein Freund, Ljudmilas Ehemann, frei bekam. Das Kla-vier war ein Dankeschön für diesen Akt der Großzügigkeit; es reiste auf einem russischen Kriegsschiff von St. Petersburg durch die Ost- und Nordsee, nach Süden um das Kap Horn in Südamerika und dann über den Pazifik; die Passage nach Kamtschatka endete 1818. Als sie sich dem Haupthafen der Halbinsel näherte, konnte Golownins Schaluppe die Küste nicht erreichen. Drei Tage lang war die Ansiedlung vom Nebel eingeschlossen. Treibeis riss die Schaluppe vom Anker los, aber Golow-nin versuchte es weiter. »Ich betrachte es als besonderen Glücksfall, dass ich dieser allergnädigsten Dame einige Freude zu bereiten imstan-de war, weil ich ein Pianoforte nach Kamtschatka schaffen konnte«; »in gutem Zustand«, wie Golownin stolz anmerkte. Er fügte hinzu: »Das Vergnügen, an einem solch entlegenen Ort das Piano zu spielen, ist für jemanden, der die Musik liebt, immens!«

Golownins Klavierzustellung zur See hatte acht Monate und acht Tage gebraucht. Auch heute noch wäre eine Überlandfahrt beinahe unmöglich. Es gibt nach wie vor keine Verbindungsstraße zwischen der Landenge der Kamtschatka-Halbinsel und dem übrigen Russland. Der Sredinny-Höhenrücken, ein Rückgrat aus Eiskappen und Lavaplateaus, verläuft in einer Reihe von Vulkankegeln durch die Mitte Kamtschatkas. Von diesen Gipfeln fließen kurze, reißende Bäche, die alluviale Ebenen überfluten. Hier herrschen die Wildtiere, sie gedeihen in einer feindseligen Landschaft, wo Geysire in die Luft bersten. Tümpel mit schokoladefarbenem Schlamm brodeln und dampfen; der Himmel ist oft von Regenbogen geschmückt, doppelte, sogar dreifache Halbmondsicheln aus zersplittertem Licht. Es liegt Gefahr in den nachts rot glühenden Strudeln geschmolzener Lava, in den versteinerten Wäldern, die dastehen wie Stoppelfelder, die verkohlten Birken so dünn wie Zündhölzer. Boris Pasternaks Bemerkung, Kamtschatka sei der Ort an der Rückseite des Klassenzimmers, wo die schlimmsten Kinder hinverbannt werden, klingt bei den Russen immer noch nach. Unter Westlern hingegen hat der Name eine andere Assoziation: Im Brettspiel *Risiko* ist Kamtschatka das ideale Territorium, um von dort aus einen Angriff auf Nordamerika zu starten, was gar nicht weit von der Wahrheit entfernt ist. Im Kalten Krieg fungierte die gesamte Region als für Ausländer nicht zugängliches, stark militarisiertes Gebiet. Aber als die sowjetische Lebenserhaltungsmaschinerie im Zuge der Perestroika zu stottern begann, schrumpfte auch das Militär. Einer von zehn Bewohnern Kamtschatkas ging fort in ein, wie sie dachten, leichteres, erschwinglicheres Leben auf dem »Festland«.

Am Tag meiner Ankunft war der Himmel blutunterlaufen vom Regen. Es war Essenszeit, und die Kantine in der Hauptstadt Petropawlowsk-Kamtschatski roch nach Fett. Die Serviererin klatschte ein Stück panierten Fisch auf einen Teller und winkte mich weiter, vorbei an zuckerbestreuten Desserts in einer verglasten Vitrine und an kalten Suppen, die so appetitlich wirkten wie Reste von einer Party in den 1970ern. Die Kassiererin, die kein Lächeln zustande brachte, hatte würstchendicke Finger. Ich setzte mich, enttäuscht, dass mein erster Blick auf Kamtschatkas in einen Ring aus Vulkanen eingeschmiegte Hauptstadt durch das Wetter verdorben war.

Der Fisch, stellte sich heraus, schmeckte besser, als er aussah. Mit einer enthusiastischen Geste tat ich das gegenüber einem Fremden am Nachbartisch kund. Es war etwas Adrettes an ihm – sorgfältig gekämmtes graues Haar, eine Lederjacke mit kantigen Schulterpolstern und eine Goldnadel, die seine rote Krawatte fixierte. Er zog ein Foto aus seiner Tasche, es zeigte ihn und seinen Freund Michail Kalaschnikow, den in Sibirien geborenen Waffenkonstrukteur, der das AK-47 erfunden hatte. Ich fragte meine neue Bekanntschaft, ob er ebenfalls beim Militär sei. Die russische Armee ist in Kamtschatka immer noch ein wichtiger Arbeitgeber, das wusste ich von ein paar Kontakten, die mir Klaviere genannt hatten, welche von einer Familie beim Militär zur anderen weitergegeben wurden, wenn die woandershin versetzt wurden.

Noch ein Gast lauschte unserer Unterhaltung, eine Frau in weißen Stiefeletten mit plumpen Absätzen, einer hochgeschlossenen weißen Seidenbluse und einem passenden weißen Gürtel, der ihre Taille einschnürte. Mit dem fein säuberlich frisierten Haar unter der rehbraunen Mohairmütze sah sie aus wie eine von einem Impressionisten gemalte Frau in einem französischen Café.

»Sie sprechen mit Alexander Tschuikow, unserem berühmtesten Dichter in Kamtschatka«, verkündete sie.

Ich fragte, womit sie ihren Lebensunterhalt verdiene.

»Ich putze. Vier Stockwerke, fünf Toiletten, drei Zimmer, jeden Tag«, sagte sie, die Kaffeetasse zwischen Zeigefinger und Daumen haltend.

Ich erwähnte ein Treffen mit Waleri Krawtschenko, einem Lehrer und Pianisten, der seit 1968 in Kamtschatka lebte. Krawtschenko war auch Journalist und Fotograf, er hatte mir von der Lieferung von Golownins Klavier an Rikords Frau erzählt. Ich war mit ihm in Kontakt, seit er mir damals am Beginn meiner Suche das Bild eines Klaviers am Fuß des Vulkans Gorely gemailt hatte. Waleri wusste noch viele Geschichten über Klaviere in Kamtschatka zu erzählen, hatte er mitgeteilt, und er konnte mir auch etwas Besonderes zeigen – einen aus dem 19. Jahrhundert stammenden Ibach-Flügel, der in den dreißiger Jahren hierher geschafft worden war. Ich fragte meine neuen Kaffeehausbekanntschaften, ob jemand von ihnen den Mann kannte, von dem ich sprach.

Die Frau setzte mit übertriebener Herablassung ihre Tasse ab. Tschuikow rollte die Augen.

Natürlich kannten sie Waleri Krawtschenko.

»Kamtschatka ist ein sehr kultivierter Ort«, sagte die Frau.

Sie sprach über *Inspirationen,* einen Klub, den sie seit Jahren besuchte und wo gerne gesungen wurde. Tschuikow rezitierte eines seiner Gedichte: »Ich bin dieser Erde nützlich, dieser sehr märchenhaften Erde.« Mein lokaler Führer, ein großer, athletischer Siebzigjähriger, der von einem der 1812 zurückgebliebenen Soldaten Napoleons abzustammen behauptete, mischte sich in die Unterhaltung. Waleri Krawtschenko sei ein enger Freund, sagte er. Sie seien miteinander in die Berge gefahren, Klaviere im Schlepptau, als sei dies das Normalste der Welt.

Der Dichter gab mir ein High-Five, nicht so fest wahrscheinlich, wie er gehofft hatte, aber trotzdem eindrucksvoll.

Die Bedienung mit den Wurstfingern lächelte.

Petropawlowsk-Kamtschatski, kurz Petropawlowsk, ist anders als alle anderen russischen Städte. Nachts hat es mit den Lichtpünktchen, die sich um die Anhöhen, Einbuchtungen und Küstenlinien ballen, etwas von San Francisco. Die hufeisenförmige Awatscha-Bucht liegt davor, ein schwerer Deckel aus Wasser, auf dem Schiffe kommen und gehen. Tagsüber kehrt die Stadt zurück zum absoluten, unmissverständlichen Sowjetdasein. Wohnblocks kriechen die Hänge hinauf. Die Winde schmirgeln die Statue Lenins ab, sein wehender Mantel scheint von einer pazifischen Brise erfasst. In Kamtschatka, so heißt es, vergehen Frühling, Sommer und Herbst so schnell, als wären sie eine einzige Jahreszeit. Die Einheimischen kennen die Regeln. Im Sommer, wenn die Leute in den Wäldern bei ihren Häusern Beeren sammeln, nehmen sie manchmal eine falsche Abzweigung; falls sie nicht binnen drei Tagen gefunden werden, gelten sie meist als tot.

In Kamtschatka kann man eine Menge Zeit einfach mit dem Warten darauf verlieren, dass es aufklart. Bei einem meiner Aufenthalte konnte ich während einer vierstündigen Fahrt nicht weiter sehen als bis zu den Bremslichtern vor uns. Ein anderes Mal beobachtete ich aus dem Haus, in dem ich wohnte, tagelang, wie der Regen in langen, heftigen Strömen fiel. Auf dem Grundstück gegenüber pflegte eine Frau ihren Garten, als wäre sie von diesem kleinen Stück schwarzer Kamtschatka-Erde wegen mehr abhängig als bloß der Kartoffeln, die es hergab. Ihre ganze Haltung war zum Boden gerichtet, ihre abfallenden Schultern drängten sie zur Erde. In einer Ecke ihres Grundstücks stand ein blauer Traktor. Im Hintergrund war ein Gewächshaus. Jeden Morgen zupfte sie ihren violetten Dahlien die verwelkten Blüten mit einer Zartheit ab, die wirkte, als gehöre sie nicht zu ihr. Ihre Traurigkeit war in jedem langsamen Schritt, in ihren schwermütigen Gängen hin und zurück über ihr kleines Fleckchen Erde spürbar. Als ich diese Frau meiner Gastgeberin gegenüber erwähnte, sagte sie, die Nachbarin habe in der nahen Kolchose gearbeitet, die nun verfallen daliege. Sie glaubte, die alte Frau habe einen ihrer Söhne verloren, er hatte als russischer Soldat Mitte der 1990er Jahre in Tschetschenien gedient, als die schlecht bezahlte Post-Perestroika-Armee für ein von Reformen erschöpftes Land kämpfte.

Ich wollte hingehen und mit der alten Frau sprechen, aber immer wenn ich an ihr Gartentor kam, vertrieb mich ein scharfer Hund. Der Hund verscheuchte auch ein Pony, das wie ein Gemeinschaftshaustier durch die Straßen spazierte. Sein Besitzer war ein kleiner Junge, der das Tier jeden Tag nachhause führte; das Kind trippelte auf Zehenspitzen über Pfützen, um seine Schuhe nicht schmutzig zu machen. Bei den Garagen, wo die anderen Kinder abhingen – Schiffscontainer, die kreuz und quer an einer Seite der ungepflasterten Straße herumstanden –, blieb er erst gar nicht stehen. Einer der Nachbarn hatte aus der seinen eine Bar gemacht; in einer anderen lungerte eine Gruppe Teenies auf ausrangierten Sofas mit herausquellenden Sprungfedern herum. Die

Ein tschetschenischer Separatist spielt in der Hauptstadt Grosny Klavier;
27. Dezember 1994.

Genau einen Monat und einen Tag später spielt ein russischer Soldat in derselben Stadt
auf einem stehengelassenen Klavier.

Kids nervten mich anfangs – die rothaarigen Zwillinge, die schaurige Gasmaske, die einer von ihnen immer aufhatte. Nach einer Weile wurden wir vertrauter.

Diese Gasmasken waren grundlegende Bedarfswaren aus dem Kalten Krieg, ursprünglich für einen eventuellen Angriff aus Amerika hergestellt. In der zweiten Hälfte des 19. Jahrhunderts wurden die russisch-amerikanischen Beziehungen von einer ganz anderen Propaganda angetrieben; damals galt Russland als Amerikas bester Freund. Die zwei Führungspersönlichkeiten wurden in der Presse wohlwollend miteinander verglichen: Zar Alexander II., weil er in Russland die Leibeigenschaft abgeschafft, und Abraham Lincoln, weil er die Sklaverei verboten hatte. Amerika lag im »Russland-Fieber«. Der amerikanische Unternehmer Perry Collins bezeichnete Sibirien als alles andere denn einen »leeren Fleck auf der Landkarte der Welt«. Dieser geschäftstüchtige New Yorker, der schon dem Goldrausch nach Kalifornien gefolgt war, sah durch eine neue transsibirische Telegrafenverbindung – ein Kabel, das die Küste von British Columbia entlang und durch die schmale Beringstraße zwischen Alaska und Russland führen sollte, den Nordrand von Kamtschatka streifen und dann südwärts und weiter nach Moskau – eine lukrative Zukunft für Amerika. Dieser Plan, die beiden Seiten des Pazifik zu verbinden – eine kühne Zusammenarbeit in einem Rennen gegen das zwischen Amerika und Großbritannien verlegte Kabel –, brachte amerikanische Abenteurer, aber auch Klaviere tief in die Wildnis von Kamtschatka.

George Kennan, der ein Vierteljahrhundert später mit seiner Anklage gegen das zaristische Verbannungssystem, die ein riesiger Bucherfolg wurde, einen Eimer kaltes Wasser auf das »Russland-Fieber« goss, gehörte zu Collins' erster Erkundungsexpedition, die 1865 in Petropawlowsk-Kamtschatski landete. Er schreibt über den Hafenkapitän, der ein in Russland gebautes Klavier besaß; Noten von deutschen, russischen und amerikanischen Komponisten legten Zeugnis ab vom kultivierten Musikgeschmack des Kapitäns. 1866 beschrieb der Säbelrassler Thomas Wallace Knox, der sich einen Namen als Kriegsberichterstatter im Ame-

Demidoff mit seiner Frau und St. George Littledale in Petropawlowsk; Abbildung aus Demidoffs 1904 erschienenem Buch *A Shooting Trip to Kamchatka*.

rikanischen Bürgerkrieg gemacht hatte, die Schlichtheit eines Kamtschatka-Hauses mit seinem Ofen, Tisch, einfachen Stühlen und »hin und wieder, aber selten, einem Klavier«. In Gitschiga, einer wahrhaft abgeschiedenen Siedlung in der westlichen Armbeuge der Kamtschatka-Halbinsel, stieß ein amerikanischer Goldsucher ungefähr dreißig Jahre nach den amerikanischen Telegrafenarbeitern auf ein Klavier; er setzte sich hin und ließ den Marsch *Washington Post* erklingen: »Offenkundig hatten viele dieser rauen, aber freundlichen Menschen nie in ihrem Leben etwas Ähnliches gehört, und da der Russe bis ins Mark musikalisch ist, war es mir ein Vergnügen, mein Scherflein zur abendlichen Unterhaltung beizutragen.«

Von allen Berichten beschäftigte mich am meisten der von dem Klavier im Badehaus, das 1900 auf einem Jagdausflug gesichtet worden war, als Fürst Demidoff, der russische Jäger, der sich schon durch den Altai geschossen hatte, nach Kamtschatka gereist war, um *Ovis nivicola* (eine Art Schneeschaf) einzusacken. Es sollte sich als eine unerwartet beschwerliche Reise erweisen. In Kamtschatka wurden »klassische Konzerte vom Heulen der Schlittenhunde abgelöst«. Sogar den Pferden lief das Blut herunter von den Mückenstichen. Es gab allerdings einen Schimmer von dem, was er »Zivilisation« nannte. Bei vulkanischen Schlammbädern im Schatten des Vulkans bei Wiljutschinsk traf die Jagdgesellschaft auf eine Villa mit Wasserhähnen, aus denen heißes Wasser von den Thermalquellen floss, einem Wohnzimmer mit einem Sofa und einem fleckigen alten Klavier.

Als ich in Petropawlowsk den Pianisten Waleri Krawtschenko traf und ihm von diesen Sichtungen im 19. Jahrhundert erzählte, war ich auf seine Hilfe aus. Er war ein kleiner zarter Mann mit Brille, einem leichten Stottern und einer warmen Stimme. Ein bisschen sah er wie Liszt aus, das weiße Haar kinnlang und mit Stirnfransen geschnitten, die er mit einer schüchternen Handbewegung aus dem Gesicht strich.

Er führte mich zu dem Ibach-Flügel, von dem er mir erzählt hatte: ein schlecht lackiertes Instrument mit einer durch Wasserschäden knittrigen Oberfläche, die Saiten und Hämmer aber waren noch original. Er stand in einem Dachbodenraum über einem kleinen Schriftstellerklub mit Blick auf ein paar verschlafene Hafengebäude. Der aus den 1850ern stammende Ibach-Flügel sei der interessanteste Überlebende in Kamtschatka, sagte Waleri. 1936 war er mit David Lerner aus Moskau nach Petropawlowsk gekommen; Lerner war Mitglied der Moskauer Philharmoniker und mit der Aufgabe betraut, den Bürgern von Kamtschatka Musik zu bringen.

»Lerner meinte, das sei ungefähr so, als wolle man ein Klavier auf den Mond schaffen«, meinte Waleri.

Die Fahrt dauerte etwa drei Monate; erst mit der Bahn nach Wladiwostok, dann per Schiff. Das Konzert auf dem Ibach-Flügel wurde im Radio übertragen und war auf der gesamten Halbinsel zu hören. 1937 wurde Lerner dann verhaftet und wegen »konterrevolutionärer Aktivitäten« angeklagt. Zwei Jahre später ließ man ihn frei. Mit 86 Jahren wurde Lerner schließlich zum »Volkskünstler Russlands« ernannt. Er und Waleri wurden enge Freunde.

»Musik, Natur – für deren Wirkung gibt es keine Grenzen«, sagte er.

Waleri Krawtschenko spielt auf dem Ibach-Flügel aus Kamtschatka, 2017.

Er öffnete den Deckel des Ibach und spielte ein wenig Chopin; der warme, tiefe Klang des Klaviers tönte noch melancholischer unter dem violetten Himmel draußen.

Ich blieb bei meinem Versuch, das Klavier aus dem Badehaus zu finden, das Demidoffs Jagdgesellschaft erspäht hatte. Am nächsten Tag wagte ich mich auf einem Schneemobil an den Fuß des Vulkans Mutnowski, wo Demidoff herumgestreift war und nach seinem Schaf gesucht hatte. Ich hatte mir Notizen auf einer Landkarte gemacht und versucht, die Vulkanteiche ausfindig zu machen, wo die Jäger gerastet hatten, obwohl es schwierig war, ihren Standort genau zu bestimmen angesichts der Zahl an Quellen und Seitenflüssen des Flusses Paratunka, den Demidoffs Bericht so halb und halb beschrieben hatte. Alles, was ich antraf, waren ein plätscherndes Bächlein und zwei auf Plastik-Campingmatten sonnenbadende Russen. Sie waren im Schwimmdress, er in engen blauen Badehosen, sie in einem schwarzen Bikini, während auf der anderen Talseite ein Bär am Rand des Schneefeldes dahintrottete.

Nachdem ich wieder in die Stadt zurückgekehrt war, unterhielten Waleri und ich uns noch länger, während er in die Küche ging und mit Tee und Weißbrot, beladen mit saftigen Kaviarkügelchen, zurückkam. Er war nicht in Kamtschatka geboren, erzählte er, sondern an der Küste des Kaspischen Meeres, während des Großen Vaterländischen Krieges. Sein Vater war an der Front, und seine Mutter floh aus der Gegend, wo Mordkommandos der SS kommunistische Partisanen erschossen, hängten und verbrannten. Waleri lernte bei der Frau eines Soldaten Klavier spielen, die in den Kasernen, wo Waleris Familie nach dem Krieg wohnte, eine Musikschule eingerichtet hatte.

Erst in den sechziger Jahren wurde Waleri von seiner Jugend in Westrussland in den Fernen Osten des Landes verschlagen. Der sowjetische Journalist Wassili Peskow – derselbe Mann, der über die Familie der Altgläubigen geschrieben hatte, die isoliert in Sibirien lebte – lieferte so verlockende Beschreibungen von Kamtschatka, dass Waleri, als eine Stelle als Klavierlehrer am Konservatorium von Petropawlowsk ausgeschrieben wurde, die Gelegenheit mit Freuden ergriff. Wie bei seinem Freund David Lerner, der den Ibach-Flügel nach Kamtschatka gebracht hatte, war es seine Aufgabe, Klavierkultur an die fernsten Grenzen der UdSSR zu bringen; Chopin also zurück in das im Zitat erwähnte Klassenzimmer zu schaffen.

Wir sahen uns einen kurzen Film über die Klavierexpeditionen in die Wildnis an, die Waleri in den letzten zehn Sommern mitorganisiert hatte. Im Film kam ein Klavier vor, das auf einer Trage die Hänge des Vulkans Gorely hinaufgeschafft wurde. Waleri drängte mich, nach Kamtschatka zurückzukehren, um mit seinem Freund Wladimir Schewzow eine Expedition zu unternehmen, einem großartigen Bergsteiger, der das Heli-Skiing in der Region eingeführt hatte, nachdem durch die Reformen Gorbatschows die Hänge für Ausländer zugänglich geworden waren. Es war Schewzows Idee gewesen, ein Klavier zum Gorely zu bringen. Der Vulkan besitze ein natürliches Amphitheater, sagte Waleri. Schewzow stellte sich Leute vor, die an den Hängen saßen und klassischer Musik lauschten. Im ersten Jahr transportierte man das Instru-

Der Junge und der Vogel, fotografiert von Wassili Peskow, März 1966.

ment in einem Geländelastwagen zu dieser Senke, später dann durch einheimische Freiwillige auf selbstgebauten Tragen.

»Das ist so eine private Sache«, sagte Waleri; »aber wenn zufällig Fremde zu einer Aufführung kommen, macht das außerordentliche Freude.«

Er redete mir zu, mit meiner Suche weiterzumachen, und meinte, diese Geschichten seien so gut wie verloren, wenn ich ihre verschwindenden Teile nicht zu fassen bekäme.

»Ich glaube nicht, dass manche Ideen unmöglich sind«, sagte er.

Er erzählte mir von einem nagelneuen Primorsky-Klavier, auf dem er 1969 als Erster auf den Kommandeurinseln gespielt hatte, im hölzernen Klubhaus des Hauptorts. Aber es war nicht die Musik gewesen, die ihn so weit hierhergelockt hatte, sagte er; es waren die Meeresvögel.

Waleri langte nach einem Buch, einem gebundenen grauen Band, *Der Rand der Welt*, den er in einen Beutel gewickelt verwahrte. Er blätterte zu einer Seite mit einer Schwarzweißfotografie, die Silhouette einer Möwe, die auf der Schulter eines Kindes saß. Es war eine vom sowjetischen Journalisten Wassili Peskow erzählte wahre Geschichte mit dem Titel *Der Junge und der Vogel.*

Der Junge findet am Strand einen verletzten Vogel und pflegt ihn wieder gesund. Jedes Mal, wenn er an die Küste zurückkehrt, fliegt der Vogel aus seiner Kolonie und setzt sich dem Jungen auf die Schulter. Der Vogel und der Junge werden Freunde. Waleri Krawtschenko gefiel die Geschichte so gut, dass er dem Jungen schrieb und nur dessen Namen auf den Umschlag setzte. Die Adresszeile lautete: Kommandeurinseln – keine Hausnummer, nichts.

»Wir haben einige Jahre lang Briefe gewechselt«, sagte Waleri. »Ich habe ihm Fotofilme geschickt, die er auf den Inseln nicht kaufen konnte. Als ich dann auf die Inseln kam, um aufzutreten, haben wir uns endlich getroffen.«

Wir aßen noch etwas Kaviar. Waleri rauchte auf seinem Balkon, der voller Tomatenpflänzchen stand, eine halbe Zigarette nach der anderen. Wir sahen uns ein Foto an, wie Waleri in den Sechzigern vor Fernsehkameras Klavier gespielt hatte, ein anderes von ihm im Trenchcoat, Auge in Auge mit einem auf den Hintertatzen stehenden Bären.

Wir blätterten Bilder durch, die seinen Vater mit Pilotenbrille im Jahr 1939 zeigten, und ein anderes, auf dem er Gitarre spielte, den Fuß auf einer Parkbank abgestützt. Er erzählte mir, dass sein echter Vater im Krieg gestorben sei, ein anderer Mann habe ihn aufgezogen. Das hatte er erst Jahre später erfahren, als ihm in einem Schrank seiner Mutter ein paar Papiere unterkamen, welche die Wahrheit über den Tausch seiner Väter enthüllten, den mitzubekommen er zu jung gewesen war.

»Immer wenn ich Chopins *Nocturne Nr. 13* spiele, widme ich sie dem Vater, den ich nicht kennengelert habe«, sagte Waleri. »Es ist unmöglich, die Vergangenheit loszuwerden. Ein sehr wichtiges Gefühl für künstlerisch gesinnte Menschen.«

Wieder im Hotel, suchte ich den auf dem Boden verstreuten Inhalt meiner Tasche zusammen, ein Kuddelmuddel von Büchern über die Geschichte des Klaviers, Demidoffs Jagdnotizen und dem ganzen büro-

Waleri Krawtschenko mit einem Bären, aufgenommen
im Dorf Esso auf Kamtschatka, 1975.

kratischen Papierkram, den die russischen Behörden Ausländern ge-
wohnheitsmäßig zumuten. Auf meinem Mantel waren Wassertröpfchen
eingetrocknet und hatten Salzflecken hinterlassen. An meinen Wander-
schuhen hingen Fetzen von Seegras. Ich war gespannt auf diesen nächsten Abschnitt meiner Reise – die Kommandeurinseln, eine immer noch
eng in bürokratische Vorschriften eingezwängte sensible Grenzregion,
dann südwärts auf die Kurilen, wofür nur schwer ein Visum zu ergattern
ist. Ich würde an einer Touristenfahrt zur Vogelbeobachtung teilnehmen, auf einem von nur wenigen Schiffen, die alljährlich diese Fahrt unternehmen. Die Erfolgsaussichten waren gering, aber abgesehen davon,
dass ich alle Meeresvögel sehen würde, die auf ihren Zügen diese Inseln
besuchen, konnte ich auch nach Klavieren suchen, waren doch die Inseln ein Zwischenstopp auf der alten Seeroute von Sibirien nach Ame-

rika gewesen. Inzwischen hatte ich auch zwei gute Indizien: Waleri Krawtschenkos Pianino aus der Sowjetzeit, auf dem er fünfzig Jahre zuvor im Holzhaus des Klubs im Dorf Nikolskoje auf der Beringinsel gespielt hatte, und ein Instrument, von dem mir ein Ex-Soldat erzählt hatte, der auf den Kurilen stationiert gewesen war. Er erinnerte sich an ein Klavier aus der Vorrevolutionszeit auf Kunaschir im südlichen Teil der Inselkette. Zum letzten Mal hatte er es in einem alten Schiff gesehen, das am Landvorsprung lag. Damals in den Achtzigern hatte er sogar darauf gespielt. Er wolle wetten, dass es noch dort sei. *Einmal auf den Kurilen, immer auf den Kurilen*, so hieß es, als gäbe es keinen anderen Ort, wo man hinkönne.

16

Das letzte Klavier Sibiriens:
von den Kommandeurinseln auf die Kurilen

2011 BEGANN DER britische Autor Horatio Clare eine Suche in den europäischen Feuchtgebieten, um einen kleinen, möglicherweise schon ausgestorbenen Zugvogel zu finden, den Dünnschnabel-Brachvogel. Zwar bekam Clare dessen dünnen, abwärtsgebogenen Schnabel nie zu Gesicht, aber falls es noch welche von diesen Geschöpfen geben sollte, dann würden sie irgendwo in Sibirien existieren. *Orison for a Curlew* (Gebet für einen Brachvogel) ist Clares elegantes Gebet um eine minimale Chance: dass dieser am Rande des Aussterbens taumelnde zarte kleine Vogel außerhalb der Sicht des Menschen in der Taiga noch existieren möge. Clare argumentiert mit unerschütterlicher Überzeugung, dass »zu viel Gewissheit etwas Armseliges ist«. Ich hielt mich an denselben Gedanken, als ich ein Schiff mit Vogelbeobachtern bestieg, mit denen ich nichts gemeinsam hatte als das Verlangen, eine Rarität zu finden.

Ende Mai verließ unser als Forschungsschiff konzipiertes Gefährt Petropawlowsk Richtung Osten zu den Kommandeurinseln. Sie bestehen aus zwei Hauptinseln, Bering und Medny, und einem Schwarm kleinerer Inselchen. Die Taue des Lotsenbootes knarrten, als wir aus dem schlanken Hals der Awatscha-Bucht glitten, um die Nordspitze des Kurilengrabens zu kreuzen. Im 19. Jahrhundert war diese Meeresrinne die tiefste, die man kannte; gemessen hatte man sie mit einem aus Klavierdraht gefertigten Mechanismus. Wenn ein Hauch Nonsens an dieser Methode war, die Tiefen des Nordpazifik zu ergründen, dann zugleich ein düsterer Schauder: Klavierdraht hatten die Sowjets auch dazu benutzt, im Zweiten Weltkrieg Verräter zu hängen.

Wir überquerten die Linie, wo der asiatische Kontinentalschelf sich am mächtigen Pazifischen Graben reibt, wobei der Subduktionsdruck alle möglichen rastlosen Wellen und unvorhersehbare Eruptionen hervorruft. Auf der Schiffsbrücke flackerten piepsende Skalen, sie war ausgestattet mit Telefonhörern, Bildschirmen und roten, mit kyrillischer Schrift markierten Knöpfen. Im Hintergrund der Brücke war der Obermaat mit Winkelmessern und Linealen zugange, um unsere Fahrt auf einer in Licht getauchten Karte zu markieren. Jemand hatte auf den Falz mit Bleistift »Wal« geschrieben, als wäre er für immer dort – ein ewig im Abgrund lauernder Moby Dick.

Zwei Tage später landeten wir an den Kommandeurinseln. Am westlichen Ende der Aleuten-Kette positioniert, hängen sie wie eine Halskette zwischen Russland und Alaska. Wir ankerten zuerst vor Medny. Auf eine düstere Art verlockend, ist dies ungefähr der entfernteste Ort, den man in Russland ansteuern kann – die stille, letzte Ellipse am Ende der stürmischen Geschichte dieses riesigen Landes. Es ist die äußerste Grenze Sibiriens, ein winziges kontinentales Fragment, wo Meer und Land in einem Zustand ständiger Spannung und Unruhe miteinander kämpfen. Medny ist dort, wo Eurasien endgültig ausläuft, ein hoher, festungsartiger Höhenzug etwa 320 Kilometer von Amerika entfernt. Tiefwasserkanäle hier und in den Kurilen bieten Korridore für Atom-U-Boote, die in den tieferen Breitengraden des Nordpazifik patrouillieren.

Da es nur spärliche Hinweise auf irgendeine bedeutendere menschliche Besiedlung gab, setzte ich meine Hoffnung auf die nachgewiesene Erfolgsrate des Schiffsführers, die letzten Gelegenheiten an den Grenzen Russlands aufzuspüren, seien es nun die seltenen Arten, hinter denen die Vogelbeobachter her waren, oder in meinem Fall Klaviere. Rodney Russ, der Neuseeländer, der unser russisches Schiff gechartert hatte, war ein Typ wie Nansen: attraktiv, breitschultrig, mit kurzgeschnittenem Haar und Wetterfältchen um die Augen. Die eine Hälfte des Jahres verbrachte er im Südpolarmeer, die andere in Sibirien. Seine orangen Wathosen legte er selten ab, und seine kleine Kajüte war voll von den besten englischsprachigen Büchern über Sibirien, die ich außerhalb der British Library gefunden hatte. In den zwanzig Jahren, in denen er am pazifischen und arktischen Rand Russlands unterwegs gewesen war, hatte Russ bedeutende wissenschaftliche Forschungen unternommen. Er hatte wichtige Sichtungen von Atlantischen Nordkapern, einer Art Glattwale, gemacht (vor fünfzehn Jahren nahm man an, dass nur ein paar Dutzend dieser Geschöpfe existierten). Und er und seine Kollegen hatten auch einen neuen Brutplatz des höchst gefährdeten Löffelstrandläufers ausgemacht. Dies ist ein außergewöhnlicher Vogel mit einem langen, schmalen Schnabel, dessen Spitze wie ein schwarzes Pik-Ass aussieht. Neuere Forschungen lassen vermuten, dass weltweit nur noch weniger als 250 Brutpaare übrig sind, und so war Russ' Entdeckung von Eiern des Löffelstrandläufers in einem Feld voller Moltebeeren in der Tundra so, als hätte man Leben auf dem Mond entdeckt.

Alle auf dem Schiff wussten von der Entdeckung des Sandläufers: ein Vogelbeobachter aus Nordengland, der früher Polizistenhelme gesammelt hatte, ein Tierarzt, noch einer von den »großen Listenführern« (»Nummer 39 der Welt«, flüsterte seine Nemesis), ein ehemaliger Lehrer, der einen Karrierewechsel vollzogen hatte, um mehr Zeit für die Vogelbeobachtung zu haben. Sie unterhielten sich in einer Privatsprache. Sie redeten von »Gripping off« (Prahlen über eine Sichtung, die einem anderen Vogelbeobachter entgangen war), »Stringing« (so tun, als hätte man einen seltenen Vogel gesichtet), »Dipping« (eine Reise unternehmen, um einen seltenen Vogel zu sehen, den man dann aber nicht zu Gesicht bekommt) und »Twitching« (ein Twitcher jagt für seine »Liste« einem seltenen Vogel nach, einzelne Irrgäste – Vögel, die außerhalb ihres Habitats auftauchen – eingeschlossen, und unterscheidet sich so von einem Vogelbeobachter, der im natürlichen Lebensraum eines Vogels eine Sichtung macht). Jeden Abend verglichen die Gruppenmitglieder in der Bar ihre Aufzeichnungen. Kleinliche Eifersüchteleien, unter einer dünnen Schicht der Zivilisation kaum verborgen, brachen auf in Anschuldigungen, die Etikette nicht befolgt zu haben. Es dauerte nicht lange, und zwei Reisende wechselten kein Wort mehr wegen irgendeines Vorfalls von Sabotage oder »Flushing« (wenn ein Vogelbeobachter die Beute eines anderen aufscheucht). Jeder der beiden erzählte eine unterschiedliche Version desselben Vorfalls.

Anfangs wich ich direkten Fragen aus, was ich hier täte; ich wollte nicht zu freundlich sein, damit ich Zeit zum Schreiben hatte. Wie es sich herausstellte, hatte ich nichts von den Aufmerksamkeiten meiner Mitreisenden zu befürchten. Als ich schließlich die wahren Motive preisgab, warum ich diese Reise unternahm, wurde mir klar, dass meine Klaviersuche so weit außerhalb des Vogelbeobachtungsspektrums lag, dass außer Mary, meiner achtzigjährigen Kabinengenossin, ohnehin beim Essen niemand neben mir sitzen wollte.

Mary und ich verstanden uns prächtig. Waren wir auf See, ruhten wir uns beide in der Kabine aus. Sie vertrieb sich die Zeit damit, ihre Listen zu ordnen, sich mit den neuen Spezies, die sie zu finden hoffte, vertraut zu machen; ihre Bilder waren in ihrem mit zahlreichen Anmerkungen versehenen Buch über die Vögel im russischen Fernen Osten genau beschrieben. Ich tat dasselbe, meine Liste enthielt alle Instrumente, die ich während meiner Reisen bereits abgehakt hatte, und die Geschichte jeder Marke war in meinem Führer zu den großen Klavierbauern Russlands abgehandelt.[1]

Inzwischen hatte ich eine Shortlist von etwa fünfzehn Möglichkeiten. Darunter waren die Klaviere, denen ich genauer nachforschen musste, so wie der Bechstein aus Kjachta. Dann waren da die »ausgestorbenen«

Klaviere, die wirklich und wahrhaftig verlorenen, wie der Flügel aus Magadan, den ich *nur so zur Sicherheit* auf der Liste ließ, weil ich ihn auf dem Foto so faszinierend fand. Es gab ein paar Instrumente, beschwert durch zu viel Geschichte – darunter das Becker aus Jekaterinburg, auf dessen Resonanzboden »Haus der Geschichte« stand, und schließlich Veras Mühlbach-Flügel. Dies waren die unantastbaren Schätze, die zu Russlands Nationalgeschichte gehörten; ich war froh, sie gefunden zu haben, wenn auch nur, um Aufmerksamkeit auf ihren potenziellen Wert zu lenken. Ich hatte eine Liste Klaviere, die man niemals ihren Besitzern wegnehmen konnte, so Olgas Bechstein, ursprünglich erworben um einen Sack Kartoffeln. Als Gegenleistung für die Zeit, die sie mir geschenkt hatten, schuldete ich diesen Leuten etwas von meinem Bericht, darunter Informationen, die ich später aus ausländischen Klavierfabriken bekommen wollte.[2] Dann gab es die Longlist: gewöhnliche Klaviere, meist mit nicht vertrauenswürdiger Provenienz, die meisten durch meine gelegentlichen Aufrufe in sibirischen Medien gefunden. Nicht alle waren erfolgreich; einer dieser Versuche hatte zu einer Reihe telefonischer Belästigungen durch einen Mann geführt, der behauptete, aus einem Gefängnis in Krasnojarsk anzurufen. Ganz oben auf meiner Liste standen zwei Instrumente, auf die ich immer wieder zurückkam: das Grotrian-Steinweg aus Igor Lomatschenkos Zimmer 1037 im Keller des Nowosibirsker Opern- und Ballett-Theaters und der faszinierende Stürzwage-Flügel aus Chabarowsk, den ich mir noch genauer ansehen musste.

Während ich meine Funde so in Augenschein nahm, sah ich all die Überraschungen, die meine Suche zutage gefördert hatte – und wie jedes Klavier die unermessliche Größe Russlands auf ein menschliches Maß reduziert hatte. Hingerissen von den Sibiriern, die auf Klavieren spielen, sie aufbewahren, reparieren, zerbrechen, lieben und mit ihnen leben, war es schwer für mich, ihre halb vollendeten Geschichten einfach von der Liste zu streichen. Ich wollte unbedingt die wahre Geschichte des Nowosibirsker Steinway herausfinden, auf dem der Leningrader Philharmoniker im Exil möglicherweise gespielt hatte. Während wir südwärts fuhren, steigerte ich mich in Spintisiererereien über die Instrumente hinein, zu denen es keine verlässlichen Spuren über ihre Herkunft gab. Ich jammerte Mary vor, dass ihre Liste immer länger wurde, meine sich jedoch unvollständig anfühlte. Ich wollte mehr solche Leute finden, die mir kleine Vorstöße in ihre Wohnungen erlaubt hatten: Russen wie den Tigerschützer in seinem Wald, der mir das Büschel goldenen Haares gezeigt hatte; den Aeroflot-Navigator, der aus sibirischer Lärche seinen Konzertsaal baute, oder den Jazzpianisten, den ich im Altai getroffen hatte, dessen üppige amerikanische Rhythmen den Schnee auf dem Dach seiner Datscha zum Zittern brachten, bis er schichtweise abrutschte und den Hund draußen erschreckte. Ich versuchte Mary zu erklären, wie die sibirischen Schneebuckel, wie Grabhügel, alles und nichts verdecken, wie bescheidene Dorfhäuschen Geschichten bergen, die keiner je erfahren wird. Das war jener Teil von mir, den ich an Sibirien verloren hatte – die verwirrende Erkenntnis, dass man immer noch weiter gehen musste.

Der Philosoph, Schriftsteller und Ökologe Henry David Thoreau kritisierte in seinem privaten Tagebuch solch esoterisches Abenteuern: »In einem anderen Frühling kann ich Postbote in Peru sein oder Pflanzer in Südafrika oder ein Verbannter in Sibirien ... Doch was soll's? ... Unsere Glieder haben in der Tat Platz genug, doch unsere Seelen rosten in einer Ecke ein. Mögen wir ununterbrochen im Innern wandern ...« Ich wusste, dass ich stillsitzen sollte, neben dem Bullauge lesen und zusehen, wie die Himmel vorüberzogen. Ich musste mir den Genuss erlauben, in die literarischen Abenteuer anderer Schriftsteller in Sibirien verwickelt zu werden, mich an all die Orte führen zu lassen, wo ich nicht hinkonnte – die Inseln in der Laptewsee, Tschukotka, das Putorana-Plateau. Ich wollte jenen Augenblick in der Geschichte erhaschen, an dem ich am liebsten eine Reisende in Russland gewesen wäre: in der zweiten Hälfte des 19. Jahrhunderts, als Tschechow unterwegs war und die Klaviere der Nation ihre klangvollste Stimme besaßen. Die Geschichten aus dieser Zeit sind angesichts der Brutalität des Verbannungssystems natürlich verstörend, aber auch voller Erstaunlichem. Unter ihnen ist ein Buch, das

Die englische Krankenschwester Kate Marsden
in Reisemontur für Sibirien.

ich heiß liebe: *On Sledge and Horseback to Outcast Siberian Lepers* von Kate Marsden, einer unverheirateten Krankenschwester, die im selben Jahr wie Tschechow aus England in eine Leprakolonie in der Nähe von Jakutsk kam. Auf ihrer handgezeichneten Reise-Landkarte ist der Weg, den sie von St. Petersburg nach Jakutsk nahm, als »abgeschlossen« markiert; die andere Route, eine Linie oben an Sibirien entlang bis zur schmalen Landenge von Kamtschatka, ist mit einem sehnsüchtigen »angedacht« markiert.

Marsden behauptete, sie werde ein sibirisches Kraut finden, mit dem man die Lepra heilen könne. Es dauerte allerdings nicht lange, und das Zauberkraut taucht in ihrem Bericht so gut wie gar nicht mehr auf. Aufschlussreiche Randbemerkungen in ihren Memoiren lassen erkennen, dass sie eine viktorianische Abenteurerin war, die den Fesseln ihrer Zeit und ihres Geschlechts zu entkommen suchte. Sie muss sich die Herabsetzung der Männer gefallen lassen – »gewiss war es ganz natürlich für die Herren, zu meinen, dass ich wie die meisten meines Geschlechts das Ziel meiner Reise erreichen wolle, bevor ich noch losgefahren sei«. Und der aufblühenden feministischen Bewegung in Großbritannien tut sie auch nichts Gutes, wenn sie hin und wieder Bemerkungen einfließen lässt, die »reisende Damen« interessieren mochten, etwa Lobeshymnen über ihre Jaeger-Strümpfe: »Sogar meine eigene Aufmerksamkeit, muss ich bekennen, war einen Augenblick von den Aussätzigen abgelenkt durch die Überlegung, was ich anziehen sollte.« Trotzdem, ihre sibirische Reise war eine der härtesten, von denen je berichtet wurde. Sie betritt eine Gefängniszelle mit zwanzig Mördern und äußert sich über die Höflichkeit des Sträflings, der sie an der Hand nimmt, um sie durch die Dunkelheit des Gefängnisses zu geleiten. Sie attackiert einen einheimischen Papierindustriellen, dessen Fabrik einen Fluss verschmutzt. Sie beschreibt ein ausgestoßenes aussätziges Kind, das allein starb, Lehm im Magen, da es sich nichts zu essen beschaffen konnte. In Marsdens Geschichte fand ich vieles, das ich bewunderte, vor allem ihren Mut, ebenso wie bei all den Frauen, die auf meiner sibirischen Reise ein wichtiges Element gewesen waren. Aber ich musste auch auf die warnende Stimme hören, die laut und deutlich zu vernehmen war: Je mehr die englische Krankenschwester von Sibirien gefesselt gewesen war, desto mehr hatte sie das Objekt aus den Augen verloren, nach dem sie suchte.

Meine Kabinengenossin Mary gab sich erst gar nicht mit Selbstzweifeln ab. Was für ein Abenteuer, sagte sie jedes Mal, wenn ich ihr meinen Arm bot, um sie in einer schaukelnden pazifischen Dünung die Treppe hinauf und hinunter zu geleiten. Sie erklärte mir, dass Vogelbeobachter nie ihre Listen fertigstellten; es sei eine lebenslange Arbeit, denn keine Liste kann je definitiv sein. In der Welt der Ornithologie gibt es das Phänomen der »extralimitalen« Spezies, ein Ausdruck für Vögel am äußersten Rand ihrer Reichweite. Es mag eine gewisse Anzahl an weit fliegenden Vögeln hier oben im Nordpazifik geben, sagte sie. Und dann gibt es die »Flüchtlinge« – Exoten, die ihren Käfigen entkommen sind und eine einzelgängerische Population dort begonnen haben, wo sie nicht hinge-hört, und das an Orten, wo sie üblicherweise nicht hinwandern würden. Das solle mir Hoffnung geben, meinte sie: das musikalische Äquivalent eines in den Klappen nistenden blauen Kanarienvogels.

Ich fand Mary wunderbar. Sie lachte im Schlaf. Sie sprach über Blü-ten-Nomaden – Vögel, die Nektar nachjagen – und über den Ruf des Rot-nacken-Honigfressers; zuhause in Canberra kam einer jeden Tag in ih-ren Garten, um zu singen. Er nimmt seine Frau mit, sagte sie, aber sie ist nicht ganz so toll wie er. Mary war auch boshaft. Beim Frühstück er-zählte sie dem ehrgeizigsten Vogelbeobachter, dass er einen »Lebens-länglichen« (eine neue Spezies, die er seiner Liste hinzufügen hätte können) verpasst habe, der sei direkt an der Schiffsbrücke vorbeige-flogen, während er gerade am Heck gewesen sei. Als wir wieder in der Kabine waren, gestand sie, dass sie ihn zum Narren gehalten hatte.

Mary zeigte mir die Zugvögel, die wandernden Riesen, die hierher-kamen, um sich am Auftrieb über dem Meeresgraben, wo das Ochots-kische Meer sich mit den wärmeren Gewässern des Pazifik vermischt, Nahrung zu holen. Dies seien die evolutionären Champions, sagte sie, die um die halbe Welt flögen, um hierherzukommen, als Reaktion auf einen verborgenen Drang, der mit der Sonne und den Sternen und dem Magnetfeld der Erde zu tun hatte. Vor allem wollte ich unbedingt die Pfuhlschnepfe sehen, den Konzertflügel unter den Watvögeln. Die Pfuhlschnepfe, groß und langbeinig, gilt heute als derjenige Vogel, der die längste ununterbrochene Migration jeder Vogelart auf der Erde un-ternimmt. Es ist ein Watvogel mit einem breiten, bohnengroßen Gehirn, der das Wetter 48 Stunden, bevor der Wind wechselt, vorausahnen kann. Er kann beinahe zwölftausend Kilometer den Westrand des Pazifik hin-auf in neun Tagen zurücklegen. Er ist zwischen der Nordspitze Neusee-lands und Nordostsibirien unterwegs, und dieser monumentale Über-flug ist beinahe doppelt so lang wie die Reise zu Land und zur See, die im 18. Jahrhundert der Entdecker Vitus Bering unternahm, dessen Frau Anna einen der frühesten Nachweise auf ein Clavichord in Sibirien hin-terließ.

Im Juli 1741 landete Bering auf der Insel Kajak im Golf von Alaska, nur um dann auf dem Heimweg an der Küste der Kommandeurinseln auf Grund zu laufen. Ein paar Wochen nach dem Schiffbruch starb Bering; sein Tod wurde von George Steller verzeichnet, dem Expeditionsarzt und Naturforscher, der neun Monate als Schiffbrüchiger auf den Kommandeurinseln überlebte und sich von den einheimischen Seekühen, Manati genannt, ernährte. Steller beschrieb diese Kreaturen: Sie waren über sieben Meter lang, maßen um den Bauch sechs Meter im Durchmesser, ihr Fleisch schmeckte wie Rind. Sie produzierten Milch wie Kühe und ein butterartiges Fett; ein einziger Manati konnte vierzig hungrige Seeleute zwei Wochen lang ernähren. Die sogenannte Steller-sche Seekuh war eine der »Entdeckungen« auf Berings Fahrt[3]; die andere war der amerikanische Kontinent selbst, was den Zaren die Basis gab, später Ansprüche auf ihre amerikanischen Besitzungen zu erheben, von Kalifornien bis Alaska. Das Territorium wurde dann zur Gänze an die Vereinigten Staaten verkauft, doch aus Gründen, die nicht ganz klar sind, setzte Zar Alexander II. die Kommandeurinseln nicht auf die Verkaufsliste. Dieses Versehen erwies sich als lukrativ. Die Kommandeurinseln besaßen prächtige Kolonien von Seebären, Seeottern und Küsten voller Blauer Polarfüchse. Als Berings überlebende Besatzung mit ihrer Ausbeute an Pelzen nach St. Petersburg zurückkehrte, dauerte es nicht lange, bis weitsichtige Pelzjäger das Potenzial der Inseln erkannten.

Als wir an der Insel Medny anlegten, war der winterliche Mantel aus Meereis abgeschmolzen, und so konnten wir am Rand eines überschwemmten Einsturzkraters ankern, wo einst ein Vulkan Lava ausgestoßen hatte. Um das Schiff ragten hohe, von Wasserfällen durchzogene und von milchigem Nebel gekrönte Klippen empor. Einen Moment lang hätte dies Hawaii sein können – das samtige Grün, der launische Wechsel von Sonne und Schatten, das Meer ein klumpiger Eintopf auf einer Seite der Bucht und ein schmieriger Spiegel auf der anderen. Dutzende Eissturmvögel flogen über die wogende Dünung, wobei sie den Aufwind durch das Meer zum Fliegen nutzten. Die Vögel glitten in breiten Schwüngen dahin, stemmten sich gegen den Wind. Trottellummen

Um 1930 blühte der Pelzhandel auf Medny noch immer.

schossen die Hänge herunter und stellten sich dann in Reihen auf. Gelbschupflunde mit fassartigen Bäuchen sind im Meer ruhig, beim Nisten aber grummeln sie wie alte Männer.

Mit Gummischlauchbooten landeten wir an einem Strand voller kupfergrün getönter Steine. Zwischen dem Treibholz lagen Rückenwirbel von Seehunden. Der Kadaver eines Polarfuchses lag eingerollt am Rand des Grases, wie ein Hund, der auf die Rückkehr seines Herrn wartet. Ich fragte mich, ob die russischen Grenzwachen, die einst in den paar baufälligen Gebäuden hausten, irgendwann einmal vielleicht ein Klavier zur Unterhaltung verlangt haben mochten. Zerstreuungen, welcher Art auch immer, mussten eine Überlebensnotwendigkeit gewesen sein, um zumindest das Geräusch der im pazifischen Sturm klappernden Fenster zu übertönen.

Die Vogelkundler machten sich auf den Weg dorthin, wo Brutkolonien die Klippen mit Streifen überzogen. Ich ging in die andere Richtung. Ein paar tapfere Blumen waren zu sehen – blassgelbe Primeln und

Anemonen. Von der Flutlinie her wehte der Geruch nach Tang, wann immer der Wind abebbte. Vom Wetter oxidierte Maschinenteile lagen in drei Gebäuden ohne Dach.

Von 1826 bis 1970 war dies ein Dorf mit ein paar Dutzend Häusern, einer kleinen Kirche und einem hölzernen Kutter gewesen; unter den Einwohnern befanden sich indigene Aleuten, die von den Aleuten hierhergeholt worden waren, um Pelze zu sammeln. In der Sowjetzeit wurden die Nachkommen dieser Indigenen auf die benachbarte Beringinsel umgesiedelt, wo sich heute die einzige Siedlung der Kommandeurinseln befindet, etwa sechshundert Menschen. Sogar der Grenzposten auf der Insel Medny wurde im Gefolge des harten Winters von 2002 aufgelassen. In diesem Jahr wagten sich zwölf Soldaten hinaus, um Treibholz zu suchen, der einzige Brennstoff an einem Ort ohne Bäume. Sie gingen tagelang, zerrten ihre Ausbeute mit Seilen auf ein Floß und ließen sich und das Holz zum Lager driften. Doch ein Sturm trieb das Floß aufs Meer hinaus, eine der letzten Tragödien in der einsamen Vergangenheit der Insel.

Einst konnte man auf diesem gottverlassenen Flecken Erde ein gutes Auskommen finden. Ende des 19. Jahrhunderts pachtete eine amerikanische Handelsgesellschaft die Inseln von der russischen Regierung, um dort Seeotter zu fangen. Der Pelzhandel auf Medny war bedeutend genug, dass sich der Import von Grabsteinen für die Angestellten aus San Francisco lohnte. Ich stieß auf Marmorblöcke und windschiefe Kreuze, die sich mühsam im Marschboden aufrecht hielten. Aufgescharrte Erde enthüllte mannsgroße Buckel im Boden, abgesehen von einem steinernen Denkmal dort, wo zwei aleutische Schwestern miteinander beerdigt worden waren, unweit von der Stelle, wo die Wange der Insel ins Meer abrutschte. Durch Löcher in den Felsen unter mir schoss die Gischt empor. Es war etwas Großartiges an dieser Landkante, etwas Magnetisierendes an der aufwühlenden Kraft des Ozeans.

Dann kam aus dem Nirgendwo einer der Vogelbeobachter hinter mir herauf. Er trug einen kleinen Lautsprecher, aus dem aufgenommener Vogelgesang tönte.

»So lockt man sie an«, sagte er.

Er wartete eine Weile auf die Reaktion eines lebendigen Vogels.

»Wenn man darin gut ist, kann man mit dem Gehör Vögel sammeln.«

In meiner Kajüte fragte dann ich bei Mary nach, ob man einen Vogel auf der Liste abhaken konnte, wenn man ihn bloß singen gehört hatte.

»Au nee«, sagte sie in ihrem gedehnten australischen Tonfall; »ich hak keinen Vogel ab, wenn ich ihn nicht gesehen hab. Ich mag ja schönes Gezwitscher, aber man muss nen Vogel sehen, damit es was bedeutet.«

Wir fuhren weiter auf die Beringinsel, wohin Waleri Krawtschenko 1969 gekommen war; sein Auftritt war auf einer Anschlagtafel vor der Statue des Entdeckers am Kai von Nikolskoje angekündigt worden. Damals in den 1960ern waren die Zeiten gut gewesen. Es gab eine florierende Nerzfarm, die Löhne waren hoch, die sowjetische Unterstützungsmaschinerie wohltätig. Waleris Konzert fand im Kulturhaus statt, damals war die Bevölkerungszahl doppelt so hoch wie jetzt. Er brachte der winzigen Kommune Chopin, genauso wie es sein Freund David Lerner dreißig Jahre zuvor getan hatte, als er mit seinem Ibach in Petropawlowsk angekommen war.

Seit der Perestroika allerdings war nichts mehr so, wie es gewesen war. Am Landeplatz lagen kaputte Boote herum. Im Unterdorf von Nikolskoje war der Fußballplatz gesäumt von beinlosen Sitzen. Am Fensterbrett eines halb verlassenen Hauses hatten sogar die Seidenblumen ihre Blätter abgeworfen. So fragil waren einige der Gebäude, dass es nur eines milden Sturms bedurft hätte, um die letzten Reste wegzufegen. Das war schon einmal geschehen, als die Ausläufer eines Tsunamis unverhofft die Insel trafen. Hier, an dieser vom Sturm aufgeschürften Küste der Beringinsel, hatte Waleri sein Klavier im hölzernen Klubhaus zurückgelassen.

Ich besuchte die Redaktion der Zeitung in Nikolskoje. Die Herausgeberin wusste nichts von Waleris Klavier, meinte aber, in der nächsten Ausgabe werde sie eine Notiz einrücken. Ich eilte den Hügel hinauf zum neuen Stadtteil und seinem modernen Kulturhaus; es blieb wenig Zeit, da das Schiff seinen Vogelbeobachtungs-Zeitplan einhalten musste, statt auf mich zu warten, ob ich ein Instrument fand. Die Direktorin des Kulturhauses meinte, es lebe nur eine Musiklehrerin auf der Insel, die Frau des Priesters. Es existierten hier keine alten Klaviere, meinte sie. Dann trieb ich eine Frau auf, die sich an Waleris Instrument erinnerte. Es hatte ein durch einen Kurzschluss verursachtes Feuer gegeben – vielleicht im November, irgendwann in den achtziger Jahren. Sie sagte, das Klavier sei verschwunden, doch das Vermächtnis existiere weiter. Sie hatte immer klassische Klaviermusik auf allen Platten gehört, die sie nur in die Hände bekommen konnte – hier draußen, auf diesem winzigen Leuchtfunken Land, der Russland von Amerika trennte.

Wir verließen die Kommandeurinseln, um südwärts am Kap der Halbinsel Kamtschatka vorbeizufahren, hin und wieder vorüber an Schiffswracks, deren Hülle die Tsunamis beiseitegeschleudert hatten. Die Kadaver der Schiffe nahe am Ufer waren in gespenstische Nebel gehüllt. Wir nahmen unseren Weg Richtung Kurilen. Die Nördlichen Kurilen sind eine wüste Gegend. Heftige Sturmböen reißen dem Meer die Oberfläche auf und erzeugen Gischt wie Rauchfahnen, die Brandung wirbelt um Basaltklippen. Die Südlichen Kurilen sind milder. Sie sind mit Zedernwäldern bedeckt, mit heißen Quellen und wispernden Bambuswäldchen.

Ich hatte zehn Tage vor mir, um mich in der relativen Wärme des Juni durch diese Kette zu schlängeln, von oben bis ganz nach unten. Im Winter wäre meine Reise nicht so einfach gewesen, sagte ein ehemaliger Kapitän, den ich auf Sachalin getroffen hatte; er hatte fünfzig Jahre lang einen Fischkutter im Ochotskischen Meer und im Nordpazifik gesteuert. Das Schiff war sechs Monate auf See, manchmal noch länger. Um die Tage auszufüllen, überredete der Kapitän seine Crew, ein Klavier zu kaufen – alle beteiligten sich mit einem Teil ihrer Bonuszahlung –, das dann mit ihnen in die Beringsee reiste und die Kurilen hinauf und hinunter, sogar bis in die russische Arktis. Er sprach über die Freude, die das Instrument ihnen schenkte, und dass er sich das Klavierspielen selbst beigebracht habe. Einmal hatte er neun Monate auf See verbracht, ohne nur einmal Land zu berühren. Im Winter, sagte er, konnten die Stürme so brutal sein, dass das Wasser an der Schiffsseite anfror, bis es gefährliche Schlagseite bekam.

Sogar jetzt, wo es Sommer war, wurden unsere Pläne von launischem Wetter diktiert. Wegen starken Nordwinds konnten wir nicht an der Atlassow-Insel anlegen, dem höchsten Vulkan des Archipels. Und an Matua durften wir nicht zu nahe heran, da die Seeleute die Benachrichtigung über eine neue Sperrzone erhalten hatten. Alle zwei Stunden fragte unser Kapitän bei den russischen Behörden nach. Dies war immer eine sensible Grenzzone gewesen, die Besitzverhältnisse der Inseln oszillierten in verschiedenen Souveränitätsansprüchen zwischen Russland – die Kurilen tauchten 1700 zuerst auf von Semjon Remesow, dem Landkartenzeichner aus Tobolsk, angefertigten Landkarten auf – und Japan. Im Pazifikkrieg wurde aus Matua ein Labyrinth aus Schützengräben. Von der Insel Iturup war die japanische Flotte ausgelaufen, um ihren Angriff auf Pearl Harbor zu starten. Sogar heute noch brodelt der Konflikt auf den südlichen Inseln weiter: Russland und Japan haben seit der Beendigung der Feindseligkeiten nach dem Ende des Zweiten Weltkriegs noch immer keinen Friedensvertrag unterzeichnet, seit Stalin die Kurilen von Japan zurückeroberte und frische russische Kader hinschickte, um das Land zu bevölkern.

Während ich mich auf dem Schiff durch die Sibirien-Bibliothek des Neuseeländers arbeitete, war meine Übersetzerin auf Sachalin, wo ich sie ein paar Wochen später traf. Per Telefon und lokalen Medien zog sie Erkundigungen ein, und zudem versuchte sie etwas über das Instrument eines ehemaligen Soldaten herauszufinden, der auf der Kurilen-Insel Kunaschir gearbeitet hatte. Schließlich kam ein Foto davon, auf dem das Klavier in seinem jetzigen Zustand zu sehen war. Nur noch der gusseiserne Rahmen des Klaviers war übrig, ein moribundes Stück Altmetall, das im jungen Bambus des Sommers ertrank. Es war ein Rösler aus tschechischer Produktion, die Seriennummer datierte das Klavier auf die Zeit vor der Oktoberrevolution. Der Soldat sagte, es habe einem sowjetischen Musiker gehört, der in den 1950ern auf die Inseln gekommen war. Ich kontaktierte einen lokalen Museumsarchivar, aber niemand erinnerte sich an den Pianisten, weder woher er gekommen war noch an seinen Namen. Seine Geschichte war in Vergessenheit geraten an einem Ort, den sowjetische Historiker »das Ende der Welt« zu nennen pflegten, *finis mundi*.

Wir fuhren Richtung Süden. Die kegelstumpfförmigen Gipfel der Inseln tauchten auf und verschwanden wieder. Manchmal waren ihre felsigen Spitzen mit Schnee bebändert, manchmal von Lava zerschrammt. Dann senkte sich der Nebel wieder, und ich konnte kaum ein paar Meter weit sehen. Es roch nach Seetang und stinkenden Gasen aus verborgenen vulkanischen Schloten. Auf den Kurilen sind Tsunamis nichts Besonderes, wenn der Pazifik Atem holt und alles verschluckt, was in den Weg seiner Killerwogen gerät. Ständig bilden sich neue Inseln. Andere kippen, sacken zusammen und verändern ihre Lage, während Tausende Meter darunter der Meeresgrund ächzt. Captain Henry James Snow, ein Pelzjäger um 1900, beschrieb das Gefühl, draußen auf See und unter Deck zu sein, als sein Schiff zu zittern begann. Dann kamen eine Reihe dumpfer Geräusche, bumm, bumm, die zwei Stunden lang andauerten, obwohl die Meeresoberfläche kaum aufgewühlt wurde.

Ich stand allein auf dem Schiffsvorderdeck, als wir ganz stillzustehen schienen. Es fühlte sich an wie eine Fermate, die lange Pause in einem Musikstück, wenn eine Note oder Pause länger ausgehalten wird, als es ihrem normalen Wert entspricht. Das Meer war glatt, es herrschte mysteriöse Stille. Alles wurde traurig und matt, als stecke das Schiff in einer Art Loch fest. Aus dem Schweigen schwang sich eine Möwe herbei, die Flügel ausgebreitet, die korallenroten Füße leuchtend im melancholischen Schimmer. Der Vogel erwischte mich beinahe mit seinem Flügel, bevor er zurückglitt in die Düsternis des Pazifischen Beckens, und der Flügelschlag driftete weg in einen Teil der Welt, der so abgelegen war, dass es Zeiten gab, in denen die Kurilen es nicht einmal auf die Landkarten schafften.

Im 18. Jahrhundert hatte der französische Entdecker Jean-François de La Pérouse gemeint, der einzige Zweck der Kurilen sei es, Schiffbrüchigen als Zufluchtsort zu dienen. Franklin D. Roosevelt erachtete sie als so unbedeutend, dass er bei einer Sitzung während der Konferenz von Jalta 1945 ihre Übergabe von den Japanern an die Sowjets schneller unterzeichnete, als Churchill brauchte, um seine Zigarre zu rauchen. Irgendwann in der Geschichte waren diese entlegenen Inseln von einem Gefängnisgouverneur verwaltet worden, und der Arm des Zaren war noch lang genug, um die indigenen Ainus zu übermannen, die schließlich verdrängt oder kulturell absorbiert wurden, entweder durch Russen von der Halbinsel Kamtschatka oder durch vom Süden her vordringende Japaner. Jäger kamen wegen der Felle und reduzierten die Seeotter-Population der Kurilen bis fast zur Auslöschung. Zehntausende Pelzrobben, man zog ihnen das Fell ab wie nasse Socken, wurden auf den Brutplätzen der Kurilen abgeschlachtet.

In der siebten Nacht ankerten wir vor der Insel Jankitscha, etwa in der Mitte des sogenannten »Nebel-Archipels« gelegen. Die Ankerkette rasselte hinunter ins Meer. Auf der anderen Seite des Festlandes stand eine Ansammlung einsamer Steindauben. Eine Schule Killerwale schien uns abschrecken zu wollen, sie kreisten dicht an unseren Schlauchbooten, als wir in einen eingesunkenen Vulkantrichter vorzudringen versuchten. In dunstigem Licht begannen Vögel herbeizufliegen. Es waren Hunderttausende – zuerst Schopfalke, dann Bartalke –, die auf dem Wasser schaukelten, bis die Oberfläche ganz schwarz war. Sie wirbelten hoch in dichten ballettartigen Pirouetten, wie Bienenschwärme, um ihre Wohngänge zu finden, weg von den giftigen Dämpfen der Mofetten. Es war ein hypnotisierendes Schauspiel des Lebens, eine ohrenbetäubende Kakophonie innerhalb der Wände des Vulkankegels, die Schwärme so dicht, dass sie das letzte Sonnenlicht verdeckten. Dies war Natur ohne Menschen, die auf einer immer noch in Ausformung begriffenen Insel gedieh.

Am nächsten Tag setzten wir unsere Fahrt fort zu einer Insel, die das

Gegenteil war von Jankitschas verborgenem Eden. Simuschir war eine ehemalige sowjetische U-Boot-Basis, versteckt in einem halb eingesunkenen Vulkankegel; die enge Öffnung war durch eine dichte Nebelbank zugestöpselt. Als wir drinnen waren, war der Himmel klar und das türkisfarbene Wasser ruhig wie ein Mühlenteich. Abfall vom Militär verschmutzte den Strand.[4]

In das Land hinein reichte eine lange Reihe zweistöckiger Wohnblocks, denen die Fenster fehlten, das Glas war herausgebrochen, sie glichen Schädeln mit leeren Augenhöhlen. Aus einem Treibstoffdepot war Öl ausgelaufen. Fahrzeuge und Fässer, die der Sturm erfasst hatte, waren in Bodensenken geweht worden und ertranken im Gestrüpp. Metallene Eingeweide hingen aus den verrosteten Kühlerhauben von Militärjeeps.

Ich ging, um nach Hinweisen auf die Leute zu suchen, die hier gelebt haben mochten. Aber in all dem Gerümpel gab es keine menschlichen Gesichter. Nichts. Keinen Zeitungsausschnitt, kein in einer Schublade vergessenes Foto. Ich stolperte in das, was ehemals das Krankenhaus gewesen sein mochte, mit Glasampullen voller Pulver und kaputten Betten. Ich umrundete einen Zahnarztstuhl, zwischen Filmrollen und Lederstiefeln. Das Wandfresko einer roten Sichel blätterte ab. Ein anderes verblasstes Bild mit blasenwerfender Farbe zeigte den Einsturzkrater von Simuschir mit einer Raketenabschussrampe an einer Seite. In einem Saal, in dem wahrscheinlich die Order für den Tag erteilt worden war, stand ein Rednerpult oberhalb eines Raums voller umgestürzter Stühle, als wären die Zuhörer eben aufgestanden und gegangen und hätten die Stühle einfach weggestoßen.

Ich konnte die silbrige Musik von Singvögeln hören. Durch die Ritzen begannen Bäume emporzuwachsen, ihre rostbraunen Wurzeln und Äste langten nach Lichtspalten. Aus Flecken von zerbröckelndem Asphalt brachen Heckenrosen hervor. In einem Winkel nisteten ein paar Tannenhäher, die Küken geborgen in einem Bett aus Weidenkätzchen und Elektrodraht.

Wieder auf dem Schiff, erzählte mir Mary von einem Sibirischen Rubinkehlchen, das sie ein paar Meter von der Stelle auf dem Deck, wo sie gestanden war, gefunden hatte. Müde von seiner Reise, benutzte dieses winzige rotbrüstige Kehlchen unser Schiff als Floß. Es amüsierte sie, dass der kleine Vagabund sich eine Freifahrt erschlichen hatte. Sie fand es wunderbar, dass es uns gefunden hatte, wo es doch so viele Kilometer abseits seines Kurses geflogen war. So wie Mary wollte ich alt werden. Mary unternahm die Fahrt mit fünf groben Nähten quer über ein Knie, das sie sich zwei Tage vor unserer Abreise aufgeschlagen hatte. Meine Klaviersuche hielt sie nicht für Wahnsinn. Und es war egal, dass sie nicht zu den Nestern der Papageientaucher hinaufklettern konnte. Vielleicht hatte sie auch im Anmeldungsformular ein wenig geschwindelt, was ihre körperlichen Fähigkeiten anging, um einen Platz bei der Kreuzfahrt zu ergattern; aber vor allem weigerte sich Mary, in eine abgeschottete und reduzierte Welt hineinzuschrumpfen. Während ich sie im Schlaf glucksen hörte, wusste ich, dass sie besser als alle anderen verstand, warum wir beide hier waren, dass sogar an einer so schwierigen Gegend wie Sibirien etwas Magisches im Nebel verborgen sein mochte. Meine Klaviersuche und Marys vagabundierendes Kehlchen hatten mehr gemeinsam, als es auf den ersten Blick den Anschein hatte: Keine von uns war wegen der Gewissheit hier, aber wegen der unwahrscheinlichen Möglichkeit, dass sich ein kleines Wunder ereignen könnte.

17
Wiedergewonnene Provenienz:
Chabarowsk

AM ANFANG MEINER Suche, kurz nachdem ich vom lodernden Orange des Tigers im Schnee geblendet worden war, musste ich mir in Chabarowsk eine Nacht um die Ohren schlagen, bevor ich mich auf den Weg heim nach England machte. An diesem toten, winterlichen Abend traf ich mich mit dem einzigen Klavierstimmer, den ich in der Stadt hatte finden können. Er war steif, sogar ein wenig ängstlich. Um ihn für mich zu gewinnen, lud ich ihn zu einem in der Philharmonie der Stadt angekündigten Klavierkonzert ein, einem schlecht beheizten Saal, wo Richter während seiner Sibirien-Rundreise Ende der 1980er gespielt hatte.

Die Aufführung in Chabarowsk, für die ich Karten gekauft hatte, war keine Sensation à la Richter. Sie war musikalisch dürftig und schlecht besucht. Im Konzertsaal waren bloß die ersten paar Reihen besetzt, meist mit fein herausgeputzten Frauen, die nach Pelzen und Talkumpuder rochen. Im Gemurmel der Unterhaltungen im Foyer fühlte ich mich unaufrichtig, da ich an einem verschlafenen Ort nach Musik aus einem vergangenen Jahrhundert suchte, lange nach der Zeit, als die Lisztomanie durch Europa gefegt war. In der zweiten Hälfte der Aufführung lauschte ich der schmachtenden Version eines Rod-Stewart-Evergreens. Im Sitz neben mir senkten sich die Lider des Klavierstimmers immer mehr, bis ich den Verdacht hatte, er sei eingeschlafen. Erst als wir uns trennten, kam auf mein sanftes Drängen hin eine Art Hinweis zutage.

Der Stimmer wusste von einem interessanten russischen Flügel: einem Stürzwage aus dem 19. Jahrhundert, gebaut vom in Finnland geborenen Klaviermacher Léopold Stürzwage, der im selben Jahr, als Liszt sein Debüt in Russland feierte, in Moskau eine Klavierwerkstatt eröffnete. Der Klavierbauer fand einen aufnahmebereiten Markt vor. Sechzig Jahre lang lärmte und ratterte die Fabrik, um den Anforderungen nachzukommen. Dann tauschte Stürzwages 1879 geborener Erbe, ebenfalls mit Namen Léopold, das Familienunternehmen gegen eine Karriere als Maler ein. Anfang des 20. Jahrhunderts zog er nach Paris, wo er seinen Namen in Léopold Survage änderte, als Klavierstimmer in der Salle Pleyel in Paris tätig war, um Geld zu verdienen, und bei Matisse Malunterricht nahm. Er stellte seine von der Musik inspirierten »Farbsymphonien« gemeinsam mit Marc Chagall und Wassily Kandinsky aus und fand Beschäftigung als Bühnen- und Kostümbildner für Djagilews *Ballets Russes*, wo auch Nicholas Roerich tätig gewesen war. Er entwarf Stoffe für Coco Chanel und teilte sich ein Atelier (und ähnliche Trinkgewohnheiten) mit Amedeo Modigliani. In dessen 1918 entstandenem Porträt des russischen Emigranten ist eines von Survages Augen verwischt. Als dieser fragte, warum der Dargestellte nur ein Auge habe, antwortete Modigliani: »Du schaust auf die Welt mit einem und in dich hinein mit dem anderen Auge.« Für einen Emigranten, der beobachtet hatte, wie die Russische Revolution die alte Ordnung zerfetzte, müssen diese Worte in einem tieferen Schmerz nachgeklungen haben, ein Echo des Gefühls, das der Literaturkritiker Edward Said in seiner Beschreibung der gespaltenen Seele eines Emigranten darlegt: »Es ist seltsam verlockend, über das Exil nachzudenken, aber furchtbar, es zu erleben«, schreibt Said:

> *Es ist der unheilbare, aufgezwungene Riss zwischen einem mensch-*
> *lichen Wesen und einem Herkunftsort: Seine essenzielle Traurigkeit*
> *kann nie überwunden werden. Es trifft zu, dass Literatur und Ge-*
> *schichte heldenhafte, romantische, glorreiche, sogar triumphale Epi-*
> *soden im Leben eines Exilanten verzeichnen, doch sind das nicht mehr*
> *als Bemühungen, den lähmenden Schmerz der Entfremdung zu be-*
> *wältigen. Die Erfolge der Exilanten werden auf Dauer durch den Ver-*
> *lust von etwas untergraben, das für immer zurückgelassen wurde.*

Das Stürzwage-Klavier faszinierte mich, teils weil ich dieses Modigliani-Porträt immer geliebt, aber nie die Identität des Modells beachtet hatte, und teils, weil ich mir irgendwann in der Vergangenheit des Klaviers die eleganten Finger des Künstlers vorstellen konnte, die dessen Saiten justierten, des desillusionierten Klavierbauers, der das Handwerk seines Vaters aufgegeben hatte, um sich zum Maler ausbilden zu lassen.

Mit der Hilfe des Klavierstimmers entdeckte ich schließlich den Besitzer des Klaviers: einen wohlhabenden Philanthropen namens Waleri Chidirow, einen ursprünglich aus dem Kaukasus stammenden Osseten. Chidirow hing an dem Instrument, obwohl er es selbst nicht spielte. Anfang der 1990er Jahre hatte er das Stürzwage für weniger als hundert Dollar für seine Tochter gekauft.

Jedes Mal, wenn ich nach Chabarowsk kam, besuchte ich die Chidirows, die mich großzügig bewirteten und mir bei meinen Versuchen, die Provenienz des Stürzwage zu erkunden, behilflich waren. Das Klavier war phantastisch und sehr, sehr alt. Es war ein Stutzflügel mit den originalen Saiten und einem flacheren Anschlag als gewöhnlich. Die Mechanik war vom leichteren Wiener Typus, anders als der schwerere englische Typ. Ihr fehlte der raffinierte kreuzsaitige Bezug, welcher die Klaviertechnologie in den 1850ern revolutionierte und wodurch Klaviere eine stärkere Resonanz erhielten. Es gab keine Seriennummer, um das

Waleri Chidirows Tochter Anna mit dem Stürzwage-Flügel im Haus
der Familie in Chabarowsk.

Instrument genau zu datieren, auch keine Signatur des ursprünglichen
Herstellers, wie man sie gelegentlich unter den weißen Tasten eines Klaviers mit Bleistift geschrieben findet.

Waleri Chidirow erinnerte sich, dass die ehemalige Besitzerin des
Klaviers Lehrerin gewesen war, auch, in welchem Vorort von Chabarowsk sie ungefähr gewohnt hatte. Aber das war 1991 gewesen und mehr
als 25 Jahre her. Er wusste nicht, was ich jetzt dort finden würde. Auch
der Name der Schule, wo das Klavier jahrelang gestanden war, fiel ihm
nicht mehr ein. Außerdem ziehen die Leute in einem so großen Land
wie Russland weit herum. Doch er erinnerte sich an eine interessante
Geschichte: Das Klavier war ursprünglich auf einem Schlitten nach Sibirien gebracht worden, von St. Petersburg nach Tobolsk.

Bei meinem zweiten Aufenthalt in der Stadt einige Monate danach nahm ich ein Taxi, um bei einem der Kindergärten in dem Bezirk anzuklopfen, den Waleri beschrieben hatte. Ich fragte mich bis in das Büro der Direktorin durch, wo mir eine Frau mit einer windschiefen Bienenkorb-Frisur und einem Gesicht so ausdruckslos wie Kitt entgegenkam. Sie habe nie von einer solchen Geschichte gehört, meinte sie, und erinnerte mich, dass es mehr als genug Leute gebe, die alles verkauft hätten, was sie besaßen, um die finsteren Zeiten zu überleben, als Russland beinahe bankrott war. Während sie mich über ihren Schreibtisch hinweg betrachtete, merkte ich, dass sie mich für verrückt hielt. Es würde noch andere Stürzwages geben, sagte ich mir. So ließ ich das Klavier sein und konzentrierte meine Energien auf andere Orte, bis ich gegen Ende meiner zweijährigen Suche ein drittes Mal nach Chabarowsk kam.

Auf einem TV-Nachrichtensender, der im gesamten Fernen Osten Russlands zu empfangen war, ließ ich einen Aufruf nach dem ursprünglichen Besitzer des Stürzwage-Flügels verlautbaren. Zwei Tage danach erhielt ich einen Anruf von einem Mann, der meinte, er erinnere sich an das Klavier aus der Zeit der Perestroika. Es hatte seiner Ex-Frau gehört. Dann rief er zurück, um uns ihre Nummer zu geben.

Ich rief dort an. Die Frau, die abhob, war zunächst misstrauisch. Sie wollte wissen, wie ich auf sie gekommen war. Nachdem ich es erklärt hatte, verstummte sie. Dann fragte sie: »Er lebt noch?«

Die Frau hieß Irina Schdanowa-Kamenskaja. Sie und ihre 86-jährige Mutter Nina Alexandrowna erklärten sich bereit, mit mir zu reden. Sie wohnten zusammen im dritten Stock eines Blocks aus der Sowjetzeit in einem Außenbezirk von Chabarowsk. Es war in der gleichen Richtung, wo ich schon früher gesucht hatte, aber ungefähr einen Kilometer entfernt. Eine giftgrüne Treppe führte hinauf zur Zweizimmerwohnung, wo sechs Katzen oder mehr zusammengerollt auf der Garderobe und auf dem Linoleumboden lagen. In einem kleinen Schlafzimmer stellte Irina mich ihrer Mutter vor, die auf einem Drehstuhl saß, ihre Beine schwangen vom Sitz wie bei einem Kind. Ninas Wangenknochen wirkten scharf wegen der straff aus der Stirn zurückgebundenen Haare. Ihre Augen waren in den Schädel gesunkene Höhlen. Sie sei blind, sagte sie.

Sie trug eine geblümte Kostümjacke, einen dazupassenden Rock und dicke Wollsocken. Ihr Lächeln war warm und gütig.

Nina begann zu reden; ihre ausgeleerten Augen straften die genaue, detailreiche Erinnerung an das Klavier Lügen, das sie von einer Tante geschenkt bekommen hatte und das 1970 per Eisenbahn von Tobolsk in Westsibirien nach Chabarowsk transportiert worden war. Doch als das Klavier an Ninas Adresse im russischen Fernen Osten angekommen war, hatte es nicht durch den schmalen Gang in ihrer Wohnung gepasst. Also wandte sie sich an die Direktorin des Kindergartens ihrer Tochter und bat sie, auf den Stürzwage-Flügel zu achten. Doch sie behandelten ihn schlecht; sie stellten Blumenvasen darauf, und das Wasser beschädigte das Gehäuse.

»Also bin ich irgendwann hingegangen und hab ihn mir geschnappt«, sagte Nina. »Ich wuchtete ihn in die Wohnung und zwang meine Mädchen, spielen zu lernen. Als die Zeiten dann härter wurden, hat meine Tochter ihn verkauft.«

»Dieses Klavier ist die Geschichte meiner Kindheit«, sagte Nina.

Ich zog meinen Mantel aus.

Eine Seite von Ninas Verwandtschaft stammte von Exilierten ab. Die anderen waren von adeliger Herkunft. Im 19. Jahrhundert hatten sie sich als prominente Persönlichkeiten im Bildungswesen von Tobolsk Verdienste erworben. Dies war der Zweig der Familie, von dem das Klavier kam.

Ninas Urgroßvater hatte drei Kinder. Der Älteste verhungerte während der Blockade von Leningrad, daran erinnerte sich Nina aus einem Brief, den ihre Familie 1942 erhielt; darin wurde beschrieben, wie eine Frau in einem Spital ein Kind gebar und andere hinstürzten, um die Nachgeburt zu essen. Der zweite Sohn, Offizier auf einem Schiff im Russisch-Japanischen Krieg von 1905, kam bei den Kämpfen ums Leben. Das dritte Kind war Ninas Großmutter. Sie heiratete den Sohn eines während der späteren polnischen Aufstände gefangen genommenen Polen. Sie hatte ihn im Haus des Gouverneurs in Tobolsk kennenge-

Nina Alexandrownas Vorfahren, aufgenommen 1899. In der Mitte ihr Ururgroßvater Ilarion Slawuta. Rechts vorne ihr Vater Alexander Ternowsky im Alter von vier Jahren, links Ninas Tante Lena.

lernt, dort, wo später der Zar und seine Familie gefangen gehalten worden waren. Während mich Nina so durch ihre Familiengeschichte führte, fühlte sich das allmählich so an, als passten all die Fragmente, die während meiner Klavierjagd verstreut gewesen waren, nun wie russische Matrjoschka-Puppen zusammen in einem sauber organisierten, eng aneinanderpassenden Gefüge.

Ninas Großvater war ein in Tobolsk hochangesehener Akademiker. Während der Revolution wurde er von den Roten hingerichtet, da er sich als Stadtkämmerer geweigert hatte, die Schlüssel zu den Geldtruhen der Stadt auszuhändigen. Im Dezember 1920 wurde er im Gefängnis von Tjumen erschossen und dann in ein ins Eis der nahen Tura gehacktes Loch geworfen. Zumindest glauben sie aufgrund von Zeugenberichten, dass es so war.

Ninas Vater Alexander entkam weiteren Racheaktionen der Bolschewiken. Er kämpfte im Ersten Weltkrieg für Russland. Nach der Revolution arbeitete er als Geologe in den Goldminen von Jakutien. Später übersiedelte er als freier Arbeiter nach Kolyma.

In einer so harschen Gegend zu wohnen belastete Ninas Mutter, die inzwischen Kinder zu versorgen hatte. Und so schickte man Nina 1932, im Jahr nach ihrer Geburt, zu ihrer verwitweten Tante Lena, einer Biologin und Musikerin, nach Tobolsk. Tante Lena hatte den Stürzwage-Stutzflügel vor der Revolution in St. Petersburg bestellt und ihn mit dem Schlitten von der Bahnstation in Tjumen bis Tobolsk liefern lassen, etwa 250 Kilometer nördlich der Transsibirischen Eisenbahn. Sie hatte 1920 binnen einer Woche drei Söhne in einer Typhus-Epidemie verloren. Also entschied man, dass sie sich um das Baby Nina kümmern sollte, während dessen Eltern sich in Kolyma niederließen. Seit diesem Tag blieben Nina, ihre geliebte Tante und der Stürzwage-Flügel eng verbunden.

»An dem Tag, als ich in Tobolsk ankam, habe ich ununterbrochen geweint«, erzählte Nina. »Dann haben sie mir meine Babyfingerchen auf die Tastatur gelegt. Anscheinend konnte mich nur der Klang des Klaviers beruhigen.«

Das Klavier stand im Esszimmer des Hauses, von wo man auf die Böschung sah, wo der Priester aus Tobolsk als Seminarist seine Purzelbäume geschlagen hatte. Es wurde von einer riesigen Topfpflanze beschattet, einem Feigenbaum, den ihre Tante aus einem Samen gezogen hatte.

»Es war wie ein Dschungel«, erzählte Nina. »Der Deckel des Klaviers sah aus wie der Umriss von Afrika. Und deshalb haben wir das Klavier ›Afrika‹ genannt.«

Nina hatte nur wenige Spielsachen, darunter kleine Figürchen von Affen, Vögeln und Krokodilen, die auf dem Klavier standen. An Sonntagen wurde dieses Arrangement weggeräumt, der Deckel aufgeklappt, und Tante Lena spielte. Es wurde getanzt und gesungen. Mozart, Chopin, Tschaikowsky und Beethoven. Sie luden andere Kinder zum Zuhören ein, darunter eine Tatarenfamilie, die in bitterer Armut gegenüber von ihrem Haus lebte. Sie beschrieb, wie sie auf einer Au nahe der Stelle herumstöberte, wo der Kosakenabenteurer Jermak Timofejewitsch angeblich ertrunken war. Sie erinnerte sich, wie sie allein im Wald gewesen war und dem Ruf des Kuckucks gelauscht hatte.

»Ich liebte Tiere«, sagte sie. »Hab sie immer geliebt. Als ich ein Kind war, hatten wir eine Art Landkarte, ›Die Tierwelt der UdSSR‹, die haben wir über dem Klavier aufgehängt. Ich wusste, in welches Gebiet jedes Tier gehörte.«

1946 sollte Nina wieder zu ihren Eltern. Um nach Kolyma zu kommen, musste sie mit ihrer Mutter in Nachodka warten, einem der Häfen, von denen auch die Schiffe in den Gulag abgingen. Die Familien erhielten Mehl, aber keine Öfen, um zu kochen. Sie schliefen in Leinwandzelten und warteten auf den Transport nach Magadan. Nachdem auf dem ersten Schiff ein Brand ausgebrochen war, wobei mehr als hundert Leute ums Leben kamen und Öl vom Himmel regnete, warteten sie auf ein anderes Schiff, um sicher über das Ochotskische Meer zu gelangen. Sie beschrieb die Lagerfeuer, wie Stecknadeln auf den Abhängen, wie ihre Mutter Pasteten gebacken hatte, das Blubbern und Quaken der Frösche. Sie erinnerte sich, wie mitten in der Nacht das hysterische Gegacker eines Huhns alle gerade rechtzeitig aufgeweckt hatte, um zu verhindern, dass Diebe etwas aus ihrem Gepäck stahlen.

Ninas Mutter nahm das Huhn mit nach Kolyma. Als sich die Familie in der Goldbergwerkstadt Susuman niederließ – derselben Station an der Straße in Kolyma, wo ich in einem Bett, das nach dem Schweiß anderer Leute roch, eine schlaflose Nacht verbracht hatte –, fütterten sie das Huhn mit Küchenschaben. Ninas Mutter sammelte sie, indem sie eine Schüssel mit Fett einrieb. Wenn die Schaben in der Nacht zum Fressen kamen, blieben sie am Fett kleben.

Das Haus der Familie in Susuman war klein: zwei Zimmer und eine Küche. In der ganzen Siedlung gab es nur ein Klavier, es stand im Haus der Kultur. Nina erinnerte sich daran, den Sänger Wadim Kosin gehört zu haben, als er vor den Bergarbeitern auftrat. Sie erinnerte sich, dass nichts wuchs, und an den kältesten Winter, minus 62 Grad. Sie erinnerte sich an das Schwimmen im eisigen Bach im Frühling, an das Brennen der Kälte. Sie stellte sich vor, Tom Sawyer zu sein und mit dem Boot den Mississippi hinunterzufahren. Sie wollte wissen, wofür die Menschen lebten: Liebe, Gesellschaft, Stalin. Sie war sich nicht sicher. Sie lernte *Eugen Onegin* auswendig. Und schrieb Gedichte, das tut sie immer noch. Sie wurde Zoologin, spezialisiert auf Fische. Sie wollte immer nur reisen, ein Interesse, das durch die Karte von Afrika angestachelt wurde, die in Tante Lenas Haus in Tobolsk auf dem Stürzwage-Flügel ausgebreitet lag.

»Ich bin in der ganzen UdSSR herumgefahren. Magadan, Nowosibirsk, Barnaul, Chabarowsk, Tjumen, Perm, Jekaterinburg, Astrachan, Charkow, Jaroslawl, Ussurijsk, Wladiwostok, Juschno-Sachalinsk, Ulan-Ude, Ust-Bargusin ...« Die Worte glitten ihr von der Zunge, die Litanei klang immer noch so verlockend wie damals, als ich zum ersten Mal eine Landkarte Russlands betrachtet hatte. Seitdem hatte ich in Sibirien zahlreiche Leute getroffen, die wenig zu sagen hatten über einen Ort, an dem sie nicht zu bleiben gedachten. Und viele andere, die sich nicht daran erinnern wollten, warum sie gekommen waren. Unterdrückung. Migration. Konflikte. So vieles von dem, was geschieht, geschieht spurlos. Sibirien kann sich wie ein Land innerhalb eines anderen Landes anfühlen. Manchmal allerdings ist die Wahrheit banaler, und Sibirien ist wie überall sonst – ein Ort, wo Menschen an ein Territorium gefesselt sind, ohne recht zu wissen, wann oder warum oder wie. Es gab Zeiten, da betrachtete ich Sibirien nicht nur als physische Gegend, sondern auch als ein Wort, um das zu beschreiben, was geschieht, wenn man zu lange an einem Ort verweilt, der nicht der eigene ist, einen Winter zu lange bleibt, bis es einem klar wird, dass man zu weit gegangen ist, um umzukehren. Aber jetzt, wo ich mehr Zeit hier verbracht hatte, wurde mir klar, dass es um mehr ging als Migration ohne Sympathie, dass Sibirien, wenn es die besten Leute betraf – die zuverlässigen, unerschütterlichen Russen, die mir bei meiner Suche geholfen hatten –, wirklich etwas anderes war. Da waren die Lomatschenkos in Nowosibirsk, der singende Priester in Tobolsk und der Überlebende der Leningrader Belagerung in Akademgorodok. Und jetzt Nina, diese blinde, krumme, brillante alte Frau, die so gebrechlich und verletzbar war und doch so sehr brannte für die Dinge, die sie liebte. Nina war eine Enzyklopädie Russlands im 20. Jahrhundert, die nur eines in ihrem Leben gehasst hatte, wie sie meinte. Als sie ein Kind in Kolyma war, bestrafte ihr Vater ihre Unartigkeit damit, dass sie Gläser mit Sand aussortieren musste. Sie musste am Tisch sitzen und die Körner nach Goldblättchen durchsuchen, während ihre Freundinnen draußen spielten. Es war eine Qual für Nina, die ja bloß herumtollen wollte, ins Wasser springen trotz der schrecklichen Kälte in Kolyma. Während sie sprach, war es, als wäre in ihr eine Art brennende Hitze, ein Glühen hinter ihren ausgehöhlten Augen. Für Nina war Sibirien kein Herz der Finsternis: Es war die *Appassionata* –eine Erfahrung von solcher Intensität, dass sie sich tief in ihre herrliche russische Seele gegraben hatte.

EPILOG

Mit dem Verstand kann man Russland nicht ermessen ...
Man kann nur daran glauben.
FJODOR TJUTSCHEW, »UMOM ROSSIJU NE PONIAT«

Ich suche nie ein Klavier aus und probiere es nicht vor einem Konzert.
Das ist sinnlos und demoralisierend. Ich begebe mich in die Hände
des Klavierstimmers. Wenn ich in Form bin, kann ich mich an jedes beliebige
Instrument anpassen, wenn ich aber zweifle, gelingt mir das nie.
Man muss mehr noch als der heilige Petrus glauben,
dass man übers Wasser gehen kann.
SWJATOSLAW RICHTER, »NOTIZEN UND GESPRÄCHE«

Sibirien ist ein kaltes und langes Land. Ich fahre, fahre und
ein Ende ist nicht abzusehen. Interessantes und Neues sehe ich wenig,
dafür fühle und erlebe ich viel. Das sind Empfindungen, die man
in Moskau nicht für eine Million erfahren kann. Du solltest auch nach
Sibirien! Bitte die Staatsanwälte, dass sie dich hierherschicken.
ANTON TSCHECHOW, »BRIEF AN SEINEN BRUDER, JUNI 1890«

Das Orchon-Tal

EIN AUFENTHALT VON mehreren Wochen auf Sachalin ziehe eine Art rheumatisches Fieber nach sich, schrieb Anton Tschechow, die Auswirkungen sogenannter »klimatischer Einflüsse«, die das »Febris Sachalinensis« hervorriefen. Eine heutige westliche Autorität über den russischen Fernen Osten, John J. Stephan, bemerkt, dass während des Zweiten Weltkriegs japanische Soldaten, die die Kurilen verteidigen sollten, über »Kurilitis« klagten, ein Name für einen Zustand, der einen befällt, wenn man zu lange bei schlimmen klimatischen Verhältnissen an einem isolierten Ort festsitzt. Der Meister der sibirischen Naturbeschreibung im 20. Jahrhundert, Walentin Rasputin, erwähnt eine weitere durch Sibirien hervorgerufene Krankheit – eine Öffnung von Weiten, von denen man nie wusste, dass sie existierten.

Sibirien besitzt die Tugend, einen nicht sofort aufzuschrecken oder zu
verblüffen, sondern einen langsam und zögernd an sich zu ziehen,
sozusagen mit gemessener Sorgfalt, und, ist man einmal drinnen, zu
fesseln. Und dann ist es geschehen: Man ist von Sibirien befallen. Nach
dem bösartigen Wundbrand (sibirskaja jaswa, wörtlich sibirisches
Geschwür), *der anscheinend nicht mehr vorkommt, ist dies die be-*
rühmteste Krankheit Sibiriens: Lange Zeit, nachdem er in diesem
Land war, fühlt sich ein Mensch eingeengt, traurig und schwermütig,
wo immer er hingeht, gequält von einem vagen und schmerzenden
Gefühl seiner eigenen Unzulänglichkeit, als hätte er einen Teil von
sich selbst für immer in Sibirien zurückgelassen.

Mein Visum war nur noch fünf Tage gültig, als ich aus Chabarowsk nach
England heimkehrte. Ich flog über den Jenissei und den Baikalsee. Ab
Irkutsk folgte dann meine Route jener, die der blinde Reisende James
Holman im 19. Jahrhundert aus Sibirien heim nach England verfolgt
hatte. Trotz seiner Blindheit hatte Holmans Anwesenheit in Irkutsk ihm
den Verdacht eingebracht, er sei ein britischer Spion. Auf Befehl des Zaren wurde er rasch und zwangsweise aus Sibirien expediert. Die Nase in
Russlands Terra incognita zu stecken war problematisch, damals wie
heute.

Als Tschechow seine Reise nach Sachalin unternahm, behauptete
er, eine Doktorarbeit schreiben zu wollen, um seine medizinische Lauf-
bahn zu befördern. Er sagte auch, er führe eine Zählung durch, um die
Haushalte der Sträflingskolonie zu verzeichnen. Unvermeidlicherweise
entstand Verdacht. Ein Häftling, der seine Frau mit einem Hammer umgebracht hatte, dachte, Tschechow zähle die Häftlinge, um sie dann zum
Mond zu schicken. »Um mir meine Arbeit zu erleichtern und damit es
schneller geht, bot man mir liebenswürdigerweise Gehilfen an, aber da
ich bei der Volkszählung als Hauptziel nicht ihr Ergebnis im Auge hatte,
sondern die Eindrücke, die der Prozess der Volkszählung selbst vermit-
telt, so bediente ich mich der fremden Hilfe nur in sehr seltenen Fällen.«

Als ich in London um mein russisches Visum ansuchte, hatte ich im

Konsulat angegeben, die Absicht meiner Reise sei es, in Sibirien nach Klavieren zu suchen.

Die Frau am Schalter sah mich an, als hätte ich den Verstand verloren. Beim Gehen hielt mir ein anderer Antragsteller die Tür auf.

»Das war die mieseste Geschichte, die ich jemals gehört habe«, meinte er.

»Warum fahren Sie?«, fragte ich.

»Fußball«, sagte er.

Meine ursprünglichen Motive waren aufrichtig, aber sie waren auch immer umfassender geworden. »Ich interessiere mich dafür, dort zu sein, wo ich noch nicht war«, hatte Richter einem Lokaljournalisten gesagt, der so wie alle anderen verdutzt war, dass ein sowjetischer Megastar durch die sibirische Provinz tourte. Ich teilte Richters Neugierde, zu der noch die Naivität einer Ausländerin kam: Ich war interessiert daran, jene Gegenden zu sehen, von denen ich gar nicht gewusst hatte, dass sie überhaupt existierten, was in einer überbereisten Welt Sibirien zu etwas Besonderem macht. Katharina die Große hatte einst argumentiert, ihr Reich habe sich wegen der russischen »Neigung zum Abenteuer« so dramatisch vergrößert. Wahrscheinlich wollte sie sagen, dass das Reich wegen der Liebe der Russen zu guten Pelzen so erfolgreich gewachsen war, aber immerhin: Ich verstand, was sie sagen wollte. Sibirien ist tatsächlich ein sehr guter Ort für Reisende auf der Suche nach jenem Gefühl, das wirklich abenteuerliches Reisen hervorruft.

War das alles nur eine große Phantasterei? Eine nostalgische, pikareske Suche nach dem Exotischen? Eine Jagd nach dem Objekt der Begierde statt nach dessen Errungenschaften, geprägt von Wunderdingen, Monstern und exzentrischen Abschweifungen? Oder war es nur ein weiterer Beitrag zu den Annalen der Reisen ins sibirische Absurdistan? Da gab es eine gute Tradition, etwa James Holmans *Reisen durch Russland, Sibirien, Polen, Österreich, Hannover & C. & C. Unternommen in den Jahren 1822, 1823 und 1824, Während er an vollkommener Blindheit litt, darin enthalten ein Bericht, wie der Autor als Staatsgefangener von den östlichen Teilen Sibi-*

riens entfernet; John Dundas Cochranes 1825 erschienene *Geschichte einer Fußreise durch Russland und die sibirische Tartarei, von den Grenzen Chinas bis zum Gefrorenen Meer und Kamtschatka*, sowie *Vagabundieren mit fünfzig*, verfasst von zwei gesetzten, älteren amerikanischen Damen, Helen Wilson und Elsie Mitchell, die 1925 eine wunderliche Reise in den Altai unternahmen. Sie kamen aus einem Vorort von Berkeley in Kalifornien, trugen Khaki und Panamahüte und waren in Begleitung ihres Schoßhunds, eines Foxterriers. Ihre Absicht war es, sich einer internationalen kommunistischen Brigade anzuschließen, aber als die Fabrikarbeit doch nicht ganz das war, was sie erwartet hatten, machten sie stattdessen Urlaub in den Bergen.

Ich wusste, dass dieses ganze Unterfangen von einem gewissen Maß an Verrücktheit durchsetzt war. Aber hätte ich andererseits innegehalten, um jede furchtbare Geschichte zu lesen, wahr oder erfunden, die über Russland geschrieben worden war, wäre ich überhaupt nie ins Flugzeug nach Sibirien gestiegen. Hätte ich die Angst zugelassen, dann hätte ich viele, viele Orte nicht gesehen, die in mein Herz, aber nicht in die Seiten dieses Buches Eingang gefunden haben. Etwa den magischen See Numto, wo ich mich bei einer Familie waldbewohnender Nemzen aufhielt. Da war das Stimmengewirr von Tjumen, wo ich die Ölarbeiter mit der Art Angeberei herumstolzieren sah, wie man sie in Moskau erwartet hätte. Da waren die vielen Konzerte von Nowosibirsk bis Chabarowsk – manche spektakulär, manche so vertraut provinziell, wie ich sie von meiner eigenen ländlichen Gemeinde an der verschlafenen englischen Küste kannte. Und da war die absolute Bizarrerie von Birobidschan, einem in den 1930ern konzipierten sowjetischen Experiment an der russisch-chinesischen Grenze, das als die »Autonome Jüdische Region« der UdSSR fungieren sollte; es gab dort Verkehrstafeln mit jiddischer Aufschrift, einen Rabbiner, aber jüdische Musiker konnte ich keine auftreiben, außer einer Theatergruppe aus Israel auf Besuch.

Bei all diesem Herummäandern war es eine der größten Herausforderungen gewesen, den Behörden nicht auf die Füße zu treten. Abgesehen von der Zusammenarbeit mit lokalen Nachrichtensendern bei der

Klaviersuche war es mir mehr oder minder gelungen, unter dem Radar hindurchzutauchen, bis ich in den Altai kam. Ich wurde von einem Beamten der FSB vorgeladen, der meine Papiere kontrollieren wollte. Er arbeitete für die Staatssicherheit. Er sprach über Somerset Maugham und Joseph Heller, trieb Konversation in perfektem Englisch mit geschmeidigem Intellekt und einer beunruhigenden Vertrautheit.[1] Meinen Bildungsweg kannte er, wie ich annahm, von meinem Visumsantrag her. Seine Faszination von meiner Zeit in Oxford ließ mich vermuten, dass wir beide einander durch die Linse eines James-Bond-Films sahen. Für mich war er der russische Bösewicht, ich für ihn hingegen die privilegierte Engländerin, die möglicherweise im Dienst von MI6 stand.

In der nächsten Nacht erhielt meine Übersetzerin einen spätabendlichen Anruf von demselben Beamten. Seine ständige Aufmerksamkeit war enervierend, als glaube er nicht, dass ich in Sibirien sei, um nach Klavieren zu suchen. Ich denke, der Mann vom FSB hielt mich für ein wenig verschroben. Ich war zuversichtlich, die richtigen Papiere zu haben, um mich in dieser Region aufhalten zu dürfen, und so entschied ich mich, nachdem wir uns getrennt hatten, so rasch wie möglich Richtung Grenzübergang nahe Kosch-Agatsch zu fahren, einer der letzten Siedlungen vor der Mongolei.

Ich wollte ein paar Tage damit verbringen, mir diese potenzielle Route aus Sibirien hinaus anzusehen, zu checken, wie gut sie war, denn dies war einer von nur zwei Grenzübergängen in Sibirien, über die Ausländer legal in die Mongolei einreisen konnten. Zudem wollte ich mich ein letztes Mal in die Landschaft versenken, bevor ich sie für immer verließ; der Altai war zu schön, um nicht mehr von den Bergen zu sehen. Am Anfang der Reise war ich einem Tiger begegnet, und nun hatte ich es mir in den Kopf gesetzt, einen Schneeleoparden zu finden. Das Thema meines Buches – eine weit ausholende Suche nach den bemerkenswerten Überlebenden Russlands – drehte sich um das Seltene und Verschwindende, und das reichte, um die Abschweifung zu rechtfertigen.

Meine Übersetzerin und Onkel Witja organisierten das Notwendige. Meine Papiere wurden von den Grenzbeamten unterzeichnet. Ich mietete einen schweren Geländewagen, ausgerüstet mit einer Heizgelegenheit und Schlafkojen. Zwei Ranger und ein paar Schneemobile würden uns begleiten. Onkel Witja sah sich meine Garderobe an und bestand auf ein paar Zusatzkäufen. Die Temperatur kippte in Richtung zwanzig Grad minus und tiefer.

Das war es, was ich tat – hinunterkippen vom äußersten Rand, jeder Teil meines Körpers klammerte sich an einen goldzahnigen Ranger auf einem Schneemobil –, als mein Glück jäh in den freien Fall geriet. Von der Höhe eines kahlen Hügels aus konnte ich die Mongolei sehen. Eine Herde Argali-Schafe trottete quer durch ein baumloses Tal unter mir. Die Schafe waren riesig, ihre extravagant gerollten Hörner gewunden wie Korkenzieher und zurückgeneigt, als hätte sie der Wind nach hinten geblasen. Ein paar lange Minuten verfolgten wir die Herde durch eine Weiße, die sich in alle Richtungen hin ausbreitete. Dann erschienen aus dem Nirgendwo auf Schneemobilen vier bewaffnete Grenzposten in weißer Tarnkleidung. Sie seien mir gefolgt, sagten sie; ich müsse mit ihnen zurück nach Kosch-Agatsch.

Das Verhör dauerte den ganzen restlichen Tag. Als ich dachte, es sei vorbei, setzte man mich hinten in einen Lieferwagen, brachte mich zur Grenzpolizei und nahm mir die Fingerabdrücke ab. Während ich meine tintenbeschmierten Finger abschrubbte, betrachtete ich die Wirbel auf meinem Daumen und dachte an die Tätowierungen auf den Mumien aus dem Altai. Ich war in die Enge getrieben. Ich konnte bloß den Rücken an die Wand pressen, damit mein Körper nicht mehr zitterte.

Ich hatte eine Linie übertreten, an einem Ort, wo ich nicht sein sollte. Meine Befrager waren höflich. Professionell. Kalt wie Eis. Sie sagten, ich sei ohne Genehmigung ins falsche Grenzgebiet eingedrungen. Ich musste Strafe bezahlen – ich hatte eine »Verwaltungsübertretung« begangen –, und sie warnten mich, noch ein unbefugter Schritt, und mein Visum zur Einreise nach Russland werde annulliert. Aber als ich auf diese seltenen Argali-Schafe stieß, erlebte ich auch den Schauder der Entdeckung. Es schien mir wichtig, mich durch niemanden von den stillen Winkeln Sibiriens abschrecken zu lassen, in die Klaviere gekommen waren. Dennoch, der Vorfall änderte einiges für mich: Ich musste achtgeben.

Im Februar 2018, zwei Jahre, nachdem ich mich entschieden hatte, in einer der abgeschiedensten Gegenden der Erde auf Klaviersuche zu gehen, begann ich Erkundigungen nach einem Klavier für die Mongolei anzustellen. Dies tat ich mit der Hilfe des Klavierstimmers Kostja Lomatschenko aus Nowosibirsk. Sein Familien-Instrument, das Grotrian-Steinweg-Pianino, das ich zuerst im Keller der Nowosibirsker Oper neben einem Papiermachéschwein zu Gesicht bekommen hatte, hatte mich sofort angezogen, trotz des brüchigen Klangs und der fehlenden Tasten. Beim Grotrian schien alles zu »stimmen«, zumindest als ich herausgefunden hatte, was »stimmen« bedeuten konnte: Das Instrument war privat und nicht in Staatsbesitz. Es hatte eine intime Bedeutung und war nicht von nationalem Interesse, es war eines der besten jemals gebauten Pianinos und leichter zu transportieren als ein Flügel. Und nachdem unsere Freundschaft sich vertieft hatte, war es mir endlich auch möglich zu fragen, ob die Lomatschenkos es gehenlassen würden – jenes Instrument, das Kostjas Großvater in den 1960ern nach dem Verkauf seines Hauses in einem Antiquitätengeschäft erworben hatte.

Die Lomatschenkos sagten Ja, weil sie zwar alle Klaviere stimmten, keiner aber so wirklich spielte. Unter Kostjas Anleitung wollten Odgerels Mäzen Franz-Christoph Giercke und ich die speziellen Ersatzteile aus Deutschland beschaffen, außerdem einen Feuchtigkeitsmesser, damit das Instrument in der trockenen Luft der Mongolei spielbar blieb. Kostja und sein Vater würden dann drei Monate lang im Kellergeschoß des Nowosibirsker Opern- und Ballett-Theaters das Klavier restaurieren. Stanislaw Dobrowolsky, der Stimmer, der die Belagerung von Leningrad überlebt hatte, würde helfen, die entsprechenden Papiere für die relevanten Behörden zu beschaffen. Als Dank für seine Zeit und seine Hilfe hatte er gebeten, ihm eine Vinyl-Schallplatte von 1958 zu schicken, die er unbedingt hören wollte: *England's Greatest Combo ... The Couriers of Jazz!* von Tubby Hayes und Ronnie Scott.

Im April 2018 erhielt ich von meiner Übersetzerin Elena Wojtenko die Nachricht, dass das Grotrian-Steinweg aus den 1930ern, dessen Mechanik nun alles auszuhalten bereit war, was eine brillante Virtuosin ihr zumuten konnte, zur Ausreise bereitstand. Als Dank kamen Franz-Christoph Giercke und ich überein, Kostja seinen Traum zu finanzieren: nach Deutschland zu fliegen und seinen Fortgeschrittenen-Klavierstimmerkurs bei Steinway in Hamburg zu vollenden. Falls er Erfolg hatte und aufgenommen wurde, würde dies ihm helfen, einer der am besten ausgebildeten Klavierstimmer in Sibirien zu werden. Ich gab Kostja mein Wort: Wenn er ein Klavier in die Mongolei schaffen konnte, dann konnte ich sicher einen Sibirier zu Steinway bringen.

Am 18. Mai 2018 wurde das Grotrian-Steinweg in Matratzen und Schaumstoff verpackt, um seine 3200 Kilometer lange Reise per Lastwagen und Anhänger von Nowosibirsk ins Orchon-Tal in der Mongolei anzutreten. Der Transport von Nowosibirsk dauerte acht Tage, er führte über den Jenissei und den Baikalsee, dann durch den Grenzübergang Kjachta zwischen Russland und der Mongolei. Zur Versandtruppe gehörten Kostja Lomatschenko, Onkel Witja – mein Glücksbringer und »Security«, der bei der Fahrt dabei sein wollte – und meine russische Übersetzerin Elena, deren außerordentliche Zielstrebigkeit während der gesamten Suche diese letzte Reise möglich gemacht hatte. Igor, der Fahrer, war ein athletischer, blauäugiger U-Bahn-Chauffeur aus Nowosibirsk.

Leider hatte sich das politische Klima in den letzten Monaten der Arbeit an meinem Buch dramatisch verändert. Zwischen Großbritannien, den USA und Russland hatten die Spannungen einen Höhepunkt erreicht. Deshalb nahm ich das Klavier auf der mongolischen Seite entgegen, zusammen mit meinem Freund, dem Fotografen Michael Turek, und meinem zwölfjährigen Sohn Danny. Ich war nervös, weil mein Visum markiert worden war. Vielleicht war ich paranoid, aber zudem auch traurig, nicht ganz an dieser Abschlussmission teilnehmen zu können, wenn ich diese Begriffe von Angst doch überwinden hatte wollen, die mit der Vorstellung von Sibirien verbunden sind.

Ähnlich niedergeschlagen war ich deswegen, weil ich eine der grandiosen Reisen in Zentralasien nicht unternehmen konnte: Nachdem sie das Klavier im Orchon-Tal abgesetzt hatten, würden die Russen durch die westliche Mongolei und den russischen Teil des Altai heimkehren und damit einen Kreis von 5600 Kilometern vollenden, für den sie einen Monat benötigen würden. Ich war neidisch auf den Spaß, den sie haben würden. Ein Drittel dieser Fahrt ging durch straßenlose offene Steppe (zweimal verirrten sie sich, und sie retteten zwei deutsche Touristen, die zur Fußballweltmeisterschaft 2018 unterwegs waren und mit ihrem Volkswagen in einem mongolischen Fluss stecken geblieben waren). Meine Enttäuschung, nicht bei dieser Fahrt dabei zu sein, schwand aber bald, als das Klavier schließlich im *Ger* abgeladen wurde. Ein paar Tage lang arbeitete Kostja allein am Klavier, um es so zu stimmen, wie er wollte. In diesen Tagen, als das Klavier geöffnet dastand, konnte ich die Signatur des Stimmers und den Stempel »Allenstein« auf der hölzernen Taste betrachten. Dann endlich, während die Sonne unterging und eine kühle Mainacht begann, hörten wir Odgerel Sampilnorow spielen.

Es war ein zutiefst bewegendes Ereignis. Eine Gruppe Hirten hatte sich eingefunden, um der Premiere zu lauschen. Odgerel, nervös, ob sie und das Instrument zusammenpassen würden, spielte das Werk eines zeitgenössischen mongolischen Komponisten, Bjambasürengiin Scharaw. Sofort verkündete sie, das Grotrian-Steinweg klinge viel besser als der Yamaha-Stutzflügel. Der Stimmer Kostja Lomatschenko weinte. Onkel Witja erzählte von seinem Mondschein und Geschichten von Yetis. Franz-Christoph Giercke brachte Silberbecher und schenkte Onkel Witja, den er wunderbar fand, seinen englischen schwarzen Filz-Homburg von Lock & Co. Igor pflückte am Bach Blumen und reichte sie meiner Übersetzerin Elena, in die er sich bis über beide Ohren verliebt hatte.

In den nächsten paar Tagen kamen wir alle immer wieder durch die niedrige Tür des *Ger*, um Odgerel beim Spielen zuzuhören. Es war, als belausche man zwei Menschen, die einander gerade kennenlernten. Es war Musik vom Feinsten: intim, rein und wahrhaftig. Russisch, mongolisch, deutsch – es war egal, woher; die Musik floss so mühelos dahin, als enthülle sie eine allgemeine, eine edle Wahrheit. Kostja und ich pflegten auf dem Yakhaarteppich im *Ger* auf dem Rücken zu liegen. Beide hörten wir gerne zu. Manchmal weinte Kostja, manchmal lächelte er, überwältigt und stolz auf den Klang des Klaviers. Auch ich empfand Stolz, nicht weil ich besonderes Vertrauen in meine Urteilskraft in Sachen Musik gehabt hätte, sondern weil all das Suchen in diesem besonderen Moment – und in der starken Überzeugung – zusammenfand, dass Menschen im Grunde dasselbe wollen: Harmonie, Schönheit, Dauer.

Während meiner Reise hatte ich mich immer wieder gefragt: Was ist der Sinn der Musik? Und nun, da wir alle gemeinsam in der Mongolei waren: Was dachte Kostja mit seiner unendlichen Feinfühligkeit, wenn er hier mit geschlossenen Augen auf dem Boden lag? Grübelte er auch über das Stück grünen Filz nach, das über das Gehäuse des Klaviers drapiert war? Es war beim Instrument dabei gewesen, eine Art Läufer, um die Elfenbein- und Ebenholztasten zu schützen. Der Filz war mit Blumen bestickt, wahrscheinlich von einer der ursprünglichen Besitzerinnen des Klaviers, bevor die Lomatschenkos es im Altwarenladen in Nowosibirsk gekauft hatten. Es war ein persönliches Memento, eine Art Mantel, um etwas zu schützen, das irgendjemand irgendwo innig geliebt hatte; dessen Geschichte aber war immer noch unbekannt. Wer war dieser Mensch? Wäre er oder sie froh gewesen, diese unsichtbaren Rosen in das Leben derjenigen einzuflechten, die als Nächste kamen? Lebte noch jemand, der sich daran erinnerte, die ersten Tonleitern auf dem Grotrian-Steinweg gelernt zu haben, bevor Europa in Stücke gerissen wurde? Oder war die Geschichte des Klaviers im Krieg eine falsche Spur? Würden die Fäden doch bloß zurückführen? Falls irgendjemand eines Tages die Vorgeschichte dieses Berichts für sich reklamieren würde, dann gab es vielleicht noch ein Kapitel zu erzählen.

Im nächsten Jahr, verkündete Giercke, müssten wir alle in die Mongolei zurückkehren, um Odgerel am Klavier zu hören, im Verein mit der Pferdekopfgeige oder *Morin Khuur*. Er würde ein Konzert organisieren, sagte er, eine großartige Aufführung auf einer felsigen Anhöhe in der Steppe, einem heiligen Ort, den er zwanzig Jahre zuvor entdeckt hatte.

Der sei eine Tagesreise von dem Ort entfernt, wo wir standen, oben befinde sich ein kleiner buddhistischer Tempel, und es gebe dort die beste Akustik, die er jemals erlebt habe. Mit diesem abschließenden wunderbaren Schnörkel, der mich erst auf meine sibirische Klaviersuche hatte gehen lassen, schickte er uns mit Kostja weg, um einen Soundcheck zu machen.

»Sagen Sie mir, ob ich es gehört habe«, sagte Giercke. »Die Akustik ist so perfekt, dass man eine Nadel fallen hören könnte.«

Wir fuhren, das Auto blieb stecken, hörten zu, wie Kostja mit einem Flüstern die Akustik austestete, und staunten alle, dass Giercke recht gehabt hatte: Der Klang rollte ohne Echo um das Felsbecken, in der klarsten Luft, die man sich nur vorstellen konnte. An diesem Abend, unserem letzten gemeinsamen in der Mongolei, gaben wir einander ein festes Versprechen: Der wichtigste Eid war jener, den Odgerel Kostja ableistete, dass nämlich dieses Klaviergeschenk geliebt werden würde, und falls es jemals ein Problem damit gebe oder falls sie sich nicht mehr darum kümmern könne, würde sie sich melden. Wir prosteten einander bis spät in die Nacht hinein zu. Und sagten Lebewohl in dem Wissen, dass weitere Trinksprüche kommen würden. Der U-Bahn-Fahrer verliebte sich noch mehr. Onkel Witja erzählte wieder einmal seine Yeti-Geschichte. Am nächsten Tag fuhren Elena, Igor, Kostja und Onkel Witja ab, ihr leerer Lastwagen eingehüllt in eine Wolke aus Staub.

Odgerel gibt jetzt in den Sommermonaten Solokonzerte im Orchon-Tal in der Mongolei. Meines Wissens ist das Grotrian-Steinweg, das sie sonst unter sorgfältiger Luftfeuchtigkeitskontrolle in ihrer Wohnung in Ulaanbataar stehen hat, das einzige Klavier seiner Art in der Mongolei, und es tönt nach wie vor mit einer der schönsten Stimmen, die ich während meiner zwei Jahre dauernden Suche gehört habe. Odgerel nennt es Cantabile, wegen seiner singenden Stimme: zart, sanft, verletzlich oder voller Gefühl, mit einem üppigen, warmen Bass und einem silbernen Diskant, die Hämmer liefern scharfe, präzise Anschläge, um eine perfekte Klarheit zu erzielen. Rachmaninow und Liszt behält sie sich für das

Yamaha vor, Chopin und Debussy für die süßen, verlockenden Töne des kleinen Pianinos. Ihr Anschlag verbindet sich mit der inneren Resonanz des Klaviers, wie bei einem Alchimisten, der Steine in Gold verwandelt. »Niemand erreichte diese unbestimmten Harmonien der Aeolsharfe, diese halben Seufzer, die in die Luft dahinschweben ... Niemand wagte das, besonders keiner derjenigen, die Field selbst spielen oder vielmehr seine Lieder dahinträumen hörten«, bemerkte Liszt über den Iren, der als Erster die Herzen der Russen entflammt hatte. So fühlte es sich an, Odgerel auf dem Grotrian-Steinweg spielen zu hören. Es war, als enthülle sie das singende Herz des Instruments, das durch die Jahrhunderte so viele Leben berührt hatte, und seine Stimme reichte zurück bis zu Bartolomeo Cristoforis großartiger Erfindung, damals, als die zitternden Klänge des Fortepianos erstmals den Palast eines illustren Medici-Fürsten erfüllt hatten.

Auf ihrer Fahrt durch den Altai zurück nach Nowosibirsk legten die Russen einen Zwischenstopp ein, um den Aeroflot-Navigator Leonid Kaloschin zu besuchen. Elena blieb eine Woche dort, um seinen Gemüsegarten auf Vordermann zu bringen. Igor, der U-Bahn-Fahrer, war bei einem Klaviertransport für Leonid behilflich.

Semjon Nyaruy, der Komponist aus dem Volk der Nenzen, den ich in Jamal kennengelernt hatte, starb am 4. April 2018. Seine Witwe hofft, dass das Kulturressort in Salechard eine Abteilung im Museum zu seinem Gedächtnis einrichten und dass sein Tjumen-Pianino dort aufgestellt werden wird. Kurzfristig wird das Klavier eventuell an seine Alma Mater kommen, die Musikschule in Tjumen.

Walentin Lekus, der Kapitän des Fischkutters, der seine Mannschaft dazu gebracht hatte, zusammenzulegen und ein Klavier zu kaufen, um die langen Monate auf See im Nordpazifik etwas zu erleichtern, starb ebenfalls, bevor dieses Buch herauskam. Als wir gemeinsam unterwegs gewesen waren, hatte er ein Lied für mich gesungen, *We'll Meet Again* aus dem Jahr 1939, berühmt geworden durch Vera Lynn im Zweiten Weltkrieg. Es war, als höre man zu, wie das Herz eines Mannes entblößt wurde, eines noblen Mannes, der seine besten Jahre für das harte Leben auf sowjetischen Schiffen in einem der grimmigsten Klimas der Welt gegeben hatte. Es ist eigenartig, aber während ich dies hier schreibe, bleibt mir dieses Lied als einer der anrührendsten Momente meiner Zeit in Sibirien, neben dem Bild einer Geige mit Saiten aus gestohlenem Rosshaar und Lidijas Narzisse, in Erinnerung.

Über den Bechstein-Flügel, den ich in Kjachta gefunden hatte, bekam ich weitere Nachrichten; sie bestätigten, dass das Klavier 1979 aus Burjatiens Hauptstadt Ulan-Ude an das Museum in Kjachta überstellt worden war. Was die Familie des Teehändlers betraf, gab es keine weiteren Informationen. Also wandte ich mich an das Archiv bei Bechstein und fand einen faszinierenden Schimmer einer entfernteren Vergangenheit: 1874 war das Klavier an einen »Nikolai R.« in Moskau geliefert worden, eines von mehreren, die in diesem Jahr an dieselbe Person gegangen waren. Konnte es Nikolai Rubinstein gewesen sein, jener Mann, der das Klavier für die Kaiserlich-Russische Musikgesellschaft in Tomsk ausgesucht hatte?

Nina Alexandrowna ist nicht gesund genug, um selbst den Stürzwage aus Chabarowsk sehen zu können, doch sie und die Familie Chidirow haben sich angefreundet. Sie besuchen nach wie vor Nina oft in ihrer Wohnung. Auch sie hören gerne die Geschichten über ihre Kindheit in Tobolsk, damals, als das Klavier von einer Landkarte bedeckt war. Das Klavier ist inzwischen ebenfalls restauriert worden. Im Winter 2018 organisierte Familie Chidirow einen Pianisten, der darauf spielte, und brachte dann Nina eine Aufnahme der Musik. »Manchmal kann ein alter Mensch nicht sterben, weil seine Seele Sehnsucht hat oder Schmerz empfindet über irgendetwas; er muss warten, bis etwas in seiner Geschichte sich vollendet«, schrieb meine Übersetzerin, als ich gerade die letzten Sätze an meinem Buch verfasste. »Ninas Seele ist ruhig. Sie hört gerne der Musik auf dem Stürzwage zu in dem Wissen, dass das Klavier jetzt bei einer großzügigen und ganz besonderen Familie ist in einem Haus voller Liebe.« In ihren letzten Tagen hört Nina wieder die Musik ihrer Kindheit.

Es ist eine Anmerkung wert, dass ich es nie weit genug in die russische Arktis schaffte, um Fridtjof Nansen zu folgen. Ich trieb einen Polarspezialisten auf, der mich in einem Hubschrauber in die Nähe der Gegend bringen konnte, wo ich hinwollte, auf die sibirische Inselgruppe Sewernaja Semlja. Allerdings wurde mein Ansuchen um eine Genehmigung vom FSB ein paar Wochen, bevor wir abreisen sollten, abschlägig beschieden. Etliche Gründe für eine Ablehnung wurden angeführt, im Besonderen das »Verbot der Sicherheitsbehörden im Spezialvisum für ausländische Bürger, die Grenzzone zu betreten«. Ich nehme an, die Behörden hatten den Glauben aufgegeben, ich wolle in diesem Äquivalent für den Weltraum ein Klavier suchen. Wie es sich herausstellte, stürzte der Hubschrauber, mit dem ich fliegen sollte, bei derselben Tour ab, die ich hätte buchen wollen.

Trotz meines Zusammenstoßes mit den Behörden im Altai erhielt ich am 9. August 2017 ein weiteres Jahresvisum für Schriftsteller, um meine Arbeit in Sibirien fortzusetzen. Das war für mich eine riesige Erleichterung. Dann kam am 29. November 2018 die Nachricht, dass das russische Außenministerium mein Ansuchen um ein drittes Jahr Arbeit abgelehnt hatte. Ich wollte unter anderem noch einige Lücken in meiner Reportage über Krasnojarsk füllen, eine bedeutende Stadt am Jenissei, wo George Kennan in den letzten Jahren des 19. Jahrhunderts einen der schönsten Salons in Russland besucht hatte, voller Gemälde bekannter europäischer Maler und natürlich mit einem Flügel.

Solche Nachrichten zu erhalten war, als hätte man herausgefunden, dass der Mensch, von dem man hingerissen ist, so unsympathisch ist, wie die Freunde alle vermutet haben. In meiner Reise hallte immer wieder ein »Ich hab's dir ja gesagt« wider, das ich nicht akzeptieren wollte. Es fühlte sich an, als würde ich faktisch aus einem Land der Ausgestoßenen ausgestoßen. Nachdem ich mich in Sibirien verliebt hatte, konnte ich nun nicht mehr dorthin. Etwas in mir fühlte sich ausgelaugt an. Aber ein weit größerer Teil von mir hatte das Gefühl, dass es trotz allem, was an Russland schwierig war, in seinen Extremen auch eine übermächtige Erlösung gab. Was dieses Land erlitten hat, ist schwer zu ermessen, und das allein im blutigen 20. Jahrhundert. Sibirien mag am Rand unserer

Aufmerksamkeit liegen. Es mag einige der trostlosesten Geschichten über menschliche Grausamkeit in sich bergen. Es mag zahlreiche Probleme geben, Wahrheit und Zeugenberichte zugänglich zu machen und das Ausmaß der verhängnisvollen Vergangenheit Russlands zu akzeptieren. Aber trotz allem ist Sibirien im tiefsten Grund lebensspendend, eine Urquelle von Kultur, Humanität und moralischem Mut am allerletzten Ort der Erde, wo ich solches zu finden erwartet hatte. Es hat sich mir durch die außergewöhnlichen Menschen enthüllt, die einer Fremden nicht nur ihre Klaviere öffneten, sondern auch ihre Heimstätten und ihre Herzen. Dieses Buch erinnert an ihre Freundlichkeit, aber vor allem an die Musik und die Erinnerungen, die sie mit mir teilten.

August 2019

Bilder von Michael Turek zu dieser Geschichte, Aufnahmen von Odgerel Sampilnorow und weitere Informationen zu dieser Suche auf www.lostpianosofsiberia.com

Kurzer historischer Abriss

1587   Gründung der westsibirischen Stadt Tobolsk. In den folgenden hundert Jahren entwickelt sie sich zum wichtigsten Zentrum für den Pelzhandel in Sibirien.

1639   Russen erreichen über Land durch Sibirien zum ersten Mal den Pazifik.

1700   Bartolomeo Cristofori, Instrumentenmacher am Hof eines Medici-Fürsten in Florenz, stellt eine neue Erfindung vor, die leise *(piano)* und laut *(forte)* spielen kann.

1703   Zar Peter der Große gründet Russlands neue Hauptstadt St. Petersburg nach dem Vorbild einer europäischen Stadt, was ihr den Beinamen »Venedig des Nordens« einträgt.

1730   Russland beginnt den Großen Sibirischen Trakt anzulegen, eine Überland-Handelsroute von Moskau nach China.

1741   Vitus Bering erreicht von Russland aus Alaska und dehnt das Kaiserreich damit auf das später so benannte »russische Amerika« aus.

1762   Katharina die Große wird Zarin aller Russen, nachdem ihr Gemahl Peter III. bei einem Palastputsch umgekommen ist.

1774   Katharina bestellt in London ein Klavier. In den nächsten drei Jahrzehnten gibt es rasche Weiterentwicklungen in der Technologie dieses Instruments.

1782   Wolfgang Amadeus Mozart und Muzio Clementi »duellieren« sich am Hof Kaiser Josephs II. in Wien. Beginn der Bauarbeiten am Schloss Pawlowsk, einem Zentrum der russischen Musikkultur im 19. Jahrhundert.

1784   John Broadwood in London baut jetzt mehr Klaviere als Cembalos.

1789   Die Französische Revolution, sie dauert bis 1799, destabilisiert die europäischen Monarchien – und erregt das Interesse russischer Liberaler.

1795   Beethoven komponiert die erste seiner 32 Sonaten und erfindet das Genre der Musik für Solo-Tasteninstrumente neu.

1796   Katharina die Große stirbt. Cembalo und Orgel treten in den Hintergrund, je mehr das Klavier an Beliebtheit gewinnt.

1801   Clementi veröffentlicht das erste Buch über die Kunst des Klavierspiels, *Clementi's Introduction to the Art of Playing on the Piano Forte.*

1812   Napoleon dringt mit seiner Armee in Russland ein. Die Schlacht von Borodino im September wird die bis zum ersten Tag der Somme-Schlacht 1916 blutigste an einem Tag ausgefochtene Schlacht der Geschichte. Napoleon gelingt es, Moskau einzunehmen, aber wegen des brutalen russischen Winters ist er rasch zum Rückzug gezwungen.

1821 Der französische Klavierbauer Sébastien Érard lässt die Repetitionsmechanik patentieren. Da es nun möglich ist, einen Ton schnell hintereinander anzuschlagen, ohne die Taste erneut ganz niederdrücken zu müssen, kommt es zu einer Explosion der Virtuosität.

1825 Der Dekabristenaufstand endet mit der Verbannung von mehr als hundert Angehörigen des hohen und niederen Adels nach Sibirien.

1830 Inzwischen ähnelt das Klavier dem modernen Instrument, wie es heute gespielt wird. Beginn der Romantik und des goldenen Zeitalters der Virtuosen. Im selben Jahr schlägt Russland den Novemberaufstand in Polen nieder; beinahe zwei Drittel der im nächsten Jahrzehnt wegen politischer Verstöße verbannten Polen gehören der kulturell gebildeten Adelsschicht an.

1842 Franz Liszt erlebt sein fulminantes Debüt in Russland.

1848 Der »Völkerfrühling« – die am weitesten verbreitete revolutionäre Bewegung in der Geschichte Europas – stürzt mehrere absolutistische Regime, nicht aber dasjenige in Russland.

1853 Eines der bedeutendsten Jahre in der Klavierindustrie: In New York wird Steinway & Sons gegründet, in Leipzig Blüthner, in Berlin Bechstein.

1855 Alexander II. wird Zar. Ein Jahr später gewährt er den Dekabristen Amnestie, Überlebende dürfen aus Sibirien ins westliche Russland zurückkehren.

1861 Zar Alexander II. schafft die Leibeigenschaft ab, vier Jahre vor dem Ende der Sklaverei in Amerika. Um diese Zeit erscheinen Dostojewskis *Aufzeichnungen aus einem Totenhause*, inspiriert von den vier Jahren, die er in den 1850ern im sibirischen Exil verbrachte.

1862 Eröffnung des St. Petersburger Konservatoriums, der ersten Schule, in der Musik als Beruf gelehrt wird.

1863 Der durch Russland niedergeschlagene Januaraufstand in Polen löst einen neuen Zustrom politischer Exilanten nach Sibirien aus.

1867 Russland verkauft für 7,2 Millionen Dollar Alaska an Amerika.

1872 Zarin Maria Alexandrowna erhält einen Steinway-Konzertflügel, Seriennummer 25000.

1877 Der Phonograph oder Plattenspieler wird erfunden; allerdings beginnt er erst ab den 1910er Jahren das Klavier als hauptsächliche Quelle von Musik in den Haushalten zu ersetzen.

1881 Zar Alexander II. wird in St. Petersburg von Anarchisten ermordet.

1891 Die Arbeiten an der Transsibirischen Eisenbahn beginnen.

1894 Nikolaus II. wird Zar. George Bernard Shaw erklärt: »Das Pianoforte ist das wichtigste aller Musikinstrumente; seine Erfindung war für die Musik, was die Erfindung des Buchdrucks für die Poesie.«

1896 Die amerikanische Klavierfabrikation befindet sich auf ihrem Höhepunkt.

1897 Lenin wird zusammen mit anderen Anführern des »Bundes für die Befreiung der Arbeiterklasse« für drei Jahre nach Sibirien verbannt. Seine hervorgehobene Stellung bedeutet, dass es ihm im Exil weit besser ergeht als seinen ärmeren Genossen.

1903 Josef Stalin wird zum ersten Mal nach Sibirien verbannt. Zwischen 1903 und 1913 wird er siebenmal verbannt, sechsmal gelingt ihm die Flucht.

1904 Die Transsibirische Eisenbahn wird eröffnet.

1905 Am »Blutsonntag« reagieren die zaristischen Behörden gewaltsam auf friedliche Proteste. Als Folge des Russisch-Japanischen Krieges verliert Russland die Süd-hälfte der Insel Sachalin.

1908 Henry Ford bringt das Modell T auf den Markt. Im Westen überholt das Auto bald das Klavier als Statussymbol.

1913 Zar Nikolaus II. feiert den 300. Jahrestag der Dynastie Romanow.

1914 Beginn des Ersten Weltkriegs. Deutschland und Österreich-Ungarn erklären Russland den Krieg.

1917 Februarrevolution. Zar Nikolaus II. dankt ab, die Zarenfamilie wird nach Sibirien gebracht. In der Oktoberrevolution kommt Lenin an die Macht. Beginn des Russi-schen Bürgerkriegs.

1918 Der Zar und seine Familie werden in Jekaterinburg ermordet. Lenin führt das sowjetische System der Zwangsarbeitslager ein.

1922 Wladiwostok fällt an die Rote Armee, der Russische Bürgerkrieg ist endgültig vorüber. Schamanismus, Animismus und Totemismus werden offiziell verboten.

1924 Lenin stirbt, Stalin folgt ihm nach; er wird einer der mächtigsten und blut-rünstigsten Diktatoren der Geschichte.

1929 In der UdSSR beginnt die »Entkulakisierung«, sie bedeutet das Ende des privaten Grundbesitzes und den Beginn einer weitverbreiteten Hungersnot.

1936 Beginn der großen Säuberungen durch Stalin.

1939 Im Zweiten Weltkrieg kommt die Klavierproduktion weltweit mehr oder minder zum Erliegen. Material und Arbeitskräfte sind knapp.

1942 Dmitri Schostakowitschs *Symphonie Nr. 7 in C-Dur* erlebt in Leningrad während der Belagerung durch die deutsche Wehrmacht ihre Erstaufführung.

1953 Die russische Klavierproduktion erhöht sich bis 1970 um das Zehnfache. Nikita Chruschtschow ist an der Macht, es ist die Zeit der »Entstalinisierung«.

1958 Der amerikanische Pianist Harvey Van Cliburn gewinnt den ersten Internatio-nalen Tschaikowsky-Wettbewerb in Moskau, ein Indiz für ein Tauwetter in den sowjetisch-amerikanischen Beziehungen.

1964 Leonid Breschnew kommt an die Macht. Ideologische Verhärtung setzt ein.

1969 Aus kleinen Anfängen ist Japan nun zu jener Nation geworden, die mehr Klaviere baut als jede andere.

1985 Michail Gorbatschow kommt an die Macht. Es beginnt die Perestroika, eine politische Bewegung zur Reform der Kommunistischen Partei der Sowjetunion, was 1991 zur Auflösung der UdSSR führt.

1986 Der russische Pianist Swjatoslaw Richter reist durch Sibirien. Vladimir Horowitz unternimmt eine Reise in seine alte Heimat, die Sowjetunion; er kommt mit seinem Konzertflügel von Steinway & Sons, Modell D.

1991 Die sowjetische Flagge mit Hammer und Sichel wird am Kreml eingezogen und durch die neue Trikolore der russischen Föderation ersetzt.

2000 Wladimir Putin gewinnt die Präsidentenwahlen.

2016 Die Suche nach den vergessenen Klavieren beginnt.

Ausgewählte Literatur

Aus den Anmerkungen ist klar ersichtlich, auf welche Bücher ich mich für weitergehende wissenschaftliche Information gestützt habe. Diese ausgewählte Bibliographie konzentriert sich auf das Literarische, Abenteuerliche und gelegentlich Exzentrische, Berichte aus erster Hand von früheren und gegenwärtigen Reisenden, die derzeit auf Englisch erhältlich sind (abgesehen von Walentina Tschemberdschi). Ich habe auch Belletristik sowie einige ausschlaggebende historische Texte aufgenommen, die an Sibirien interessierte Leserinnen und Leser als wesentlich betrachten könnten. Ebenfalls angeführt sind einige Texte zur Musik für all jene, die sich besonders für diese Seite der Geschichte interessieren, sowie eine kleine Auswahl relevanter Filme.

(Anm. d. Übers.: Nicht englischsprachige Literatur ist in ihrer deutschen Übersetzung angeführt, falls eine solche verfügbar ist.)

Valerian Albanov, *In the Land of White Death*. Übers. von Allison Anderson, London 2010.

Dmitri Alioshin, *Asian Odyssey*. New York 1940.

Anne Applebaum, *Gulag: A History*. London 2004 (dt.: *Der Gulag*. Übers. von Frank Wolf, Berlin 2003).

Wladimir Arsenjew, *Der Taigajäger Dersu Usala*. Übers. von Gisela Churs, Zürich 2003.

Avvakum, *The Life of the Archpriest Avvakum by Himself.* Übers. von Jane Harrison und Hope Mirrlees, London 1963.

Glynn R. Barratt, *Voices in Exile: The Decembrist Memoirs*. London 1974.

Daniel Beer, *The House of the Dead: Siberian Exile under the Tsars*. London 2016 (dt.: *Das Totenhaus. Sibirisches Exil unter den Zaren*. Übers. von Bernd Rullkötter, Frankfurt 2018).

Anthony Cross, *In the Lands of the Romanovs: An Annotated Bibliography of First-hand English-language Accounts of the Russian Empire (1613–1917)*. Cambridge 2014.

Galya Diment, Yuri Slezkine (Hg.), *Between Heaven and Hell: The Myth of Siberia in Russian Culture*. New York 1993.

Fjodor M. Dostojewski, *Aufzeichnungen aus einem toten Haus*. Übers. von Barbara Conrad. München 2020.

Orlando Figes, *Natasha's Dance*. London 2003 (dt.: *Nataschas Tanz. Eine Kulturgeschichte Russlands*. Übers. von Sabine Baumann und Bernd Rollkötter, Berlin 2003).

Ian Frazier, *Travels in Siberia*. New York 2010.

Andrew Gentes, *The Mass Deportation of Poles to Siberia, 1863–1880*. Basingstoke 2017.

Jewgenija Ginsburg, *Into the Whirlwind*. Übers. von Paul Stevenson und Manya Harari, London 2014 (dt. in zwei Bänden: *Marschroute eines Lebens*. Übers. von Swetlana Geier, Hamburg 1967, und *Gratwanderung*. Übers. von Nena Schawina, München – Zürich 1991).

V. D. Golubtschikowa, Z. I. Kwiataschwili (Hg.), *Practical Dictionary of Siberia and the North*. Moskau 2005.

Janet M. Hartley, *Siberia: A History of the People*. New Haven 2014.

Charles H. Hawes, *In the Uttermost East*. London – New York 1904.

A. J. Haywood, *Siberia: A Cultural History*. Oxford 2010.

Alexander Herzen, *Aus den Memoiren eines Russen*, Teil 1: *Im Staatsgefängniß und in Sibirien*. Hamburg 1855.

James Holman, *Travels through Russia, Siberia, Poland, Austria, Saxony, Prussia, Hanover, &C. &C. Undertaken during the Years 1822, 1823 and 1824, While Suffering from Total Blindness, and Comprising an Account of the Author Being Conducted a State Prisoner from the Eastern Parts of Siberia*. London 1825 (dt.: Ilija Trojanow und Susann Urban (Hg.), *Fühlend sehe ich die Welt. Die Aufzeichnungen des blinden Weltreisenden James Holman*. Übers. von Susann Urban, München 2010).

Jacek Hugo-Bader, *Kolyma Diaries*. London 2014.

W. Bruce Lincoln, *Conquest of a Continent: Siberia and the Russians*. Ithaca 2007.

Kate Marsden, *On Sledge and Horseback to Outcast Siberian Lepers*. London 1892.

James Meek, *The People's Act of Love*. Edinburgh 2005.

Fridtjof Nansen, *Sibirien, ein Zukunftsland*. Leipzig 1914.

James Palmer, *The Bloody White Baron*. New York 2011.

Sooyong Park, *The Great Soul of Siberia*. Übers. von Jamie Chang, London 2016.

Wassili Peskow, *Die Vergessenen der Taiga*. Übers. von Renate Janssen, Hamburg 1994.

Susanna Rabow-Edling, *Married to the Empire*. Fairbanks 2015.

Walentin Rasputin, *Siberia, Siberia*. Übers. von Margaret Winchell und Gerald Mikkelson, Evanston 1996.

Warlam Schalamow, *Schocktherapie. Kolyma-Geschichten*. Übers. von Thomas Reschke, Berlin 1990.

Alexander Solschenizyn, *Ein Tag im Leben des Iwan Denissowitsch*. Übers. von Wilhelm Löser, Theodor Friedrich, Ingeborg Hanelt und Eva-Maria Kunde, München 1969.

Richard Stites, *Serfdom, Society and the Arts in Imperial Russia*. New Haven – London 2005.

Willard Sunderland, *The Baron's Cloak*. Ithaca – London 2014.

Christine Sutherland, *The Princess of Siberia*. London 2001 (dt.: *Die Prinzessin von Sibirien*. Übers von Ilse Straßmann, Frankfurt 1988).

Sylvain Tesson, *In den Wäldern Sibiriens*. Übers. von Claudia Kalscheuer, München 2014.

Paul Theroux, *The Great Railway Bazaar*. London 1975 (dt.: *Basar auf Schienen: Eine Reise um die Welt*. Übers. von Werner Peterich und Christian Döring, Frankfurt 2015).

Colin Thubron, *In Siberia*. London 1999 (dt.: *Sibirien. Schlafende Erde, erwachendes Land*. Übers. von Hans-Ulrich Möhring, Stuttgart 2001).

Anton Tschechow, *Die Insel Sachalin*. Übers. von Gerhard Dick, Zürich 1976.

Walentina Tschemberdschi, *Eine Reise durch Sibirien*. Salzburg 1998.

Piers Vitebsky, *Reindeer People*. London 2005.

Stephanie Williams, *Olga's Story*. London 2005.

Christian Wolmar, *To the Edge of the World*. London 2014.

Alan Wood, *Russia's Frozen Frontier*. London 2011.

Musik

Cyril Ehrlich, *The Piano: A History*. Oxford 1990.

Marina Frolova-Walker, Jonathan Walker, *Russian Music and Nationalism from Glinka to Stalin*. New Haven – London 2007.

Marina Frolova-Walker, Jonathan Walker, *Music and Soviet Power 1917–1932*. Woodbridge 2012.

Amy Nelson, *Music for the Revolution: Musicians and Power in Early Soviet Russia*. University Park, Pennsylvania 2004.

James Parakilas, *Piano Roles: Three Hundred Years of Life with the Piano*. New Haven – London 1999.

Alex Ross, *The Rest is Noise*. London 2009.

Lynn M. Sargeant, *Harmony & Discord*. Oxford 2011.

Boris Schwarz, *Music and Musical Life in Soviet Russia 1917–1970*. London 1972.

Anthony Storr, *Music and the Mind*. London 1992.

Anne Swartz, *Piano Makers in Russia in the Nineteenth Century*. Bethlehem 2014.

Richard Taruskin, *Defining Russia Musically*. Princeton – Oxford 2000.

Alan Walker, *Franz Liszt*. Band I, II und III, Ithaca 1987, 1993, 1996.

Alan Walker, *Reflections on Liszt*. Ithaca – London 2011.

Filme

Dersu Usala (1975). Regie: Akira Kurosawa (dt.: *Usala der Kirgise*).

Happy People: Ein Jahr in der Taiga (2010). Regie: Werner Herzog und Dmitry Vasyukov.

Sibiriade (1979). Regie: Andrei Michalkow-Kontschalowski.

Dank

Die zahlreichen Menschen, die mir in Russland und der Mongolei behilflich waren, sind im Buch selbst erwähnt. Ich habe keine Namen geändert. Mein Dank im Folgenden gilt jenen Menschen, die im Haupttext nicht explizit vorkommen oder die hinter den Kulissen geholfen haben. Weitere Informationen finden sich in den Quellenangaben und der ausgewählten Literatur. Alle Fehler sind leider die meinen.

Ich bin etlichen Sachlektorinnen und -lektoren zu Dank verpflichtet: Tim Buchen, Juniorprofessor für Geschichte an der Technischen Universität Dresden, für seine Auskünfte zu den russisch-polnischen Beziehungen; Ariane Galy, Spezialistin für Sowjetgeschichte und Gründerin von History Box; Darya Hoare für ihren Beitrag zum Kapitel über den letzten Zaren und für ihre professionelle Übersetzung diverser russischer Texte; John McCannon, Associate Professor für Geschichte an der Southern New Hampshire University, für seine Auskünfte über Kunst und Geschichte, sowie Wladimir Orlow, Associate Professor der Musikwissenschaft an der Staatlichen Universität St. Petersburg, für seine Expertise in russischer Musik und noch viel, viel mehr. Ein Dank geht auch an Catherine Gerasimov für ihre Freundschaft unterwegs in Kolyma und für ihre Anmerkungen zu kulturellen Nuancen im modernen Russland.

Für ihre Hilfe in Sachen Klaviertechnologie bin ich Brian Kemble, dem englischen Klavierbauer (Kemble Pianos) und vor kurzem in Pension gegangenen Geschäftsführer der österreichischen Klavierfabrik Bösendorfer, unendlich dankbar; ebenso David Kirkland und Anthony Gilroy bei Steinway & Sons und dem Klavierstimmer Benjamin Treuhaft, der im Lauf seiner Karriere einmal gebrauchte Klaviere aus den USA nach Kuba brachte. Ich verbrachte einen wunderbaren Vormittag in Benjamins Haus in Coventry, wo er mir in seiner Garage die Grundlagen des Klavierstimmens zeigte. Jahre zuvor hatte ich für seine Mutter Jessica Mitford gearbeitet; es brauchte mehr als zwanzig Jahre, bis ich ihren Rat befolgte, ein Buch zu schreiben. Und einen anderen Freund, den verstorbenen Mark Shand, der mir den entscheidenden Anstoß und die Chuzpe vermittelte, es zu tun. Dieses Buch ist das Produkt ihres Mutmachens.

Danke auch den Wissenschaftlerinnen und Wisssenschaftlern bei Memorial in Moskau, den Archivmitarbeiterinnen und -mitarbeitern bei C. Bechstein in Berlin und der C. F. Theodore Steinway Academy in Hamburg für ihre Hilfe dabei, Kostja Lomatschenko einen Ausbildungsplatz in einem Steinway-Ausbildungskurs zu verschaffen, den er im November 2019 erfolgreich abgeschlossen hat.

Ich bin einer Reihe von Lokalhistorikerinnen und -historikern zu Dank verpflichtet, von denen ich einige getroffen habe; bei anderen habe ich mich stark aus ihrer detaillierten Forschung bedient: Dan Ben-Canaan, Experte über die jüdische Geschichte und Diaspora in Harbin; Anastasia Blisnjuk, die mir behilflich war, Berichte über Akademgorodok zusammenzutragen; Wassili Chanewitsch, der das Leben der Polen in Tomsk nachzeichnete; Ljudmila Lipatowa, Journalistin und Historikerin aus Salechard, die ausführlich über die Polarkreis-Eisenbahn 501 geschrieben hat; Anatoli Salejew für sein Wissen über die Klavierkultur in Tomsk; Tamara Stalewa, eine Autorität zu Pjotr Makuschin; Stanislaw Wawilow, Musikhistoriker in Tomsk, und Lilija Zjedenowa im Museum für Regionalgeschichte in Kjachta. Ihre Bücher und Broschüren sind in den Quellenangaben aufgeführt. Nicht angeführt ist die Zeit, die sie so großzügig zur Verfügung stellten.

In Sachen Unterweisung in Naturkunde geht ein Dank an Chris Collins für seine Kenntnisse über russische Ornithologie; Dale Miquelle, Direktor des russischen Programms der Wildlife Conservation Society und Koordinator von dessen Tigerprogramm, und Rodney Russ, Gründer von Heritage Expedition und Strannik Ocean Voyages.

Für die Polnisch-Transliteration geht ein Dank an Zuzanna Dyrkacz. Neben meiner wichtigsten Übersetzerin und Rechercheurin Elena Wojtenko waren mir noch Ruslan Afinschakow in Chabarowsk, Gabriela Anderson in Jamal, Maria Schilowa in Moskau, Julia Lytschewa in Kolyma und Wladiwostok und Arsenij Jeremejew und Nadeschda Jeremjewa in Irkutsk behilflich; sie alle haben mir mit ihren unermüdlichen Recherchefähigkeiten viel mehr Türen geöffnet, als ich zu hoffen gewagt hatte.

Unter den historischen Fotografien in diesem Buch befinden sich zahlreiche private Erbstücke, die Leuten gehören, welche ich unterwegs kennengelernt habe. Danke auch an Katie Neame und Oliver Grant für ihre Arbeit bei der Einholung von Bildrechten und Copyrights.

Für ihren Beistand bei der Reiselogistik geht ein Dank an Richard Mitchelson bei AKE International für seinen Rat zu Sicherheit und Training: John Birch bei Benmar Visa Agency; Rick Fancett bei Air Deal; Will Bolsover bei Natural World Safaris; Wjatscheslaw Dmitriew bei Baigal Travel; Douglas Grimes und Wladimir Kwaschnin bei MIR Corporation für ihre fortwährende Unterstützung, ihre Professionalität und großzügige Hilfe bei Kontakten (darunter der Glöckner in Irkutsk und der Priester der Altgläubigen); Martha Madsden bei Explore Kamchatka; meine persönliche Assistentin Laura O'Sullivan; Boris Golodets, Xenia Lukjanowa und Michael Sadowski bei Intrepid Travel; Undraa Buyannemekh, Anand Munkhuu und Jalsa Urubshurow bei Nomadic Expeditions in der Mongolei; Guy Rubin bei Imperial Tours in China; Simon Cockerell bei Koryo Group. Und das Personal im Hotel Four Seasons in St. Petersburg und im Ritz-Carlton, Moskau, das mir Raum für Arbeit und Interviews zur Verfügung stellte.

Ich möchte den folgenden Personen für ihre Hilfe in den jeweiligen Regionen danken. In Akademgorodok: Alexander Kandyba, Maxim Koslikin, Alexander Stepanow und Natalia Timofejewa. In der Baikal-Region: Wjatscheslaw Dmitriew, Xenia Drosdowa, Igor Gerasimow, Andrei und Ljudmila Schelkownikow, Wladimir Schewtschenko und Tatjana Starowa. In Barnaul und im Altai: Viktor Babuschkin, Igor Dmitriew, Grigori Dolgitsch, Gennadi Ignatow, Viktor Schwetsow und Nikolai Schiba. Auf den Kommandeurinseln:

Sergei Pasenjuk und Maria Woschikowa. In Jekaterinburg: Nikolai Neuimin, Vitali Schi-tow und Sergei Skrobow. In Harbin: Sergei Juremin. In Kamtschatka: Viktor Beljajew, Ki-rill Kiselew, Igor Sesterow, Wladimir Wjatkin, Viktor Sacharin und Stanislav Swerew. In Chabarowsk: meinen aufrichtigen Dank an den Klavierstimmer Wladimir Gordejtschik; an die Familie Chidirow für ihre grenzenlose Gastlichkeit und Freundschaft; Natalia Ki-rilenko und Irina Schdanowa-Kamenska; die Fernsehjournalistin Anna Roschkowskaja; Natalia Scheremet bei Guberniya Media. In Chanty-Mansijsk und der Region Numto: Alexander Beresin, Wassili Jarema, Ljudmila Matvejewa, Alsu Nasymowa, Waleri Pyak und seine Verwandtschaft sowie Natalia Vylla. In Kjachta: Marina Tschagdurowa, Alexan-der Kuskin, Vater Oleg und Natalia Parnjakowa. In Moskau: Nadja Jeremejewa und Anna Koschetkowa. In der Mongolei: danke an alle, die meiner Familie das Orchon-Tal wie eine zweite Heimat erscheinen ließen, vor allem Enkhtsetseg Sanjaadorj und ihre drei Kinder Ich Tenger, D'Artagnan und Kristina-Alegra, sowie Amarzaya Bayarmandakh, Batzaya Bodikhuu, Mendbayar Bold, Enkhdul Jumdaan, Ang Tshering Lama, Dawa Sherpa und Mingma Sherpa. In Nowosibirsk: Nina Golownewa, Natalia Kochergina, Leonid Kolesni-kow, Marina Monachowa, Elena Schukina, Tatjana Sibirzewa und Viktor Titow. Auf Sachalin: Walentin Lekus und Rimma Nowokreschtschenzewa. In St. Petersburg: Tama-ra Dubko; in Schloss Pawlowsk Alexej Gusanow und Natalia Kulina, die sich in die Archive vertieft haben, um für mich die sibirische Geschichte von Katharinas Zumpe-Klavier zu erkunden. In Tobolsk: Lubow Schuchkowa und Pawel Sidorow. In Tomsk: Alexander Adam und Wassili Chanewitsch. In Tjumen: Natalia Fedorowna, Alexander Schischkin und Larisa Tjurina. In Ulan-Ude: Olga Schaplanowa. In Wladiwostok: Juri Schibnew.

Verschiedene Verwandte und Freunde hatten endlose Entwürfe auszuhalten. Danke vor allem meinem Vater Jonathan Roberts für sein geduldiges und umsichtiges Lektorat; meiner Mutter Anne Roberts und meinen Schwestern Amy und Flora Roberts. Nicholas Chan hatte mehr Einfluss auf das Buch, als ihm je klar sein wird. Danke auch an Alice Daunt, Ben Elliot Christie Lear, Olivia Lee, Ben Parker und Justin Wateridge. Viele, vie-le Freundinnen und Freunde haben sich als geduldige Resonanzböden und wichtige Unterstützerinnen und Unterstützer erwiesen: Susie Bain, Alex Baldock, Max Baldock, Caroline Barnes, Horatio Clare, Rachel Cobb, Nikki Cooper, Sheila Donnelly, Catherine Fairweather, Liz Fisher, E-Len Fu, Martin Hartley, Derek Henderson, William Jones, Ken Kochey, Sarah Laird, Kerry de Lanoy Meijer, James McBride, Rosanna Menza, Polly Mor-land, Martha North, Christina Ong, Melissa Ong, Willie Roberts (+), Bels Silcox, James Verner und Janie Woolfenden. Ein Dank geht auch an Orlando Figes, Marina Frolova-Wal-ker, Inna Krause, Chantel Tattoli und Benjamin Wegg-Prosser für einige ausschlaggeben-de Kontakte.

Verschiedene Zeitschriften- und Zeitungsredakteurinnen und -redakteure – unter ih-nen Pilar Guzman und Alex Postman – haben immer Unterstützung geboten und Ver-spätungen bei den Abgabeterminen toleriert. Danke an Pilar, die Geschichten über Kam-tschatka und den Baikalsee übernommen hat; beide wurden im *Condé Nast Traveller* ver-öffentlicht. Ich möchte besonders Tom Robbins danken, meinem Redakteur im Ressort

»Life & Arts« bei der *Financial Times*, der den Artikel über den sibirischen Tiger in Auftrag gab (eine Version davon spielt in diesem Buch eine wichtige Rolle), ebenso Geschichten aus Jamal und über eine Reise nach Harbin, worauf in den Quellenangaben hingewiesen wird.

Dafür, dass dieses Projekt über die Ziellinie ging, gebührt herzlicher Dank: dem Chefklavierstimmer der Philharmoniker von Nowosibirsk, Wladimir Birjukow; Waleri Krawtschenko in Kamtschatka für seine stete Ermutigung und Stanislaw Dobrowolsky für seinen professionellen Beistand und seine Zeit, die er großzügig zur Verfügung stellte; meiner Agentin Sophie Lambert und ihren Kolleginnen und Kollegen in der Agentur C&W, darunter Jake Smith Bosanquet, Kate Burton, Alexander Cochran, Emma Finn, Meredith Ford und Dorcas Rogers; Simon Hartley; Michael Brown; Jane Phillips; Michael Turek für seine Freundschaft unterwegs; Dušan Sekulović für seine Bearbeitung des Videos; meinem Verleger in den USA, Morgan Entrekin bei Grove Atlantic (ohne seine Überzeugtheit in einem frühen Stadium wäre dieses Buch nicht entstanden), sowie den Lektorinnen Brenna McDuffie und Sara Vitale; in Großbritannien meiner brillanten Lektorin Andrea Henry, die mich bei Laune und die Räder am Laufen hielt, Doug Young und allen seine Kolleginnen und Kollegen bei Transworld: Tim Bainbrige, Emma Burton, Sarah Day, Phil Evans, Phil Lord, Sharika Teelwah, Jo Thompson, Viv Thomson, Katrina Whone und Sally Wray.

Vor allem aber möchte ich Sam Fry und Serena Strang danken, die zwei lange Jahre lang mit unermüdlicher Liebenswürdigkeit und Enthusiasmus recherchierten und Faktenchecks durchführten – alle Fehler in diesem Text sind ausschließlich die meinen, ohne Serena und Sam aber wären es viel mehr gewesen. Und meinem Ehemann John. Ich bin so glücklich, einen Mann zu haben, der denkt, eine Klaviersuche in Sibirien sei nicht nur eine plausible Art, sein Geld zu verdienen, sondern auch eine interessante. Danke, dass du meine langen Abwesenheiten, meine endlosen Ängste hingenommen hast und öfter als einmal mit unseren Kindern zu mir nach Sibirien gekommen bist.

Anmerkungen

Vorbemerkung

1 GULAG (Gulag) ist ein Akronym für die Hauptverwaltung der Lager, auf Russisch *Glawnoje e uprawlenije isprawitelno-trudowych lagerej i kolonij*; heute wird es meist als Substantiv für das gesamte schreckliche System der sowjetischen Strafarbeit verwendet.

2 Zum Zeitpunkt des Erscheinens dieses Buches (2020).

3 Daten zum zaristischen Verbannungssystem aus Daniel Beer, *The House of the Dead.* London 2016; Anne Applebaums mit dem Pulitzer-Preis ausgezeichnetes Buch *Gulag: A History* (dt.: *Der Gulag.* Übers. von Frank Wolf, Berlin 2003) bringt nur am Rande Zahlenangaben zu den Todesopfern. Beide Bücher sind ausschlaggebend für ein Verständnis der Statistiken, in beiden wird auf die Unverlässlichkeit jeder endgültigen Zahl hingewiesen.

TEIL EINS: Pianomanie

1 Musik in einem schlafenden Land: *Sibir*

1 Die Uhr, eingeschlossen in einen schützenden Glaskasten, ist in der Eremitage in St. Petersburg noch zu besichtigen. Die meiste Zeit der Woche sitzen die Vögel still, doch jeden Mittwoch wird die zweihundert Jahre alte Mechanik behutsam aufgezogen, um den Besuchern einen Blick auf das Schauspiel zu ermöglichen, das die Zarin entzückte.

2 Man nimmt an, dass am Ende ihrer Regierung gut mehr als die Hälfte der Bevölkerung des russischen Kaiserreichs eine Sklavenklasse geworden war, in jeder Hinsicht so unterjocht wie die Negersklaven Amerikas.« A. N. Wilson, *Tolstoy.* London 1988.

3 »Polnisch« ist eine Vereinfachung für die kulturellen Nuancen jener Zeit, wird aber allgemein verwendet, um die verschiedenen Ethnien – unter anderem Polen, Litauer, Weißrussen – zu bezeichnen, die sich im 18. und 19. Jahrhundert dieselbe, sich ständig verändernde Region an der Westgrenze Russlands teilten.

4 Für die meisten nichtrussischen LeserInnen wird das verwirrenderweise die Ostfront sein, an der die Alliierten mit den Deutschen um die Kontrolle über Osteuropa kämpften. Für die Sowjetunion jedoch war es definitiv die Westfront. Die sowjetische

Ostfront zentrierte sich 1945 um die Invasion der von den Japanern gehaltenen Mandschurei.

2 Spuren im Schnee: Chabarowsk

1 Der zeitgenössische amerikanische Autor Ian Frazier erzählt eine Geschichte über Westeuropäer nach, die den Zaren mit der Vorstellung schmeichelten, ihr Territorium sei größer als die Oberfläche des Vollmonds. Es machte nichts, dass dies potenziell nicht der Wahrheit entsprach: »Zu sagen, Russland sei größer als der Vollmond, klang eindrucksvoll und tönte nach Poesie, und aus Poesie entstehen Imperien.« Das ist einer meiner liebsten Sätze, die je über Sibirien geschrieben wurden, eine Zeile, die zur Kraft der großen sibirischen Mythen spricht. *Travels in Siberia*, New York 2010.
2 Zwei von Remesows Landkarten sind auf den Vorsatzseiten des Buches abgedruckt.

3 Sibirien wird »zivilisiert«: von St. Petersburg bis zum Pazifik

1 Das russische Amerika existierte von 1733 bis 1867; danach wurde es für mickrige 7,2 Millionen Dollar an die USA verkauft.
2 Es wurde zur Bibel während meiner Suche, ein Buch, das ich drei Jahre lang immer zur Hand hatte: Anne Swartz, *Piano Makers in Russia in the Nineteenth Century*. Bethlehem 2014.

4 Das Paris von Sibirien: Irkutsk

1 Er dauerte von 1979 bis 1989 und sollte der Unterstützung der kommunistischen Regierung Afghanistans dienen.
2 Unter den Ausnahmen war Nikolai Turgenjew, der Onkel des Romanciers Iwan Turgenjew; er war am Tag des Aufstands außer Landes und kehrte nie mehr zurück, um sich nicht dem Zorn des Zaren auszusetzen.
3 Die Bezeichnung stammt von Puschkin. Angeblich verliebte er sich in Maria, die damals fast noch ein Kind war, als er mit ihrer Familie auf der Krim die Ferien verbrachte.
4 Die Liebesgeschichte der Wolkonskis war nicht vollkommen. Manche Historiker vermuten, Marias zwei Kinder seien Sprösslinge ihrer langen Affäre mit Sergeis Freund, ebenfalls Dekabrist, dem charismatischen Alessandro Poggio, der zusammen mit Marias Mann den Gemüsegarten der Häftlinge betreute.
5 Wegen seiner noblen Herkunft wurde das Lichtenthal-Klavier in den Neunzigern aus Irkutsk nach St. Petersburg zum Restaurieren geschickt. Der damalige Museumsdirektor organisierte den Transport mittels Militärflugzeug zum Restaurateur Juri Borisow, einem Mann, den ich kennenlernte, genannt »Der letzte Mohikaner«; er war noch von einem der ursprünglichen Meister aus der Zeit vor der Revolution in der Klavierfabrik Becker ausgebildet worden.
6 Johann Sebastian Bachs Chaconne ist der letzte Satz seiner Partita Nr. 2 in d-Moll und für Violine gesetzt. Der italienische Komponist Ferruccio Busoni transkribierte sie 1891/92 für Klavier.

1 Awwakum, ein religiöser Eiferer mit literarischen Neigungen, fand im Exil Zeit, einen der frühesten Reiseberichte über Sibirien zu verfassen. Sein Buch beschreibt den Baikalsee, mit so vielen Schwänen bedeckt, dass sie wie Schnee wirkten, und so hohen Felsklippen, dass man sich beim Emporblicken den Hals verrenkte. Awwakum, *Das Leben des Erzpriesters Awwakum, von ihm selbst erzählt*. Göttingen 1965.

2 Joseph Conrads Kurzgeschichte *Prinz Roman* – wiederveröffentlicht in Joseph Conrad, *Tales of Hearsay*, New York 1925 (dt.: Joseph Conrad, *Geschichten vom Hörensagen*. Übers. von Fritz Lorch, Frankfurt 1983) – berichtet von der Jugend des Autors, als er den alternden Fürsten Roman Sanguszko kennenlernt, der sein Exil in Sibirien dreißig Jahre zuvor überlebt hat. Conrad beschreibt Sanguszko als jemanden, »der als Mensch herausragte unter allen Menschen, die tiefen Empfindens, festen Glaubens glühender Liebe fähig sind«.

3 Chopin führte ein Wanderleben, er reiste weit in Europa herum. 1838 verbrachte er den Winter in Mallorca, wo er seine »24 Préludes« auf dem vielleicht berühmtesten aller vergessenen Klaviere vollendete. Das Klavier wurde siebzig Jahre später von der polnischen Cembalistin und Chopin-Bewunderin Wanda Landowska wiederentdeckt, dann aber von den Nazis beschlagnahmt und ging neuerlich verloren. Die ganze Geschichte hat Paul Kildea in *Chopin's Piano*, London 2018, erzählt.

4 Die Zahl der im 19. Jahrhundert nach Sibirien verbannten Polen variiert je nachdem, wo die Chronisten die Grenze des Ural zogen, auch nach anderen Faktoren, etwa der Unzuverlässigkeit der zaristischen Aufzeichnungen. In *The Mass Deportation of Poles to Siberia 1863–1880*, Basingstoke 2017, hat der Historiker Andrew Gentes folgende Annahme geäußert: »Die Massendeportation der Polen zwischen 1863 und den 1880er Jahren war vielleicht die größte erzwungene Migration von Europäern vor dem Ersten Weltkrieg. Sie resultierte in Tausenden und Abertausenden persönlichen Tragödien, von denen nur ein kleiner Prozentsatz jemals dokumentiert wurde.«

5 Polonaise in es-Moll, op. 26, Nr. 2.

6 Es gab unter den Sträflingen, die aufgegriffen und in dasselbe Gefängnis zurückgeschleppt wurden, dem sie entkommen waren, die Tradition, den Namen »Brodjaga« anzunehmen, so viel wie »Landstreicher, Vagabund«. Die Gefängnissitten sahen vor, dass nicht nur die Mithäftlinge, sondern auch die Wachen den wahren Namen des Rückkehrers nicht mehr aussprechen durften. Falls sie ihn verrieten, so konnten sie laut dem russischen Journalisten Wlas Doroschewitsch umgebracht werden. *Russia's Penal Colony in the Far East: A Translation of Vlas Doroshevich's »Sakhalin«*, London – New York 2011.

7 Erst in hundert Jahren zuhause: die Insel Sachalin

1 Girew befand sich in dem Suchtrupp, der den toten Entdecker fand. Sein Lieblingshund Osman verbrachte den Rest seines Lebens in einem neuseeländischen Zoo. *Free Lance*, August 1916.

2 Nach der Niederlage Japans im Zweiten Weltkrieg, als es seine Kontrolle über Sacha-

lin an die UdSSR abtreten musste, begann der Repatriierungsprozess aus Süd-Sachalin, das seit 1905 unter japanischer Herrschaft gestanden war. Etwa 400 000 Menschen verließen die Insel. Die Japaner, die blieben, waren als »Bleiber« oder »Nichtheimkehrer« bekannt. Taisho Nakayama, »Japanese Society on Karafuto«, in: Swetlana Paichadze und Philip A. Seaton (Hg.), *Voices from the Shifting Russo-Japanese Border*. London – New York 2015.

TEIL ZWEI: Zerrissene Saiten

8 Das Klavier des letzten Zaren: der Ural

1 Der britische Historiker Orlando Figes erzählt die kuriose Geschichte, wie Rasputins einbalsamierter Leichnam, der ursprünglich auf dem Gelände der Residenz Zarskoje Selo außerhalb von St. Petersburg beerdigt war, nach der Revolution ausgegraben, in einem alten Klavier weggetragen und in einen Wald geschafft wurde, wo Soldaten ihn verbrannten. In: *Die Tragödie eines Volkes. Die Epoche der russischen Revolution 1891–1924*. Berlin 1998.

2 Viele Musiker unterstützten die Bolschewiken, nur um ihre Entscheidung später zu bereuen. Der futuristische Komponist Arthur Lourié blieb und wandte sich voller Hoffnung der Sache der Revolution zu; 1918 wurde er Chef der Musikabteilung des Volkskommissariats für Aufklärung. Nach einem Besuch in Berlin 1922 kehrte er aber nicht mehr zurück. Prokofjew wiederum kam 1936 für immer nach Russland zurück.

3 Während der Belagerung von Leningrad bildeten Katzen eine Lebensmittelquelle für die verhungernde Bevölkerung. Die Katzen der Eremitage allerdings wurden verschont, um die Schätze des Museums vor einer Mäuseplage zu bewahren.

4 Der Name Ganina Jama bedeutet Ganjas Grube und bezieht sich auf eine nach ihrem Besitzer Ganja benannte Bergwerksgrube.

5 Aus meinem letzten Briefwechsel mit einem Sprecher der russisch-orthodoxen Kirche im März 2019: »Die Kirche ist bereit, auf die Resultate zu warten, falls welche ans Tageslicht kommen. Für uns ist es das Wichtigste, dass diese Resultate von allen akzeptiert werden, damit sie nicht die orthodoxen Gläubigen spalten in jene, die die Überreste anerkennen, und jene, die das nicht tun.«

9 Das Ende von allem: das Altai-Gebirge

1 Ihre Produktion des *Sacre du Printemps*, die 1913 in Paris mit Roerichs Bühnenbildern Premiere hatte, galt als skandalös avantgardistisch. Sie erregte Tumulte, und Gerüchte gingen um, die Polizei sei geholt worden, um zu verhindern, dass Gegenstände aus dem Zuschauerraum auf die Bühne geworfen wurden.

10 Das Moskau des Ostens: Harbin

1 Im Nicholas-Roerich-Museum in Nowosibirsk.

2 »Sie haben mich einmal gefragt«, sagte O'Brien, »was in Zimmer 101 wäre. Ich sagte

Ihnen, Sie würden die Antwort bereits kennen. Jeder kennt sie. In Zimmer 101 erwartet einen das Schrecklichste von der Welt.« (...) »Das Schrecklichste von der Welt«, sagte O'Brien, »variiert natürlich von Person zu Person. Es kann das Lebendigbegraben-Werden sein oder der Tod durch Feuer, durch Ertrinken, durch Pfählung oder fünfzig andere Todesarten. Es gibt Fälle, da ist es etwas ganz Triviales, nicht einmal Tödliches.« George Orwell, *1984*. Übers. von Michael Walter, Berlin 1994.

11 Beethoven in einem *Roten Tschum:* die Jamal-Halbinsel

1 Das ist ein bis heute ungelöster Kriminalfall, der die Historiker spaltet. Es hat immer Spekulationen gegeben, Stalin selbst habe die Attacke auf Kirow angeordnet und dadurch einen Grund geschaffen, jeden nur möglichen »Staatsfeind« unschädlich zu machen.

12 Musik im Archipel Gulag: Kolyma

1 Der britische Historiker Robert Conquest untersuchte im Detail die Anwesenheit der Spanier in Kolyma; um die fünftausend Kleinkinder waren zunächst als »humanitäre Geste« in die UdSSR gebracht worden, kamen dann in Waisenhäuser und glitten später in die Kriminalität ab. *Kolyma*. London 1978.

2 Kosins Wohnung ist jetzt ein kleines Museum in der Uliza Schkolnaja 1 in Magadan.

3 Mitten in Sibirien, weit weg von jedem milderen ozeanischen Klima, befindet sich die bitterkalte Diamantenstadt Mirny. Als ich im Sommer 2016 dort war, blieb ich an einer Kreuzung im Stadtzentrum stehen. An einer Ecke stand eine jüngst errichtete Statue von Josef Stalin, an der zweiten eine russisch-orthodoxe Kirche mit einem Bild des letzten Zaren samt goldenem Heiligenschein. An der dritten hingen Flaggen, die für Präsident Wladimir Putins Partei »Einiges Russland« warben. Und nahe an der vierten Ecke oder ungefähr dort stand eine Kunstschule für Kinder, mit zahlreichen modernen Flügeln, teilweise bezahlt von der Diamant-Bergbaugesellschaft, die vielen Einwohnern Mirnys Arbeit gibt. Hier zu stehen fühlte sich an wie im Auge eines Taifuns: Wie können Putin, Stalin, der letzte Zar und das Big Business auf diese Art koexistieren, als wären Vergangenheit und Zukunft in Harmonie? Das Zusammentreffen schien mir verwirrend und wurde noch unheimlicher durch die Musik, die in jeder Straße aus Lautsprechern dröhnte.

13 Das sibirische Kolosseum: Nowosibirsk

1 Das Clementi-Pianino gehört zu den bedeutendsten der vergessenen Klaviere Russlands. Möglicherweise wurde es von den Deutschen oder Spaniern geraubt; beide hatten Einheiten im Schloss Pawlowsk untergebracht, wo es zuletzt gesehen wurde.

2 Etliche Schätze aus der Eremitage wurden während des Krieges zur Sicherheit im Keller des Ipatjew-Hauses verwahrt, eine Ironie angesichts der Tatsache, dass so viele der Objekte der Zarenfamilie gehört hatten, die in dessen Keller ermordet worden war.

3 Nach einem langwierigen Rechtsstreit in den 1970er Jahren wurde der Firma Grotrian-Steinweg untersagt, die Verbindung zur Familie Steinway auf dem ameri-

kanischen Markt kenntlich zu machen. Im Export nach Nordamerika ließ Grotrian-
Steinweg also den zweiten Namen weg; die Marke heißt dort nur Grotrian.

4 Da die Tinte verschmiert ist, ist der Nachname nicht genau zu entziffern.

14 Veras Mühlbach: Akademgorodok

1 Galitsch wurde im Juni 1974 mehr oder minder aus der Sowjetunion vertrieben.
Einige Jahre danach wurde er in Paris tot aufgefunden, er hatte einen Stromschlag
erhalten, als er ein neues Tonbandgerät anstecken wollte. Seine Geschichte wird
erzählt in: Alexander Galich, *Songs and Poems*. Übers. von Gerald Stanton Smith,
Ann Arbor 1983.

TEIL DREI: Wer weiß, wo

15 Ein Spiel mit Risiko: Kamtschatka

1 Seit 1964 gab es nur ein einziges Plattenlabel in der Sowjetunion, Melodija.
Ausländische Musik wurde strikt reguliert.

16 Das letzte Klavier Sibiriens: von den Kommandeurinseln auf die Kurilen

1 Anne Swartz, *Piano Makers in Russia in the Nineteenth Century*, Bethlehem 2014.

2 Eines der interessantesten Resultate war das Erard-Klavier aus Tobolsk, Seriennummer 75796, beschädigt am 22. März 1988 durch eine geplatzte Heißwasserleitung.
Es ließ sich auf einen Käufer aus Polen zurückführen, der es 1896 erworben hatte.

3 Unwissentlich half Steller auch, den Untergang der Manatis zu beschleunigen. Nur
27 Jahre nach seiner Entdeckung wurden diese zahnlosen Riesen, die friedlich nahe an
der Küste grasten, »halb schwimmend, halb gehend«, von anlandenden Pelzjägern, die
es auf eine leicht zugängliche Nahrungsquelle abgesehen hatten, ausgelöscht.

4 1931 wurden die großen amerikanischen Flieger Charles und Anne Lindbergh in
ihrem Wasserflugzeug von einem japanischen Schiff nach Simuschir geschleppt,
nachdem sie auf dem Flug von New York nach Nanking eine unangekündigte Lan-
dung vollführt hatten.

Epilog: Das Orchon-Tal

1 Der britische Anthropologe Charles Hawes machte eine ähnliche Erfahrung, als er
um die Jahrhundertwende von den russischen Behörden auf Sachalin zur Befragung
einbestellt wurde. Wie ich war er umsichtig gewesen. Wie ich war auch er überrascht
von der Eloquenz seines Befragers: »Ein hochgebildeter Mann, neben seiner Muttersprache beherrschte er Englisch, Französisch und Deutsch, und in der englischen
Literatur war er erstaunlich beschlagen.« Charles H. Hawes, *In the Uttermost East*.
London – New York 1904.

Bildnachweis

1 Musik in einem schlafenden Land: *Sibir*

Seite 32: Liszt spielt vor einer Menge in Berlin, 1842. Zeichnung von Adolf Brennglass. Three Lions/Hulton Archive/Getty Images. **Seite 35:** Russische Familie mit ihrem Klavier. The Print Collector/Alamy Stock Photo. **Seite 37:** Becker-Klaviere bei der Pariser Weltausstellung. Aus *L'Illustration, Journal Universel*, 1848, Band LXXII, 27. Juli 1878 / Getty Images. **Seite 43:** Odgerel Sampilnorows Vorfahren. Mit freundlicher Genehmigung von Odgerel Sampilnorow. **Seite 43:** Odgerel Sampilnorows Vorfahren. Mit freundlicher Genehmigung von Odgerel Sampilnorow.

2 Spuren im Schnee: Chabarowsk

Seite 51: Der Nomadenjäger Dersu Usala. Fine Art Images/Heritage Image Partnership Ltd/Alamy Stock Photo. **Seite 53:** Einheimischer sibirischer Pelzjäger. Aus: Eberhard Isbrant Ides, *Three Years Travels from Moscow over-land to China*, London 1706. Science & Society Picture Library/Getty Images.

3 Sibirien wird »zivilisiert«: von St. Petersburg bis zum Pazifik

Seite 67: Katharina die Große hört Giovanni Paisiello beim Spielen zu. Edoardo Matania, »Giovanni Paisiello und Katharina die Große«. *L'Illustrazione Italiana*, Nr. 39, September 1881. DEA/BIBLIOTECA AMBROSIANA/De Agostini/Getty Images.

4 Das Paris von Sibirien: Irkutsk

Seite 76: Reisen auf Eis in Sibirien, wie Pater Philippe Anvil es beschrieb. John Bell, *A Journey from St Petersburg to Pekin*, Edinburgh 1965. Gedruckt mit freundlicher Genehmigung der Edinburgh University Press Ltd. **Seite 78:** Ein Tarantas. *Harper's Magazine*, New York 1868. Mit freundlicher Genehmigung von *Harper's Magazine*. **Seite 83:** Warlam Schalamow. Sourced Collection/Alamy Stock Photo. **Seite 86:** Fünf gehängte Dekabristen. Institut für russische Literatur (Puschkin-Haus), St. Petersburg. **Seite 89:** Die Wolkonskis. The Picture Art Collection/Alamy Stock Photo. **Seite 91:** Die Villa der Wolkonskis in Irkutsk. Mit freundlicher Genehmigung des Dekabristen-Museums Irkutsk.

5 Klaviere in einem Venedig des Sandes: Kjachta

Seite 99: Wassily Kandinskys Theorie von der Beziehung zwischen Musik und bildender Kunst. Wassily Kandinsky, *Punkt und Linie zu Fläche*. New York 1979. **Seite 101:** Alexej Luschnikow mit seiner Familie. Heimatmuseum des Akademikers W. A. Obrutschew, Kjachta. **Seite 103:** Der amerikanische Schriftsteller George Kennan. Everett Collection Historical/Alamy Stock Photo. **Seite 104:** Alexej Luschnikows Töchter. Heimatmuseum des Akademikers W. A. Obrutschew, Kjachta. **Seite 104:** Familie Luschnikow am Klavier. Heimatmuseum des Akademikers W. A. Obrutschew, Kjachta. **Seite 108:** Baron von Ungern-Sternberg. Fine Art Images/Heritage Image Parnership Ltd/Alamy Stock Photo. **Seite 109:** Der Bechstein-Flügel aus Kjachta © Michael Turek.

6 Der Klang von Chopins Polen: Tomsk

Seite 118: Eine Gruppe geflüchteter Sträflinge in Sibirien. GL Archive/Alamy Stock Photo. **Seite 124:** Pjotr Makuschin mit seiner Familie. Mit freundlicher Genehmigung des Heimatmuseums Tomsk von M. B. Schatilow, Tomsk. **Seite 126:** Olga Leonidowna © Michael Turek.

7 Erst in hundert Jahren zuhause: die Insel Sachalin

Seite 130: Dmitri Girew. Scott Polar Research Institute, University of Cambridge. **Seite 132:** Chris, einer von Captain Scotts Schlittenhunden. Scott Polar Research Institute, University of Cambridge. **Seite 133:** Tschechows Foto der notorischen Diebin Sonka. Fine Art Images/Heritage Image Partnership Ltd/Alamy Stock Photo. **Seite 137:** Die »Schubkarrenmänner« von Sachalin. SPUTNIK/Alamy Stock Photo. **Seite 143:** Angestellte im Haus der Kultur. Abgedruckt mit freundlicher Genehmigung einer Privatsammlung.

8 Das Klavier des letzten Zaren: der Ural

Seite 149: Alexander II., Großvater des letzten Zaren © The State Hermitage Museum. Heinrich von Angeli, *Bildnis Alexanders II.* Öl auf Leinwand, 271 × 150 cm, Österreich, 1876. Inv.-Nr. ERZh.II-693. Foto © The State Hermitage Museum, Foto Leonard Kheifets, Yuri Molodkovets. **Seite 150:** Die Romanows, 1913. Mondadori Portfolio/Getty Images. **Seite 151:** Die Romanows während ihrer Gefangenschaft in Tobolsk, 1918. Sovfoto/Universal Images Group/Getty Images. **Seite 157:** Touristen besuchen den Keller des Ipatjew-Hauses, 1927. Kopie der Originalaufnahme, mit freundlicher Genehmigung des Historischen Museums Jekaterinburg. **Seite 158:** Der Keller des Ipatjew-Hauses nach den Hinrichtungen. Fine Art Images/Heritage Image Partnership Ltd/Alamy Stock Photo. **Seite 158:** Proben für eine Aufführung von *Bernarda Albas Haus* © Witali Schitow. **Seite 160:** Abriss des Ipatjew-Hauses © Witali Schitow. **Seite 165:** Pjotr Ermakow. Heimatmuseum Swerdlowsk von O. E. Kler, Jekaterinburg.

9 Das Ende von allem: das Altai-Gebirge

Seite 173: St. George Littledale. Mit freundlicher Genehmigung von: The Library, University of California, Berkeley. **Seite 177:** Weltraumschrott im Altai, 2000 © Jonas Bendiksen/Magnum Photos. **Seite 181:** Leonid Kaloschin © Michael Turek. **Seite 182:** Warteraum in einem sibirischen Flughafen, 1964. Mario de Biasi/Mondadori Portfolio/Getty Images.

10 Das Moskau des Ostens: Harbin

Seite 186: Überschwemmung in Harbin. © Hulton-Deutsch Collection/CORBIS/Corbis Historical/Getty Images. **Seite 190:** Semjon Kaspe. Abgedruckt mit freundlicher Genehmigung von Professor Dan Ben-Canaan.

11 Beethoven in einem *Roten Tschum:* die Jamal-Halbinsel

Seite 200: Unterwegs auf der Jamal-Halbinsel, um 1960. Mit freundlicher Genehmigung von I. S. Schemanovsky, Yamal-Nenets District Museum and Exhibition Complex, Salechard. **Seite 211:** Eine Gefangene singt für Gulag-Beamte. Danzig Baldajew, *Drawings from the Gulag.* London 2010 © FUEL Publishing. **Seite 211:** Ein Gulag-Orchester wird zu einem Auftritt in ein Dorf der Umgebung getrieben. Danzig Baldajew, *Drawings from the Gulag.* London 2010 © FUEL Publishing.

12 Musik im Archipel Gulag: Kolyma

Seite 217: US-Vizepräsident Henry Wallace in Kolyma, 1944. Mit freundlicher Genehmigung der Henry A. Wallace Papers, University of Iowa, Iowa City, Iowa. **Seite 219:** Saal im Staatlichen Musik- und Schauspielhaus von Magadan. Mit freundlicher Genehmigung des Heimatmuseums Magadan. **Seite 221:** Wadim Kosin. Mit freundlicher Genehmigung des Heimatmuseums Magadan.

13 Das sibirische Kolosseum: Nowosibirsk

Seite 230: Das Opern- und Ballett-Theater von Nowosibirsk. Mit freundlicher Genehmigung des Museums für Architekturgeschichte Sibriens, benannt nach S. N. Baladin. **Seite 231:** Das Gemälde *Bojarina Moroszowa* des sibirischen Malers Wassili Surikow, 1887, kehrt 1945 an die Wand der Tretjakow-Galerie zurück. Staatliche Tretjakow-Galerie, Moskau. **Seite 233:** Kisten mit Gemälden aus der Tretjakow-Galerie im Opern- und Ballett-Theater Nowosibirsk. Staatliche Tretjakow-Galerie, Moskau. **Seite 234:** Der Restaurator M. A. Alexandrowsky liest während der Ausstellung über russische realistische Kunst 1800 bis 1900 Temperatur und Luftfeuchtigkeit ab. Staatliche Tretjakow-Galerie, Moskau. **Seite 236:** Wladimir Birjukow © Michael Turek. **Seite 240:** Die Familie Lomatschenko © Michael Turek.

14 Veras Mühlbach: Akademgorodok

Seite 252: Vera Lotar-Schewtschenkos Grab © Sophy Roberts. **Seite 255:** Nikita Chruscht-schow und Harvey Van Cliburn, 1958. Sovfoto/Universal Images Group/Getty Images. **Seite 263:** Opfer der Belagerung von Leningrad. Sputnik/Alamy Stock Photo.

15 Ein Spiel mit Risiko: Kamtschatka

Seite 274: Russischer Punk-Fan, 1986 © Igor Muchin. **Seite 274:** Menschenschlange vor einer Bäckerei, St. Petersburg 1992. TASS/Iwan Kurtow und W. Tschumakow/Getty Images. **Seite 281:** Ein tschetschenischer Separatist spielt Klavier, 1994. OLEG NIKISHIN/AFP/Getty Images. **Seite 281:** Ein russischer Soldat spielt Klavier. Georges DeKeerle/Sygma/Getty Images. **Seite 283:** Demidoff mit seiner Frau. Aus: *A Shooting Trip to Kamchatka*, London 1904. Mit freundlicher Genehmigung der Bibliothek der UCLA. **Seite 285:** Waleri Krawtschenko am Klavier © Michael Turek. **Seite 287:** Waleri Peskow, Der Junge und der Vogel. Komsomolskaja Prawda, Moskau, März 166. **Seite 289:** Waleri Krawtschenko. Mit freundlicher Genehmigung von Waleri Krawtschenko.

16 Das letzte Klavier Sibiriens: von den Kommandeurinseln auf die Kurilen

Seite 297: Kate Marsden. Kate Marsden, *On Sledge and Horseback to Outcast Siberian Lepers.* London 1892. Mit freundlicher Erlaubnis der London Library. **Seite 301:** Pelz-handel in Medny. Kamchatka Regional Unified Museum, Petropawlowsk-Kamtschatski.

17 Wiedergewonnene Provenienz: Chabarowsk

Seite 313: Anna Chidirow mit dem Stürzwage-Flügel © Michael Turek. **Seite 316:** Nina Alexandrownas Vorfahren, mit freundlicher Genehmigung von Nina Ternowskaja.

Quellenangaben

Motti

9 Hat sich erst einmal eine bestimmte Vorstellung einer Landschaft ... Teil einer Szenerie: Simon Schama, *Landscape and Memory*. New York 1995 (dt.: *Der Traum von der Wildnis*. Übers. von Martin Pfeiffer, München 1996). **9 Objekte sind immer herumgetragen ... wie man ihre Geschichte erzählt:** Edmund de Waal, *The Hare with Amber Eyes*. London 2011 (dt.: *Der Hase mit den Bernsteinaugen*. Übers. von Brigitte Hilzensauer, Wien 2012). **9 Mein Klavier ist für mich, was dem Seemann seine Fregatte ... jeder Laune gehorcht:** Franz Liszt, *Gazette Musicale de Paris*, 1837. Zit. in: Barbara Meier, *Franz Liszt*. Hamburg 2015.

Vorbemerkung

13 Eisenbahnskizzen aus Sibirien: Diese Phrase wird verwendet von Charles H. Hawes, *In the Uttermost East*. London – New York 1904. **14 Diamanten ... »die einem die Augen schmerzen machten«:** John Foster Fraser, *The Real Siberia: Together with an Account of a Dash Through Manchuria*. London 1902. **14 Bechstein-Klavier:** Siehe Annette Meakin, *A Ribbon of Iron*. London 1901. Meakin beschreibt Konzerte an Bord des Trans-Sibérien mit »Pianistinnen von nicht gewöhnlichen Vorzügen«. **14 »Von den Küsten des Pazifik ... auch jene Europas«:** Simon Sebag Montefiore, *The Romanovs: 1613–1918*. London 2016 (dt.: *Die Romanows*. Frankfurt 2016). **14 Neben den noblen Waggons für die Touristen ... auf dem die schmutzigen Teller gestapelt wurden:** Christian Wolmar, *To the Edge of the World*. London 2014; Harmon Tupper, *To the Great Ocean: Siberia and the Trans-Siberian Railway*. London 1965, und Lindon Bates Jr., *The Russian Road to China*. New York 1910. Der dicke Schaffner wird beschrieben von Francis E. Clark, *A New Way Around An Old World*. London 1901, das Klavier als Anrichte von Michael Myers Shoemaker, *The Great Siberian Railway: From St Petersburg to Pekin*. New York 1904. **14 »Willkommen in Sibirien«:** Im 19. Jahrhundert war das einzige Zeichen dafür, dass man nun auf sibirischem Boden war, ein (heute verschwundener) steinerner Pfeiler etwa 240 Kilometer östlich von Jekaterinburg. Auf einer Seite der Säule stand »Europa«, auf der anderen »Asien«. »Kein anderer Grenzstein der Welt sah auch so viel menschliches Elend, so viele gebrochene Herzen an sich vorüberziehen«, schrieb der amerikanische Journalist George Kennan (*Siberia and the Exile System*. Band II, New

York 1891; dt.: *Sibirien*. Stuttgart 1900). Eine Abbildung des Obelisken sieht man auf dem 1894 entstandenen Gemälde *Abschied von Europa* des polnischen Malers Alexander Sochaczewski (Unabhängigkeitsmuseum, Warschau); es stellt polnische Gefangene dar, die verzweifelt und erschöpft am Fuß der Säule niederfallen.   **14 Es gibt kein dramatisches Vorhangaufziehen am Rand Sibiriens:** Diese Beobachtung haben viele Reisende in Vergangenheit und Gegenwart gemacht, die dem Ural und Sibirien zum ersten Mal begegneten, von John Dundas Cochrane, der dies in seinem 1825 erschienenen Buch *Narrative of a Pedestrian Journey through Russia and Siberian Tartary* schildert – er beschreibt ein »nahezu unmerkliches« Ansteigen der Berge –, bis zu Colin Thubron, *In Siberia* (London 1999; dt.: *Sibirien. Schlafende Erde – erwachendes Land*. Übers. von Hans-Ulrich Möhring, Stuttgart 2001). »Ich weiß nicht, warum sie auf den meisten unserer Landkarten so dunkel verschattet sind und aussehen sollen wie eine formidable Schranke zwischen den zwei Kontinenten«, bemerkte der schottische Reisende Alexander Michie in seinem Buch *The Siberian Overland Route* (London 1864). Ich sah den Ural zum ersten Mal, als ich von Moskau nach Salechard unterwegs war, das am nördlichen Ende der Bergkette liegt.   **15 Abgesehen von China, mehr internationale Grenzen hat als jedes andere:** Zu einer Erklärung des Aufbaus der modernen Russischen Föderation siehe Robert A. Saunders, Vlad Strukov, *Historical Dictionary of the Russian Federation*. Lanham 2010.   **15 »Land des endlosen Geredes«:** Alban Gordon, *Russian Year: A Calendar of the Revolution*. London 1935.   **15 »Die sibirische Ebene beginnt ... endet der Teufel weiß wo«:** Anton Tschechow, Brief an die Familie Tschechow vom Mai 1890. In: Anton Čechov, *Briefe*. Hg. und übers. von Peter Urban, Band 2 (1889–1892).

17 Aus der Asche eines Kannibalen geboren: Ausführlich siehe Uno Holmberg, *The Mythology of All Races*. Band 4, New York 1964. »Was Übertragungen anbetrifft, gibt es einige Genauigkeiten, die der Untreue gleichwertig sind«: Franz Liszt, zit. in: Alan Walker, *Franz Liszt: The Final Years, 1861–1886*. Ithaca 1997.

TEIL EINS: Pianomanie

19 Liszt. Es ist erst Mittag ... rempeln einander mit den Ellbogen, treten ein: Zit. in: Anne Swartz, *Piano Makers in Russia in the Nineteenth Century*. Bethlehem 2014.

1 Musik in einem schlafenden Land: *Sibir*

22 Die frühen arabischen Händler ... Johann Schiltberger: Siehe Anatole V. Baikaloff, »Notes on the Origin of the Name ›Siberia‹«. In: *Slavonic and East European Review*, 29:72, Dezember 1950.   **23 Jenseits des »Großen Steins«:** Alan Wood, *Russia's Frozen Frontier: A History of Siberia and the Russian Far East 1581–1991*. London – New York 2011.   **23 Eine Art herabstürzender Stern:** Siehe Melassa Hogenboom, »In Siberia in 1908, a huge explosion came out of nowhere«. In: *BBC News*, Juli 2016.   **24 »Schwarzer Schnee« vom Kohleabbau:** Siehe Marc Bennetts, »Toxic black snow covers Siberian coal mining region«. In: *The Guardian*, Februar 2019.   **24 Toxische Seen:** Siehe

Andrew E. Kramer, »It Looks Like a Lake Made for Instagram. It's a Dump for Chemical Waste.« In: *The New York Times*, Juli 2019. **24 Rauchwolken aufsteigen, größer als das Gebiet der Europäischen Union:** Siehe Jonathan Watts, »Arctic wildfires spew soot and smoke bigger than the EU«. In: *The Guardian*, August 2019. **24 Jedes Jahr bewegen sich die Ufer des Baikalsees … zwei Zentimeter auseinander:** Die Rate von zwei Zentimetern wird erwähnt in: Tatvana Sailko, *Environmental Crises: Geographical Case Studies in Post-Socialist Eurasia*. Routledge 2014. Weiters zum wankelmütigen Wesen des Baikalsees in: Walentin Rasputin, *Siberia, Siberia*. Übers. von Margaret Winchell und Gerald Mikkelson, Evanston 1996. **25 Sprünge im Eis sehen aus wie die Oberfläche eines zerborstenen Spiegels:** Unter allen Büchern über den Baikalsee gibt es eines, das ich wegen seiner herrlichen Beschreibungen des Sees immer wieder zur Hand nehme: Sylvain Tesson, *Consolations of the Forest*. Übers. von Linda Coverdale, London 2014 (dt.: *In den Wäldern Sibiriens*. Übers. von Claudia Kalscheuer, München 2014). Tesson verbrachte 2010 sechs Monate in einer Hütte am Ufer des Sees und beobachtete seine hinreißende, manchmal furchteinflößende Wandelbarkeit im Winter, Frühjahr und Sommer. **25 Sie filtern bis zu dreimal im Jahr die oberste, fünfzig Meter tiefe Schicht:** Mark Sergejew, *Baikal*. Moskau 1990, zit. in Alan Wood, *Russia's Frozen Frontier*. **25 Eine Fortentwicklung der Ringelrobben, die von der Arktis in das Flusssystem Sibiriens hinunterschwammen:** Fridtjof Nansen, *Sibirien, ein Zukunftsland*. Leipzig 1914. **26 *Der Archipel Gulag:*** Alexander Solschenizyn, *Der Archipel Gulag*. Übers. von Anna Peturnig, Bern 1974. **26 »Kulturerziehung«:** Siehe die Untersuchungen von Inna Klause, »Music and ›Re-ducation‹ in the Soviet Gulag«. In: *Torture*, Band 23 (Februar 2013): »In zahlreichen Lagern wurden zwischen den 1920er und 1950er Jahren Musiktheater gegründet. Allerdings nahmen im Durchschnitt nur zwei Prozent der Insassen an den Musik- und Theaterzirkeln teil.« **26 Konnte man normalerweise nachhause zurückkehren:** Anne Applebaum (*Gulag: A History*. London 2004; dt.: *Der Gulag*. Berlin 2003) führt ein Phänomen namens »Wolfspass« an; diese Pässe machten es den ehemaligen politischen Häftlingen unmöglich, in die größeren Städte der UdSSR zurückzukehren. **26 Trotzki, Lenin, Stalin, sie alle verbrachten vor der Revolution als aus politischen Gründen Verbannte einige Zeit in Sibirien:** Lenins Erfahrungen in Sibirien wurden durch seinen Zugang zu Luxusgütern im Exil erheblich erleichtert. Er ließ seiner Familie eine Reihe von Wünschen zukommen; so erbat er etwa Glacéhandschuhe, um seine Hände vor den verheerenden Stichen der sibirischen Mücken zu schützen. Rolf H. W. Theen, *Lenin: Genesis and Development of a Revolutionary*. Princeton 1973. **26 »Hier war eine eigene Welt, die keiner anderen ähnlich sah«, schrieb Dostojewski, »ein Haus für lebende Tote«:** Fjodor M. Dostojewski, *Aufzeichnungen aus einem toten Haus*. Übers. von Barbara Conrad, München 2020. **27 Hießen die Fesseln »Musik«:** Zit. von Miron Ètlis, *Sowremenniki Gulaga: Kniga wospominanij i rasmyschlenij*. Magadan 1991. **27 »Klavierspielen«:** Solschenizyn, *Der Archipel Gulag*, Band III.

27 »Es gäbe wahrhaft Grund, verrückt zu werden, gäbe es nicht die Musik«: Pjotr Iljitsch Tschaikowsky, *Teure Freundin! Briefe an Nadeshda von Meck*. Leipzig – Weimar 1988. **28 »Ein Fenster nach Europa«:** Alexander Puschkin, *Die Gedichte*. Hg. von

Rolf-Dietrich Keil, Frankfurt – Leipzig 1999.   **28 Ein bekannter Musikfanatiker zu Katharinas Zeiten:** Diese Anekdote findet sich in: Marina Ritzarev, *Eighteenth-Century Russian Music*. London 2017.   **29 Sie ermordeten ihren Herrn in seinem Schlafzimmer ... von der Freiheit gekostet:** Von der Rache der mordlustigen Leibeigenen wird berichtet in: Richard Stites, *Serfdom, Society and the Arts in Imperial Russia*. New Haven – London 2005.   **29 Das deutsche Wort »Klavier« bezeichnete manchmal ein Cembalo:** Siehe Alfred Dolge, *Pianos and Their Makers: A Comprehensive History of the Development of the Piano from the Monochord to the Concert Grand Player Piano*. Covina 1911. In *Men, Women and Pianos: A Social History* (London 1955) spricht der Historiker Arthur Loesser von der »Schlamperei der Nomenklatur« während dieser Zeit der Entwicklung des Klaviers.   **29 »Tasteninstrument des armen Mannes«:** Loesser, *Men, Women and Pianos*.   **29 »Kurz gesagt, das Clavichord war das erste Tasteninstrument mit einer Seele«:** Dolge, *Pianos and Their Makers*.   **30 »Bis um 1770 waren Klaviere ... unsicher im Status«:** Cyril Ehrlich, *The Piano: A History*. Oxford 1990.   **30 Binnen zehn Jahren nach seiner Erfindung wurden ... Versionen dieses Instruments hergestellt:** Dolge, *Pianos and Their Makers*.   **30 Konnte Zumpe seine Instrumente gar nicht rasch genug produzieren:** Charles Burney, zit. in James Parakilas, *Piano Roles: Three Hundred Years of Life with the Piano*. New Haven – London 1999.   **30 Eine gewisse Lieblichkeit, wenn darauf ein langsames Adagio gespielt wird:** 2016 wurde vom Palastmuseum in Pawlowsk eine von Juri Semenow eingespielte CD herausgegeben: *And The Old Chords Will Sound*. Darauf hörte ich das Zumpe erklingen.   **31 »Eine Dame meiner Bekanntschaft hatte ... nur den geringsten Schaden nahm«:** James Holman, *Travels through Russia, Siberia, Poland, Austria, Saxony, Prussia, Hanover, & C. & C. Undertaken during the Years 1822, 1823 and 1824, While Suffering from Total Blindness, and Comprising an Account of the Author Being Conducted a State Prisoner from the Eastern Parts of Siberia*. London 1825.   **32 Frauen haschten nach Strähnen ... gefolgt von einer Prozession aus dreißig Kutschen:** Die meisten dieser Details habe ich aus Alan Walkers überwältigend ausführlichen Biographien Liszts entnommen: *Franz Liszt*. Band I, II, III, Ithaca 1987, 1993, 1996, und: *Reflections on Liszt*. Ithaca – London 2005. Die Geschichte über die deutschen Mädchen, die aus Klaviersaiten Armbänder fertigten, stammt aus Parakilas, *Piano Roles*.   **33 »Klavierzertrümmerer«:** Clara Schumann, zit. in Alan Walker, *Franz Liszt: The Virtuoso Years*. Ithaca 1993.   **33 Liszt sprang mehr auf die Bühne, als über die Stufen hinaufzusteigen:** Vladimir Stasov, *Selected Essays on Music*. Übers. von Florence Jonas, New York 1968. Siehe auch Adrian Williams, *Portrait of Liszt, by Himself and His Contemporaries*. Oxford 1990, sowie Walkers Biographien, op. cit.   **33 »Beißt er?«:** Zit. in Patrick Piggott, *The Life and Music of John Field*. London 1973.   **33 »Vergangenheit, Gegenwart und Zukunft des Klaviers«:** Wilhelm von Lenz, *The Great Piano Virtuosos of Our Time*. London 1983.   **33 »Etwas Unerhörtes, vollkommen neuartig ... einen Thron hoch über den Köpfen der Menge«:** Stasov, *Selected Essays on Music*.   **34 »Wir wechselten bloß einige Worte und eilten dann nachhause ... Kaskaden von zarter Schönheit und Anmut hervorquellen ließ«:** Stasov, *Selected Essays on Music*.   **34 Die wegen ihres nationalen Gepräges und ihrer Melodien als erste wahrhaft »russische« Oper galt:** Siehe

Richard Taruskin in: *Defining Russia Musically*. Princeton – Oxford 2000: »Durch [Glinka] konnte sich Russland erstmals dem musikalischen Westen auf gleicher Ebene zugesellen, ohne Vorbehalte, als voll entwickelter Teilnehmer in den internationalen Musiktraditionen und als Beiträger dazu.« Taruskin, ein führender amerikanischer Musikwissenschaftler, bringt auch einen Vorbehalt an: »Das Russische an der russischen Musik an ihrem volksmusikalischen Gehalt zu bemessen ist auch eine westliche, keine russische Angewohnheit, eine gönnerhafte dazu, die ihren Ursprung in einer kolonialistischen Attitüde hat.«   **34 »Ein Klavier oder irgendeine Art Kasten mit Tastatur ... 93 Instrumente und einen Klavierstimmer erwarten«:** *Literaturnaja gaseta*, »Smes«, Petersburgskaja chronika, 11. Januar 1845; zit. in: Lynn M. Sargeant, *Harmony and Discord: Music and the Transformation of Russian Cultural Life*. New York 2011. **34 1842 war der in London beheimatete Klavierhersteller Broadwood & Sons einer der zwölf größten Arbeitgeber der Stadt:** David Wainwright, *Broadwood by Appointment*. London 1982.   **35 Der russische Klavierbau blühte:** Diese spezifischen Details über die russische Klavierindustrie und das staatliche Subventionssystem stammen aus Anne Swartz, *Piano Makers in Russia in the Nineteenth Century*. Bethlehem 2014. Swartz führt dankenswerterweise auch den Preis einer Eintrittskarte für ein Liszt-Konzert (15 Rubel) sowie die Klavierpreise jener Zeit an (ab 500 Rubel).   **36 »Bemerkenswertes Bündel an Erfindungen«:** Dolge, *Pianos and Their Makers*.   **36 Gobelins, sogar Gemälde von van Dyck:** Thomas Preston, *Before the Curtain*. London 1950.   **36 1919 verkaufte ein St. Petersburger Musikkritiker seinen Flügel:** Nicolas Slonimsky, »Soviet Music and Musicians«. In: *Slavonic and East European Review* 3:4 (Dezember 1944).   **37 Klaviere aus diversen Bestandteilen zusammengefügt:** Preston, *Before the Curtain*.   **38 »Die Kunst gehört dem Volke ... emporheben«:** Klara Zetkin, *Erinnerungen an Lenin*. Berlin 1975.   **42 Drückte er mir einen Roman des amerikanischen Autors Daniel Mason in die Hand:** Daniel Mason, *The Piano Tuner*. New York 2002 (dt.: *Der Klavierstimmer Ihrer Majestät*. Übers. von Barbara Heller, München 2003).   **44 Als die nomadische Weidewirtschaft durch Kollektivgüter ersetzt ... das Land in kleinere Gebiete aufgeteilt wurde:** Eine umfassende Darstellung der Ereignisse bei: James Minahan, *Encyclopedia of the Stateless Nations*. Band I, London – Westport 2002.   **45 »Unser Plan lautete folgendermaßen ... dass es uns nicht gelungen war«:** John Steinbeck, Robert Capa, *Russische Reise*. Übers. von Susann Urban, Frankfurt 2010.   **45 »Meinetwegen ist meine Reise eine Lappalie ... Geld habe ich sowieso nie ...«:** Anton Tschechow, Brief an A. S. Suworin, in: *Die Insel Sachalin*. Übers. von Gerhard Dick, Zürich 1976.

2 Spuren im Schnee: Chabarowsk

47 »Mit Genuss« von hungrigen Häftlingen verzehrt: Alexander Solschenizyn, *Der Archipel Gulag*.   **47 Wenn es eine gute Geschichte zu erzählen gab, würde ich sie an eine britische Zeitung verkaufen:** Siehe Sophy Roberts, »On the Trail of the Siberian Tiger«. In: *Financial Times*, Mai 2016.   **48 Heutzutage können sich berufsmäßige Naturschützer glücklich schätzen:** Siehe Sooyong Park, *The Great Soul of Siberia*. Übers. von Jamie Chang, London 2016.   **48 Bevor der koreanische Tigerforscher und Filme-**

macher Sooyong Park 1995 mit seiner Arbeit begann: Ebenda.　48　Wird diese Nation erst einmal in Europa besser bekannt sein … die sie über Russland hegen: Katharina die Große, »Brief an Voltaire, März 1770« in: *Catherine the Great, Selected Letters*. Übers. von Andrew Kahn und Kelsey Rubin-Detlev, Oxford 2018.　48　Nachdem Tschaikowsky 1877 Liszt getroffen hatte: Pjotr Ilitsch Tschaikowsky, »Brief an Frau von Meck«, 1877. In: *Teure Freundin! Briefe an Nadeshda von Meck*. Leipzig – Weimar 1988.　48　»Achtet nicht auf die Prahlerei der Russen … würden sie uns für unsere Vorzüge vor ihnen teuer bezahlen lassen«: Adolphe de Custine, »Juli 1839«, in: *Letters from Russia*. Übers. von Robin Buss, London 2014. Eine deutsche Auswahl der Briefe Custines ist unter dem Titel *Russische Schatten* 1985 in Nördlingen erschienen; der zitierte Brief ist darin nicht enthalten.　49　De Custine, der als affektierter, klatschsüchtiger Reiseschriftsteller beschrieben wird: Siehe Simon Sebag Montefiore, *The Romanovs: 1613–1918*. London 2016 (dt.: *Die Romanows*. Frankfurt 2016).　49　»Die Russen sind verfault, ehe sie reif wurden«: Custine, *Russische Schatten*.　49　»Es gibt wenige Orte auf der Oberfläche der Erde … so wenig persönliche Kenntnis hat als Sibirien«: A. F. Spencer, »Siberia in 1919«. In: *Economia* 3 (Oktober 1921).　50　Die Sibirier wurden nicht wegen ihrer Umgangsformen ausgewählt … gewöhnt an das raue Leben: Wladimir Arsenjew, *Der Taigajäger Dersu Usala*. Übers. von Franz Daniel und Alice Grünfelder, Zürich 2003 (das Zitat ist in dieser Ausgabe nicht enthalten. Anm. d. Ü.).　50　Noch zehn Jahre, dann würden alle Zobel und Eichhörnchen verschwunden sein: Ebenda.　51　»Fischhaut-Tataren«: James Forsyth, *A History of the Peoples of Siberia: Russia's North Asian Colony 1581–1990*. New York 1992.　51　Umfasste die Bevölkerung Sibiriens beinahe eine Viertelmillion Indigene: Siehe Janet M. Hartley, *Siberia: A History of the People*. New Haven 2014 – eine wichtige Quelle, der ich für Angaben zur Geschichte der Indigenen in Sibirien vieles verdanke.　52　Von den einheimischen Sibiriern drei zu eins übertroffen: Diese Zahlen sind angesichts der Schwierigkeit, eine Region wie Sibirien exakt abzugrenzen, mit Vorsicht zu genießen. Ich bevorzuge die in Alan Wood, *Russia's Frozen Frontier: A History of Siberia and the Russian Far East 1581–1991*, London – New York 2011, angegebene Analyse. Er rät zur Vorsicht dagegen, Zahlen als absolute Wahrheit zu akzeptieren; die Grenze zwischen dem, wer als »Russe« und wer als »einheimischer Sibirier« anzusehen war, änderte sich durch die Jahrhunderte je nach der vorherrschenden politischen Ideologie.　53　Bis zu zehn Prozent des Staatseinkommens: Siehe R. H. Fisher, *The Russian Fur Trade 1550–1700*. Berkeley 1943, zit. in Wood, *Russia's Frozen Frontier*.　53　So erhielten sie einen Kupferkessel für die Anzahl von Fellen: Siehe W. Bruce Lincoln, *Conquest of a Continent: Siberia and the Russians*. Ithaca 2007.　54　Wie Sooyong Park, der so beredt über die Jahre geschrieben hat, in denen er in Tierhäuten schlief und auf Sibirische Tiger wartete: Siehe Park, *The Great Soul of Siberia*; eines der fesselndsten Bücher, die ich über den russischen Fernen Osten gelesen habe. Ich fand Parks Hingabe an die Tiger-Spurensuche äußerst inspirierend, besonders angesichts der enormen persönlichen Entbehrungen, die er auf sich nahm, um das Verhalten der Tiere aufzuzeichnen. Ein weiterer großer Schriftsteller, der mit Wildtieren in dieser Region arbeitet, ist Jonathan C. Slaght, Koordinator der Wildlife Conservation Society (WCS) für Russland und

Nordost-Asien. Siehe seinen Blog »East of Siberia« in: *Scientific American* (2016 und 2017); seine Feldnotizen sind kleine poetische Sendschreiben, welche die kleinsten Spuren schwer aufzuspürender Arten dokumentieren.

3 Sibirien wird »zivilisiert«: von St. Petersburg bis zum Pazifik

61 Jermaks Geschichte, grandios und lächerlich zugleich: Näheres zu Ermark siehe bei Walentin Rasputin, *Siberia, Siberia*. Übers. von Margaret Winchell und Gerald Mikkelson, Evanston 1996. **61 Er drückte seine Überraschung darüber aus, eine solche Menge an Musikinstrumenten vorzufinden:** John Bell of Antermony, *A Journey from St Petersburg to Pekin*. Edinburgh 1965. **62 Einmal verbannt, gab es keine Rückkehr:** Eine ausführliche Erklärung der verschiedenen Durchläufe im sibirischen Exil in: Andrew Gentes, *The Mass Deportation of Poles to Siberia 1863–1880*. Basingstoke 2017; eine meiner wichtigsten Quellen zum Exil in der Zarenzeit. Außerdem: Daniel Beer, *The House of the Dead: Siberian Exile under the Tsars*. London 2016. **63 Wo einmal die bessere Gesellschaft gewohnt hatte, darunter Katharinas Gouverneur Alexander Aljabjew:** Siehe Rasputin, *Siberia, Siberia*. Rasputin identifiziert das Korniliew (sic)-Haus als Sitz des Generalgouverneurs und Geburtshaus des Komponisten. **63 Mussten die Gefängniswärter der Romanows also, ebenso wie andere Möbel, ein Instrument ... besorgen:** Robert K. Massie, *The Romanovs: The Final Chapter*. London 2014. **63 Auf dem die Zarin oft spielte, wenn sie allein war:** Robert Wilton, *The Last Days of the Romanovs*. London 1920. **64 »Für mich ist das nur Geräusch«:** Zit. in Virginia Rounding, *Catherine the Great*. London 2006. Roundings fesselndes Buch ist eine meiner hauptsächlichen biographischen Quellen zu Katharina. **64 Sie habe ihre Höflinge angewiesen, ihr zu bedeuten, wann sie Beifall spenden solle:** Alexander Woronzoff-Dashkoff, »Dashkova: A Life of Influence and Exile«. In: *Transactions of the American Philosophical Society*, 97:3 (2007). **64 Im kaiserlichen Boudoir auf der Geige herumkratzte:** Siehe Simon Sebag Montefiore, *Prince of Princes: The Life of Potemkin*. New York 2000. **65 Es gebe kein unglücklicheres Wesen als sie:** Die Unmusikalität des Zaren, seine Grausamkeit gegenüber Tieren und Katharinas Abscheu sind Beobachtungen, die in Roundings *Catherine the Great* erwähnt werden. **65 Wenig mehr als Stücke ausgehöhlten Holzes:** Chappe d'Auteroche, *A Journey into Siberia, Made by Order of the King of France*. London 1770. **65 Vielleicht durch Erwürgen ... »Haemorrhoidal-Kolik«:** Siehe Rounding, *Catherine the Great*. **66 Russinnen trugen Schuhe mit roten Absätzen:** Woronzoff-Dashkoff, »Dashkova: A Life of Influence and Exile«. **66 »Damals ein neues Wort, das erst wenige benutzten«:** Leo Tolstoi, *Krieg und Frieden*. Übers. von Barbara Conrad, München 2010. **66 »Das mit den Hämmerchen«:** *The Merriam-Webster New Book of Word Histories*. Springfield 1991. **66 Viele dieser neuen Tasteninstrumente:** Woronzoff-Dashkoff, »Dashkova: A Life of Influence and Exile«. **66 Unterrichtete zudem das Spiel auf Tasteninstrumenten:** Anne Swartz, *Piano Makers in Russia in the Nineteenth Century*. Bethlehem 2014. **66 Ein anderer ihrer Liebhaber, Grigori Orlow ... während dieser am Cembalo saß und spielte:** Diese Anekdote findet sich in: Jno Hunt, »The Keyboard Works of Giovanni Paisiello«. In: *Music Quarterly*,

61:2 (April 1975).   **68 Sein Chor musste immer an seiner Seite sein ... Auch auf das Schlachtfeld hatte er ihn zu begleiten:** Diese Anekdoten über Potemkins Liebe zur Musik stammen aus Simon Sebag Montefiores Biographie *Prince of Princes*.

68 Im September 1791 setzte sich der musikbegeisterte russische Botschafter in Wien: Mark Ferraguto, »Representing Russia: Luxury and Diplomacy at the Razumovsky Palace in Vienna, 1803–1815«. In: *Music and Letters*, 97:3 (August 2016).   **68 Dass Potemkins Lieblingskomponist ein ganzes Dorf in der Ukraine erhielt:** Siehe Stuart Isacoff, *A Natural History of the Piano*. New York 2012.   **68 Das »Klavierland«, wie Mozart es nannte:** Arthur Loesser, *Men, Women and Pianos: A Social History*. London 1955.

68 »(Clementis) force sind die terzen Paßagen ...ein blosser Mechanicus«: Wolfgang Amadeus Mozart, *Briefe und Aufzeichnungen*. Band III, Kassel 1963.   **69 Die Gunst der Stunde zu nutzen:** Muzio Clementi, »Letter to Frederick Collard, June 1806«, in: *The Correspondence of Muzio Clementi*. Übers. von David Rowland, Bologna 2010.

69 Er beschwerte sich, sie seien »gerissen«, wenn es ums Bezahlen gehe, »verflucht knauserig« und hätten zwar »ein gutes Ohr für Klang, aber kein Gefühl für Vernunft und Stil«: Muzio Clementi, »Letter to Frederick Collard, June 1806«, ebenda.

69 »Nichts weniger als eine Trompete sein stumpfsinniges Trommelfell«: Muzio Clementi, »Letter to Frederick Collard, August 1803«, ebenda.   **69 »Lasst sie eine Zeitlang in einem sehr warmen Zimmer stehen ... oder irgendein anderes Missgeschick geschieht«:** Muzio Clementi, »Letter to Frederick Collard, June 1806«, ebenda.

69 Zuschüsse, wenn sie Klaviere nach Sibirien transportieren wollten: Die ökonomischen Strukturen der Klavierindustrie sind eines der zentralen Themen in Swartz, *Piano Makers in Russia in the Nineteenth Century*.   **70 Einen »faulen Hund«:** Muzio Clementi, »Letter to Frederick Collard, April 1807« in: The *Correspondence of Muzio Clementi*.

70 »Field nicht gehört zu haben ... Sünde gegen Kunst und guten Geschmack«: F. A. Gebhard, zit. in Patrick Piggott, *The Life and Music of John Field*. London 1973.

70 »Pianopolis«: Siehe Piggott, *The Life and Music of John Field*.   **70 »Wie Regentropfen, die in schillernde Perlen zersprangen«:** Zit. in David Dubal, *The Art of the Piano*. Cambridge 2004.   **70 Dass er einmal mit einer Hundert-Rubel-Note seine Zigarre anzündete:** Diese Anekdote und die folgende über die Hunde, die Fields Einkünfte zerkauten, werden erzählt in: Piggott, *The Life and Music of John Field*. Piggotts Arbeit ist ein seltenes biographisches Juwel und beschreibt detailliert Leben und Charakter eines in den Geschichtsbüchern gerne übersehenen Mannes.   **70 Das manchmal luxuriöse, oft turbulente Leben, das Field ... führte:** Meine Darstellung des liederlichen Field verdankt sich diversen Beschreibungen des Komponisten in Piggott, *The Life and Music of John Field*.   **70 Der gebürtigen Polin Maria Szymanowska:** Man nimmt an, dass sie ihren geschätzten englischen Broadwood aus Warschau mitbrachte, einen Sechseinhalb-Oktaven-Flügel, Seriennummer 10582. Dieses Detail wird angeführt in: Benjamin Vogel, »Pianos of Maria Szymanowska«. In: The *Polish Musicological Yearbook*, Warschau 2011.   **70 Der Mann mit den »Samtpfoten«:** Zit. in Adrian Williams, *Portrait of Liszt, by Himself and His Contemporaries*. Oxford 1990.   **71 »Alles ist voller Feuer, voller Kraft ... Es hat eine Seele«:** *Journal de St-Pétersbourg* (Januar 1839), zit. in Swartz, *Piano Makers*

in Russia in the Nineteenth Century. **71 Szene aus** *Tausendundeiner Nacht:* Siehe
Susanna Reich, *Clara Schumann: Piano Virtuoso.* New York 2005. **71 »Der russische
Rubel hatte in deutschen Ohren einen sehr guten Klang«:** Zit. in Nancy Reich, *Clara
Schumann: The Artist and the Woman.* Ithaca 2001. **71 1810 hatten sechs Unternehmer
aus dem Westen Klavierbauunternehmen in Russland eingerichtet:** Siehe Swartz, *Piano
Makers in Russia in the Nineteenth Century.* **71 Allein diese Werkstatt baute ... mehr als
elftausend Klaviere:** Ebenda. **71 Konnten Klavierlehrer das Zwei- bis Dreifache an
Gehalt verlangen:** Ebenda. **71 »Hoch angesehenes Möbelstück«:** Frederick J. Crowest,
Phases of Musical England. London 1881. **72 Schafften es ... durch die russischen Zoll-
schranken:** Wiederum wird das – ebenso wie das staatliche Subventionssystem, das den
Transport von Rohmaterialien für die Industrie ermöglichte – bis in genaueste Details
untersucht in: Swartz, *Piano Makers in Russia in the Nineteenth Century.* **72 Zehntau-
sende Pianinos wurden in Kleinstädte transportiert:** Allein von 1924 bis 1934 baute die
Klavierfabrik »Roter Oktober« 19731 Pianinos und Flügel. Siehe das Kapitel von Sergei
A. Ryzarew, »Russia – Piano Industry«, in: Robert Palmieri (Hg.), *The Piano: An Ency-
clopedia.* 2. Aufl., New York – London 2015. **72 2004 schloss die Fabrik Roter Oktober:**
Swartz, *Piano Makers in Russia in the Nineteenth Century.* **72 Ein Klavierbauer in Kasan
sattelte auf Sargtischlerei um:** Erika Niedowski, »Music Fades for Russian Pianos«.
In: *Baltimore Sun,* Mai 2006. **72 Kam die Nachricht, dass die letzte Klavierfabrik
Russlands zugesperrt hatte:** »Borbu sa rynok otetschestwennyj proiswoditel pianino
proigral«, in: *Komersant* FM (März 2016).

4 Das Paris von Sibirien: Irkutsk

74 Im Staatlichen Russischen Marinearchiv in St. Petersburg: Verweis in: Peter Ulf
Møller und Natasha Okhotina Lind, *Until Death Do Us Part.* Fairbanks 2008. Dies ist
eine Zusammenstellung von sechzehn Briefen, die Vitus und Anna Bering einander in
den Jahren 1739 bis 1740 schrieben. Sie bietet einen tiefen Einblick in ihr Familienleben,
außerdem ein detailliertes Inventar der Gegenstände, die Anna nach Berings Tod 1741
nach Moskau zurück mitnahm; erwähnt wird auch ihr Clavichord. **74 Die ... das
kostbare Instrument von St. Petersburg ans Ochotskische Meer und dann wieder ...
zurück nachhause brachte:** Siehe Susanna Rabow-Edling, *Married to the Empire.* Fairbanks 2015. **75 Erinnerten an das Gefühl, mit dem Finger über alle Tasten eines
Klaviers zu fahren:** Fürst Peter Kropotkin, *In Russian and French Prisons.* London
1887. **75 »Es ist schwierig zu fahren ... die Zivilisation nach Sibirien!«:** Aus: Anton
Tschechow, *Die Insel Sachalin.* Übers. von Gerhard Dick, Zürich 1976. **76 »Ich bin bis
an die Zähne bewaffnet«:** Anton Tschechow, »Brief an A. S. Suworin, April 1890«. In:
Anton Čechov, *Briefe.* Hg. und übers. von Peter Urban, Band 2 (1889–1892).
76 Fühlten sich grob an: *Die Insel Sachalin.* **77 Wie »die Fliegen im dicken Warenje«:**
Anton Tschechow, Brief an A. N. Pleschtschejew, Juni 1890. In: Anton Tschechow, Brief
an Alexei Suworin, Mai 1890. In: *Briefe.* Band 2. **77 Sibirien sei eine Gegend, wo man
selten ein Akkordeon höre:** Siehe Tschechow, *Die Insel Sachalin.* **77 »Eine sehr schöne
Stadt ... dazu auch »höllisch teuer«:** Anton Tschechow, Brief an Familie Tschechow, Juni

1890. In: *Briefe*. Band 2. **77 1300 Bücher nach Irkutsk:** W. Bruce Lincoln, *The Conquest of a Continent: Siberia and the Russians.* Ithaca 2007. **77 Eine öffentliche Bibliothek wurde eingerichtet, gestaltet im modischen europäisch-russischen Stil:** Janet M. Hartley, *Siberia: A History of the People.* New Haven 2014. **77 Man gründete ein Orchester … nicht weniger als fünf Fremdsprachen gelehrt wurden:** Ebenda. Laut Hartley wurden Deutsch, Japanisch, Mongolisch, Französisch und Chinesisch unterrichtet, um Dolmetscher auszubilden und Handel sowie Verwaltung zu erleichtern. **78 Ein Fünftel der Seide, die nach Westeuropa kam … chinesischem Tee:** Weiteres bei: Erika Monahan, *The Merchants of Siberia: Trade in Early Modern Eurasia.* Ithaca 2016 – eine wichtige Quelle zum Verständnis der frühen wirtschaftlichen Entwicklung in Sibirien. **79 Wie bauchige chinesische Krüge:** Jules Verne, *Michael Strogoff: Der Kurier des Zaren.* Stuttgart 1957. **81 Es war ein erschreckender symbolischer Akt:** Eine Nacherzählung dieser bekannten sibirischen Saga und was sie zur Macht des Zaren auszusagen hatte, findet sich in Daniel Beers brillantem, mit dem Cundhill-Preis ausgezeichneten Buch *The House of the Dead: Siberian Exile under the Tsars.* London 2016. **82 Der vier Jahre als Gefangener in Sibirien durchstand … lehrte einen Mithäftling das Lesen:** Siehe Joseph Frank, *Dostoevsky: A Writer in His Time.* Princeton 2009. **82 »Wie der Frost, der die Spucke in der Luft gefrieren ließ, auch die menschliche Seele ergriff«.:** Warlam Schalamow, *Durch den Schnee.* Erzählungen aus Kolyma 1. Übers. von Gabriele Leupold, Berlin 2013. **84 Er verhängte ein Einfuhrverbot für alle im Ausland gedruckten Bücher:** Charles A. Ruud, *Fighting Words: Imperial Censorship and the Russian Press, 1804–1906.* Toronto 2009. **84 Wie eine Tasse Tee, die niemand trinken wolle:** Nicholas Daniloff, *Two Lives, One Russia.* New York 1990. **84 Nachdem er Chopin als zehnjähriges Wunderkind gehört hatte:** Nacherzählt in: Moritz Karasowski, *Chopin: Sein Leben, seine Werke.* Dresden 1877. **84 Überzeugt, dass seine Musik dessen reizbare Nerven beruhige:** Die Verbindung zu Chopin ist dargestellt in: Alan Walker, *Fryderyk Chopin: A Life and Times.* London 2018. **85 Als erste Russische Revolution:** Anatole G. Manzour, *The First Russian Revolution.* Stanford 1937. **85 »Was für ein erbärmliches Land!«:** Dieses Anekdote wird erzählt in Orlando Figes, *Natasha's Dance.* London 2003 (dt.: *Nataschas Tanz. Eine Kulturgeschichte Russlands,* Berlin 2003). **87 »Das unbewusste Einflechten unsichtbarer Rosen … denen sie begegnete«:** Leo Tolstoi, *Die Dekabristen.* Berlin 1905. **87 Als Sinaida vor Marias Reise nach Sibirien in Moskau eine Abschiedsgesellschaft gegeben hatte … damit sie deren Stimme im Exil nicht vergäße:** Siehe Maria Fairweather, *Pilgrim Princess: A Life of Princess Volkonsky.* London 1999. Fairweather erzählt Sinaidas Geschichte. **88 Für einen »gestickten Saum« … »was auf der Erde geschah«:** Siehe Uno Holmberg, *The Mythology of All Races.* Band 4, New York 1964. **88 Die ersten Monate ihres Exils verbrachte Maria in der Stadt Nertschinsk:** Meine Nacherzählung von Maria Wolkonskis Leben in Sibirien – wo sie lebte und wie, die Reisen und Aufenthaltsorte ihres Clavichords, die phantastische Findigkeit ihrer Freundin, der französischen Modistin Pauline Annenkow – stützt sich auf die ausführlichen Recherchen in Christine Sutherlands Biographie, *The Princess of Siberia.* London 2001. Sutherland versieht den Wolkonski-Mythos mit Faktengehalt, der die berührende, alltägliche Menschlichkeit lebendig werden lässt, welche die Dekabristen zum Erfolg führte. **88 »Er habe es lieber mit hundert politischen Exilanten zu tun als mit einem Dutzend ihrer Frauen«:** Siehe M. Kuchajew, Stanislaw Romanowitsch Leparskij, *Russkaja starina*, 28 (August 1880), zit. in Jeanne Haskett, »Decembrist N. A. Bestuzhev in Siberian Exile, 1826–55«, in: *Studies in Romanticism*, 4:4 (Sommer 1965). **89 Und hohe Geldsummen schickten:** In Beer, *The House of the Dead*, beschreibt die Autorin »immense Geldsummen«, die den Dekabristen im Exil zugesandt wurden: Von dem offiziell deklarierten Geld erhielten die Männer in dem Jahrzehnt, das sie als Staatsgefangene in Sibirien verbrachten, 355 000 Rubel, die Frauen 778 000 Rubel. **89 »Welch bemerkenswerte Kämpfer sie waren, welche Persönlichkeiten, welche *Menschen*!«:** Alexander Herzen, *A Herzen Reader*. Übers. von Kathleen Parthé, Evanston 2012. **89 »Man sagte mir ... durch ihre Anwesenheit besserten«:** Tolstoi, *Die Dekabristen*. **90 Taten sich zusammen, um im Exil eine kleine Akademie ins Leben zu rufen:** Eine genauere Beschreibung der Dekabristen-Akademie in Haskett, »Decembrist N. A. Bestuzhev in Siberian Exile«, und Sutherland, *The Princess of Siberia*. Hasketts akademische Abhandlung ist eine fesselnde Miniatur-Biographie des Dekabristen Nikolai Bestuschew, der mich mehr als alle anderen fasziniert. **90 Beinahe eine halbe Million Bücher umfasste sie:** Siehe D. I. Sawalischin, *Sapiski dekabrista*. München 1904, zit. ebenda. **90 Erfanden Seemannsgeschichten über ferne Meere:** Haskett, »Decembrist N. A. Bestuzhev in Siberian Exile, 1826–55«. **90 Riesige Sammlung der Insekten Sibiriens:** Glynn R. Barratt, *Voices in Exile: The Decembrist Memoirs*. Montreal – London 1974. **90 Förderte ... Hunderte sibirische Bauernkinder:** Ebenda. **90 Unter einem wohlwollenden neuen Gouverneur:** Figes, *Natasha's Dance* (dt.: *Nataschas Tanz*). **90 Sie besuchte das Konzert und erhielt stehende Ovationen:** Eine der besten Szenen in Sutherlands Biographie *The Princess of Siberia* beschreibt diesen Moment, als die Menge spontan Maria Applaus spendet. Der Autor bringt zahlreiche weitere Beispiele dafür, wie Marias Philanthropie und Kulturförderung der Gesellschaft in Irkutsk zugutekamen. **91 Eine Gans unter dem Arm:** Lucy Atkinson, *Recollections of Tartar Steppes and Their Inhabitants*. London 1863. **91 »Der Bauernfürst«:** Figes, *Natasha's Dance* (dt.: *Nataschas Tanz*). **91 Während des Völkerfrühlings von 1848:** Der Völkerfrühling war großteils eine falsche Morgendämmerung. Bis Ende 1849 waren die meisten Revolten niedergeschlagen und geahndet worden und die Liberalen desillusioniert durch die noch härteren Regime, welche auf die Revolutionen folgten. Siehe Michael Howard, »The Springtime of Nations«, in: *Foreign Affairs*, 69:1 (1989). Trotzdem war dies im Rückblick auch ein Wendepunkt der europäischen Geschichte, als freiheitsliebendes Gedankengut sich Gehör verschaffte. **92 Der Lichtenthal, gefertigt von einem Klavierbauer, der nach der Revolution in Belgien 1830 nach Russland gezogen war:** Siehe Richard Stites, *Serfdom, Society and the Arts in Imperial Russia*. New Haven – London 2005. **92 Mozarts bevorzugter Klavierbauer ... sodass er nie wieder splittern konnte:** Siehe Hermann Abert, *W. A. Mozart*. 2 Bände, Leipzig 1919, 1921. **95 »Je tiefer hinein wir nach Sibirien kamen ... legten mehr Wert auf ihre Rechte«:** Zit. in Barratt, *Voices in Exile*.

5 Klaviere in einem Venedig des Sandes: Kjachta

96 Als Maria Wolkonski 1856 zum letzten Mal den Baikalsee aufsuchte ... zum Trinken kamen: Christine Sutherland, *The Princess of Siberia*. London 2001 (dt.: *Die Prinzessin von Sibirien*. Übers von Ilse Straßmann, Frankfurt 1988). **97 Die Karl Marx und Friedrich Engels als eine der wichtigsten Zentren des Welthandels im 19. Jahrhundert beschrieben hatten:** Karl Marx, »Rußlands Handel mit China«. In: *New York Daily Tribune*, April 1857. Abgedruckt in: Karl Marx, Friedrich Engels, *Werke*. Band 12, Berlin 1984. **98 Auf der *Baikal*, eine m in England gebauten Eisbrecher:** Weiteres zur Geschichte der Eisenbahn und ihrer Verbindung zum Baikalsee in: Christian Wolmar, *To the Edge of the World*. London 2014, und Harmon Tupper, *To the Great Ocean: Siberia and the Trans-Siberian Railway*. London 1965. **98 Brauchte im Winter manchmal eine Woche für die Überquerung:** R. T. Greener, »Commercial and Industrial Affairs in Siberia«. In: *US Consular Reports*, März 1900. **98 Kandinsky war besessen von russischer Ethnographie:** Siehe Peg Weiss, »Kandinsky and ›Old Russia‹: An Ethnographic Exploration«. In: *Syracuse Scholar*, 7:1 (Frühjahr 1986). **98 Als seine Verwandten in einem Dorf in der Taiga östlich des Baikalsees lebten:** Zahlreiche Informationen über die sibirische Familiengeschichte Kandinskys finden sich in: Wladimir Wladimirowitsch Barajew, *Dekabristy i semejstwo Kandinskich*. Moskau 1991. **99 »Man sah keine Dame ohne großen Hut, geschmückt mit einer Art Blumenbeet«:** Brief von Elisabeth von Wrangell an ihre Schwestern, Januar 1830. Zit. in: Susanna Rabow-Edling, *Married to the Empire*. Fairbanks 2015. **99 »Trotz allem, was sie von ihren westlichen Nachbarn geborgt haben ... Zweige einer höheren Lebensart aufgepfropft wurden«:** Alexander Michie, *The Siberian Overland Route*. London 1864. **100 Doch Kjachta war einmal so lebendig gewesen:** Für diese Details bin ich zwei russischen Quellen verpflichtet: I. I. Popow, *Minuwschee i Pereshitoe. Sibir i Emigrazija: Wospominanija sa 50 let*, Leningrad 1924, im Archiv von Kjachta, sowie der exzellenten Forschung durch L. B. Tsydenova im Museum für Regionalgeschichte in Kjachta. Zahlreiche Informationen zum Leben der Millionäre in Kjachta sowie eine der frühesten Annoncen eines Klavierstimmers in Sibirien finden sich in Tsydenovas elegant illustriertem Buch *Neobytschajnaja Kiachta*. Ulan-Ude 2013. **100 »Venedig des Sandes«:** Minuwschee i Pereshitoe. Sibir i Emigrazija. **102 Bei ihrem Begräbnis wimmelte es bei den Luschnikows von Trauergästen:** Baraev, Drevo. **102 »Wir waren sehr oft überrascht ... mit der zivilisierten Welt verbunden zu sein«:** George Kennan, *Siberia and the Exile System*. Band II, New York 1891 (dt.: *Sibirien*. Stuttgart 1900). **103 »Luschnikowa die Liberale«:** Tsydenova, *Neobytschajnaja Kjachta*. Dieser Text bringt auch Details zum Einfluss der Familie Luschnikow auf die Gesellschaft in Kjachta. **103 Studierte eine Tochter bei Rodin in Paris:** Walentin Rasputin, *Siberia, Siberia*. Übers. von Margaret Winchell und Gerald Mikkelson, Evanston 1996. **103 Eine andere war Sängerin am Opernhaus von Tiflis:** Baraev, Drevo. **103 Während seines Exils verwendete er Farben ... sie sandte auch Samen für die Gemüsegärten der Dekabristen:** Sutherland, *The Princess of Siberia*. **105 Mit einem Band des *Rambler* im Gepäck:** Glynn R. Barratt, *Voices in Exile: The Decembrist Memoirs*. Montreal – London 1974. **105 Sträfling mit den »goldenen Fingern«:** Jeanne Haskett, »Decembrist N. A.

Bestuzhev in Siberian Exile, 1826–55«. In: *Studies in Romanticism*, 4:4 (Sommer 1965). **105 Er stellte Hüte her, Schmuck aus den alten Fesseln der Dekabristen ... Wiegen und Särge:** Ebenda. **105 »Trotz des Frosts bei minus 25 Grad ging sie ganz genau«:** Zit. in: *Voices in Exile*. **105 Erhielt Alexej Luschnikow also eine der ungewöhnlichsten Ausbildungen:** Siehe Tsydenova, *Neobytschajnaja Kjachta*. **106 Und die Kaufleute von Kjachta boten anderen Mitgliedern von Herzens Kreis eine sichere Unterkunft:** Edward Hallett Carr, *Mikhail Bakunin*. New York 1975. **106 Schlüssel und Truhe verschwanden:** Diese Geschichten über angeblich verlorene Gemälde, Koffer und Schlüssel werden erzählt in: Tsydenova, *Neobytschajnaja Kjachta*. **107 Dass man die Aufzeichnungen darüber im Museum bewusst vernichtet habe:** Laut Stephanie Williams, *Olga's Story*. London 2006; es ist ein Buch über die Großmutter der Autorin, die während dieser Zeit aus Kjachta floh. Williams berichtet, wie die Dokumente angeblich während der Perestroika verbrannt wurden. **107 Brachte die Weiße Armee etwa 1600 Rote in Kjachta ... um:** Tsydenova, *Neobytschajnaja Kiachta*. **109 Kam ein als »Roter« Verdächtigter in einem Backofen zu Tode:** James Palmer, *The Bloody White Baron*. New York 2011. **109 Man ließ sie erfrieren, statt sie zu erschießen:** Baraev, Drevo. **109 Wurde der Körper auseinandergerissen:** Ebenda. **110 »Eigentlich beginnt vom Baikal an ... war es Prosa«:** Anton Tschechow, »Brief an Nikolai Lejkin, Juni 1890«; zit. in: Georgi Berndikow, *Anton Tschechow*. Berlin 1985.

6 Der Klang von Chopins Polen: Tomsk

112 Eine Familie zog sich 1945 so weit in die Taiga zurück: Die Geschichte der Altgläubigen wird in allen fesselnden Details erzählt in: Wassili Peskow, *Die Vergessenen der Taiga*. Übers. von Renate Janssen-Tavhelidse, München 1996. **113 Darunter einer bedeutenden jüdischen Population:** Siehe James Loeffler, *The Most Musical Nation: Jews and Culture in the Late Russian Empire*. New Haven – London 2010. **113 Katharinas Militär beschlagnahmte bedeutende historische Besitztümer:** Tomasz Nastulczyk, »Two Centuries of Looting and the Grand Nazi Book Burning«. In: Flavia Bruni (Hg.), *Lost Books*. Leiden 2016. **114 Befahl Nikolaus, dass einer der führenden Aufständischen:** Mehr zu Fürst Roman Sanguszko siehe in: Piotr S. Wandycz, *The Lands of Partitioned Poland, 1795–1918*. Seattle 1974, und Jocelyn Baines, *Joseph Conrad: A Critical Biography*. London 1960. **114 Vorträge ... Orchester und ... eine großartige Bibliothek:** Siehe Gentes, *The Mass Deportation of Poles to Siberia, 1863–1880*. Basingstoke 2017. **115 Fünftausend der höchstrangigen polnischen Rebellen geflohen waren:** Jolanta T. Pekacz, »Deconstructing a ›National Composer‹: Chopin and Polish Exiles in Paris, 1831–49«. In: *19th Century Music*, 24:2 (Herbst 2000). **115 Adam Mickiewicz, Freund und Vertrauter mehrerer Dekabristen:** Roman Robert Koropeckyj, *Adam Mickiewicz: The Life of a Romantic*. Ithaca 2008. **115 »Unter Blumen eingesenkte Kanonen«:** Zitat aus: Tadeusz Ochlewski (Hg.), *Geschichte der polnischen Musik*. Warschau 1988. **115 Beinahe zwei Drittel der in den 1830er Jahren aus politischen Gründen verbannten Polen:** Vladimir N. Shaidurov, »On the Emerging Polish Diaspora and Its Development in Siberia in the First Half of the 19th Century«. In: *Journal of Siberian Federal University: Humanities &*

Social Sciences, 10 (September 2016). **115 Die sich dann zu einem regelrechten Krieg auswuchs:** Edward Lewinski Corwin, *The Political History of Poland*. New York 1917. **115 Verbannte Russland etwa viertausend Mitglieder der gebildeten Oberschicht:** Gentes, *The Mass Deportation of Poles to Siberia*. **116 Als Maria Wolkonskis Tochter Elena … als diese in der sibirischen Taiga herumgetollt war:** Diese Anekdote und Details zu Elenas Erziehung »à la Rousseau« in: Sutherland, *The Princess of Siberia*. **116 Wenn die besten Familien in Kjachta Klavierlehrer für ihre Kinder suchten:** L. B. Tsydenova, *Neobytschajnaja Kiachta*. Ulan-Ude 2013. **116 Und als man in Omsk ein Orchester brauchte:** Diese Anekdote wird zitiert in: Wladimir Schaidurow, »The Siberian Polonia in the Second Half of the 19th Century«, in: *Przegląd Wschodnioeuropejski*, 8:1 (2017). **116 »Sibirien hat in der Gestalt der politischen Exilanten zahlreiche Persönlichkeiten von hoher Kultur aufgenommen«:** Thomas Knox, *Overland through Asia*. Hartford 1870. **117 »Chopins Mazurken sind verloren«:** Zit. in Andrzej Solak, »Legioniści z Sybiru«. In: *Polonia Christiana* (Februar 2013). **117 »Vive la Pologne!«:** Zit. in Knox, *Overland through Asia*. **117 »Iwan Ichhabsvergessen«:** Siehe George Kennan, *Siberia and the Exile System*. Band I, New York 1891 (dt.: *Sibirien*. Stuttgart 1900). **117 »Ich vergaß meine Ketten, vergaß mein vergangenes Leben, mein zukünftiges Geschick, vergaß alles«:** Rufin Piotrowski, *My Escape from Siberia*. London 1863. **118 »Herrschte das Klavier in den Salons wie ein Despot«:** *The Morning Paper* (1839), zit. in Benjamin Vogel, »The Piano as a Symbol of Burgher Culture in Nineteenth-century Warsaw«. In: *Galpin Society Journal*, 46 (März 1993). **118 »Es gibt beinahe kein Haus … Prüfstein für das Talent einer Familie«:** *Warschauer Kurier* (1840), zit. ebenda. **119 »Das Geräusch dieses Falles bleibt haften … Zertrampelt wird durch Menschenwut«:** Cyprian Kamil Norwid, »Fortepian Szopena«, übers. von Leonard Kress. In: Maja Trochimczyk (Hg.), *Chopin with Cherries: A Tribute in Verse*. Los Angeles 2010. **120 Beinahe all die luxuriöse Ausstattung der westlichen Zivilisation:** Siehe Piotrowski, *My Escape from Siberia*. **120 Kaiserlich-Russischen Musikgesellschaft … außerordentlich ambitionierte Organisation:** Zu einem tieferen Verständnis des Einflusses und der Geschichte dieser Institution siehe Lynn M. Sargeant, *Harmony and Discord: Music and the Transformation of Russian Cultural Life*. New York 2011. **121 Kein einziges auf Russisch geschriebenes Buch über Musiktheorie:** Siehe Liliya Shamazov, »Preface to Piotr Illyich Tchaikovsky, Concise Manual of Harmony, Intended for the Reading of Spiritual Music in Russia (1874)«. In: *Gamut*, 7:1 (2014). **121 *Bummtschacktschack:*** Siehe Julia Mannherz, »Nationalism, Imperialism and Cosmopolitanism in Russian Nineteenth-century Provincial Amateur Music-making«. In: *Slavonic and East European Review*, 95:2 (April 2017). **121 1885 zählte es 31 000 Einwohner … liberale Tendenzen in der Stadt reagierte:** Kennan, *Siberia and the Exile System*, Band I (dt. *Sibirien*). **121 »Eine von Natur aus geschäftstüchtige und vielversprechende Kolonie«:** Ebenda. **121 »Bemerkenswert ist die Stadt darin«:** Anton Tschechow, Brief an Alexei Suworin, Mai 1890. In: Anton Čechov, *Briefe*. Hg. und übers. von Peter Urban, Band 2 (1889–1892). **121 Erstellte er für eine Petersburger Literaturzeitschrift eine Bibliographie:** Anton Tschechow, *The Undiscovered Chekhov*. Übers. von Peter Constantine, London 2001. **122 Ukrainische Melodien …**

Zigeunerromanzen: Ein genaueres Bild der Musikszene in der russischen Provinz jener Zeit in: Mannherz, »Nationalism, Imperialism and Cosmopolitanism in Russian Nineteenth-Century Provincial Amateur Music-Making«. 122 **Das erste Kapitel der Kaiserlich-Russischen Musikgesellschaft:** Viele Details über die Klavierkultur in Tomsk im 19. Jahrhundert stammen aus Archivstudien durch: A. V. Salajew und L. A. Salajewa, *Is istorii fortepiannoj kultury Sibiri: Instrumenty i nastrojschtschiki w Tomske (XIX-XXI vv)*. 2. verb. Aufl., Tomsk 2013. 122 **Grigori Tomaschinski:** Ich verwende die russifizierte Version polnischer Namen, wenn der / die Betroffene in Russland ansässig war.

122 **Ein polnischer Emigrant in Sibirien, zusammen mit seiner Frau Kamila:** Die Geschichte der Tomaschinskis wird erzählt von V. A Chanewitsch, *Poljaki v Tomske (XIX–XX v.v.): Biografii*. Tomsk 2012. 122 **Die Lust auf das Instrument wuchs in Westsibirien:** Siehe Salajew und Salajewa, *Is istorii fortepiannoj kultury Sibiri.* 122 **Besitzer war Pjotr Makuschin:** Makuschins Biographie wird ausführlich erzählt in: T. Stalewa, *Sibirskij Proswetitel Pjotr Makuschin, Tomskoe Knishnoe Isdatelstwo.* Tomsk 1990, eine Quelle, auf die ich mich hauptsächlich gestützt habe. 123 **Verkaufte Makuschins bahnbrechendes Geschäft in zwanzig Jahren mehr als fünfhundert Instrumente:** Salajew und Salajewa, *Is istorii fortepiannoj kultury Sibiri.* 123 **Jadwiga Zaleskaja, eine junge polnische Absolventin:** Jadwiga Zaleskajas Geschichte wird erzählt von: Chanewitsch, *Poljaki v Tomske (XIX–XX v.v.): Biografii*; weitere Details liefert ein zeitgenössischer Musikhistoriker aus Tomsk, Wasilow Stanislaw.

7 Erst in hundert Jahren zuhause: die Insel Sachalin

127 **»Ein Ort unerträglicher Leiden ... fähig sind«:** Anton Tschechow, *Die Insel Sachalin.* Übers. von Gerhard Dick, Zürich 1976. 128 **»Hässliche kleine Kreatur«:** Benjamin Howard, *Prisoners of Russia: A Personal Study of Convict Life in Sakhalin and Siberia.* New York 1902. 128 **So unvertraut anfühlte wie Patagonien:** Tschechow, *Die Insel Sachalin.* 128 **Ein Journalist der *New York Times*:** Siehe »Manchooria«. In: *The New York Times,* August 1858. 128 **»Erst in hundert Jahren zuhause«:** Tschechow, *Die Insel Sachalin.* 128 **»Anscheinend fand die Stadt auch menschliches Interesse ... im hiesigen Klub einen öffentlichen Vortrag zu halten«:** Tschechow, *Die Insel Sachalin.* 129 **Auf chinesische Landstreicher zu schießen:** Tschechow, *Die Insel Sachalin.* 131 **Girew war der Sohn einer Gefangenen:** Zu Girews Biographie siehe Wjatscheslaw Innokentijewitsch Jussefow, »Northern Sakhalin to the Antarctic: The story of a Russian participant in Scott's expedition to the South Pole, 1910–1913«. Übers. von Ella L. Wiswell, *Polar Record,* 34:190 (Juli 1998). 131 **»Im Garten des Generals spielte Musik, und es ertönte Gesang ... nur Todesangst«:** Tschechow, *Die Insel Sachalin.* 133 **Ein 1914 produzierter Episodenfilm über ihre Husarenstücke fand großes öffentliches Interesse:** James von Geldern und Louise McReynolds (Hg.), *Entertaining Tsarist Russia: Tales, Songs, Plays, Movies, Jokes, Ads, and Images from Russian Urban Life, 1779–1917.* Bloomington – Indianapolis 1998. 133 **»Zivilisierter« Gesellschaft ... »beachtliche zoologische Kollektion« ... »majestätisch wie eine Marquise«:** Tschechow, *Die Insel Sachalin.* 134 **»Die Frau des Strafarbeiters E«:** Seine Geschichte wird ausführlich erzählt in Wlas Doro-

schewitsch, *Russia's Penal Colony in the Far East: A Translation of Vlas Doroshevich's* »*Sakhalin*«. Übers. von Andrew Gentes, London – New York 2011.   **135 »Das Herz der armen Frau war besessen … damit niemand ihre Tränen bemerkte«**: Ebenda.
135 »Musik – das ist alles, was ihrem Leben an den langen, langen Sachaliner Winterabenden Schönheit gibt … Da ist so viel Leiden, Trauer, Qual und Tränen«: Ebenda.
136 »Der Verurteilte wird in Ketten herbeigeschafft … die mit Talg gefettete Schlinge über das Hemd«: Ebenda. Doroschewitsch bringt eine blutrünstige, schaurige Version der Vorfälle an der Schlucht von Wojewodsk, dazu eine Darstellung des alten Henkers Kamlew.   **136 »Schubkarrenmänner«**: Eine genauere Beschreibung siehe ebenda und in Tschechow, *Die Insel Sachalin*.   **137 »Einen schrecklichen, hässlichen und in jeder Beziehung elenden Ort«**: Tschechow, *Die Insel Sachalin*.   **137 »Vielleicht das abscheulichste Loch, das auf Erden existiert«**: Doroschewitsch, *Russia's Penal Colony in the Far East*.   **137 Es gebe kein Mädchen über neun, das noch Jungfrau sei**: Charles H. Hawes, *In the Uttermost East*. London – New York 1904.   **138 »Wir sind keine freien Künstler … die entrechteten Opfer der heutigen abnormen sozialen Bedingungen«**: *Our Days Gazette* (Februar 1905), zit. in Lynn M. Sargeant, »Kashchei the Immortal: Liberal Politics, Cultural Memory, and the Rimsky-Korsakov Scandal of 1905«. In: *Russian Review*, 64:1 (Januar 2005).   **138 »Nieder mit der Autokratie!«**: Ebenda.   **138 Im Geröll glänzten keine Kohlenstücke mehr wie damals**: Tschechow, *Die Insel Sachalin*.   **138 »Weißen, blitzsauberen Häuschen«**: Ebenda.   **143 »Symbol für den Versuch des Staates, ›Aufklärung‹ und ›Bildung‹ zu verbreiten«**: Brian Donahoe und Joachim Otto Habeck (Hg.), *Reconstructing the House of Culture: Community, Self, and the Makings of Culture in Russia and Beyond*. New York 2011.   **143 »Ein Mensch, dem warm ist, kann keinen Menschen verstehen, der friert«**: Alexander Solschenizyn, *Ein Tag im Leben des Iwan Denissowitsch*. Übers. von Wilhelm Löser, Theodor Friedrich, Ingeborg Hanelt und Eva-Maria Kunde, München 1969.

TEIL ZWEI: Zerrissene Saiten

145 Die Wirklichkeit ist unbegreiflich: Anatoly Lunacharsky, *On Literature and Art*. Übers. von Avril Pyman. Moskau 1973.   **145 Ich bin mir nicht sicher, ob sich diese Dinge**: Claude Lévi-Strauss, *Mythos und Bedeutung*. Übers. von Brigitte Luchesi u. a., Frankfurt 1980.   **145 Und irgendwann im kommenden Jahrhundert**: Alexander Solschenizyn, *Der Archipel Gulag*. Übers. von Anna Peturnig, Bern 1974.

8 Das Klavier des letzten Zaren: der Ural

151 Kisten mit Weinflaschen … durften ihre Epauletten nicht mehr tragen: Diese Details werden berichtet in: Helen Rappaport, *The Race to Save the Romanovs*. London 2018; ein Buch, das den verschiedenen Möglichkeiten nachspürt, wie man die Romanows aus ihrer Haft in Sibirien hätte befreien können.   **151 Der amerikanische Journalist John Reed … weigerten sich, Trinkgeld anzunehmen**: John Reed, *Ten Days That Shook the*

World. New York 1960 (dt.: *Zehn Tage, die die Welt erschütterten*. Essen 2011).
152 »Ich kenne nichts Schöneres als die *Appassionata* ... trotzdem solche Schönheit schaffen können«: Maxim Gorki, *Literarische Porträts*. Berlin – Weimar 1974.
152 Scharten sich um ihre paar verbliebenen Besitztümer: Siehe Iwan Wladimirows 1919 entstandenes Gemälde *Miserables Leben der russischen Adligen und Personen von hohem Rang während der Revolution 1919*, auf dem ein Flügel als Tisch benutzt wird. Wladimirow führte in der Frühzeit der Revolution ein Doppelleben. Öffentlich für seine Werke gepriesen, die den Heroismus des neuen Regimes betonten, schuf er insgeheim Bilder, die den wahren Schrecken der Revolution zeigten. **152 Flügel wurden auf Lastautos gehoben:** Siehe Brian Moynahan, *Leningrad: Siege and Symphony*. London 2013. **152 »Auf die Straße raus schleppt Klaviere«:** Wladimir Majakowski, »Tagesbefehl Nr. 2 an die Kunstarmee«. In: *Ich will meinen Stern, Majestät!* Nachdichtung von Hugo Huppert, Berlin 1987. **152 Becker stellte die Produktion ein ... auf eine Belegschaft von zehn reduziert:** Anne Swartz, *Piano Makers in Russia in the Nineteenth Century*. Bethlehem 2014. **152 Eine Folge des ... beschlossenen Handelsembargos:** Siehe Marina Frolova-Walker und Jonathan Walker, *Music and Soviet Power 1917–1932*. Woodbridge 2012. **153 »Wir sind alle entweder aufgezehrt von pausenloser Tätigkeit«:** Brief von Beljajew an Majakowski, Januar 1919, zit. in: Ebenda. **153 Kubazki bekam seinen eigenen Zug ... gekleidet in seine zeremonielle Militäruniform:** Die Anekdote über den Grafen auf der Krim stammt aus einer detaillierten Untersuchung über die Veränderungen in der musikbeflissenen Bildungsschicht während des Aufstiegs des Sowjetstaats: Frolova-Walker und Walker, *Music and Soviet Power*. **153 Bei der die Opferzahl unter der Zivilbevölkerung viermal höher war:** Dieser Vergleich stammt aus: Anna Reid, *Leningrad: Tragedy of a City Under Siege, 1941–44*. London 2011. **154 Nicht einmal einen Vogel im Flug:** Robert Wilton, *The Last Days of the Romanovs*. London 1920.
154 Schwarzes Brot zum Frühstück: J. C. Trewin, *Tutor to the Tsarevich: An Intimate Portrait of the Last Days of the Russian Imperial Family, compiled from the papers of Charles Sydney Gibbes*. London 1975. **155 Laut einem Bericht von Nikolai Sokolow:** Obwohl in zahlreichen Schlussfolgerungen vollkommen irrig, versorgt der Sokolow-Bericht (erstmals 1924 in Frankreich erschienen) nach wie vor Forscher mit einem reichen Schatz an Original-Informationen über die letzten Tage der Romanows und ihre Ermordung. Ein Teil der Untersuchungen Sokolows bestand darin, detaillierte Inventare von Gegenständen anzufertigen, die in der Bergwerksgrube von Ganina Jama und im Ipatjew-Haus gefunden worden waren; er hatte sogar die Tiefe der Kugeleinschläge in den Kellerwänden gemessen. In meiner Recherche benutzte ich zwei Versionen des Sokolow-Berichts, eine davon gekürzt und aus der originalen russischen Version übersetzt: *The Sokolov Investigation*. Übers. von John F. O'Conor. London 1972, und den vollständigen Bericht auf Russisch: Nikolai Sokolow, *Ubijstwo zarskoj semi*. Moskau 2017. **155 Die Bolschewiken erschossen zuerst den Zaren:** Zu dieser oft erzählten Geschichte habe ich eine Anzahl unterschiedlicher Quellen herangezogen. Eine der dramatischsten – und außerordentlich anschaulichen – Nacherzählungen der Romanow-Morde findet sich in Simon Sebag Montefiore, *The Romanovs 1613–1918*. London 2016 (dt.: *Die Romanows*.

Frankfurt 2016). **156 Fragmente des Schmucks … dieselbe stillgelegte Grube:** Diese Details wurden hauptsächlich aus Robert Wiltons Bericht über die letzten Tage der Romanows entnommen, eine der ärgerlichsten Primärquellen zu den Morden. Wilton, Korrespondent der Londoner *Times* in St. Petersburg, befand sich unter den ersten westlichen Beobachtern an Ort und Stelle. Er führte sogar seine Berichterstattung zusammen mit Sokolow, dem offiziellen Ermittler, durch. Seine Schlussfolgerungen allerdings waren durch seine aggressive Überzeugung beeinträchtigt, dass die Russische Revolution und die daraus resultierenden Morde an den Romanows das Ergebnis einer weltweiten jüdischen Verschwörung seien: Wilton, *The Last Days of the Romanovs*. **156 Dem anderen Schoßhund der Familie hatte man mit einem Gewehr den Schädel zertrümmert:** Ebenda. Die Geschichte der beiden Hunde der Kaiserfamilie wird von Wilton erzählt. **156 Versuchten die Bolschewiken, die Beweise zu vernichten:** *The Sokolov Investigation*. Übers. von John F. O'Conor. Siehe auch Greg King und Penny Wilson, *The Fate of the Romanovs*. Hoboken 2003. **160 Außer Beamten war er der Einzige innerhalb der Absperrung:** Siehe Vitaly Shitov, *Dom Ipatewa: Letopisnaja chronika w dokumentach i fotografijach 1877–1977*. Tscheljabinsk 2013; eine Primärquelle, der ich zur Geschichte des Ipatjew-Hauses Wesentliches verdanke. **160 Die sich an Kirchenlieder und singende Frauenstimmen erinnerten:** Siehe Wilton, *The Last Days of the Romanovs*; King und Wilson, *The Fate of the Romanovs*. **160 Wurde das Klavier aus dem Vorzimmer dorthin geschafft:** Kent de Price, »Diary of Nicholas II, 1917–1918, an annotated translation«. Graduate Student Theses, Dissertations, and Professional Papers, University of Montana 1966. **160 Berichtete aber von einem noch unheimlicheren Gerücht:** King und Wilson, *The Fate of the Romanovs*. **161 Klavier, das Nikolaus II. in einem Tagebucheintrag erwähnte:** De Price, »Diary of Nicholas II, 1917–1918, an annotated translation«. **164 Alexander sagte, er habe das Ipatjew-Haus vor dessen Zerstörung aufgesucht:** Leser, die des Russischen mächtig sind, finden eine genauere Beschreibung der Ereignisse, die Awdonin auf die Schweinewiese führten, sowie eine umfassende Liste aller gefundenen Gegenstände in dem Bericht, den er 2013 über seine Suche verfasste: Alexander Awdonin, *Ganina Jama: Istorija poiskow ostankow zarskoj semi*. 2. Aufl., Jekaterinburg 2013. **164 Ein Gedicht von Majakowski:** Siehe Wladimir Majakowski, »Imperator«, in W. W. Majakowski, *Polnoe sobranie sotschinenij*, Band 9. Moskau 1958. **165 An der alten Straße nach Koptjaki:** Awdonin benutzt in seinem Buch diesen Ortsnamen statt der Bezeichnung Schweinewiese. Alexander Awdonin, *Ganina Jama: Istorija poiskow ostankow zarskoj semi*. 2. Aufl., Jekaterinburg 2013 **170 »Amateur-Sherlocks«:** Wilton, *The Last Days of the Romanovs*.

9 Das Ende von allem: das Altai-Gebirge

171 Das »Ende von allem«: Eine lokale Redewendung und Übersetzung von »Ukok«. **172 Dass es in der Stadt Barnaul von Klavieren wimmle:** Siehe Thomas Atkinson, *Oriental and Western Siberia*. London 1858. **172 Der bedeutende deutsche Biologe Carl Friedrich von Ledebour:** Audrey Le Lièvre, »Nineteenth-century Dorpat and Its Botanical Influence«. In: *Curtis's Botanical Magazine*, 14:1 (Februar 1997). **172 Er sammelte an**

die tausend Schmetterlinge: Henry J. Elwes, »On the Lepidoptera of the Altai Mountains«. In: *Journal of the Royal Entomological Society,* 47:3 (September 1899). **172 Der russische Fürst Elim Pawlowitsch Demidoff:** »A Russian is the Richest Man in the World«. In: *New York Daily Tribune,* Oktober 1884. **172 Sackte er 32 der größten Wildschafe auf dem Planeten ein:** Elim Demidoff, *After Wild Sheep in the Altai and Mongolia.* London 1900. **172 Hatte lange Zeit zähe Zuwanderer ... angelockt:** »Wie die meisten Pioniere interessieren sich diese Bauern nicht besonders für Politik; sie wollen bloß in Ruhe gelassen werden, um sich ihr eigenes Schicksal zu gestalten«: Das sind Beobachtungen der amerikanischen Reisenden Helen Wilson und Elsie Mitchell, die 1925 in den Altai reisten: *Vagabonding at Fifty.* London 1929. **172 Der das Land ... bis 1922 heimsuchte:** Unter Historikern gibt es einige Debatten, in welchem Jahr der Russische Bürgerkrieg endete. Siehe Jonathan J. Smele, *The Russian »Civil Wars«, 1916–1926: Ten Years That Shook the World.* Oxford 2015. **173 Als die Gräber der roten Kommissare noch frisch waren:** Siehe Nicholas Roerich, *Altai-Himalaya: A Travel Diary.* London 1930. Er beschreibt die Nachweise, von einem mit dem Säbel zerhackten Altgläubigen bis zum Fluss Katun, wo die Weißen ertränkt wurden. **174 Begleitet von Wagner-Musik auf einem tragbaren Grammophon:** Andrei Znamenski, *Red Shambhala: Magic, Prophecy, and Geopolitics in the Heart of Asia.* Illinois 2011. **174 Hochkultur die Humanität gedeihen wird:** Zu Roerichs Credo siehe Nicholas Roerich, *Corona Mundi.* New York 1922. Außerdem: Ruth A. Drayer, *Nicholas and Helena Roerich: The Spiritual Journey of Two Great Artists and Peacemakers.* Illinois 2005. **176 »Eine unerhörte Verschmelzung von Tönen«:** Boris Pasternak, *Geleitbrief.* Übers. von Gisela Drohla, München 1958. In Pasternaks Biographie findet sich ein faszinierender Abschnitt über seine Ambitionen, Komponist zu werden, sowie über die familiären Beziehungen zum russischen Komponisten Alexander Skrjabin. Pasternaks Mutter war eine bekannte Konzertpianistin. **176 Schmelztiegel der Völker:** Siehe Nicholas Roerich, *Heart of Asia.* New York 1929. **177 Aufgenommen vom norwegischen Fotografen Jonas Bendiksen im Jahr 2000:** Die Bilderserie dokumentierte auch die Auswirkungen des abgelassenen Raketentreibstoffs in Russland und Kasachstan und das Vieh, von dem die Einheimischen behaupteten, es sei durch den vergifteten Erdboden eingegangen. Siehe pro.magnumphotos.com **178 Vier winzige Bruchstücke des »Denisova-Menschen«:** Siehe Viviane Slon, Bence Viola, Gabriel Renaud, Marie-Theres Gansauge, Stefano Benazzi, Susanna Sawyer, Jean-Jacques Hublin, Michael V. Shunkov, Anatoly P. Derevianko, Janet Kelso, Kay Prüfer, Matthias Meyer, Svante Pääbo, »A Fourth Denisovan Individual«. In: *Science Advances* (Juli 2017). **179 Die Prinzessin von Ukok ... war mit einem Beutel mit Kosmetika ... und Goldplättchen auf die Reise geschickt worden:** Siehe Natalya Polosmak, »A Mummy Unearthed from the Pastures of Heaven«. In: *National Geographic* (Oktober 1994). Polosmak schreibt beredt über ihre Entdeckung und auch über das Schuldgefühl, das sie als Archäologin beim Öffnen eines Grabes empfinde. Sie erzählt davon, wie der Körper der jungen Frau von ihrer Begräbnisstätte weggetragen wurde, der Leichnam lag auf einer Bahre, überspannt mit weißer Gaze »wie die Flügel eines Schmetterlingsspezimens«. Als sie so weit waren, die Mumie nach Nowosibirsk zu schaffen, kam aus dem

Nichts ein Schneesturm. Dann fiel in dem Hubschrauber, der die Prinzessin von Ukok transportieren sollte, ein Motor aus. »Ich glaube, dass Gedanken und Vorstellungen nicht verschwinden, dass sie in den Schichten der Atmosphären, die die Erde umhüllen, weiterexistieren«, schrieb Polosmak in ihrer Reportage für *National Geographic*.

179 **»Ahnung einer fern'ren Welt«:** Percy Bysshe Shelley, »Mont Blanc«, in: *The Selected Poetry and Prose of Shelley*. Hertfordshire 2002.

10 Das Moskau des Ostens: Harbin

184 **»Ein Pass ... besonders in Russland«:** Thomas Preston, *Before the Curtain*. London 1950. 185 **Sokolow reiste mit drei Koffern ... und ein Finger:** Greg King und Penny Wilson, *The Fate of the Romanovs*. Hoboken 2003. 185 **Wahrscheinlich von der Hand der Zarin abgeschnitten:** Edmund Walsh, »The Last Days of the Romanovs«. In: *The Atlantic* (März 1928). 185 **Bereits 1907 erlebten im zaristischen Russland verbotene Stücke in Harbin ihre Premiere:** Simon Karlinsky, »Memoirs of Harbin«. In: *Slavic Review*, 48:2 (Sommer 1989). 186 **Russische Droschkenkutscher in bunten Seidenhemden:** Walter M. Holmes, *An Eye-witness in Manchuria*. New York 1933. 187 **»Es war wie ein Traum des alten Russland ... an einem rauen und unschönen Ort«:** Adelaide Nichols, »The Seven Blue Domes of Harbin«. In: *The New York Times* (März 1923). 187 **Außen rot, innen weiß:** Laurie Manchester, »Repatriation to a Totalitarian Homeland: The Ambiguous Alterity of Russian Repatriates from China to the USSR«. In: *Diaspora*, 16:3 (Dezember 2007). 187 **Sie wurden Beute der Mädchenhändler ... an den Telegrafenmasten baumelten:** Amleto Vespa, *Secret Agent of Japan*. London 1938. 187 **Staunender 21-jähriger Angehöriger der Weißen Garden:** Wenige Zeugnisse existieren von Dmitri Aljoschin, einem Offizier der Weißen, der nach der Revolution nach Harbin floh und kurze Zeit in Baron Ungern-Sternbergs mongolischer Armee kämpfte. Aljoschin verschwand kurz nach der Veröffentlichung von *Asian Odyssey*, und der Mangel an Nachweisen hat Zweifel über seine wahre Identität aufkommen lassen. Nichtsdestotrotz liefert das Buch einen seltenen und bemerkenswerten Bericht über die zerfallende Weiße Armee und das russische Harbin. Dmitri Aljoschin, *Asian Odyssey*. New York 1940. 187 **Es gab zwei Opernhäuser, sechs Theater und Varietés, die auf Hochtouren liefen:** F. A. McKenzie, *The Unveiled East*. New York 1907. 187 **Vier Jahre später sickerte der Jazz ... Gebiet um die Transsibirische Eisenbahn:** Edwin Ware Hullinger, *The Reforging of Russia*. New York 1925, zit. in: Benjamin J. Beresford, *Rhapsody in Red: Jazz and a Soviet Public Sphere under Stalin*. Arizona State University, August 2017. Beresfords Dissertation ist eine lebendige wissenschaftliche Untersuchung über frühen sowjetischen Jazz und war wichtig für mein Verständnis dafür, wie sich dieser Musikstil innerhalb der UdSSR entwickelte. Eine seiner Primärquellen behauptete, der Jazz sei in Nowosibirsk früher angekommen als in Moskau. 188 **Zum Symphonieorchester von Harbin gehörten führende Kräfte:** Siehe Sheila Melvin und Jindong Cai, *Rhapsody in Red: How Western Classical Music became Chinese*. New York 2004. 188 **Florierten etwa dreißig Musikschulen:** Amy Qin, »In China, Rejuvenating a Classical Music Heritage Linked to a Jewish Community«. In: *The New York Times*, August 2016. 188 **Als Lund-**

strem als Halbwüchsiger ... in die Hände fiel: Eugene Marlow, *Jazz in China: From Dance Hall Music to Individual Freedom of Expression*. Jackson 2018. **188 Sein Bruder Igor Saxophon:** S. Frederick Starr, *Red and Hot: The Fate of Jazz in the Soviet Union*. New York – Oxford 1983. **188 »König des Jazz im Fernen Osten«:** Siehe John Fordhams Nachruf auf Oleg Lundstrem: »Oleg Lundstrem«. In: *The Guardian*, Oktober 2005. **188 Die später nach Paris weiterzogen, um am Folies Bergère Karriere zu machen:** Alexandre Vassiliev, *Beauty in Exile: The Artists, Models, and Nobility Who Fled The Russian Revolution and Influenced The World Of Fashion*. Übers. von Antonina W. Bouis und Anya Kucharev, New York 2000. **188 Russische »Prinzessinnen«, Anhängerinnen der Weißen, arbeiteten als Tanzgirls:** John B. Powell, *My Twenty-Five Years in China*. New York 1945. **188 Die weniger attraktiven Frauen in Harbin ... waren eher in Zahnarztpraxen beschäftigt:** Lilian Grosvenor Colville, »Here in Manchuria. Many Thousand Lives Were Lost and More Than Half the Crops Destroyed by the Floods of 1932«. In: *National Geographic Magazine* (Februar 1933); zit. in Karlinsky, »Memoirs of Harbin«. **188 »Hier in Harbin erbebte das ganze Haus unter Bravorufen«:** Adelaide Nichols, »Any Night at the Opera in Harbin«. In: *The New York Times*, März 1923. **189 Kaspe war um 1903 nach Harbin gekommen:** Professor Dan Ben-Canaan, der führende Forscher zur jüdischen Geschichte und Diaspora in Harbin, half mir, mich zurechtzufinden, als meine Suche kurzfristig auf chinesisches Gebiet abwich. Ben-Canaans Buch *The Kaspe File* (Heilongjiang 2009) bringt die detaillierteste derzeit erhältliche Analyse der Geschichte und des Mordfalls Kaspe. Meine Nacherzählung verdankt seiner Arbeit sehr viel. **189 »Vergiss nicht, dass Menschen nur begrenzte Kräfte haben«:** Zit. in Ben-Canaan, *The Kaspe File*. **190 Eine Art Hausindustrie:** Jamie Bisher, *White Terror: Cossack Warlords of the Trans-Siberian*. London 2005. **191 Ein großer Teil der *Harbinzky* ... hin und wieder auch ein Klavier, das dann im sibirischen Regen kaputtging:** Ebenda. **191 Von 1936 bis 1945 machten die Japaner aus einem Vorort von Harbin ... schaurigen Experimenten an Menschen:** Die Geschichte von Einheit 731 – einschließlich der erschütternden Zeugnisse der Familien von Arbeitern und Opfern – wird erzählt in: Yang Yan-Jun und Tam Yue-Him, *Unit 731: Laboratory of the Devil, Auschwitz of the East*. Stroud 2018. **191 Es prunkt mit vielspurigen Schnellstraßen:** Sophy Roberts, »Harbin: Opera and Ice Sculpture in China's Frozen Megacity«. In: *Financial Times*, Februar 2018. **192 Während Maos Kulturrevolution achtzig Prozent der fünfzig Synagogen und Kirchen verwüstet worden waren:** Kiki Zhao, »Chinese City With a Russian Past Struggles to Preserve Its Legacy«. In: *The New York Times*, Juni 2017. **192 »Während der chinesischen Kulturrevolution ... wie die Knochen der Bourgeoisie«:** Richard Curt Kraus, *Pianos and Politics in China: Middle-Class Ambitions and the Struggle over Western Music*. New York – Oxford 1989. **192 1966 schlugen Maos Rote Garden Instrumente in Stücke ... trieb Solisten in den Selbstmord:** Ebenda.

11 Beethoven in einem *Roten Tschum:* die Jamal-Halbinsel

195 **»Chaos statt Musik«:** »Sumbur wmesto musyki: ob opere ›Ledi Macbet Mzsenkowo ujesda‹«. In: *Prawda,* Januar 1936. **196** **In der sogenannten zweiten Leibeigenschaft:** David R. Shearer, »Stalinism, 1928–1940«, in: Ronald Suny (Hg.), *The Cambridge History of Russia.* Band III, Cambridge 2006. **196** **In der Ukraine starben allein Anfang der dreißiger Jahre geschätzte 3,9 Millionen Menschen an Hunger:** Siehe Anne Applebaum, *Red Famine.* London 2017. Andere Schätzungen wie jene von Robert Conquest in *Harvest of Sorrow: Soviet Collectivization and the Terror-Famine,* New York 1986, setzen die Zahlen weit höher an. **196** **»großen Rückzugs«:** Nicholas Timasheff, *The Great Retreat: The Growth and Decline of Communism in Russia.* New York 1946. **196** **Splitterte sich die Musik in ein Spektrum von Innovationen auf ... konnten ins Arbeitslager führen:** Für den Überblick über diese Periode bin ich dem kundigen Rat des russischen Musikwissenschaftlers Wladimir Orlow sehr verpflichtet. Seine Arbeit sowie jene von Marina Frolova-Walker liefern wichtigen Lesestoff zur nuancierten Geschichte der sowjetischen Musik, ihren Neuerungen und Widersprüchen. **197** **In diesem einzigen Jahrzehnt verdoppelte, dann verdreifachte sich die Zahl der Gefangenen im Gulag:** Anne Applebaum, *Gulag: A History.* London 2004 (dt.: *Der Gulag.* Berlin 2003). **197** **Die Bevölkerung schwoll allein in den dreißiger Jahren um dreihundert Prozent an:** Shearer, »Stalinism, 1928–1940«. **198** **Diese mobilen Schulen:** Siehe Andrei V. Golovnev und Gail Osherenko, *Siberian Survival.* Ithaca 1999. Darin heißt es, die *Roten Tschums* seien weniger häufig und deshalb weniger einflussreich gewesen als die staatlichen Internate, die sie detailliert beschreiben. **198** **Da sie sich ... nicht den kollektiven Regeln ... betrachteten ... als Krieg:** Andrei V. Golovnev und Gail Osherenko, *Siberian Survival.* **198** **»galoppierenden Sowjetisierung«:** Ebenda. **199** **»Von einem tiefen Blau, wie ein Wasser-Himmel«:** Siehe Fridtjof Nansen, *Sibirien, ein Zukunftsland.* Leipzig 1919. **200** *Operation Wunderland:* Siehe Pier Horensma, *The Soviet Arctic.* Abingdon 2003. **201** **»Zukunftsland«:** Nansen, *Sibirien, ein Zukunftsland.* **201** 1893 **spielte eine viktorianische alte Jungfer namens Helen Peel Klavier:** Siehe Helen Peel, *Polar Gleams.* London 1894. **201** **Nansen berichtet, wie das zähe kleine Schiff:** Siehe Nansen, *Sibirien, ein Zukunftsland,* und Phil Carradice, *The Ships of Pembroke Dockyard.* Stroud 2013. **201** **Er hatte keine Ahnung, dass vierzehn Überlebende tatsächlich das Schiff verlassen ... abgezeichnete Karte benutzt hatten:** Siehe William James Mills, *Exploring Polar Frontiers: A Historical Encyclopedia.* Santa Barbara 2003. **202** **In den 1990er Jahren hatte Anna Proteste gegen die Invasion des Territoriums der Nenzen durch die Industrie angeführt:** Golovnev und Osherenko, *Siberian Survival.* **203** **Sie hilft der Gemeinschaft, durch bescheidenen Tourismus Geld zu verdienen:** Sophy Roberts, »A warm welcome: the Siberian reindeer herders opening their tents to tourists«. In: *Financial Times,* Juli 2017. **203** **Dass ihre mündlichen Überlieferungen eng an elementare Geräusche gebunden waren:** Etliche dieser Details sind der grundlegenden Feldarbeit der Musikwissenschaftlerin Alla Abramovich-Gomon entnommen: *The Nenets' Song.* Aldershot 1999; es ist die erste Studie in Buchform über die Gesangstradition der Nenzen, der Großteil der Forschungen wurde in den 1970er Jahren durch-

geführt. **204 »Keine einzige Spur westlichen Einflusses«:** Ebenda. **208 Die Polarkreiseisenbahn, genannt Nummer 501, war einer der berüchtigtsten »weißen Elefanten«
des Stalin-Regimes:** Die Beschreibung, die ich über die Eisenbahnlinie 501 gebe, verdankt sehr viel der ausführlichen, von Ljudmila Lipatowa unternommenen und 2016
publizierten Forschung. Nichts kommt den Zeugnissen aus erster Hand gleich, die
Lipatowa gesammelt hat; nicht nur die Erzählungen aus dem Gulag, aber auch die
Zeugnisse des Alltagslebens in Salechard zu jener Zeit: L. F. Lipatowa: *Dorogi i Sudby*.
Salechard 2016.

12 Musik im Archipel Gulag: Kolyma

215 Wo Stalins Gulag-Schiffe ihre menschliche Fracht entladen hatten: Unmittelbar
nach dem Erscheinen von Solschenizyns *Der Archipel Gulag* veröffentlichte der britische
Historiker Robert Conquest einen ganzen, ausschließlich dem Lager in Kolyma gewid-
meten Band. Conquests *Kolyma* (London 1978) stützte sich auf Belege aus beinahe vierzig Quellen – viele davon aus erster Hand –, um die Geschichte des Gulags in Kolyma
unter Stalin nachzuzeichnen. Nach der Perestroika erschienen etliche Werke Conquests
in Russland, wo viele seine Berichte für vertrauenswürdiger hielten als die offizielle
sowjetische Version über die Vergangenheit. **215 »Halb menschlich, halb Vogelkreaturen«:** Michael Solomon war Journalist, wurde im kommunistischen Rumänien nach
dem Zweiten Weltkrieg verhaftet und in den Gulag von Kolyma geschickt. Nach seiner
Freilassung emigrierte er nach Kanada und verfasste einen Bericht über seine Haft:
Magadan. Princeton 1971. **215 »Wir sind hier am Ende der Welt ... Vivaldi für fünfzig
Ganoven«:** Zit. in Anne Applebaum, *Gulag: A History*. London 2004 (dt.: *Der Gulag*.
München 2005), und Brian Moynahan, *Leningrad: Siege and Symphony*. London 2013.
215 Für Litauer, die im Schiffsbauch ihre Lieder sangen: Miron Ėtlis, *Sowremenniki
Gulaga: Kniga wospominanij i rasmyschlenij*. Magadan 1991. **216 Die Wachen benutzten
Schläuche mit eiskaltem Wasser:** Janusz Bardach und Kathleen Gleeson, *Man is Wolf to
Man*. London 1998. **216 Vierlagigen Stockbetten:** Aino Kuusinen, *Before and After
Stalin: A Personal Account of Soviet Russia from the 1920s to the 1960s*. Übers. von Paul
Stevenson, London 1974. **216 Häftlingen, die man in Käfige gesteckt hatte:** Solomon,
Magadan. **216 Zeugen beschrieben das Mahlen der Schiffsmotoren:** Bardach und
Gleeson, *Man is Wolf to Man*. **216 Sie erinnerten sich auch an »wildes Gelächter«:**
Jewgenija Ginsburg, *Into the Whirlwind*. Übers. von Paul Stevenson und Manya Harari,
London 2014 (dt. in zwei Bänden: *Marschroute eines Lebens*. Hamburg 1967, und *Grat-
wanderung*. München 1991). **216 Janusz Bardach, ein polnischer Überlebender ... als
wären sie auf einer Art Vergnügungskreuzfahrt:** Bardach und Gleeson, *Man is Wolf to
Man*. **216 »Das Schiff fuhr weiter zum Laut des traurigen Gesanges ... griffen von
allen Seiten Hände nach mir«:** Zoe Zajdlerowa war eine mit einem Polen verheiratete
Irin und wurde nach der Besetzung Polens durch die UdSSR nach Kolyma geschickt.
Ihr Bericht wurde ursprünglich anonym veröffentlicht, doch Zajdlerowa gab sich in
späteren Auflagen des Buches zu erkennen: *The Dark Side of the Moon*. London 1946.
216 »Eine Melodie, die grau war wie das Meer«: Ebenda. **216 Als eines der Schiffe an**

der japanischen Küste auf Grund lief ... als auf das steigende Wasser zu warten: Martin Bollinger, *Stalin's Slave Ships*. Toronto 2003. **217 Statt echter Gulag-Häftlinge stellte man ihm eine Gruppe »großer, kräftiger junger Männer« vor:** Thomas Sgovio, *Dear America!* New York 1979. In Henry Wallaces eigener Darstellung der Ereignisse lautete das so: »Die Arbeiter in Kolyma sind große, zähe junge Burschen, die aus dem europäischen Russland in den Fernen Osten kamen.« Siehe Henry A. Wallace, *Soviet Asia Mission*. New York 1946. **217 Den schrecklichen Gestank, der immer noch aus den Frachträumen drang:** Ebenda. **217 1939 schrieb die *New York Times:*** »700 Believed Dead on Russian Vessel«. In: *The New York Times*, Dezember 1939. **217 Damals war der Westen der Hauptabnehmer von sowjetischem Gold:** Applebaum, *Gulag: A History* (dt.: *Der Gulag*). **217 Die Wachtürme, die die Straße nach Magadan säumten:** Robert Conquest, *Kolyma*. **218 Wallace kaufte sogar eine Flasche Parfüm:** Vadim J. Birstein, »Three Days in ›Auschwitz without Gas Chambers‹: Henry A. Wallace's Visit to Magadan in 1944«. *The Wilson Center*, 30. April 2012. **218 Wo er ein von Sträflingen aufgeführtes Stück sah:** Conquest, *Kolyma*. **218 »Ein ganzer abgesonderter Kontinent des Archipels«:** Alexander Solschenizyn, *Der Archipel Gulag*. Übers. von Anna Peturnig, Bern 1974. **218 Über drei Millionen Gefangene:** Kazimierz Zamorski, *Gold Mining and Forced Labour in the USSR*. Washington 1949. **218 Unter diesen wenigen Überlebenden war der Komponist Wsewolod Saderazki ... einen Zyklus von 24 Präludien und Fugen für Klavier:** Siehe den Bericht des Sohns des Komponisten, Wsewolod Saderazki jr., »Vsevolod Petrovich Zaderatsky (1891–1953): A Lost Soviet Composer«. Übers. von Anthony Phillips, International Centre for Suppressed Music, Online Journal, Mai 2006. **218 »Mein Trost ist die Musik, in die ich mich versenke«:** Dr. Inna Klause hat mehrere äußerst wertvolle wissenschaftliche Artikel veröffentlicht, die vorher wenig oder gar nicht bekannte Geschichten über Musiker im Gulag wiedergeben. Saderazkis wie Warpachowskys Erfahrungen sind dokumentiert in ihrer Abhandlung: »Musical Activity of Gulag Prisoners from the 1920s to 1950s«, in: Amaury du Closel (Hg.), *Symposium: Music and Concentration Camps*. Straßburg 2013. Die Autorin erwähnt auch die unterschiedlichen Gefühle, welche die Gefangenen mit ihrer Teilnahme an den Musikensembles verbanden. **219 »Travestie der Freiheit«:** Jelena Wladimirowa, »Kolyma«, übers. von Catriona Kelly. Zit. in Simeon Vilensky (Hg.), *Till My Tale is Told: Women's Memoirs of the Gulag*. London 1999. **220 Dalstroi, des 1931 gegründeten Staatsunternehmens:** Eine legitim wirkende Fassade war nötig, um die Ingenieure und freien Arbeiter zu rekrutieren, die für die Realisierung des riesigen Bergwerksprojekts nötig waren. Siehe Anne Applebaum, *Gulag: A History* (dt.: *Der Gulag*). **220 Solschenizyn schreibt über den berühmten sowjetischen Tenor Wadim Kosin:** Solschenizyn, *Der Archipel Gulag*. Band II. **220 Wie Kosin dort gelandet war, ist eine andere Geschichte:** Kosin zeichnete sein Leben und seine Gedanken in privaten Tagebüchern auf, die nach seinem Tod gefunden wurden. Der Inhalt dieser Tagebücher sowie Kosins Biographie und Festnahme werden auf bewegende Weise nacherzählt in meiner wichtigsten Quelle zu diesem Sänger: Dan Healey, *Russian Homophobia from Stalin to Sochi*. London 2018. **220 Dass es berittene Polizei brauchte, um die Konzertbesucher in Schach zu halten:**

Monica Whitlock, »Searching for Vadim Kozin, the Soviet tango king«. *BBC News*, 26. Dezember 2015. **220 Doch seine noch existierenden Tagebücher verraten einen Mann:** Healey, *Russian Homophobia from Stalin to Sochi*. **221 Laut Solschenizyn versuchte Kosin sich nach seinem ersten Auftreten zu erhängen:** Solschenizyn, *Der Archipel Gulag*. Band II. **221 »Gut, Kosin, hör auf, dich zu verbeugen, und raus!«:** Solschenizyn, *Der Archipel Gulag*. Band II. **221 Der aufstand und ihn einen Päderasten schimpfte:** Healey, *Russian Homophobia from Stalin to Sochi*. **222 Bei Umfragen, wer der größte Mann sei, der jemals gelebt habe, Stalin an erster Stelle steht:** Siehe David Filipov, »For Russians Stalin is the ›Most Outstanding‹ Figure in World History, Followed by Putin«. In: *Washington Post*, Juni 2017. **224 Schrieb der Dichter Warlam Schalamow über das Grün des Sommers – wie es in einer Art ausgelassener Eile wuchs:** Siehe Warlam Schalamow, *Schocktherapie. Kolyma-Geschichten*. Übers. von Thomas Reschke, Berlin 1990. **224 Zur selben Zeit aber hatten sich auch die Alphabetisierungsraten in der UdSSR bis Ende des Jahrzehnts nahezu verdoppelt:** Siehe David R. Shearer, »Stalinism, 1928–1940«. In: Ronald Suny (Hg.), *The Cambridge History of Russia*, Band III, Cambridge 2006. **225 Führten in den Konservatorien in Moskau und Leningrad neue Abteilungen:** Siehe Simon Mikkonen, *State Composers and the Red Courtiers*. Jyvaskala 2007. **225 Es sei gut, dass die Tränen der Häftlinge keinen Geruch hätten:** Schalamow, *Schocktherapie*.

13 Das sibirische Kolosseum: Nowosibirsk

226 Brachten die sowjetischen Behörden in den Straßen der Stadt Hunderte Lautsprecher an: Albert Pleysier, *Frozen Tears: The Blockade and Battle of Leningrad*. Maryland 2008. **226 Sie sendeten auch das Tick-Tack eines Metronoms:** Siehe Alexis Peri, *The War Within*. Cambridge – London 2017. **226 Nahm der Rhythmus des Metronoms … die Bedeutung eines Herzschlags an:** Siehe Pleysier, *Frozen Tears*. **227 Die sowjetische Dichterin Vera Inber meinte:** Ebenda. **227 »Musik macht mich furchtlos … doch ich gebe mich der Melodie hin«:** Susanna Iwanowa, zit. in Boris Skomorovsky und E. G. Morris, *The Siege of Leningrad*. St Petersburg 1944. **227 »Ihr Lied erzählt uns von einem großen singenden Volk«:** Carl Sandburg, »Take a Letter to Dmitri Shostakovich«. In: *Washington Post*, Juli 1942; zit. in Brian Moynahan, *Leningrad: Siege and Symphony*. London 2013. **227 Eine Visitenkarte für die UdSSR über die Dringlichkeit ihres Kampfes gegen den Vormarsch der Faschisten:** Die faszinierende Doppeldeutigkeit in Schostakowitschs musikalischer Botschaft wird in den nach dem Tod des Komponisten veröffentlichten umstrittenen Memoiren deutlich: »Ich empfinde unstillbaren Schmerz um alle, die Hitler umgebracht hat. Aber nicht weniger Schmerz bereitet mir der Gedanke an die auf Stalins Geheiß Ermordeten. Ich trauere um alle Gequälten, Gepeinigten, Erschossenen, Verhungerten. Es gab sie in unserem Lande schon zu Millionen, ehe der Krieg gegen Hitler begonnen hatte. (...) Ich habe nichts dagegen einzuwenden, dass man die Siebte die ›Leningrader‹ Sinfonie nennt. Aber in ihr geht es nicht um die Blockade. Es geht um Leningrad, das Stalin zugrunde gerichtet hat. Hitler setzte nur den Schlusspunkt.« Siehe Solomon Wolkow (Hg.), *Die Memoiren des Dmitri Schostakowitsch*.

Übers. von Heddy Pross-Weerth, München 2003. **227 »Meine Waffe war Musik«:** *Literaturnaja Gazeta*, Dezember 1965. Zit. in: Brian Moynahan, *Leningrad: Siege and Symphony*. **228 Der stürmische Empfang des Komponisten:** »Music: Shostakovich & the Guns«. In: *Time*, Juli 1942. **228 Zahlreiche Namen von Musikern waren durchgestrichen (man wusste von ihrem Tod), andere rot markiert, also im Sterben:** Siehe Pauline Fairclough, *Classics for the Masses: Shaping Soviet Musical Identity Under Lenin and Stalin*. New Haven 2016. **228 Bei der ersten Probe erschienen weniger als zwanzig:** Eine der fesselndsten Erzählungen der Geschichte der Blockade stammt von Moynahan, *Leningrad: Siege and Symphony*, ein Buch, dem ich einige sehr menschliche Details entnommen habe. **228 »angezogen wie Kohlköpfe«:** Ed Vulliamy, »Orchestral Manoeuvres«. In: *Observer*, November 2001. **228 Der Trommler starb auf dem Weg zur Arbeit:** »Die Erste Geige liegt im Sterben, die Trommel starb auf dem Weg zur Arbeit, das Horn ist in den letzten Zügen«: Jascha Babuschkin, Leiter des Rundfunkkomitees, zit. in Moynahan, *Leningrad: Siege and Symphony*. **229 »Wir waren überwältigt von der Zahl an Menschen ... Die meisten waren dünn und unterernährt«:** Michail Parfionow, zit. in Vulliamy, »Orchestral Manoeuvres«. **229 »Chicago der Sowjetunion«:** Richard Nixon, »Russia as I Saw It«. In: *National Geographic*, Dezember 1959. **229 Sibirisches Kolosseum:** Eine allgemein verwendete Bezeichnung. Siehe Peter Conradi, *Who Lost Russia? How the World Entered a New Cold War*, London 2017. **229 Dass man oberhalb des Orchestergrabens eine ganze Reihe Panzer aufstellen ... dass sowjetische Traktoren von der Straße direkt auf die Bühne fahren konnten:** Eine detaillierte Darstellung über die Ambitionen, Fehlschläge und Erfolge der Erbauer in: Iwan Ivan Newsgodin, »A Great Achievement of the Soviet Construction Technology in Siberia: The Reinforced Concrete Cupola of the Novosibirsk Theatre«. In: Ine Wouters u. a. (Hg.), *Building Knowledge, Constructing Histories*, Band I, Leiden 2018. Eine Schwierigkeit bei den Recherchen über die Baugeschichte, so bemerkt die Autorin, ergab sich dadurch, dass der Chefingenieur 1937 während der stalinistischen Säuberungen hingerichtet wurde. **229 Die ursprüngliche Ausstattung war ebenso extravagant:** Beschreibungen des Opern- und Ballett-Theaters in Nowosibirsk in seiner sowjetischen Frühzeit in Eric Johnstones Artikel »Russian Visit«. In: *Life Magazine*, September 1944, und Richard Lauterbach, *These are the Russians*. New York 1945. **230 Luftfahrtexperten, welche die Mechanik für den neunzig Tonnen schweren eisernen Vorhang zusammensetzten:** Ebenda. **230 Mehr als 24 Millionen Russen ... im Großen Vaterländischen Krieg ums Leben:** Mark Harrison und John Barber, »Patriotic War, 1941–1945«. In: Ronald Suny (Hg.), *The Cambridge History of Russia*. Band III, Cambridge 2006. Die Zahlen variieren unvermeidlicherweise je nach Quelle. **231 Es wurde in aller Eile gepackt:** Die Evakuierung der Moskauer Tretjakow-Galerie während des Krieges ist ausführlich dargestellt in Z. I. Tregilowas exzellenter Geschichte, welche die Reisen einiger der legendärsten russischen Kunstwerke nachzeichnet: Z. I. Tregilowa (Hg.), *Istorija Tretjakowskoj galerei, XX wek, 1941–1945*. Moskau 2015. **232 Die Museumsbediensteten vergruben, was sie konnten, auf dem Grundstück:** Diese Details sind zwei ausführlichen Quellen entnommen: Suzanne Massie, *Pavlovsk: The Life of a Russian*

Palace. Leipzig 1990; ein außerordentlich exaktes Stück historischer Forschung, das sich an den Stellen, wenn die Museumszüge aus Leningrad nach Sibirien entkommen, wie ein Thriller liest; außerdem: R. R. Gafifullin, *In Memoriam: Pawlowsk. Sobranie dworzamuseja, Poteri i utraty.* St. Petersburg 2015.   **232 Stalins vorgesehener Erbe, von seinen Rivalen spöttelnd …»Der Pianist« genannt:** Simon Sebag Montefiore, *Stalin: The Court of the Red Tsar.* New York 2004.   **232 »Kiste 63«:** Ich bin der Arbeit von Alexej Gusanow und Natalia Kulina im Schloss Pawlowsk verpflichtet, die sich für mich in die Archive vertieften, um die bis dato ungeschriebene sibirische Geschichte von Katharinas Zumpe-Klavier aufzudecken. Mehr zu den Zugfahrten nach Nowosibirsk in: Massie, *Pavlovsk: Life of a Russian Palace.*   **233 Die Angestellten der Tretjakow-Galerie waren in einem Schlafsaal:** Tregilowa (Hg.), *Istorija Tretjakowskoj galerei, XX wek, 1941–1945.*   **233 Die Arbeiter aus Pawlowsk belegten den Keller:** Massie, *Pavlovsk: Life of a Russian Palace.*   **234 Mrawinski reiste mit seiner Mutter, seiner Frau und einigen Hauskatzen:** Siehe Gregor Tassie, *Yevgeny Mravinsky: The Noble Conductor.* Lanham 2005.   **234 In den nächsten drei Jahren spielten Mrawinskis Leningrader Philharmoniker in ihrem sibirischen Exil mehr als fünfhundert Konzerte:** Ebenda.   **234 Die Philharmoniker fuhren auch in verschiedene sibirische Städte:** Tassie, *Yevgeny Mravinsky.*   **235 »Vor den Deutschen gerettete Kostbarkeiten«:** Siehe Tregilowa (Hg.), *Istorija Tretjakowskoj galerei, XX wek, 1941–1945.*   **235 »Keines der Orchester, die meine Werke aufgeführt haben«:** D. D. Schostakowitsch, in: *Sovetsky Sibir.* Juli 1942.   **235 Ein Artikel in der Zeitung *Sowjetisches Sibirien* beschrieb … eine Art tierisches Heulen zu hören sei:** I. Sollertinskii, »Sed'maia simfoniia Shostakovicha«, in: *Sovetsky Sibir* (Juli 1942).   **235 »Weit entfernt, mitten in Sibirien«:** D. D. Schostakowitsch, »Sametschatelnye orkester, Literatura i Iskusstwo« (August 1942), zit. in Tassie, *Yevgeny Mravinsky.*   **243 Anfang der sechziger Jahre waren über 400 000 Kinder im Volksschulalter in Musikschulen … eingeschrieben:** Siehe Maria Pisarenko, »Cultural Influences upon Soviet-era Programmatic Piano Music for Children«. *UNLV Theses, Dissertations, Professional Papers, and Capstones,* Las Vegas 2017.   **245 Eine massenhafte panische Flucht:** In *The Second World War.* New York – Boston – London 2012, schreibt der britische Historiker Anthony Beevor, dass nach der sowjetischen Offensive nur noch 193 000 Deutsche (aus einer Vorkriegs-Bevölkerung von 2,2 Millionen) in Ostpreußen verblieben. In *Berlin: The Downfall,* New York 2002, beschreibt Beevor die bis zum Rand angefüllten sowjetischen Panzer, die aus Ostdeutschland abzogen. Beide Bücher sind eine wichtige Lektüre, um das Ausmaß und das Furchtbare der Geschehnisse zu verstehen.   **245 Alexander Solschenizyn, damals als Artilleriehauptmann in Ostpreußen stationiert:** Gedicht von Alexander Solschenizyn aus: *Ostpreußische Nächte,* Übersetzung Nikolaus Ehlert, Darmstadt 1976 © Alexander Solschenizyn 1974, mit freundlicher Genehmigung von Editions Fayard.

246 Unschätzbare Sammlungen auch verbrannt oder von Zivilisten geplündert: Siehe Max Hastings, *Armageddon: The battle for Germany, 1944–45.* London 2004.

247 70 000 Bauarbeitern: Diese Statistik wurde veröffentlicht in: Richard Nixon, »Russia as I Saw It«. In: *National Geographic*, Dezember 1959. **247 Bis zu neunzig Prozent der natürlichen Ressourcen des Landes:** Siehe National Research Council et al., *The Role of Environmental NGOs – Russian Challenges*. American Lessons, Washington DC 2002. **247 Auf dem Papier wirkte Akademgorodok spektakulär:** Zu ausführlichen Beschreibungen der Gründung, des Zwecks und der Leistungen von Akademgorodok habe ich mich stark auf Paul R. Josephsons Buch *New Atlantis Revisited: Akademgorodok, the Siberian City of Science*, Princeton 1997, gestützt. **248 »Kleine Stadt mit dem wahrscheinlich höchsten IQ«:** Siehe Daniel Ford, »Rebirth of a Nation«. In: *The New Yorker*, März 1998. **248 Für die Intelligenzija des Landes, die nicht auf Parteilinie war:** Josephson, *New Atlantis Revisited*. **248 Binnen eines Jahrzehnts nach Beginn der Bauarbeiten:** Ebenda. **248 »Ein Wunder«:** Raissa L. Bergs Autobiographie hält die Nuancen des Alltagslebens im neu erbauten Akademgorodok fest und geht im Detail auf die Vorzugsbehandlung der »Elite«-Akademiker ein: Raissa L. Berg, *Acquired Traits*. Übers. von David Lowe, London 1988. **249 Vera Lotar-Schewtschenko wurde am 2. Oktober 1899 als Véronique Lautard in Nizza geboren:** Ich bin einigen detaillierten Beschreibungen von Veras Leben zu Dank verpflichtet, insbesondere: Ljubow Kachan, »Shalet sebja – kakaja erunda!«, *Nowoe Russkoe Slowo* (April 1999); Simon Solowejtschik, »Pianistka«, in: *Komsomolskaja Prawda* (Dezember 1965), und der russischsprachigen Dokumentation *My eschtscho budem shit nastojaschtschej shisnju* unter der Regie von Waleri Klabukow. Mit Unterstützung von Anastasia Blisnjuk habe ich auch einige Berichte des verstorbenen Historikers von Akademgorodok, Michail Kachan, und von Georgi Ugodnikow zusammengetragen, der bei Vera in Nischni Tagil Klavier studierte; dazu kamen noch andere (es gibt Berichte von Lokalhistorikern in Nischni Tagil sowie weitere von Leuten, die Vera kannten, auf historyntagil.ru). Einige dieser Quellen sind widersprüchlich, nicht zuletzt die wesentlichen; es gibt Abweichungen bei Veras Geburts- und Todesdatum (mit Argumentationen, dass sogar das Jahr auf ihrem Grabstein falsch sei). Ihre definitive Biographie wird weiter kompliziert durch den Umstand, dass Vera, soviel man weiß, weder Tagebücher noch Erinnerungen hinterlassen hat. In meiner Version ihres Lebens habe ich keinen Grund, am Wahrheitsgehalt dieser Quellen zu zweifeln. Ich habe mein Bestes getan, Verifizierung bei Leuten zu suchen, die sie kannten, doch bleibt in meiner Darstellung angesichts der Widersprüche hin und wieder auch ein bewusster Grad an Unsicherheit. **250 Eine andere Quelle nennt den Italiener Ernesto Consolo:** »Concerts ›Vera Lautard‹«. In: *Le Figaro*, November 1920. **250 »Samtigen« Stil:** Diese Beschreibung laut Kachan, »Shalet sebja – kakaja erunda! « **250 »von seltener Brillanz«** »Vera Lautard«, *Le Figaro*. **251 »Das nicht da ist, und das Nichts, das ist«:** Wallace Stevens, »The Snowman«. In: *The Collected Poems of Wallace Stevens*, New York 1954 (dt.: »Der Schneemann«. In: *Die Weitung alles Sichtbaren*. Hg. und übers. von Klaus Martens, Heidelberg 2013). **251 Es gibt eine alte Aufnahme:** ADGO, »Vera Lotar-Shevchenko plays Beethoven Piano Sonata no. 32, op. 111«, YouTube (Juni 2017). **253 Schönheit an ihren äußersten Grenzen:** Solowejtschik, »Pianistka«. **253 Vera weigerte sich, eine**

Zugabe zu spielen ... wie schwer es gewesen sei, auf dem sowjetischen Klavier zu spielen: Dieser Bericht über Veras Auftritt im Opern- und Ballett-Theater Nowosibirsk findet sich in dem russischen Dokumentarfilm *My eschtscho budem shit nastojaschtschej shisnju* (1991), Regie: Waleri Klabukow. Der verstorbene Historiker Michail Kachan hingegen glaubte, dass das Ereignis mit dem Estonia und dem Steinway in einem anderen Konzertsaal in einer anderen sibirischen Stadt stattgefunden habe.   255 **Zahlreichen politischen Häftlingen wurde eine Amnestie gewährt, oder sie wurden »rehabilitiert«:** »Waren in den drei Jahren vor der Geheimrede etwa siebentausend Personen rehabilitiert worden, so schnellte diese Zahl in den zehn Monaten danach auf 617 000.« Anne Applebaum, *Gulag: A History.* New York 2003 (dt.: *Der Gulag.* Berlin 2003).   255 **1958 gewann der texanische Pianist Harvey Van Cliburn ... mit Chruschtschows Billigung:** Siehe Stuart Isacoff, *When the World Stopped to Listen.* New York 2017.   256 **War gekleidet wie für ein Fußballspiel:** James Reston, »Siberia and Surprises«. In: *The New York Times,* Juli 1959.   256 **Besuchte Mrs. Nixon eine sibirische Modenschau:** Ebenda.   256 **Begann seine achtzehnjährige Funktionsperiode als Generalsekretär der KPdSU:** Der Gebrauch dieses Titels im Gegensatz zu »Erster Sekretär« war ein aussagekräftiger Rückgriff auf die Sprache der Stalin-Zeit. Siehe Stephen E. Hanson, »The Brezhnev era«. In: Ronald Suny (Hg.), *The Cambridge History of Russia,* Band III, Cambridge 2006.   256 **Das Ereignis wurde durch ein Spruchband über dem Eingang zum Konzertsaal angekündigt:** Siehe Alexander Galich, *Songs and Poems.* Übers. von Gerald Stanton Smith, Ann Arbor 1983.   257 **Dann standen alle zweitausend Leute im Auditorium auf:** Galich, *Songs and Poems.*   257 **Holte man Galitsch aus seinem Hotel, damit er im Kino um zwei Uhr nachts:** Josephson, *New Atlantis Revisited.*   258 **So wurden auf den Plänen dem geplant zwölfstöckigen Hotel flugs vier Stockwerke abgesäbelt:** Ebenda.   259 **Als die Fabrik im Jahr 250 Flügel baute:** Siehe Anne Swartz, *Piano Makers in Russia in the Nineteenth Century.* Bethlehem 2014.   259 **Der deutsche Fabrikant war unter jenen ausländischen Handwerkern:** Siehe Robert Palmieri (Hg.), *The Piano: An Encyclopedia.* 2. Auflage, New York – London 2015.   262 **Klawdija Schultschenko, der »russischen Vera Lynn«:** Anna Reid, *Leningrad: Tragedy of a City Under Siege, 1941–44.* London 2011.   262 **Auf die Turmspitze der Admiralität kletterten Bergsteiger:** Siehe auch Albert Pleysier, *Frozen Tears: The Blockade and Battle of Leningrad.* Maryland 2008.   262 **Das Eis auf dem Ladogasee hielt im ersten Belagerungswinter sechs Monate lang:** Siehe Harrison E. Salisbury, *The 900 Days: The Siege of Leningrad.* London 2000.   263 **Kannten die »Straße des Lebens« auch unter einem anderen Namen: »Straße des Todes«:** Ebenda.   265 **Rönisch war ein Klavierbauer aus Dresden:** Die Geschichte der Römisch-Klaviere in Russland wird detailliert erzählt in: Swartz, *Piano Makers in Russia in the Nineteenth Century.*   265 **In der Art, in der J. Albert Prufrock sein Leben mit Kaffeelöffeln abmaß:** T. S. Eliot, *Ausgewählte Gedichte.* Übers. von K. G. Just, Frankfurt 1951.   266 **Dass so wie Stanislaw dreißig Millionen Menschen außerhalb Amerikas zuhörten:** John S. Wilson, »Who is Conover? Only We Ask«. In: *The New York Times,* September 1959.

269 Oft wird das Objekt der Begierde: Umberto Eco, *Die Geschichte der legendären Länder und Städte*. Übers. von Martin Pfeiffer und Barbara Schaden, München 2013. **269 Es ist wunderbar, wie schnell ein Klavier:** Ralph Waldo Emerson, *The Collected Works of Ralph Waldo Emerson*. Band VII, Cambridge – London 2007. **269 Es gibt viele Arten von Schlüssen:** Alfred Brendel, *A–Z eines Pianisten. Ein Lesebuch für Klavierliebende*. München 2012.

15 Ein Spiel mit Risiko: Kamtschatka

271 1986 nahm der legendäre sowjetische Pianist Swjatoslaw Richter ein Stück Karton: Siehe Walentina Tschemberdschi, *Eine Reise durch Sibirien*. Salzburg 1998 – eine ausführliche Schilderung der sibirischen Reisen des Pianisten, die Tschemberdschi miterlebte. Ihr Bericht, der Richters komplizierten Charakter und seine Melancholie sensibel nachzeichnet, ist eine faszinierende Lektüre. **272 Liszt auf einem klappernden Tompkinson-Pianino:** Alan Walker, *Franz Liszt: The Virtuoso Years*. Ithaca 1993. **272 »Schwer, sich einen Flügel in einer Jurte oder in der Taiga vorzustellen!«:** Tschemberdschi, *Eine Reise durch Sibirien*. **272 »Im tiefsten Russland hatte ich nicht immer besonders gute Instrumente«:** Bruno Monsaingeon, *Sviatoslav Richter: Notebooks and Conversations*. Übers. von Stewart Spencer, London 2001. **272 Besuchte Chabarowsk, Tschita ... Ulan-Ude, Irkutsk, Krasnojarsk und Barnaul:** Richters gesamte Reiseroute und viele Anekdoten von unterwegs in: Tschemberdschi, *Eine Reise durch Sibirien*. **272 In Abakan am Jenissei:** Ebenda. **272 Programme ... auf Papierbögen gekritzelt:** Monsaingeon, *Sviatoslav Richter*. **272 »Durch Mundpropaganda war der Saal voll. Im Westen ist das nicht so«:** Ebenda **272 »Das Einzige, was zählt, ist, dass die Leute nicht aus Snobismus kommen«:** Monsaingeon, *Sviatoslav Richter*. **273 »In den letzten Jahren des zaristischen Russland«:** Gorbatschows Besuch in Nischnewartowsk und dieses Zitat in: William Taubman, *Gorbachev: His Life and Times*. London 2017. **273 Die endlosen Schlangen vor dem McDonald's:** Siehe Francis X. Clines, »Upheaval in the East; Moscow McDonald's Opens: Milkshakes and Human Kindness«. In: *The New York Times*, Februar 1990. **273 In Leningrad dröhnte Musik aus illegalen Klubs:** Mark Yoffe und Dave Laing, »History of Soviet and Russian Rock Music«. In: John Shepherd u. a. (Hg.), *Continuum Encyclopedia of Popular Music of the World: Locations*. Band VII, London – New York 2005. **274 1992 standen die Leute wieder auf der Straße um Lebensmittel an:** Serge Schmemann, »Yeltsin Takes to Now-Restive Streets«. In: *The New York Times*, Januar 1992. **274 Eine der Regionen, die sich nach der Auflösung der Sowjetunion am dramatischsten leerten:** Siehe Stephanie Hitztaler, »The Relationship between Resources and Human Migration Patterns in Central Kamchatka during the Post-Soviet Period«. In: *Population and Environment*, 25:4 (März 2004). **274 Nach Kamtschatka zu kommen:** Zu einer ausführlichen Darstellung der Schwierigkeiten, Kamtschatka zu erreichen, siehe James R. Gibson, *Feeding the Russian Fur Trade*. Madison 2011. **276 »Hier gab es nicht das, was wir Straßen nennen ... suchen sich Wege in alle mögli-**

chen Richtungen«: Ljudmila Rikord, zit. in: Ebenda. 276 »Ich betrachte es als besonderen Glücksfall ... weil ich ein Pianoforte nach Kamtschatka schaffen konnte«: W. I. Golownin, *Around the World on the Kamtschatka.* Übers. von Ella Wiswell, Honolulu 1979 –
eine wertvolle Übersetzung des Berichts über eine außerhalb Russlands wenig bekannte
Reise. 276 »Das Vergnügen, an einem solch entlegenen Ort das Piano zu spielen«:
Ebenda. 277 Golownins Klavierzustellung zur See: Ebenda. 277 Kamtschatka sei
der Ort an der Rückseite des Klassenzimmers: Siehe Boris Pasternak, *Über mich selbst.*
Versuch einer Autobiographie. Übers. von Reinhold von Walter, Frankfurt 1959.
277 Einer von zehn Bewohnern Kamtschatkas ging fort: Hitztaler, »The Relationship
between Resources and Human Migration Patterns in Central Kamchatka during the
Post-Soviet Period«. 282 Russland als Amerikas bester Freund: T. De Witt Talmage,
»Truth about Russia«. In: *Herald and News*, Vermont, November 1892. 282 Die zwei
Führungspersönlichkeiten wurden in der Presse wohlwollend miteinander verglichen:
Ebenda. 282 »Leeren Fleck auf der Landkarte der Welt«: Perry Collins, *Overland
Explorations in Siberia, Northern Asia and the Great Amoor River Country.* New York 1864.
282 Mit seiner Anklage gegen das zaristische Verbannungssystem: Siehe George
Kennan, *Siberia and the Exile System.* Band II, New York 1891 (dt.: *Sibirien.* Stuttgart
1900). 282 Er schreibt über den Hafenkapitän ... verfeinerten Musikgeschmack des
Kapitäns: George Kennan, *Tent Life in Siberia.* New York 1893 (dt.: *Zeltleben in Sibirien.*
Hamburg 2012). 283 »Hin und wieder, aber selten, einem Klavier«: Thomas Wallace
Knox, *Overland through Asia.* Hartford 1870. 283 »Offenkundig hatten viele dieser
rauen, aber freundlichen Menschen«: Washington Vanderlip und Homer Hulbert, *In
Search of a Siberian Klondike.* New York 1903. 283 »Klassische Konzerte vom Heulen
der Schlittenhunde abgelöst«: Elim Demidoff, *A Shooting Trip to Kamchatka.* London
1904. 284 Bei vulkanischen Schlammbädern ... einem fleckigen alten Klavier: Ebenda. 286 Wo Mordkommandos der SS kommunistische Partisanen erschossen: »Ein-
satzgruppen«. In: Israel Gutman (Hg.), *Encyclopedia of the Holocaust.* Band II, New York
1990. 288 *Der Junge und der Vogel:* Siehe Wasilij Peskow, *Polnoe sobranie sotschinenij.*
Band 5, Moskau 2017.

16 Das letzte Klavier Sibiriens: von den Kommandeurinseln auf die Kurilen

291 »Zu viel Gewissheit etwas Armseliges ist«: Horatio Clare, *Orison for a Curlew.* Toller
Fratrum 2015. 292 Gemessen hatte man sie mit einem aus Klavierdraht gefertigten
Mechanismus: Siehe Albert E. Theberge, »George Belknap and the Thomson Sounding
Machine«. In: *Hydro*, April 2014. 292 Klavierdraht hatten die Sowjets auch dazu
benutzt: Siehe Peter Julicher, *»Enemies of the People« under the Soviets.* Jefferson 2015.
293 Dass weltweit nur noch weniger als 250 Brutpaare übrig sind: Diese Zahl war laut
den aktuellsten, von der RSPB (The Royal Society for the Protection of Birds, Königliche
Gesellschaft für Vogelschutz) zur Verfügung gestellten Daten für den Juli 2019 aktuell.
Dieselbe Quelle stufte den Vogel als »äußerst gefährdet« ein. 294 In ihrem mit zahlreichen Anmerkungen versehenen Buch über die Vögel im russischen Fernen Osten:
Mark Brazil, *Field Guide to the Birds of East Asia.* London 2009. 296 »In einem ande-

ren Frühling kann ich Postbote in Peru sein«: Henry David Thoreau, *Tagebuch I*. Berlin 2016.　**296 Unter ihnen ist ein Buch, das ich heiß liebe:** Kate Marsden, *On Sledge and Horseback to Outcast Siberian Lepers*. London 1892. Marsdens in ihrem Buch abgebildete Landkarte ist ein Schatz in den Annalen sibirischer Abenteuer.　**298 »Gewiss war es ganz natürlich für die Herren ... bevor ich noch losgefahren sei«:** Ebenda.　**298 »Sogar meine eigene Aufmerksamkeit, muss ich bekennen«:** Ebenda.　**299 Wie die Reise zu Land und zur See, die im 18. Jahrhundert der Entdecker Vitus Bering unternahm:** Ulf Møller und Natasha Okhotina Lind, *Until Death Do Us Part*. Fairbanks 2008.　**300 Im Juli 1741 landete Bering auf der Insel Kayak:** Zu Berings Geschichte siehe Glynn Barratt, *Russia in Pacific Waters, 1715–1825: A Survey of the Origins of Russia's Naval presence in the North and South Pacific*. Vancouver 1981.　**300 Steller beschrieb diese Kreaturen: Sie waren über sieben Meter lang ... konnte vierzig hungrige Seeleute zwei Wochen lang ernähren:** Siehe George W. Steller, *»De bestiis marinis, or, The Beasts of the Sea (1751)«*: Übers. von W. Miller und J. E. Miller, Faculty Publications, UNL Libraries, 17.
302 Unter den Einwohnern befanden sich indigene Aleuten, die von den Aleuten hierhergeholt worden waren: James S. Olson (Hg.), *An Ethnohistorical Dictionary of the Russian and Soviet Empires*. Westport 1994.　**305 Dies war immer eine sensible Grenzzone gewesen:** John J. Stephan, *The Kuril Islands: Russo-Japanese Frontier in the Pacific*. Oxford 1974. Auf diese detaillierte, elegant erzählte Geschichte habe ich mich hauptsächlich gestützt, und sie lieferte auch einen der wichtigsten Gründe, warum ich so weit nach Osten reisen und die Inseln selber sehen wollte.　**305 Die Kurilen tauchten 1700 zuerst auf von Semjon Remesow, dem Landkartenzeichner aus Tobolsk, angefertigten Landkarten auf:** Ebenda.　**305 Von der Insel Iturup war die japanische Flotte ausgelaufen:** Ebenda.　**306 Das Ende der Welt:** Ebenda.　**307 Reihe dumpfer Geräusche:** Henry James Snow, *In Forbidden Seas*. London 1910.　**307 Der einzige Zweck der Kurilen sei es, Schiffbrüchigen als Zufluchtsort zu dienen:** Jean-François de la Pérouse, *La Pérousen's Entdeckungsreise in den Jahren 1785, 1786, 1787 und 1788*. Band 2, Berlin 1800.
307 Franklin D. Roosevelt erachtete sie als so unbedeutend: Siehe Stephan, *The Kuril Islands*.　**307 Und reduzierten die Seeotter-Population der Kurilen bis fast zur Auslöschung:** Siehe Ann B. Irish, *Hokkaido: A History of Ethnic Transition and Development on Japan's Northern Island*. Jefferson – London 2009.　**307 »Nebel-Archipels«:** John D. Grainger, *The First Pacific War: Britain and Russia, 1854–1856*. Suffolk 2008.

17 Wiedergewonnene Provenienz: Chabarowsk

310 Wo Richter während seiner Sibirien-Rundreise ... gespielt hatte: Walentina Tschemberdschi, *Eine Reise durch Sibirien*. Salzburg 1998.　**311 Klaviermacher Léopold Stürzwage, der ... in Moskau eine Klavierwerkstatt eröffnete:** Martha Novak Clinkscale, *Makers of the Piano: 1820–1860*. Band II, Oxford 1999.　**311 Dann tauschte Stürzwages 1879 geborener Erbe, ebenfalls mit Namen Léopold:** Siehe Maxim Sergejew, »Professija fortepiannowo mastera w Rossii. Zechowoj remeslennik kak klassitscheskij tip nastrojschtschika fortepiano«, in: *Opera Musicologica*, 2:28 (2016).　**311 »Du schaust auf die Welt mit einem und in dich hinein mit dem anderen Auge«:** Zit. in Mason Klein, *Modig-*

liani Unmasked. New Haven – London 2017.   **311 »Es ist seltsam verlockend ... zurückgelassen wurde«:** Edward W. Said, *Reflections on Exile*. Cambridge, Mass. 2000.

EPILOG: DAS ORCHON-TAL

**321 Mit dem Verstand kann man Russland nicht ermessen ... Man kann nur daran
glauben:** Siehe Robert Chandler, Boris Dralyuk und Irina Nachinski (Hg.), *The Penguin
Book of Russian Poetry*. London 2015. In der Anthologie finden sich zwei verschiedene
Übersetzungen von Tjutschews ikonischem Vierzeiler von 1866.   **321 Ich suche nie ein
Klavier aus und probiere es nicht vor einem Konzert:** Zit. in Bruno Monsaingeon, *Sviatoslav Richter: Notebooks and Conversations*. Übers. von Stewart Spencer, London 2001.
**321 Sibirien ist ein kaltes und langes Land ... Bitte die Staatsanwälte, dass sie dich hier-
herschicken:** Anton Tschechow, Brief an Alexander Tschechow. In: Anton Čechov, Briefe. Hg. und übers. von Peter Urban, Band 2 (1889–1892).   **323 »Febris Sachalinensis«:**
Tschechow, *Die Insel Sachalin*.   **323 »Kurilitis«:** Siehe John J. Stephan, *The Kuril Islands:
Russo-Japanese frontier in the Pacific*. Oxford 1974.   **324 »Sibirien besitzt die Tugend,
einen nicht sofort aufzuschrecken ... für immer in Sibirien zurückgelassen«:** Walentin
Rasputin, *Siberia, Siberia*. Übers. von Margaret Winchell und Gerald Mikkelson, Evanston 1996.   **324 Hatte Holmans Anwesenheit in Irkutsk ihm den Verdacht eingebracht, er sei ein britischer Spion:** James Holman, *Travels through Russia, Siberia, Poland,
Austria, Saxony, Prussia, Hanover, &C. &C. Undertaken during the Years 1822, 1823 and
1824, While Suffering from Total Blindness, and Comprising an Account of the Author Being
Conducted a State Prisoner from the Eastern Parts of Siberia*. London 1825.   **324 »Da ich
bei der Volkszählung als Hauptziel nicht ihr Ergebnis im Auge hatte ... nur in sehr
seltenen Fällen«:** Tschechow, *Die Insel Sachalin*.   **325 »Ich interessiere mich dafür, dort
zu sein, wo ich noch nicht war«:** Zit. in Walentina Tschemberdschi, *Eine Reise durch
Sibirien*. Salzburg 1998.   **325 »Neigung zum Abenteuer«:** Katharina die Große, 1769,
zit. in Alexander Etkind, *Internal Colonization: Russia's Imperial Experience*. Cambridge
2011.   **325 War das alles nur eine große Phantasterei:** Diese Überlegungen über das
romantische Genre werden genauer untersucht in: Barbara Fuchs, *Romance*. New York –
London 2004.   **334 »Niemand erreichte diese unbestimmten Harmonien ... dahinträumen hörten«:** Franz Liszt, *Über John Field's Nocturne*. Hamburg 1859.   **336 Wo George
Kennan in den letzten Jahren des 19. Jahrhunderts ... natürlich mit einem Flügel:** *Siberia
and the Exile System*. Band I, New York 1891 (dt.: *Sibirien*. Stuttgart 1900).   **336 Was
dieses Land erlitten hat, ist schwer zu ermessen:** »Die furchtbaren Auswirkungen aller
Katastrophen, die Russland durchlebte, von Revolution, Bürgerkrieg, Stalins Terror bis
zum Zweiten Weltkrieg, sind an einem dramatischen demographischen Faktum zu ermessen«, schreibt die amerikanische Autorin Suzanne Massie. »1950 waren 85 Millionen Russen, die eigentlich am Leben hätten sein sollen, tot. Von ihnen waren 45 Millionen Männer – einer von zweien – in der Ausdrucksweise der Demographen einfach
›nicht vorhanden‹.« Pavlovsk: *The Life of a Russian Palace*. Leipzig 1990.

Register